总指导 / 魏玉瑞
指　导 / 齐　佳

节能政策的
实施、演进和展望

胡　红　编著

IMPLEMENTATION, EVOLUTION AND PROSPECT OF
ENERGY CONSERVATION POLICY

图书在版编目（CIP）数据

节能政策的实施、演进和展望/胡红编著.—北京：中国发展出版社，2019.5

ISBN 978-7-5177-0991-6

Ⅰ.①节… Ⅱ.①胡… Ⅲ.①节能政策—研究—中国 Ⅳ.①F426.2-012

中国版本图书馆 CIP 数据核字（2019）第 068497 号

书　　名：节能政策的实施、演进和展望
著作责任者：胡　红
出 版 发 行：中国发展出版社
（北京市西城区百万庄大街 16 号 8 层　100037）
标 准 书 号：ISBN 978-7-5177-0991-6
经　销　者：各地新华书店
印　刷　者：河北鑫兆源印刷有限公司
开　　本：787mm×1092mm　1/16
印　　张：21.25
字　　数：380 千字
版　　次：2019 年 8 月第 1 版
印　　次：2019 年 8 月第 1 次印刷
定　　价：68.00 元

联 系 电 话：（010）68990642　68990692
购 书 热 线：（010）68990682　68990686
网 络 订 购：http：//zgfzcbs.tmall.com//
网 购 电 话：（010）68990639　88333349
本 社 网 址：http：//www.develpress.com.cn
电 子 邮 件：fazhanreader@163.com

《节能政策的实施、演进和展望》
编 委 会

总 指 导：魏玉瑞

指　　导：齐　佳

协　　助：王　建　陈志红

编　　著：胡　红

图表制作：汪小渟

前　言

全球变暖和能源安全是当前全球人类共同面临的严峻挑战，这是地球资源环境承载力的有限性与人类对物质财富追求的无限性之间矛盾发展的必然结果。随着全球气候变暖与“石油见顶”逐渐成为国际主流社会的共识，节能已成为世界上绝大多数国家应对气候变化和能源供应紧张的重要举措。

改革开放以来，中国经济发展取得了举世瞩目的伟大成就。在近40年时间里，我国的人口由9.63亿增长到13.9亿，增长了1.44倍；国内生产总值则以9.5%左右的年均增长率增长了34.5倍，由1978年的世界排名第15位，跃居成为世界第2位。这种持续快速增长使得我国很多地区特别是超大城市的资源承载力接近极限，空气质量严重恶化，面临着历史上前所未有的严峻挑战。在这样的背景下，如何更好地通过政府引导实现可持续发展是政策制定必须考虑的关键环节。

节能减排政策是政府在能源消费持续增长所引发的能源的稳定、安全供应以及环境恶化问题等一系列社会问题下，综合运用法律、经济、行政等手段，以节能和减少污染物排放为目的而制定实施的一系列行为规范和行为准则。在低碳经济日益走俏的当今世界，节能政策作为能源消耗和环境保护的源头管理机制，其制定和施行绩效对于一个国家的可持续发展具有重大战略意义。

面对全球气候变暖和能源资源短缺的巨大压力，我国在节能和环境保护方面进行了不懈的努力，政策法规逐步完善，监管力度不断强化。笔者认为，改革开放以来，我国的节能政策大致经历了如下演变：“十五”以前为节能政策法规的起步阶段；“十五”时期是以淘汰落后产能为主的组合政策形成阶段；自“十一五”开始，进入以节能减排目标责任考核为主导的多种政策组合推进阶段；“十二五”时期，节能政策向促进生态文明建设融合阶段；进入“十三五”，开启能源消费、技术、体制革命与全面建设生态文明新时代。节能减排目标责任被作为约束性目标对全国省级政府进行考核，是我国转变发展方式的一个标志性事件。为了确保节能减排目标责任的顺利实现，中央、地方政府在也相继出台了一系列政策措施，创新发展了一系列工作机制，使得节能减排工作取得了显著的成效。

党的十七大报告中首次提出了生态文明的理念，经过五年的思考与实践，在十八大报告中特别突出了生态文明建设的重要性，系统化、完整化、理论化地提出了建设生态文明的战略任务，这是我党对资源和环境保护、节能减排这一系列方针和战略思想的新概括与再升华。生态文明是人类社会文明的高级状态，不是单纯的节能减排、保护环境的问题，而是要融入经济建设、政治建设、文化建设、社会建设各方面和全过程。

推进生态文明建设，树立“绿水青山就是金山银山”的发展理念，是党的十八大以来坚定不移地践行的发展观和价值观。只有全面建设生态文明，才能保持经济社会持续健康发展。我国经济发展面临越来越突出的资源环境制约，集中表现在资源约束趋紧、环境污染严重、生态系统退化等方面。这有我国国情、发展阶段的原因，有体制机制方面的原因，还有需求结构、产业结构、要素投入结构等发展方式的原因。从源头上、根本上跨过资源环境这道槛，不仅要加快转变经济发展方式，还必须大力推进生态文明建设，实现绿色发展。

无论在哪个历史阶段，能源消耗和污染排放的根源都在于生产、运输、消费等一系列生产经济活动，而经济活动的整体规模、经济结构、设备生产技术水平以及相关的政策法规都是它们的重要影响因素。实现绿色发展的根本途径在于优化经济结构和能源结构、加快技术进步和提高能源效率、倡导健康合理的生活方式和消费方式、建立科学完善的管理体系、实现经济发展方式的转变。改革开放以来的节能减排法规政策的健全与完善为推进生态文明建提供了重要制度保障，本书旨在通过理论与实践相结合、定性与定量分析相结合、技术与经济相结合的原则，重点回顾与梳理我国的节能法规政策制定与发展历程和发展阶段，阐述“十一五”至今我国国家及地方节能法规政策的实践、效果及演变规律，研究借鉴发达国家节能经验，以期为“十三五”及后续节能法规政策的健全完善及节能目标的顺利实现提供政策制定参考。

需要说明的是，本书所搜集整理的所有政策文件，均通过国家发展改革委及有关部委官网公开信息下载，不存在任何涉密信息。本书所列文件及公告，仅为研究所用，由于时间原因，并未对已废止规范性文件做出一一标注。

本书编著过程中，得到北京节能环保中心魏玉瑞、齐佳等领导的大力支持，在此表示衷心感谢！由于本人水平有限，难免有错误疏漏之处，敬请读者见谅。

作　者

2019 年 8 月 12 日

目　录

第1章　中国能源形势与展望

1.1　能源革命是推进供给侧结构性改革的重要突破口

1.1.1　“新常态”下我国推进供给侧结构性改革战略的提出①

改革开放近40年来，我国经济持续高速增长，成功步入中等收入国家行列，成为名副其实的经济大国。但随着人口红利衰减、“中等收入陷阱”风险积累、国际经济格局深刻调整等一系列内因与外因的作用，经济发展进入“新常态”。

2015年以来，我国经济进入了一个新阶段，主要经济指标之间的联动性出现背离，经济增长持续下行与CPI持续低位运行，居民收入有所增加而企业利润率下降，消费上升而投资下降，等等。对照经典经济学理论，我国出现的这种情况既不是传统意义上的滞胀，也非标准形态的通缩。与此同时，宏观调控层面货币政策持续加大力度而效果不彰，投资拉动上急而下徐，旧经济疲态显露而以“互联网+”为依托的新经济生机勃勃，东北经济危机加重而一些原来缺乏优势的西部省区异军突起……可谓是“几家欢乐几家愁”。简言之，我国经济的结构性分化正趋于明显。为适应这种变化，在正视传统的需求管理还有一定优化提升空间的同时，迫切需要改善供给侧环境、优化供给侧机制，通过改革制度供给，大力激发微观经济主体活力，增强我国经济长期稳定发展的新动力。

供给与需求，是市场经济的一对矛盾统一体，两者互为表里，同生并存。理论上讲，在任何一个时期，都要既重视供给侧，也要重视需求侧。但就某一个特定的阶段

---

① 国家行政学院经济学教研部编著：《中国供给侧结构性改革》，人民出版社2016年版。

而言，由于要素禀赋不一、外部环境条件不一、施政目标不一，宏观经济管理上往往需要选择着重在供给侧发力还是在需求侧发力。1998 年亚洲金融危机以来，我国宏观调控总体而言是以需求侧管理为主的。

需求侧管理的理论基础来自凯恩斯理论中的国民收入均衡分析。简言之，凯恩斯认为经济增长主要源于投资、消费与净出口这“三驾马车”的拉动。当经济出现下滑时，需求侧理论认为这主要是由于有效需求不足所致，因此对策就是千方百计地提高有效需求。在政策层面，需求侧管理的主要政策工具是财政政策与货币政策的协调配合，其中，货币政策侧重于总量调节，财政政策侧重于结构调整。依情况不同，共有紧财政—紧货币、紧财政—松货币、松财政—紧货币、松财政—松货币四种政策组合方式。

改革开放以来，我国推动计划经济体制向市场经济体制转轨的同时，十分重视需求管理。比如，改革开放之初，在沿海一带主要依靠“三来一补”，借力的是海外需求。在国内，由于基础设施匮乏，长期依靠的是以政府投资为主进行的数轮基础设施建设。在 1998 年亚洲金融危机和 2008 年全球经济危机以后，先后都采用了“积极财政政策”与“稳健货币政策”的搭配。多年以来，无论是中央还是地方，政府拉动经济增长均主要在投资与出口两个方向上用力。可以这样说，需求侧管理已成为过去一个时期我国政府在推动经济增长中使用得最多、最为得心应手的方法。

需求侧管理曾对推动我国经济增长发挥了重大作用。从 1998 年看，我国率先走出了亚洲金融危机的阴影，从 2008 年全球金融和经济形势看，我国也是在较短的时间内实现了复苏，并带动了其他国家经济恢复。到 2016 年，我国 GDP 总量已达到 74 万亿元，稳居世界第二。与此同时，我国的城市建设、基础设施发生翻天覆地的变化。需求侧管理对于我国经济取得今天这样的成就功不可没。但是，随着时间的推移，需求侧管理所产生的副作用正日渐明显。2008 年全球金融危机之后，美国、欧洲经济一蹶不振，外需一路下滑，已不能对我国经济形成重要支撑。由于存在诸多结构性问题，我国经济也进入了下行的通道，年增长率从此前的十位数下降为个位数（见图 1 - 1）。2014 年以来，经济下行的基本态势不变，各类衡量经济发展的指标如 GDP、CPI、PPI 等，连续多月低迷。整体上看，我国经济出现了“四降一升”的状况，即经济增速下降、工业品价格下降、实体企业盈利下降、财政收入增幅下降、经济风险发生概率上升。为保持经济稳定，政府先后通过加大投资、降息降准等，试图稳住经济下行的态势，但较之从前，以需求侧为主的管理所取得的效果日益下降，相反，为此付出的代价则越发明显。进入“三期叠加”的我国经济，转型升级的需要比以往任何时候都更加迫切。但解决中长期经济问题，传统的凯恩斯主义药方有局限性，根本解决之道在于结构性改革。我国必须适时向供给侧结构性改革转化。

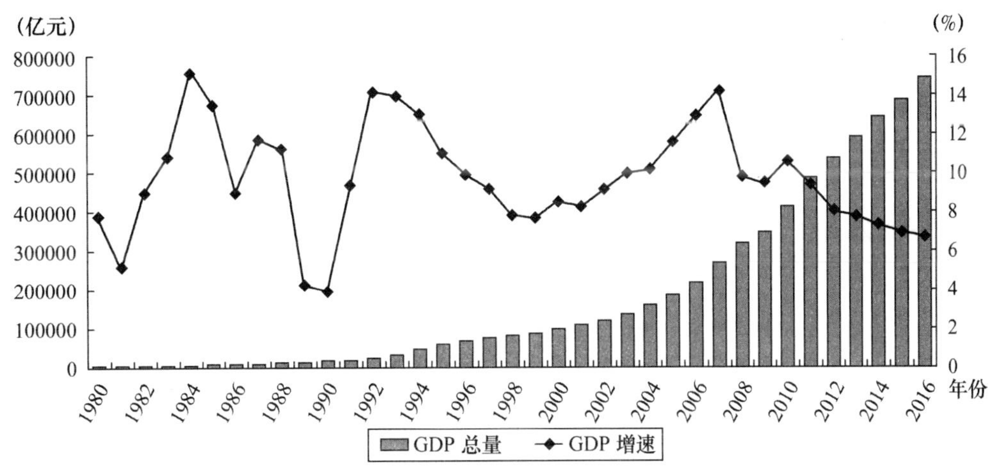

图 1-1　改革开放以来我国国内生产总值及增长速度

资料来源：国家统计局：《中国统计年鉴 2017》，中国统计出版社 2017 年版。

2015 年 11 月 10 日，习近平总书记在中央财经领导小组第十一次会议上讲话，首次提出“供给侧结构性改革”，引发各界高度关注，被认为是高层经济思路上的重大变化。11 月 18 日，习近平总书记在 APEC 会议上再次提及“供给侧结构性改革”。12 月，中央经济工作会议强调，要着力推进供给侧结构性改革，推动经济持续健康发展。按照创新、协调、绿色、开放、共享的发展理念，加大结构性改革力度，矫正要素配置扭曲，扩大有效供给，提高供给结构适应性和灵活性，提高全要素生产率。习近平总书记在会议上明确作出战略部署，提出要实施相互配合的五大政策支柱，即宏观政策要稳、产业政策要准、微观政策要活、改革政策要实、社会政策要托底，并提出“抓好去产能、去库存、去杠杆、降成本、补短板”五大任务。2016 年 1 月 27 日，习近平总书记主持召开中央财经领导小组第十二次会议，研究供给侧结构性改革方案。2017 年 10 月 18 日，习近平总书记在十九大报告中指出，深化供给侧结构性改革。建设现代化经济体系，必须把发展经济的着力点放在实体经济上，把提高供给体系质量作为主攻方向，显著增强我国经济质量优势。

1.1.2　供给侧结构性改革的含义和内容

供给侧结构性改革旨在调整经济结构，使要素实现最优配置，提升经济增长的质量和数量。供给侧包括劳动力、土地、资本、制度创造、创新等要素。供给侧结构性改革，就是从提高供给质量出发，用改革的办法推进结构调整，矫正要素配置扭曲，扩大有效供给，提高供给结构对需求变化的适应性和灵活性，提高全要素生产率，更好满足广大人民群众的需要，促进经济社会持续健康发展。

结构性改革包含了两层含义。一方面，深化改革本身涉及很多领域，需要明确改革思路，对“先改什么、后改什么”做出结构性安排，确保改革平稳有序推进。另一方面，当前我国经济社会发展中面临很多问题。这些问题又并不是单一的问题，而是多个矛盾交织叠加形成的结构性问题。要解决这些问题，需要有针对性地进行结构性改革。

我国经济当前的主要问题是结构性问题，而非周期性问题。众所周知，经济发展常常有周期性波动。长期以来，我国主要采取需求管理政策，靠拉动投资、消费、出口这“三驾马车”来推进经济增长。虽然取得了一些经济增长效果，但也带来了一些副作用和后遗症，以至于不得不对这些前期政策进行消化。在“三驾马车”拉动力日渐式微的新形势下，从供给侧入手培育经济发展新动力，就成为不二选择。针对结构性问题，不能用解决周期性波动的宏观政策去应对，而要采取结构性改革去化解。

我国目前的结构性问题主要包括产业结构、区域结构、要素投入结构、排放结构、经济增长动力结构和收入分配结构等六个方面的问题。这六个方面的结构性问题既相对独立又相互叠加，需要通过结构性改革去有针对性地解决。

一是产业结构问题。产业结构问题突出表现在低附加值产业、高消耗、高污染、高排放产业的比重偏高，而高附加值产业、绿色低碳产业、具有国际竞争力产业的比重偏低。为此，需要加快推进科技体制改革，促进高技术含量、高附加值产业的发展；需要加快生态文明体制改革，为绿色低碳产业发展提供动力；需要通过金融体制改革、社会保障体制改革等去淘汰落后产能和“三高”行业等。

二是区域结构问题。区域结构问题突出表现在人口的区域分布不合理。目前，我国城镇化率尤其是户籍人口城镇化率偏低，且户籍人口城镇化率大大低于常住人口城镇化率。为此，需要加快户籍制度改革、福利保障制度改革、土地制度改革等，推进农民的市民化进程，提高户籍人口城镇化率。

区域结构的另一个问题是区域发展不平衡、不协调、不公平。例如，有些地方享有很多“特权”政策，有些地方发展严重滞后。为此，需要推进行政管理体制改革、财税制度改革、区划体制改革等，加快建设全国统一市场，解决不同区域发展不平衡问题，使人口和各种生产要素在不同地区自由流动、优化配置。

三是要素投入结构问题。长期以来，我国经济发展过度依赖劳动力、土地、资源等一般性生产要素投入，人才、技术、知识、信息等高级要素投入比重偏低，导致中低端产业偏多、资源能源消耗过多等问题。为此，必须要加快科技体制、教育人才体制等改革，优化要素投入结构，更多地实现创新驱动。

四是排放结构问题。目前，我国排放结构中废水、废气、废渣、二氧化碳等排放比重偏高。这种不合理的排放结构导致了资源环境的压力比较大。为此，必须加快推进生态文明制度改革，特别是推进自然资源资产产权制度、自然资源用途管制制度、资源有偿使用制度、生态补偿制度，以及用能权、用水权、排污权、碳排放权初始分配制度等方面的改革。

五是经济增长动力结构问题。长期以来，我国经济增长过多依赖“三驾马车”来拉动。其实，“三驾马车”只是GDP的三大组成部分，是应对宏观经济波动的需求边短期动力，制度变革、结构优化和要素升级（对应着改革、转型、创新）“三大发动机”才是经济发展的根本动力。要更多地依靠改革、转型、创新，来提升全要素增长率，培育新的增长点，形成新的增长动力。

六是收入分配结构问题。当前，我国城乡收入差距、行业收入差距、居民贫富差距都比较大，财富过多地集中在少数地区、少数行业和少数人中。因此，有必要加快推进收入分配制度改革、社会福利制度改革、产权制度改革和财税制度改革等，促进收入分配的相对公平，缩小贫富差距。

由此可见，供给侧结构性改革包含五个方面的内容：一是通过改革增加劳动力、资金、土地、资源等生产要素的高效投入；二是通过改革促进技术进步、人力资本提升、知识增长等要素升级；三是通过改革培育企业、创业者、创新型地区或园区、科研院所和高等院校、创新型政府等主体；四是通过改革（如减税、简政放权、放松管制等）激发各主体的积极性和创造性；五是通过改革淘汰落后产业、培育有市场竞争力的新产业和新产品。

1.1.3 能源革命是推进供给侧结构性改革的重要突破口

能源具有基础性、全局性、战略性、引领性、服务性和诱增性特点。

能源的基础性表现在它是人类社会一切生产、生活活动的前提。没有能源，经济活动无法开展，生活生存难以持续。所以，能源是人类社会赖以生存和发展的基础。

能源的全局性表现在能源的稳定供给与合理消费是各国政府制定经济发展政策的基础，与国家经济、社会稳定密切相关。能源供给和能源价格在经济增长、技术革新、劳动生产率、新行业的产生与发展、生产方式的变革等诸多方面有重要影响。一个经济体对能源的依赖度越大，经济体的效益反而越低。

能源的战略性表现在能源革命是历史发展的重要驱动力，人类生产力每一次大的飞跃都伴随着一场能源生产和消费方式的革命。新一轮的能源革命已初露端倪，它将以具有颠覆性的能源新技术发展为主要标志，把人类社会推进到以高效化、清洁化、低碳化、智慧化为主要特征的全新能源时代。

能源的引领性是因为它在经济生产和社会生活活动中至关重要的地位和角色。能源消费结构决定能源利用效率，引领产业结构调整与优化，进而决定生产成本和生活质量。因此，我国为促进能源消费结构的调整而导致生产力、产业结构与布局在空间区域上的巨大变化，带动产业人口密度的迁移和变化，会重塑城市和社会经济，具有极强的影响和引领作用。

能源的服务性主要基于它的派生性。在绝大多数情况下，能源生产和消费本身都不是目的，而是实现目的的手段。能源要实现的是为生产活动和生活活动提供动力来源。能源安全关系国家安全，能源消费要符合国家和城市能源供给能力，满足能源规划要求。提高能源利用效率的目的是降低能源成本，减少污染物和二氧化碳排放。

能源的诱增性也可理解为能源消费增长带来的产出（服务）增长效应。能源生产和消费的增长会产生巨大的外部效应，直接效应包括经济腾飞，物质产品极大丰富，人民生活水平得到改善和提高。间接效应则包括经济地理、生产生活方式的改变，新业态产生等等。同时，能源资源的短缺也会给国家和地区经济间带来巨大的竞争和挑战。往小处说，能源消费的增长能带来经济的增长和发展，提高个体的生活水平或者组织的生产水平；往大处说，从国家能源战略角度看，谁掌握能源供给和储备的主动权，谁就赢得了博取世界主要话语权的先机。

因此，推进供给侧结构性改革，就必须把推进能源革命作为重要突破口，把建成“清洁低碳、安全高效”的现代化能源体系作为供给侧结构性改革的实现目标之一。早在 2014 年 6 月 13 日，习近平总书记就在中央财经领导小组会议上，就如何推进我国能源革命，提出了“四个推进”“一个合作”的战略指导思想，即：推进能源消费革命，抑制不合理能源消费；推进能源供给革命，建立多元供应体系；推动能源技术革命，带动产业升级；推动能源体制革命，打通能源发展快车道；全方位加强国际合作，实现开放条件下的能源安全。这与2015 年11 月中央首次提出的供给侧结构性改革方略是完全一致的。

从能源革命的本质和内涵看，能源革命的本质是主体能源的更替或能源开发利用方式的根本性变革。这至少体现在以下三个转变上：能源发展方式从规模速度型粗放增长转向质量效益型集约增长；能源结构步入战略性调整期，由主要依靠化石能源满足供应转向由非化石能源满足需求增量，油气替代煤炭、非化石替代化石能源的双重更替将转换；能源发展动力从传统增长点转向新的增长点，在可预期的将来，传统化石能源将先后步入饱和期或增长平台期，必须依靠科技和体制革命双轮驱动，不断培育和催生新的能源产业和业态，推动能源可持续发展。

从“四个推进”“一个合作”战略指导思想的精髓看，“四个推进”“一个合作”五位一体，是一个辩证统一的有机整体。消费革命是关键。消费是生产的目的和动力，消费对供给结构调整、供给方式变革具有重要的牵引和导向作用。供给革命是基础。有什么样的能源供给，就决定了有什么样的能源消费。推动能源革命，在供给侧发力至关重要，这也正是中央经济工作会议强调供给侧结构性改革的重要意义所在。技术革命是动力。科技决定能源未来，科技创造未来能源。无论非化石能源的发展，还是化石能源的清洁利用，都必须依靠科技创新来驱动。体制革命是保障。能源消费、供给、技术发生根本性变革，必须以相适应的体制机制为“土壤”加强国际合作是新时期保障能源安全的客观要求。经济全球化时代，各国能源相互关联、彼此影响，任何一个国家都不可能仅凭自己的力量保障能源安全，互利共赢、共谋发展已经成为世界潮流。

从落实“创新、协调、绿色、开放、共享”五大发展理念对推动能源发展的重要意义看，创新是引领发展的第一动力。经过改革开放40 年的高速发展，我国钢铁、建材等高耗能产业产能已经达到峰值期，煤炭和煤电也会逐步进入峰值期，以“铺摊子、上项目”增量扩能为主的时代已经过去了。必须把着眼点和着力点放到创新发展上，依靠科技、体制和发展模式的创新来推动能源发展。协调是持续健康发展的内在要求。发展不平衡、不协调、不可持续的问题，在能源领域表现比较突出，比如生产和消费布局不协调、电源和电网建设不匹配，都需要着力加以解决。绿色是永续发展的必要条件。绿色发展是以人为本的基本要求，能源发展既要满足人民群众的合理能源需求，又要体现人与自然的和谐，促进生态文明建设。不走绿色发展之路，能源发展就没有出路。开放是国家繁荣发展的必由之路。我国经济要深度融入世界经济，能源一直是国际合作的重点，在国际产能合作中要发挥更加重要的作用。共享是中国特色社会主义的本质要求，必须坚持发展为了人民、发展成果由人民共享。

从能源革命助推供给侧结构性改革的视角看，就是用增量改革促存量调整，在增加投资过程中优化投资结构、产业结构开源疏流，在经济可持续高速增长的基础上实现经济可持续发展与人民生活水平不断提高；就是优化产业结构、提高产业质量，优化产品结构、提升产品质量；就是优化流通结构，节省运输和交易成本，降低能源资源消耗，提高有效经济总量；就是优化消费结构，实现能源消费结构和生活消费品不断升级，实现“创新—协调—绿色—开放—共享”的发展。

1.2 我国能源形势历史回顾

经过改革开放40年的发展，我国的经济社会发生了翻天覆地的变化，成为世界经济总量仅次于美国的超级大国。从能源生产和消费视角看，我国的能源利用效率持续提高，能源结构不断改善，清洁能源和可再生能源在消费总量中的比重不断提高。城镇化进程决定能源消费总量仍将刚性增长，以煤炭消费为主的能源消费结构形式仍将在一段时期内长期存在。石油和天然气的对外依存度持续攀升，能源技术革命已刻不容缓。我国可再生能源丰富，已成为全球最大的可再生能源投资国，但是亟待解决技术瓶颈和突破体制机制的障碍。展望未来挑战与机遇同在，压减煤炭消费、提高可再生能源比重是我国能源可持续发展的必由之路。

1.2.1 以煤炭消费为主的能源结构特征仍将在一段时期内长期存在

改革开放近40年来，我国经济持续高速增长，综合国力显著提升。截至2017年底，能源生产以年均4.5%的增长率、能源消费以年均5.5%的增长率，支撑了国内生产总值以9.5%的年均增长率快速增长，各项建设取得巨大成就，同时也付出了巨大的资源和环境代价。除北京、上海等少数经济发达的特大城市外，我国绝大部分地区能源消费的总体特点是增速快、总量大、效率低、煤炭为主。

分析改革开放以来的经济增长周期和能源消费情况，大致可分为以下四个阶段，对应着不同历史时期能源资源和其他生产要素在生产生活活动中的地位和作用。

第一阶段从改革开放起至1990年，国内生产主要是为解决全国大部分地区人民的温饱问题。

第二阶段为1991～2000年，国内生产伴随着电视、冰箱等家用电器的普及，经济增长主要为人民群众对实用和耐用类家电、生活用品的消费需求所拉动，同时国家也开始逐步加大高速公路等基础设施建设的投资力度。

第三阶段为2001～2005年，主要是满足住行需求设施建设的粗放式发展。在经济高速增长20余年后，社会组织和家庭有了相当规模的财富积累，随着城镇化、工业化的不断发展，人们对城市住房需求的数量也不断增加，进城务工、上学、旅行等远距离出行需求等不断增长。再加上1998年开始的货币化分房制度逐步放开了商品房市场内需，建筑和交通等满足住、行需求的固定资产投资规模大幅增长，带动钢铁、水泥等高耗能产业的高速发展，导致首次出现连续3年（2003～2005年）经济增速低于能源消费增速，环境污染急剧恶化，节能减排的倒逼机制营运而生。

第四阶段为2006～2017年，代表着可持续发展观念的全面确立。这个阶段经济的增长使得物质生活水平进一步提高，特别是经济相对发达区域的城乡居民对健康的诉求已全面代替了对温饱、消费、投资等的诉求。2006年至今是我国改革开放40年来节能减排工作力度最大的十余年。从2006年起，我国成功地扭转了能源消费增速高于GDP增速的不利局面，重新进入到一个相对良性发展的经济阶段。

值得注意的是，2012～2014年，我国持续多年的中高速经济增长开始回落，主要经济指标之间的联动性出现背离，说明我国长期以来由投资、消费、出口拉动经济增长为主的需求侧政策已无法有效解决当下的结构性问题。从2015年起，我国国内生产总值跌至7%以下，并连续三年持续中高速发展，标志着经济发展正式进入“新常态”阶段。

从图1－2可以看出，改革开放40年来，经济增长最快的阶段是1991～2011年，在此期间国内生产总值的年均增速高达10.5%。2012～2014年，经济增速开始回落，能源生产和消费增速也回落至较低水平，说明发展正在逐渐调整，也可视之为经济运行进入“新常态”的过渡阶段。从2015年起，国内生产总值年均增速降到7%以下，2015年能源生产量增速为0，2016年、2017年连续两年出现负增长，能源消费总量连续三年年均增速在不超过1.5%的增幅范围内运行。

与之前的发展阶段比，说明我国的经济发展在提质增效方面有了显著的改善。同时还有两个值得注意的地方，一是由于我国对石油、天然气的对外依存度偏高，受油气资源国际形势、外部供应及相关国内油气开采技术的制约，在煤炭生产量大幅降低的情况下，其他能源品种的生产量难以及时在短期内跟进，因此有可能造成能源生产

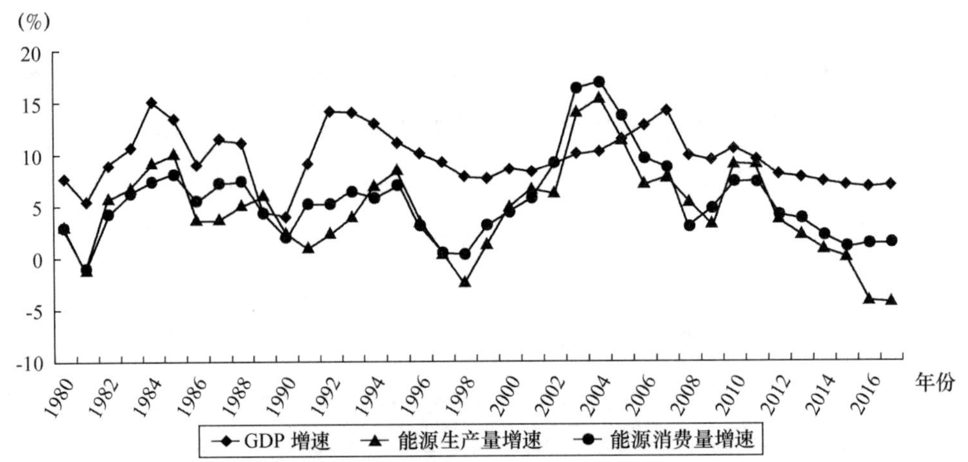

图 1－2　我国各年度国内生产总值、能源生产和消费增速情况

量出现负增长。二是与改革开放初期相比，2015 年经济总量增长了 34.5 倍，能源消费总量增长了 7.9 倍，煤炭消费量占能源消费总量的比重仅下降了 10.3 个百分点，说明过去的 40 年我国经济的高速增长是以大量消耗能源资源为代价所换取的，以煤炭为主的能源消费结构并没有质的改善。各历史阶段的能源生产与消费增长年均增速见表1－1。

表 1－1　　1980～2017 年间经济增长、能源生产与消费增长速度

发展阶段	能源生产量年均增速（%）	能源消费量年均增速（%）	煤炭消费量占能源消费总量的平均比重（%）
1980～1990 年	4.5	4.9	74.9
1991～2000 年	3.0	4.1	73.1
2001～2005 年	10.6	12.3	69.9
2006～2014 年	5.3	5.6	69.9
“新常态”：2015～2017 年	－0.34	2.2	62.0

如图 1－3 所示，从能源生产情况看，40 多年来，我国的煤炭生产量在能源生产总量中的占比一直在 69%～78% 的区间内波动，年平均占比为 74.5%。煤炭产量占能源生产总量比重最高的年份为 2007 年和 2011 年，都为 77.8%，但是 2011 年煤炭生产的绝对量是 2007 年的 1.3 倍。仅有两个年份煤炭生产量比重占能源生产总量的 70% 以下，分别为 1980 年和 2016 年，各占当年能源生产总量的 69.4% 和 69.6%。从绝对量看，2017 年全国能源生产量为 35.9 亿吨标准煤，是 1978 年的 5.72 倍；其中煤炭生产量为 25 亿吨标准煤，是 1978 年的 5.67 倍。这说明当前我国的能源生产结构仍然以煤

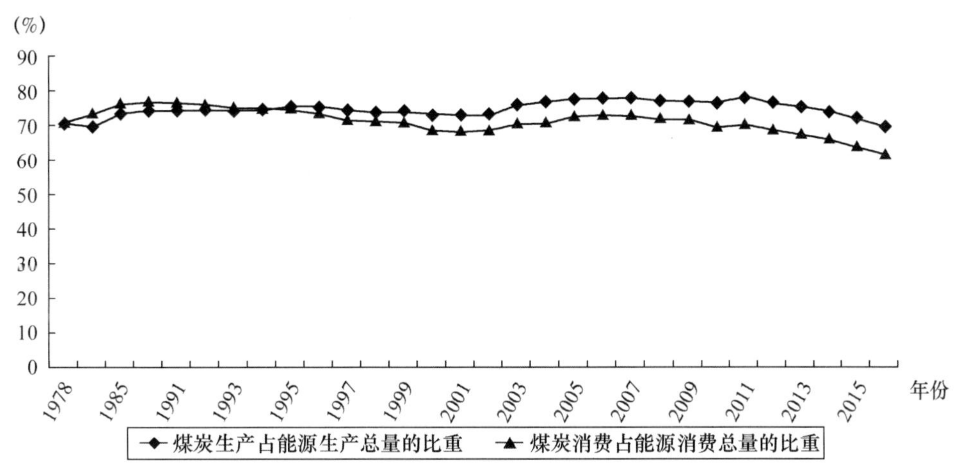

图 1－3　我国煤炭能源生产量和消费量在能源生产和消费总量中的占比情况

炭为主，煤炭生产量年均增速为 4.5%，从能源生产结构改善的角度存在较大的转型挑战。

从能源消费情况看，1994 年，我国煤炭消费量在能源消费总量中的占比为 75%，煤炭生产量在能源生产总量中的占比为 74.6%，在此之前煤炭消费量占比一直是高于生产量占比的。1995～2011 年，煤炭消费量占能源消费总量中的比重主要围绕着 71% 的均值上下波动，2011 年煤炭消费量占消费总量的比重为 70.2%，与 1995 年相比，17 年间仅下降了 4.4 个百分点，年均下降率不足 0.4%。从绝对量看，2011 年煤炭消费量 27.2 亿吨标准煤，是 1995 年的 2.8 倍；同期相比，2011 年全国能源消费总量 34.0 亿吨标准煤，是 1995 年的 2.6 倍，说明这段时间煤炭消费需求的增长趋势大于其他能源品种。从 2011 年起煤炭消费量开始持续走低，到 2017 年占能源消费总量的比重为 60.4%，比 2011 年下降了 9.8 个百分点。这说明煤炭能源消费结构在近 10 年间得到了较为显著的优化改善，但是与世界发达国家相比，占比仍然偏高。

从人均煤炭消费量情况看，我国的人均煤炭消费量一直居于世界主要国家前列。如图 1－4 所示，2016 年全球人均煤炭消费量为 0.89 吨，比上年下降 4.3%。我国人均煤炭消费量仅次于澳大利亚和韩国，为 2.44 吨，比上年下降 2.4%；为世界平均水平的 2.7 倍、OECD 国家平均水平的 1.9 倍。这说明与发达国家相比，我国促进清洁能源和可再生能源替代煤炭消费，降低人均煤炭消费量的潜力空间十分可观。

1.2.2　能源消费结构不断优化，能源利用效率持续提高

“十一五”以来，国家非常重视节能减排工作，出台了一系列法规政策，下大力气

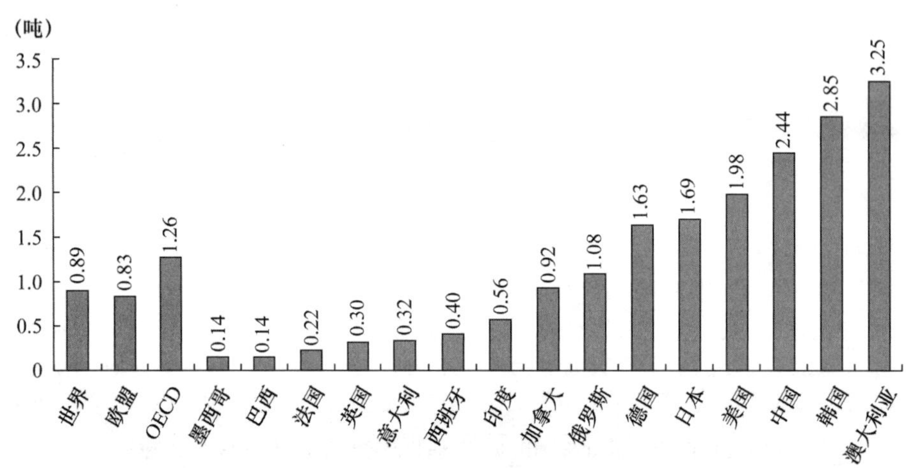

图 1－4　2016 年世界主要国家人均煤炭消费量比较

资料来源：北京节能环保中心：《2017 北京能源发展报告》，2018 年。

优化调整我国的能源消费结构，提高能源利用效率。

图 1－5 反映了自 1978 年以来一些历史特征年度（以五年社会经济发展规划初始年为基准年）的分品种能源消费量占比情况。可以看出，2005 年以前，我国 90% 以上的能源消费品种是煤炭、石油等化石能源，天然气、一次电力和其他能源品种的消费不到 10%，清洁能源和可再生能源的消费量比重较低。“十一五”至“十二五”的 10 年间，国家下大力气狠抓节能减排工作，严格节能目标责任评价考核制度，逐步扭转了能源生产和消费增速高于经济增速的态势，能源消费结构呈现持续优化态势，主要表现为：煤炭和石油等化石能源在能源消费总量中的占比下降了 10% 左右，天然气、电力及其他可再生能源的消费占比持续增长，累计增长了 10% 左右。其中天然气消费比重由 2005 年的 2.4% 增长到 2017 年的 7.0%，增加了 4.6 个百分点。一次电力和其

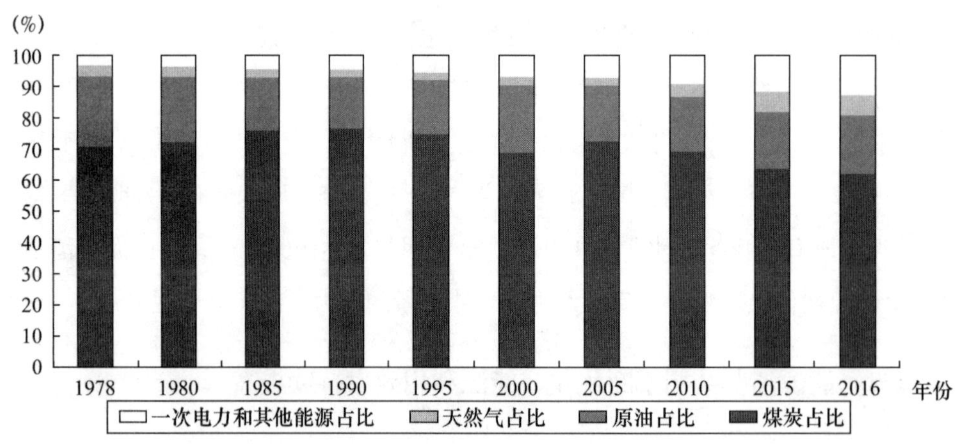

图 1－5　特征年度分品种能源消费占比情况

他能源消费比重由2005年的7.4%增长到2017年的13.8%，增加了6.4个百分点。特别是进入2015年后，我国连续两年能源消费总量年均增长率都保持在1.5%以内（2015年增速1.0%、2016年1.4%），说明我国在能源消费领域的供给侧结构性调整开始初见成效，“十三五”时期将是能源消费结构提质增效、转型发展的关键时期。

从能耗强度看，改革开放40年来，随着城镇化和工业化程度的不断提高，劳动生产率得到大幅度提高，能源利用效率得到持续改善。如图1－6所示，单位GDP能耗由1980年的13.14吨标准煤/万元下降到2016年的0.59吨标准煤/万元，能源强度累计下降了95.5%，实现节能量超过60亿吨标准煤。虽然我国能效水平得到了显著的提升，但是与世界主要国家相比仍然具有较大的差距，节能效益的取得主要还是基于改革开放初期基础工业底子薄，国民生产总值和技术设施水平低，能源资源的利用率低，因而依靠淘汰煤炭为主的高能耗产业和技术进步的节能空间较大所致。

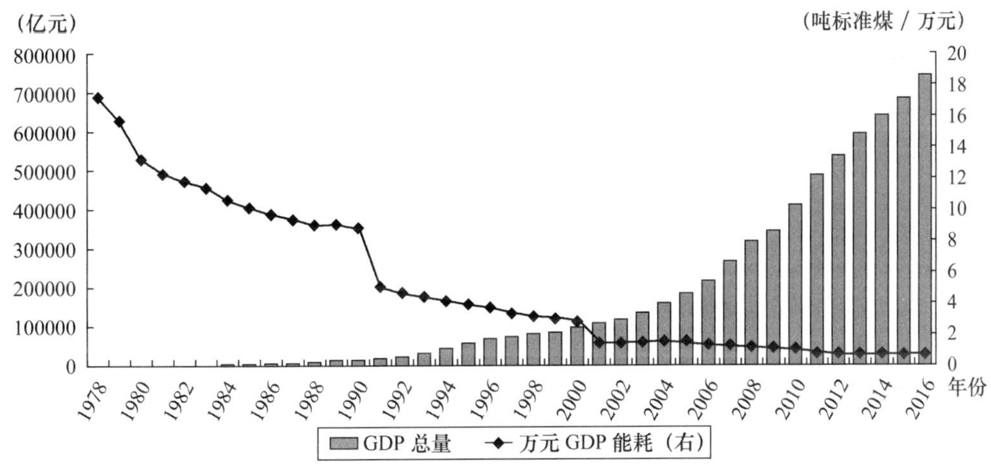

图1－6　我国改革开放以来的经济总量和能源强度情况

图1－7反映了2016年度我国与世界主要国家的单位GDP能耗水平。可以看出，我国的单位美元国内生产总值强度仅低于俄罗斯和印度，与世界平均水平和发达国家均存在较大的差距，是世界平均水平的1.5倍，欧盟国家的2.7倍，OECD的2.3倍，美国的2.2倍，日本的3.0倍，澳大利亚的9.3倍。这种状况与长期以来我国经济结构不合理、增长方式粗放型直接相关。

图1－8反映了反映了改革开放以来我国的能源加工转换效率情况。1980年，我国能源加工转换总效率为69.54%，从2004年起才突破70%，2016年达到73.85%，年均增长率为0.18%。说明我国的能源加工转换效率总体处于较低水平，并未因经济的持续高速发展而取得实质性的飞跃。值得注意的是，1980～2005年的25年间，我国能

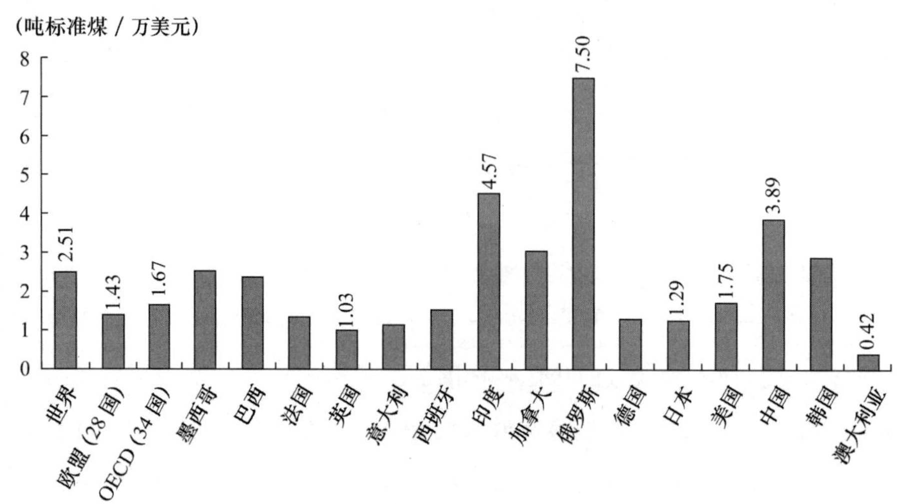

图 1－7　2016 年我国与世界主要国家能源强度比较

资料来源：北京节能环保中心：《2017 北京能源发展报告》，2018 年。

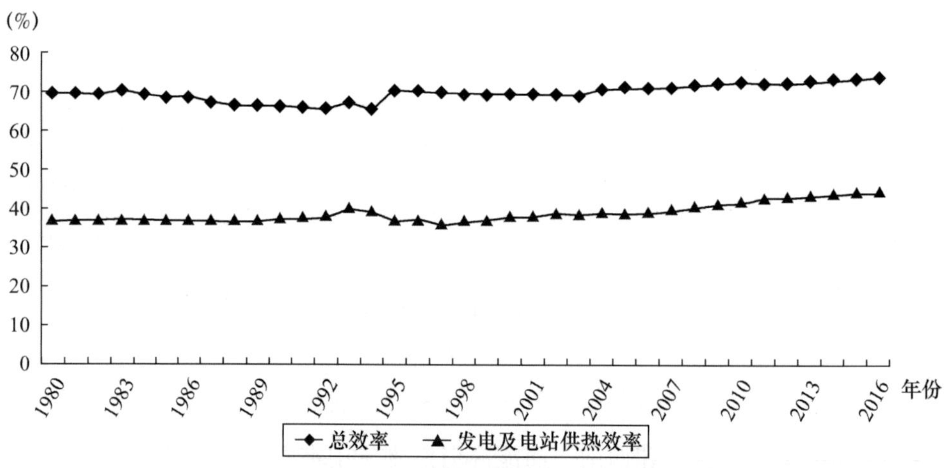

图 1－8　我国改革开放以来的能源加工转换效率

源加工转换总效率年均增长率仅为 0. 11%；2005 ~2016 年的 11 年间，能源加工转换总效率年均增长率为 0. 38%，比“十一五”以前增长了近 3. 5 倍。2016 年发电及电站供热效率为 44. 6%，与 1980 年相比提升了 8. 58 个百分点，年均增长率为 0. 61%。同样，1980 ~2005 年的 25 年间，供热效率年均增长率仅为 0. 33%；2005 ~2016 年的 11 年间，供热效率年均增长率为 1. 24%，比“十一五”以前增长了近 3 倍。这说明自“十一五”以来能源加工转换效率和供热效率与之前的 25 年相比有了较为显著的提升，并且逐渐趋于持续稳定提升的态势，说明我国自“十一五”以来，密集出台相关节能减排政策措施，大力调整能源结构，减少煤炭消耗，增加清洁能源和可再生能源开发利用比例，取得了长期、稳定的政策效果。但是由于国内能源资源、经济发展不平衡，区域之间的差距较大，所以能源加工转换效率和供热效率的总体提升幅度并不显著，与经济发展的规模和速度不匹配。

1.2.3 石油和天然气对外依存度持续攀升，能源技术革命已刻不容缓

2017 年，我国经济总量达到 82.2 万亿元，仅次于美国，在全球排名第二，但经济发展的总体水平还不高，人均 GDP 在世界排名第 70 位，尚不到美国等前 10 位发达国家平均水平的 20%，差距相当显著。目前，我国的城镇化率是 57.4%，2030 年有望达到 65%，大约再有 3 亿人（占全球城市新增人口的 20%）进入城市。我国城市人均能源消费水平约为农村的 3 倍，城镇化率每提高 1%，相应需要多消耗 6000 万吨标准煤的能源①。因此，未来相当长一段时间内，我国经济仍将处于中高速发展阶段，能源消费仍将刚性增长，能源资源问题已经成为我国全面建设生态文明、实现可持续发展的最关键环节。

2009 年以来，我国一次能源消费总量已经超过美国，成为世界第一能源消费大国。从分品种能源消费来看，从 2003 年起，我国已成为世界煤炭第一消费大国、石油和电力第二消费大国。2016 年，我国能源消费总量达到 43.6 亿吨标准煤，其中煤炭消费约 37.7 亿吨，石油消费约 5.8 亿吨，天然气约 2058 亿立方米，一次电力及其他能源 46119 亿千瓦时。

能源消费总量快速增长，特别是高污染煤炭的大量消耗，以及清洁煤技术的推广应用乏力，是导致大范围雾霾频发、大气污染形势严峻的主要原因。煤炭、石油的生产地主要分布在华北、西北和西南，而能源消费则集中在东部和华北地区，在能源使用时要西煤东送、西电东输，造成了能源的长距离、大范围运输。在能源资源丰富的地区，生态环境脆弱，水资源匮乏，能源的高强度开采对很多地区的可持续发展带来极其不利的影响。

除了必须面对能源消费的快速增长，能源安全受到威胁之外，还要面对化石能源储量非常有限的现实。根据美国中情局统计数据显示，截至 2016 年 1 月，全球探明石油储量 1.67 万亿桶。按照全世界 33% 的平均采出率计算，可采出的石油量为 5500 亿桶。按照 9600 万桶/日的石油产量计算，当前已探明石油还够开采 5729 天，约 16 年时

---

① 李伟：“城镇化率每增加 1% 需 6000 万吨标煤的能源消耗”，中国经济网，2014 年 2 月 12 日。

间。

我国人均能源储量仅为世界平均水平的1/2，人均石油储量不到世界平均水平的1/20，天然气仅为6.5%，即使储量最为丰富的煤炭，人均储量也不到为世界平均水平的80%①。作为世界上最大的发展中国家，我国在全球能源结构的转型进程中扮演着至关重要的角色，虽然面临经济增长放缓和经济结构变化的挑战，但仍然是世界上最大的能源消费国、生产国和净进口国。现阶段受限于一次电力及其他可再生能源的开发利用技术瓶颈及成本原因，我国在以煤炭为主的能源消费结构的转型升级过程中，存在对石油和天然气的依赖度持续上升的阶段性发展趋势。

图1-9显示了2010年以来我国原油、天然气、煤炭的对外依存度发展情况。2009年以前，我国除原油对外依存度较高外，煤炭和天然气基本满足自给需要。2010年以后，对原油的净进口量规模最大，天然气的对外依存度增速最快，煤炭的对外依存度保持微幅增长。我国的石油资源并不丰富，相当一部分石油消费依赖进口，随着城市化和汽车工业化的迅猛发展，2016年，我国石油表观消费量为5.8亿吨，同比增长5.3%。在全球油价低迷的形势下，国内下调了开采成本较高的油田产量，同时利用这一良机加速了石油储备建设，当年石油净进口量3.8亿吨，比上年增长13.6%，成为全球最大的石油净进口国（美国、日本分别名列第2、第3）。按照45美元/桶估算，全年进口原油的价值就高达1184亿美元，占世界石油进口量总价值的17.6%。2016年，我国的石油净进口量是2000年的6.3倍，对外依存度已高达65.4%，比2000年累计增长了38.9个百分点，原油净进口量的年均增速达到12.2%。2000~2016年石油对外依存度年平均增速为2.4%，其中增速最快的阶段是“十一五”期间（2005~2010年），这五年对外依存度的年均增速为3.4%，比16年来的总体平均增速高出1.0个百分点。2016年全年成品油表观消费量为3.13亿吨，同比下降1.0%，成品油消费首次出现萎缩。其中，汽油表观消费量为11899万吨，同比增长3.1%，增速较上年放缓7.9个百分点；柴油表观消费量首次出现负增长，为16330万吨，同比下降5.6%；煤油表观消费量3058万吨，同比增长10.4%②。预计2030年我国石油进口依赖度将达到77%③，用于进口原油的支出将超过1500亿美元。

---

① 江泽民：“对中国能源问题的思考”，《上海交通大学学报》，2008年第3期，第345~359页。

② 中国石油集团经济技术研究院：《2016年国内外油气行业发展报告》，2017年1月。

③ 赵晓丽、洪东悦：“中国节能政策演变与展望”，《软科学》，2010年第4期，第29~33页。

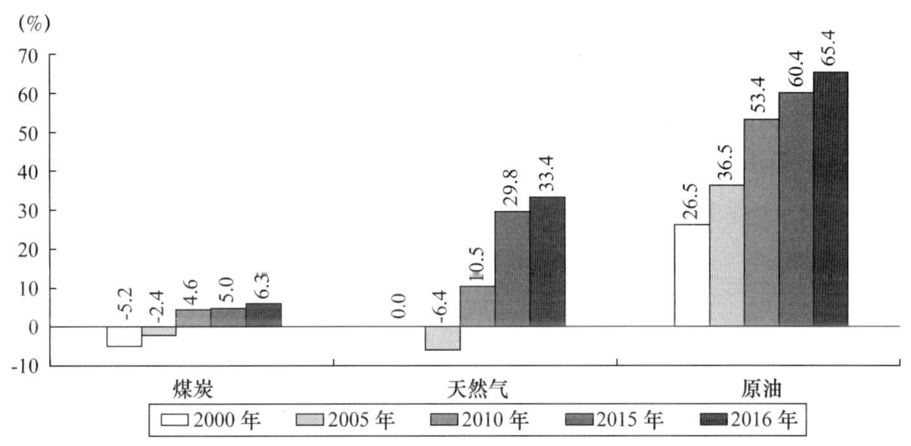

图1-9　我国原油、天然气、煤炭的对外依赖度比较

2006年以前，我国的天然气生产和消费量均维持较低水平，能够满足国内生产生活需要，甚至还有少量出口。从2007年开始，天然气进口量开始大于出口量，当年净进口天然气44亿立方米，占国内天然气消费总量的6.3%。在国内天然气产量短期内难以大幅提升的情况下（天然气田从勘探、开发到运输、加工和销售，其周期一般需要5~10年），天然气消费量突增时，供应主要靠进口来补充，同时要靠储气库中的存量来满足。在我国天然气储气库建设尚处于起步阶段的情况下，急剧增长的天然气需求只能通过加大进口来弥补。近10年来，随着国内大批以煤炭消费结构为主的工业生产转型升级，天然气消费需求大幅提升。根据国家发展改革委天然气运行情况通报，2016年，天然气产量1371亿立方米、同比增长1.5%；进口量721亿立方米、同比增长17.4%；消费量2058亿立方米、同比增长6.6%。2016年，天然气消费量是2010年的1.9倍，近6年年均增速达到9.0%；同时，天然气供应的对外依存度也达到33.4%，比2007年增长了27.1个百分点。2006~2016年对外依存度年平均增速为3.3%，其中增速最快的阶段是“十二五”期间（2010~2015年），这5年对外依存度的年均增速为3.9%。同期相比，石油的对外依存度年均增速为1.4%，煤炭的年均增速则不到0.1%。这说明“十二五”期间我国的能源消费结构调整的一个重要战略导向是天然气对煤炭、石油等化石能源的替代，并取得了较为显著的成就。但是与世界发达国家相比仍然存在着较大的差距，并在天然气供应方面对外依存度过高则形成供求价格不稳定、能源安全等隐忧。

总体而言，我国的能源结构不合理、人均能源储量低、能源资源分布不均匀、能源对外依存度大且储备体制不健全、能源利用率低等问题，已成为困扰国家能源安全的主要因素。而推进供给侧结构性改革，推进能源革命的主要目标，就是建成“清洁低碳、安全高效”的现代化能源体系，从根本上解决我国能源结构和体制中存在的问题。

1.2.4 可再生能源开发利用亟待突破技术瓶颈和体制机制障碍

全球能源变革趋势将促进世界范围内经济发展方式的低碳转型，并伴随激烈的国际经济、贸易和技术竞争。随着可再生能源技术进步和大规模应用，其成本呈快速下降趋势，陆上风电和太阳能光伏发电成本近 5 年已分别下降 20% 和 60%，预计未来 10 年还将分别下降 25% 和 60% 左右。美国能源部预计 2020 年光伏发电成本可下降到 6 美分/千瓦时，2030 年下降到 3 美分/千瓦时，成为最有经济竞争力的发电技术。当前先进能源技术已成为国际技术竞争的前沿和热点领域，成为世界大国战略必争的高新科技产业，新能源和可再生能源产业以及智慧能源互联网的快速发展将吸引巨额投资，带来新的经济增长点、新的市场和新的就业机会。2015 年全球可再生能源产业就业人数已超过 800 万人，且以年均 5% 以上速度增长。低碳技术和低碳发展能力越来越成为一个国家核心竞争力的体现。

2018 年 5 月，联合国环境规划署、德国法兰克福财经管理大学和彭博新能源财经发布了《2018 全球可再生能源投资趋势》报告，对 2017 年全球可再生能源市场的表现进行了盘点，再次指出太阳能、风电等可再生能源的巨大发展潜力。报告显示，2017 年全球可再生能源总投资达到 2798 亿美元（不包括大型水电），相较于 2016 年的 2416 亿美元，增加了 15.8%，让曾经一度唱衰可再生能源投资市场的人颇为尴尬。其中太阳能发电与其他发电技术相比吸引了更多的投资，达到 1608 亿美元，同比增长 18%，占可再生能源总投资的 57%，远高于煤炭和天然气发电装机容量投资 1030 亿美元，说明太阳能利用前所未有地主导了全球新能源发电投资。世界范围内太阳能装机容量创纪录地增长 98GW（1GW = 1000000kW），远远超过化石能源、核能等其他发电技术的净增量。

在国际社会再次拥抱太阳能的热潮中，中国成为巨大的增长动力源。报告指出，2017 年中国太阳能投资新增 53GW 装机容量，占全球新增装机容量的一半以上，并且投资额同比增长 58%，达到 865 亿美元，占全球太阳能投资规模的 54%。不仅太阳能，放眼可再生能源市场，中国在 2017 年这一领域的投资额比 2016 年增长 31%，达到 1266 亿美元。数据表明，中国已成为世界上最大的可再生能源投资国。

过去，我国发展可再生能源，主要是从保障能源安全、促进经济社会可持续发展的角度出发。随着经济社会的发展，可再生能源又被赋予了节能减排、防治大气污染和应对气候变化等新使命。特别是2017年的《政府工作报告》中，把“蓝天保卫战”写入其中，更加说明在“十三五”时期及以后，可再生能源发展将会被提到更高的战略地位，在我国能源系统中的意义更加重大。

发展可再生能源是我国实现可持续发展、推进生态文明建设的必然选择。

第一，我国能源结构战略升级需要大力发展可再生能源。从2015年全球各国的能源消费结构来看，煤炭消费的占比不足30%，大部分国家是以石油、天然气为主。但包括中国、印度和南非这三个国家的煤炭消费，在一次能源消费中的占比则基本为60%及以上，远远高于其他国家。这就为我国的能源结构调整催生了内生动力，而发展可再生能源则是能源革命的必由之路。

第二，国家对发展可再生能源高度重视，给予了强有力的发展预期和政策支持。发展可再生能源是全球能源的重要发展方向，是应对能源安全和气候变化双重挑战的重要手段。我国政府非常重视可再生能源发展，提出到2020年非化石能源消费在能源消费总量中的比例达到15%、2030年达到20%的宏伟目标。在《可再生能源法》的指导下，出台了强有力的国家级专项规划和一系列配套政策标准，认证、建设、勘察设计能力不断加强。

第三，可再生能源技术持续发展使得成本降低，使其竞争性和优势不断凸显。“十二五”时期，以光伏产业为代表的新能源是成本下降最快、经济性提高显著的能源类型。在光伏领域，依托国家光伏领跑示范基地，推动光伏产品先进性指标不断提升。光伏在2010年的单位千瓦造价为2万元左右，2012年下降到至1.1万元左右，到2016年降至7000元左右。上网电价由最初的1元钱降至目前0.6~0.8元/千瓦时，经济性显著提升。另外，为了发展新能源，在储能技术、多能互补技术以及微电网等方面也进行了有效的试点示范。这些都大大提高了可再生能源的市场竞争性。

第四，大量社会资金与民营企业的加入，加速推动了可再生能源开发建设规模的扩大。到2016年底，全国水电装机达到3.3亿千瓦，其中常规水电站30542万千瓦，抽水蓄能2669万千瓦，位居世界首位。风电并网容量连续7年领跑全球，全国风电并网装机1.49亿千瓦，年发电量2410亿千瓦时，占全社会用电量比重达到4个百分点。从2013年起，我国太阳能产业成为全球最大的新增光伏应用市场，2015年、2016年连续两年位居世界首位。2016年全国光伏并网装机容量在2015年4300万千瓦的基础上，增加到7818万千瓦，发电量600多亿千瓦时，太阳能热利用面积超过4亿平方米。另外，生物质能利用规模达到3500万吨标准煤，开发建设规模已经走在世界前列。

第五，国际社会对气候变化和生态环境的高要求已成为能源领域的重要指标。为了实现我国在《巴黎协定》中的承诺减排目标，我国政府已将低污染、低碳的绿色能源视为未来发展方向，把建设生态文明视为关乎人民福祉、关乎民族未来的大计，提出了“绿水青山就是金山银山”的发展理念。这些都为发展可再生能源奠定了良好基础。

我国可再生能源发展虽然取得了举世瞩目的成就，但是仍然面临以下一些亟待解决的问题。

一是可再生能源利用效率有待提高，产能消纳能力有待提升。主要表现在：我国的资源禀赋与负荷中心呈逆向分布特点，资源和负荷匹配相对较差，且部分地区就地消纳困难；“三北”地区电源结构中调峰电源相对较少，特别是自备电厂供热机组比例较大，在冬季供热期调峰能力进一步受限；我国经济进入了新常态，电力需求放缓，装机出现了相对过剩；辅助服务政策不到位，或落实不力；可再生能源发展建设速度较快，配套电网规划建设相对滞后，电能通道输送能力尚待提高。

二是技术水平有待提高，需通过进一步通过技术进步和产业升级政策降低成本。如水电建设中环保、移民问题，存在开发难度大、成本高、周期长的隐患；海上风电如何有效利用风机装备制造核心技术、微观选址、海上风电设计及施工关键技术的突破等；太阳能高效晶体硅、薄膜产业化、无害化处理、热发电集成技术如何进一步提高转化率，如何实现平价上网，避免弃风限电等问题；生物质天然气集成、航空燃油、绿色生物炼制等关键技术的研发与应用；海洋能、地热能开发尚未达到成熟的应用阶段。

三是补贴资金缺口扩大，需要不断的机制创新来培养和促进可再生能源企业的健康持续发展。可再生能源发展初期，国家和地方政府的鼓励、支持和扶持政策很有必要。目前国家可再生能源发展基金来源单一，电价附加征收难度较大，补贴资金发放滞后，一些风电、光伏发电企业出现资金周转困难、亏损等问题。如沿用现有的技术、成本以及补贴思路，到2020年补贴缺口将扩大到2000多亿元，而现有的补贴方式将难以满足需要，亟待出台新的政策机制，保障可再生能源企业的健康发展。

第2章　我国节能政策的历史演进阶段与效果

新中国成立以来，我国经济发展日新月异，各项建设取得了巨大的成就，同时也付出了巨大的资源和环境代价。正是为了应对能源短缺、解决环境问题，节能概念应运而生，并已成为当今社会的热门话题和焦点所在。节能在一定程度上具有“外部性”的特征，需要政府部门综合运用行政、法律和经济等手段加以解决。经过改革开放40年的发展，我国节能政策体系经历了从无到有、从简单到完善的发展历程。特别是党的十八大以来，面对国际能源发展新趋势、能源供需格局新变化，以习近平同志为核心的党中央高瞻远瞩，提出“能源革命”的战略思想，为我国能源发展指明了方向、明确了目标，能源生产和消费发生巨大变革，发展动力由传统能源加速向新能源转变，能源结构由煤炭为主加速向多元化转变，能源消费得到有效控制，节能降耗取得新成效。

新中国成立至1978年，我国节能相关的政策基本缺失。20世纪80年代初期，在五届全国人大三次会议上，首次提出了“实行能源的开发与节约并重，近期把节约放在优先地位”的方针，明确了节能在能源消费中的战略地位，至此节能作为一项专门工作被纳入国家宏观管理的范畴。20世纪90年代后期，节能政策体系开始逐步建立并步入法制轨道。1998年《中华人民共和国节约能源法》正式实施，成为我国节能管理领域内第一部综合性的法律法规，奠定了节能的基本原则和基础制度。进入21世纪，我国的节能政策体系经历了从“十五”到“十二五”三个完整的“五年规划”历史阶段，从淘汰落后产能，到全面建立和实施节能目标责任考核制；从培育战略性新兴产业到建设生态文明，逐步从大的方针政策、激励措施、技术开发应用、市场新机制、重点用能单位管理、宣传培训等方面对我国的节能工作进行了健全和完善，取得了显著的政策效果。党的十八大以来，以“创新、协调、绿色、开放、共享”五大发展理念为引领，能源发展以坚定的改革步伐，迈向“十三五”新征程。

2.1 1978～2000年：节能法规政策的起步阶段

我国政府从20世纪70年代末至80年代初开始颁布促进节能的法规政策。改革开放刚刚开始，经济建设成为国家工作重点。由于经济建设规模的扩大和建设速度的加快，导致能源供应出现全国性短缺，许多企业陷入“停三开四”的困境中。在这种形势下，政府开始思考如何缓解能源消费紧张，特别是电力供应紧张局面及对经济发展的制约，节能工作开始有组织地开展起来。

1979年，国务院转发了原国家计委《关于提高我国能源利用效率的几个问题的通知》，对我国在能源利用效率方面提出了具体规定。

1980年，邓小平同志提出“能源是经济的首要问题”论断，确立了能源在国民经济中的战略地位。同年10月，国务院发布了《国务院关于压缩各种锅炉和工业窑炉烧油的指令》，原国家计委制定《“六五”节能规划》，提出解决我国能源供应紧张问题的总方针是“开发与节约并重，近期把节约放在首位”。

1981年，国务院先后发布《关于节约成品油的指令》《关于节约用电的指令》和《关于节约石油的通知》。12月，国务院发布《关于严格限制发展小炼油厂和取缔小土炼油炉的通知》。

1982年，中国能源研究会在借鉴国内外经验的基础上，在中国能源政策研究报告中首次提出了制定节能法的建议，国务院先后发布了《关于节约工业锅炉用煤的指令》和《关于发展煤炭洗选加工合理利用能源的指令》。同年，为促进地区能源节约和环境保护，由中国政府、法国政府和联合国开发计划署（UNDP）共同在北京设立具有独立法人资格的事业单位北京节能环保中心，这是我国首家从事节能环保综合性工作和承担政府委托职能的专业机构，标志着节能在我国作为一个独立的行业进入社会生产领域。

1985年，原国家计委制定《“七五”节能规划》。

1986年1月12日，国务院发布了《节能管理暂行条例》。条例对国务院和地方各级人民政府如何部署、协调节能工作做出了明确规定。该条例的发布，是我国节能法律法规建设中的一个重要里程碑，既是之前我国开展节能工作的法律依据，对节能工作起到了巨大的推动作用，也为1997年出台《中华人民共和国节能法》奠定了基础。

1990年，原国家计委出台了《节能监测管理暂行规定》。

1994 年 1 月，原国家经贸委等六部门发布施行《粉煤灰综合利用管理办法》。

1997 年 11 月 1 日，八届人大常委会第 28 次会议通过了《中华人民共和国节能法》（以下简称《节能法》），于 1998 年 1 月 1 日起施行。《节能法》的颁布实施是一项划时代的工作，对于规范我国节能工作，推进全社会节能，提高能源利用效率和经济效益，保护环境，保障国民经济和社会健康发展具有十分重要的意义。《节能法》实施之后，国家又陆续颁布了《重点用能单位管理办法》（1999 年）、《节约用电管理办法》（2000 年）等相关配套法规，全国各地市根据实际情况，也相继出台了 27 部地方性节能法规和 10 部节能程序法，节能法规体系逐渐完善，有力地推动了节能工作向纵深发展。

总体而言，2000 年以前，由于国内经济发展正处于初步上升阶段，能源开发利用在社会生产中基本属于粗放式，政府对节能减排工作处于认识逐渐加深、观念逐渐改变、管理水平逐渐提升，树立节能科学发展观念的引导阶段，系统健全的法规政策机制和强有力的长效工作措施正在逐步形成和完善中。企业出于对节约生产成本的要求自发节能，在能源品种的选择上倾向于价格相对低廉的煤炭等化石能源，对由此带来的高耗能、高污染、高排放在一定程度上缺乏治理和自律的社会责任心。

2.2 “十五”时期：以淘汰落后产能为主的组合政策形成阶段

“十五”（2001～2005 年）期间，随着经济发展逐渐提速，尤其是重工业部门的发展使得能源消费总量快速增长，环境污染日趋严重。为推进经济增长方式转变，中央政府提出了一系列建设资源节约型环境友好型社会、发展循环经济的任务和政策措施。在政策制定方面，中央政府更加重视从顶层设计层面着重树立和落实科学发展观，首次制定并实施了《节能中长期专项规划》《能源效率标识管理办法》等方针政策。在行业发展规划引导方面，以煤炭、电力等能源产业结构调整，淘汰电石、铁合金、焦化、平板玻璃等高耗能产业及落后产品为抓手，制定和实施了更加详细的重点耗能行业发展规划及产业政策，以及部分高耗能行业的准入门槛。从产业结构调整的方向看，重点鼓励水利、核能等可再生能源、汽车工业、航天工业、建筑、交通运输（含铁路、公路、水运、航空）等城市基础设施和房地产、其他服务业、环境保护和资源节约综合利用等产业的发展，着力引导和支持汽车、船舶制造等重点工业耗能行业向节能环保方向健康发展，限制和淘汰了煤炭、电力、石油化工、钢铁、有色金属、建材、医药、机械、轻工、纺织等一批高耗能、高污染和不符合安全生产条件的落后生产能力及落后产品。为推进经济增长方式转变，提出了建设资源节约型社会、发展循环经济的任务，实施了一批节能减排重大项目和首批循环经济试点项目。仅 2005 年一年就启动了 178 项节能、节水和资源综合利用等重大项目，这些项目对能源效率提高，规划目标的实现起到了良好的引导和带动作用。

2.2.1 规范高耗能行业建设行为，淘汰一批落后生产能力

中央政府采取紧缩性宏观经济政策，陆续颁布了防止电石、铁合金、焦化、平板玻璃等高耗能产业盲目扩张，以及淘汰火电机组落后产能的一系列政策文件，重点淘汰了一批高耗能、高污染和不符合安全生产条件的落后生产能力。如《国务院办公厅转发国家经贸委等部门关于从严控制平板玻璃生产能力切实制止低水平重复建设意见的通知》(2001 年)、《国务院办公厅转发发展改革委等部门关于对电石和铁合金行业进行清理整顿若干意见的通知》(2004 年)、《国家发展改革委等部门印发关于清理规范焦炭行业的若干意见的紧急通知》(2004 年)、《国家发展改革委印发关于进一步巩固电石、铁合金、焦炭行业清理整顿成果规范其健康发展的有关意见的通知》(2004 年)、《国家发展改革委关于规范煤矿生产能力核定和严格控制超能力生产的紧急通知》(2005 年)、国家发展改革委印发的公告发布的《电石、铁合金、焦化行业准入条件》(2004 年)、《2010 年前第一批火电机组关停计划》(2005 年）等。此外，国家发展改革委等七部门还联合印发了《关于控制部分高耗能、高污染、资源性产品出口有关措施的通知》(2005 年)，在控制部分高耗能、高污染、资源性产品出口方面，采取了强有力的政策措施，予以防范和纠正。

在电力生产领域，加强电站建设项目管理，重点出台了一些防范无序违规上马建设电站项目的行为。由于我国一方面存在一些地区电力供需矛盾突出，另一方面又存在部分地区和企业从局部利益出发，不顾电力工业发展的客观规律，盲目无序建设电站项目的问题。为此，国务院批转了《国家发展改革委关于坚决制止电站项目无序建设意见的紧急通知》(2004 年)、国务院办公厅随后印发《关于电站项目清理及近期建设安排有关工作的通知》(2005 年)，进一步统一了认识，中央和地方政府各级联动，通力协作，严格把关，加大执法监督工作力度，共同制止和防范违规建设电站项目的行为。

在煤炭生产和供应领域，出台指导意见引导煤炭工业健康发展。随着国民经济的

发展，煤炭需求总量不断增加，资源、环境和安全压力进一步加大。为促进煤炭工业持续稳定健康发展，保障国民经济发展需要，2005 年 6 月 7 日，国务院印发了《关于促进煤炭工业健康发展的若干意见》，该文件提出了“十一五”期间我国煤炭工业发展的指导思想、发展目标和基本原则，从煤炭资源开发监管、煤炭供应、煤矿安全生产保障、煤炭循环经济、煤炭工业法规政策体系等方面提出了 25 条指导意见，成为“十一五”时期引领我国煤炭工业发展的纲领性文件。8 月 22 日，国务院办公厅印发《关于坚决整顿关闭不具备安全生产条件和非法煤矿的紧急通知》（国办发明电〔2005〕21 号），要求立即停产整顿不具备安全生产条件的煤矿，坚决关闭取缔“停而不整”、经整顿仍不达标以及非法生产的矿井，实行联合执法，依法查处违法违规单位和人员，加强领导，建立和落实煤矿整顿关闭工作责任制。9 月 10 日，国家发展改革委办公厅转发了关于认真贯彻国办发明电〔2005〕21 号文件的紧急通知，对关停违法违规生产煤矿工作做出了进一步部署。11 月 1 日，国家发展改革委印发《关于做好整顿关闭不具备安全生产条件和非法煤矿及信息发布工作的通知》。12 月 8 日，国家发展改革委印发《关于加强煤炭基本建设项目管理有关问题的通知》，从完善发展规划、严格建设程序、加快结构调整、提高建设标准、全面调查清理五个方面提出了相关政策措施。

在汽车制造领域，明确引导和培育节能环保型汽车制造产业。汽车制造是工业制造业中的高耗能行业之一，同时也是国家鼓励和扶持发展的支柱产业。中央政府在汽车产业政策的规划和制定上，从一开始就有意识地引导节能环保的生产和消费方式。为适应加入世贸组织后国内外汽车产业发展的新形势，国家发展改革委于 2004 年 5 月 21 日以第 8 号令发布《汽车产业发展政策》，明确国家引导和鼓励发展节能环保型小排量汽车，积极开展电动汽车、车用动力电池等新型动力的研究和产业化，重点发展混合动力汽车技术和轿车柴油发动机技术。1994 年颁布的《汽车工业产业政策》同时废止。2005 年 12 月 25 日，国务院转发发展改革委等部门印发《关于鼓励发展节能环保型小排量汽车意见的通知》，进一步明确了汽车工业生产和消费的发展方向。

在建筑领域，大力推广墙体材料革新和节能建筑。自《国务院批转国家建材局等部门关于加快墙体材料革新和推广节能建筑意见的通知》（国发〔1992〕66 号）下发以来，墙体材料革新和推广节能建筑工作取得了积极进展，新型墙体材料应用范围进一步扩大，技术水平明显提高，节能建筑竣工面积不断增加。但是，全国以粘土砖和非节能建筑为主的格局尚未得到根本改变，毁田烧砖、破坏耕地的现象屡禁不止。特别是城乡建设的快速发展，对建材产品的需求量急剧增加，一些地区实心粘土砖生产呈增长态势。为进一步推进墙体材料革新和推广节能建筑，有效保护耕地和节能，国务院办公厅于 2005 年 6 月 6 日印发了《关于进一步推进墙体材料革新和推广节能建筑的通知》，进一步强调了推进墙体材料革新和推广节能建筑的重要性和紧迫性，明确了工作要求和目标，从制定法规标准、强化监督管理，完善政策机制、加快技术进步，加强组织领导、做好宣传工作几个方面提出了指导意见。

2.2.2 制定专项规划，明确目标导向，节能管理向科学化迈进

1. 制定《节能中长期专项规划》

2004 年 11 月 10 日，国家发展改革委发布了《节能中长期专项规划》（本节简称《规划》），这是改革开放以来制定和发布的第一个节能专项规划，标志着我国的节能减排工作从粗放式管理进入到精细化提升和完善的新阶段。规划将规划期分为“十一五”和 2020 年，重点规划了到 2010 年节能的目标和发展重点，并提出 2020 年的中远期目标。

《规划》是我国能源中长期发展规划的重要组成部分，也是我国中长期节能工作的指导性文件和节能项目建设的依据。

《规划》目标主要包括四部分：①宏观节能量指标。到 2010 年每万元 GDP（1990 年不变价）能耗由 2002 年的 2.68 吨标准煤下降到 2.25 吨标准煤，2003 ~ 2010 年年均节能率为 2.2%，形成的节能能力为 4 亿吨标准煤。2020 年每万元 GDP 能耗下降到 1.54 吨标准煤，2003 ~ 2020 年年均节能率为 3%，形成的节能能力为 14 亿吨标准煤，相当于同期规划新增能源生产总量 12.6 亿吨标准煤的 111%，相当于减少二氧化硫排放 2100 万吨。②主要产品（工作量）单位能耗指标。2010 年总体达到或接近 20 世纪 90 年代初期国际先进水平，其中大中型企业达到 21 世纪初国际先进水平；2020 年达到或接近国际先进水平（见表 2 - 1）。③主要耗能设备能效指标。2010 年新增主要耗能设备能源效率达到或接近国际先进水平，部分汽车、电动机、家用电器达到国际领先水平（见表 2 - 2）。④宏观管理目标。2010 年初步建立与社会主义市场经济体制相适应的比较完善的节能法规标准体系、政策支持体系、监督管理体系、技术服务体系。

《规划》明确了今后一段时期节能工作的重点领域包括重点工业、交通运输、以及建筑、商用和民用三大板块。其中重点工业包括电力、钢铁、有色金属、石油化工、化工、建材、煤炭和机械工业。交通运输领域包括公路运输、新增机动车、城市交通、铁路运输、航空运输、水上运输、农业、渔业机械。建筑、商用和民用领域包括建筑

表 2－1　　2020 年节能中长期规划目标：主要产品单位能耗指标值

主要产品单位能耗	单　位	2000 年	2005 年	2010 年	2020 年
火电供电煤耗	克标准煤/千瓦时	392	377	360	320
吨钢综合能耗	千克标准煤/吨	906	760	730	700
吨钢可比能耗	千克标准煤/吨	784	700	685	640
10 种有色金属综合能耗	吨标准煤/吨	4.809	4.665	4.595	4.45
铝综合能耗	吨标准煤/吨	9.923	9.595	9.471	9.22
铜综合能耗	吨标准煤/吨	4.707	4.388	4.256	4.000
炼油单位能量因数能耗	千克标准油/吨·因数	14	13	12	10
乙烯综合能耗	千克标准油/吨	848	700	650	600
大型合成氨综合能耗	千克标准煤/吨	1372	1210	1140	1000
烧碱综合能耗	千克标准煤/吨	1553	1503	1400	1300
水泥综合能耗	千克标准煤/吨	181	159	148	129
平板玻璃综合能耗	千克标准煤/重量箱	30	26	24	20
建筑陶瓷综合能耗	千克标准煤/平方米	10.04	9.9	9.2	7.2
铁路运输综合能耗	吨标准煤/百万吨换算公里	10.41	9.65	9.40	9.00

表 2－2　　2020 年节能中长期规划目标：主要耗能设备能效指标值

主要耗能设备能效指标值	单　位	2000 年	2010 年
燃煤工业锅炉（运行）	%	65	70～80
中小电动机（设计）	%	87	90～92
风机（设计）	%	75	80～85
泵（设计）	%	75～80	83～87
气体压缩机（设计）	%	75	80～84
汽车（乘用车）平均油耗	升/百公里	9.5	8.2～6.7
房间空调器（能效比）		2.4	3.2～4
电冰箱（能效指数）	%	80	62～50
家用燃气灶（热效率）	%	55	60～65
家用燃气热水器（热效率）	%	80	90～95

物、家用及办公电器、照明器具等。

《规划》提出了十项重点节能工程。包括：燃煤工业锅炉（窑炉）改造工程、区域热电联产工程、余热余压利用工程、节约和替代石油工程、电机系统节能工程、能量系统优化工程、建筑节能工程、绿色照明工程、政府机构节能工程、节能监测和技术服务体系建设工程。规划提出，通过实施上述十项重点节能工程，“十一五”可实现节能2.4亿吨标准煤。

《规划》还从节能优先的方略出发，提出了制定和实施统一协调促进节能的能源和环境政策、促进结构调整的产业政策、强化节能的激励政策，加大依法实施节能管理的力度，加快节能技术开发、示范和推广，推行以市场机制为基础的节能新机制，加强重点用能单位节能管理，强化节能宣传、教育和培训，加强组织领导，推动规划实施等保障措施。

2. 出台相关配套政策

2005年6月27日，国务院印发《关于做好建设节约型社会近期重点工作的通知》，从节能、节水、节材、节地和资源综合利用五个方面提出了建设节约型社会的重点工作，并提出了加快节约资源的体制机制和法制建设七个方面的措施，为全面推进节约型社会建设指明了行动方向，提供了实践抓手。

为贯彻落实《节能中长期专项规划》（发改环资〔2004〕2505号）提出的“制定和实施促进结构调整的产业政策”要求，2005年12月2日，国务院发布实施《关于〈促进产业结构调整暂行规定〉的决定》，要求各省、自治区、直辖市人民政府结合本地区产业发展实际，加强和改善宏观调控，将推进产业结构调整作为当前和今后一段时期改革发展的重要任务，建立责任制，狠抓落实，制订具体措施，合理引导投资方向，鼓励和支持发展先进生产能力，限制和淘汰落后生产能力，防止盲目投资和低水平重复建设，切实推进产业结构优化升级。同日，国家发展改革委以第40号令发布施行首个《产业结构调整目录》（2005年本）。产业结构调整目录将我国当时的产业项目及技术分为539项鼓励类、190项限制类和252项淘汰类三种，同时按产业类别列出了147种落后产品名称。该目录已于2011年6月1日废止。

2.2.3 探索建立电力需求侧管理机制

2004年5月27日，国家发展改革委、电监会印发了《加强电力需求侧管理工作的指导意见》（本段简称《意见》）。《意见》的出台是我国建立电力需求侧管理机制的一个里程碑。电力需求侧管理是一项促进电力工业与国民经济、社会协调发展的系统工程，涉及社会生活的方方面面。“十五”以来，各级政府和有关部门在加强电力需求侧管理工作方面开展了大量工作，并取得了一定的成绩。各有关方面都希望尽快出台关于加强电力需求侧管理的有关法律和法规，以进一步规范各地区的电力需求侧管理活动。但是由于《电力法》正在修改之中，短期出台相应法律和法规的条件尚不成熟，为此，国家发展改革委、国家电力监管委员会在充分听取各方意见的基础上，共同研究形成了《加强电力需求侧管理工作的指导意见》，也为以后制定电力需求侧管理的相关政策法规奠定了基础。

2.2.4 首次施行能源效率标识制度

2004年8月13日，国家发展改革委、质检总局第17号令发布了《能源效率标识管理办法》，自2005年3月1日起施行。这是国家首次对节能潜力大、使用面广的用能产品实行统一的能源效率标识制度。该办法规定我国能效标识应当包括生产者名称或者简称、产品规格型号、能源效率等级、能源消耗量、执行的能源效率国家标准编号等基本内容。同年11月29日，国家发展改革委、质检总局、认监委联合公告发布了《能源效率标识产品目录（第一批）》《中国能源效率标识基本样式》以及家用电冰箱和房间空气调节器两种产品能源效率标识的实施规则，从2005年3月1日起实施。

2.2.5 探索清洁生产审核及清洁发展机制项目运行管理

2004年8月16日，国家发展改革委和环境保护总局发布了《清洁生产审核暂行办法》，自2004年10月1日起施行。清洁生产审核即从生产和服务过程中加强调查和诊断，找出能耗高、物耗高、污染重的原因，提出减少有毒有害物料的使用、产生，降低能耗、物耗以及废物产生的方案，进而选定技术经济及环境可行的清洁生产方案。

根据《联合国气候变化框架公约》和《京都议定书》的规定，以及缔约方会议的有关决定，国家发展改革委等部门共同对2004年6月30日生效的《清洁发展机制项目运行管理暂行办法》进行了修订，于2005年10月12日起施行了新修订的《清洁发展机制项目运行管理办法》。明确规定在我国开展清洁发展机制项目的重点领域是以提高能源效率、开发利用新能源和可再生能源以及回收利用甲烷和煤层气为主。该项目运行管理办法已于2011年8月3日废止。

2.2.6 “十五”时期的节能效果

“十五”时期，由于我国经济运行主要依靠投资驱动，出现了货币信贷投放过快，煤电油运紧张等问题，节能工作的主要目的是缓解能源紧张。一方面，中央政府采取紧缩性宏观经济政策，陆续颁布了防止电石、铁合金、焦化、平板玻璃等高耗能产业盲目扩张的政策文件，以及淘汰火电机组落后产能、促进煤炭工业健康发展的一系列指导性意见。另一方面，节能管理也逐步由粗放式管理向规范化、科学化转变探索，标志性文件是2004 年出台的《节能中长期专项规划》，成为“十一五”以至今后较长一段时期指导节能工作的纲领性文件，为健全和完善节能政策体系奠定了基础。此外，还在规范和引导电力需求侧管理、实施能源效率标识制度、开展清洁生产审核及清洁发展机制项目运行方面进行了探索。

2005 年，我国的万元增加值能耗为1.63 吨标准煤/万元（按2000 年可比价计算），由于高耗能行业过剩产能问题较大，与2000 年相比总体能源强度并没有明显改善。部分高耗能产品综合能耗有了不同程度的下降，但是与国际先进水平仍然差距甚大。与2000 年相比，火电供电煤耗由392 克标准煤/千瓦时降到370 克标准煤/千瓦时，下降了5.6%；大中型企业吨钢综合能耗由906 千克标准煤/吨降到760 千克标准煤/吨，下降了23.4%；水泥综合能耗下降了0.6%；乙烯综合能耗下降了4.6%；烧碱综合能耗下降了9.9%；平板玻璃综合能耗下降了9.2%；建筑陶瓷综合能耗下降了2.1%。

2.3 “十一五”时期：以节能目标责任考核为主的多种节能政策组合推进阶段

2005 年，我国铁合金生产企业有1570 家，生产能力2200 万吨，但当年铁合金产量为1067 万吨，产能利用率仅48%；电石生产企业有440 多家，生产能力已达1700 万吨，当年产量894 万吨，设备开工率仅53%；焦化生产企业约有1400 多家，机焦生产能力达3 亿吨以上，当年焦炭产量2.3 亿吨，产能利用率不足70%；电解铝生产企业有95 家，生产能力达1070 万吨，占全球40%以上，但闲置产能达290 万吨，产能利用率仅占72.9%。一方面，落后产能成为提高供应整体水平、完成节能减排任务、实现可持续发展的严重制约；另一方面，落后产能还与先进产能争市场、抢资源，在市场缺乏完善的优胜劣汰机制条件下，落后产能甚至可能驱逐先进产能。加快淘汰落后产能，既是实施节能减排的内在要求和关键措施，也是建立完善落后产能有效退出机制、引导产业结构调整升级的必然选择和有效途径。但是，20 多年来粗放式经济增长带来的“先污染、后治理”传统思维仍然广泛存在。由于缺乏科学的政绩观和严格的考核评价制度，仍有相当一部分地方政府对节能工作的重要性认识不足，对中央政策的响应执行力度不够，热衷于追求地方经济效益，把节能工作停留在喊喊口号、做做样子的层面，在淘汰落后高耗能生产能力和设备方面对中央政策贯彻执行力度不足，节能管理水平整体有待提升。因此，统一思想和认识，全面树立科学发展观，从顶层设计上将节能减排规划与节能目标任务分解考核机制相结合，确保淘汰落后产能规划及节能减排约束性目标的顺利实现，推动经济社会切实转入科学发展的轨道，就成为"十一五"（2006～2010年）期间宏观调控和节能工作的当务之急。

伴随着我国经济快速发展下的资源与环境制约作用凸显，节能的战略地位在国家社会经济战略中逐步得到强化。自从《国民经济和社会发展第十一个五年规划纲要》明确了节能降耗的目标以后，中央政府把节能减排作为贯彻落实科学发展观和宏观调控的重点，作为加快调整经济结构和转变经济发展方式的突破口，从行政措施到经济措施，从组织建设到全民宣传，以前所未有的力度和广度，掀起了21世纪的节能高潮。

2.3.1　2006年

2006年是"十一五"规划开局之年，在党中央、国务院的高度重视下，各级政府及相关职能部门认真贯彻落实科学发展观，把节能降耗和污染减排作为调整经济结构、转变增长方式的重要抓手，节能工作力度明显加大。可以说，2006年是"十一五"期间中央政府节能政策与措施出台最频繁的年度，仅从国家发展改革委网站上可查到的涉及钢铁、电力、煤炭、有色等高耗能行业结构调整、淘汰落后产能的政策文件就超过40个。从国务院发布《"十一五"规划纲要》到进一步发布《关于加强节能工作的决定》，强调把节能工作放在更加突出的战略地位，再到下达各地区单位生产总值能源消耗降低率指标，把能源强度下降率作为约束性指标对各级政府进行考核评价，都表明了我国大力抓节能减排的决心与魄力。从抓政府节能创建节约型机关到开展千家企业节能减排行动，从不遗余力地加快推进钢铁、电力、煤炭等10个高耗能行业结构调整，淘汰落后产能，到组织实施十大重点节能工程项目，都取得了切实显著的节能效果。2006年单位国内生产总值能耗比上年下降1.23%，是2003年以来首次出现下降，实现节能3000万吨标准煤。主要污染物排放增幅减缓，节能减排工作取得积极进展。

2006年，我国的能源消费总量为28.6亿吨标准煤，其中煤炭消费占能源消费总量的72.4%，电力消费仅占7.4%。当年美国的终端能源消费总量是中国的1.23倍，人均电力消费量却是中国人的近7倍。这一方面说明我国的能源消费结构和利用效率与世界发达国家相比，仍有着相当大的差距；另一方面也说明，长期以来形成的粗放式经济发展方式，造成多个高耗能高污染高耗水产业无序增长，产业结构不合理。节能减排工作面临着巨大的挑战。虽然 2006 年全国能源消费总量比 2005 年增长了 9.6%，没有实现年初制定的万元 GDP 能耗降低 4% 和主要污染物排放减少 2% 的目标，但是能源消费弹性系数从 2005 年的 1.18 下降到了 2006 年的 0.76，下降了 35.6%。基本扭转了 2005 年以及 2006 年上半年单位 GDP 能耗同比上升的趋势。钢铁行业基本淘汰了 100 立方米以下的小高炉和 15 吨以下的小转炉，水泥行业淘汰落后产能近 2000 万吨，煤炭行业淘汰落后产能 1.1 亿吨，电解铝自焙槽全部淘汰。在重点节能工程项目的实施推进中，安排国债补助资金 6.8 亿元，支持了 111 个重点节能项目，带动社会投资 107 亿元。各省财政投入近 5 亿元，用于支持节能重点工程。开展千家企业节能行动，实现企业节能 2000 多万吨标准煤。此外，还组织开展了节能宣传周活动和一系列节能科普宣传活动，节约资源能源的社会氛围愈加浓厚。虽然在节能规划的起步阶段，没有完成当年的目标，但是出现了向下降方向的趋势拐点，其意义极为重大和深远，说明只要政府重视，通过坚持不懈的努力就会有成效，增强了政府继续加大节能降耗的决心和信心。

1. 加快淘汰落后产能，推进产业结构调整

加快淘汰落后产能，推进工业结构优化升级，是“十一五”时期重大而艰巨的任务。3 月 12 日，国务院印发了《关于加快推进产能过剩行业结构调整的通知》（本段简称《通知》）。该《通知》指出钢铁、电解铝、电石、铁合金、焦炭、汽车等行业产能已经出现明显过剩；水泥、煤炭、电力、纺织等行业在建规模很大，也潜藏着产能过剩问题。如果不抓紧解决，将会进一步加剧产业结构不合理的矛盾，影响经济持续快速协调健康发展。《通知》要求以科学发展观为指导，依靠市场，因势利导，控制增能，优化结构，区别对待，扶优汰劣，力争今年迈出实质性步伐，经过几年努力取得明显成效。《通知》明确了防止固定资产投资反弹，严格控制新上项目，淘汰落后生产能力，推进技术改造，促进兼并重组，加强信贷、土地、建设、环保、安全等政策与产业政策的协调配合，深化行政管理和投资体制、价格形成和市场退出机制等方面的改革，健全行业信息发布制度等重点措施。

为加快产业结构调整促进产业升级，国家发展改革委及相关部门陆续颁布了涉及有色（铝、铅锌、铜冶炼）、钢铁、水泥、焦化、铁合金、电石、煤炭、电力、纺织、平板玻璃等 10 个高耗能行业加快结构调整的意见，主要内容是“压小上大”，通过关、停、并、转等方式建立大型企业集团，促进生产效率和能源利用效率的提高，淘汰这些行业的落后生产能力，遏制投资盲目过快增长。国家发展改革委、财政部等 8 部门印发了《关于钢铁工业控制总量淘汰落后加快结构调整的通知》《关于加快水泥工业结构调整的若干意见的通知》，同时，国家发展改革委印发了《关于防止高耗能行业重新盲目扩张的通知》，要求各地区、各单位认真贯彻国家产业政策和有关法律法规，从严控制新建项目特别是高耗能项目，科学调度合理利用现有电力资源，坚决取消违规出台的优惠电价等政策措施，加强督促检查切实贯彻执行调控措施。为了充分发挥生产许可制度在贯彻国家产业政策中的作用，防止重复建设，有效解决部分行业产能过剩问题，国家质量监督总局、国家发展改革委还联合印发了《关于工业生产许可工作中严格执行国家产业政策有关问题的通知》，要求工业产品生产许可工作要严格执行国家产业政策，对国家明令淘汰的落后工艺设备生产企业要严把市场准入关，把符合产业政策作为企业申请取得生产许可证的必要条件。这些政策措施的施行，有效地强化了宏观调控，促进了国民经济与社会的平稳较快发展。

2. 施行节能目标责任考核评价制度，加强节能管理

节能目标责任考核评价制度正式施行。3 月 14 日，中央政府发布《“十一五”规划纲要》（本段简称《纲要》)。《纲要》首次提出了“十一五”期间单位国内生产总值能耗降低 20% 左右，主要污染物排放总量减少 10% 的约束性指标，并建议按照“控制总量、淘汰落后、加快重组、提升水平”的原则，着力解决冶金、化工、建材、轻纺工业中的过剩和落后产能，加快调整原材料工业的结构和布局，推进工业结构优化升级。《纲要》明确节能减排的这两项量化指标是约束性指标，在相对于预期性指标主要依靠市场主体的自主行为实现的基础上，进一步明确并强化了政府要通过合理配置公共资源和有效运用行政力量确保实现目标的责任，要求各地区将约束性指标纳入本地区经济社会发展“十一五”规划并制订年度计划，并层层分解落实到市（地)、县。受国务院委托，国家发展改革委与 31 个省（市、区）政府、新疆生产建设兵团和 14 家中央企业签订了节能目标责任书，实施节能考核指标公报制度，部分地区将 GDP 能耗指标纳入政府领导班子考核指标体系，山东省、陕西省、华能集团等试行节能“一票否决制”。这是我国节能减排发展史上里程碑式的指标，也是一次重大的节能管理机制创新，标志着国家对节能减排效果评价机制由粗放式定性评估向精细化定性与定量相结合的考核评价制度转型和提升。

9 月 17 日，国务院下达《关于“十一五”期间各地区单位生产总值能源消耗降低指标计划的批复》（本段简称《批复》)。该《批复》明确指出“十一五”期间全国单位国内生产总值能源消耗降低 20% 左右，是《“十一五”规划纲要》确定的约束性指标，各省（区、市）人民政府必须严格执行，确保完成计划确定的本地区单位生产总值能源消耗降低指标。这是我国首次以国内生产总值能源消耗下降率作为约束性目标，对全国各级政府进行节能目标考核，并要求各级政府对节能目标层层分解和落实，标志着节能目标责任考核评价制度正式拉开序幕。

转变观念，强化节能管理。8 月 6 日，国务院发布《关于加强节能工作的决定》（本段简称《决定》）。该《决定》指出，制约我国经济和社会发展的重要因素是能源问题。节能是缓解能源约束，减轻环境压力，保障经济安全，实现全面建设小康社会目标和可持续发展的必然选择，体现了科学发展观的本质要求，是一项长期的战略任务，必须摆在更加突出的战略位置。各级政府领导要把工作的着力点切实转到抓节能降耗，转变增长方式上来，加大政府推动的力度，建立严格的管理制度，解决实现节能目标的支撑条件。《决定》要求从加快构建节能型产业结构、抓好重点领域节能、大力推进节能技术进步、加大节能监督管理力度、建立健全节能保障机制、加强节能管理队伍建设和基础工作等六个方面全面加强节能工作。

3. 开展政府和企业节能行动

强化政府率先节能的示范作用。2 月 24 日，国家发展改革委发布《关于加强政府机构节约资源工作的通知》。要求各级政府机关要进一步统一思想，转变观念，强化科学发展观、政绩观，自觉接受社会和群众的监督，发挥模范带头作用，努力建设节约型机关。

开展企业节能行动。4 月 7 日，国家发展改革委等部门共同印发了《千家企业节能行动实施方案》。千家企业是指钢铁、有色、煤炭、电力、石油石化、化工、建材、纺织、造纸等 9 个重点耗能行业规模以上独立核算企业，2004 年企业综合能源消费量达到 18 万吨标准煤以上，共 1008 家。2004 年千家企业综合能源消费量为 6.7 亿吨标准煤，占全国能源消费总量的 33%，占工业能源消费量的 47%。通过开展千家企业节能行动，突出抓好高耗能行业中高耗能企业的节能工作，强化政府对重点耗能企业节能的监督管理，促进企业加快节能技术改造，加强节能管理，提高能源利用效率，提高企业经济效益，缓解经济社会发展面临的能源和环境约束，确保实现“十一五”规划目标和全面建设小康社会目标。

4. 启动十大重点节能工程项目，并出台奖励政策

7 月 25 日，国家发展改革委会同相关部门共同发布了《关于印发“十一五”十大重点节能工程实施意见的通知》。在政策支持下，贯穿整个“十一五”期间，中央财政持续对燃煤工业锅炉（窑炉）改造、区域热电联产、余热余压利用、节约和替代石油、电机系统节能、能量系统优化、建筑节能、绿色照明、政府机构节能、节能监测和技术服务体系建设十大重点节能技术改造工程实行“以奖代补”政策，每节约一吨标准煤由中央财政将给予企业200~250元的奖励。与此同时，部分地方政府也拿出部分财政资金，对重点节能工程项目予以了补贴。

2.3.2 2007年

2007年是实施“十一五”规划纲要的具体部署和执行年。党中央、国务院把节能减排工作摆到了一个非常重要、突出的位置，提出并实施了《节能减排综合性工作方案》，建立节能减排指标体系、监测体系、考核体系和目标责任制，围绕淘汰高耗能行业及落后生产力提高能源效率，调整优化产能过剩行业产业结构，逐步完善有利于节能减排的政策机制。持续加大产业结构调整力度，对总投资近1.5万亿元的377个项目做出了不予审批或暂缓审批的决定。依法淘汰一大批落后生产能力，关停小火电2157万千瓦、小煤矿1.12万处、落后造纸企业2018家、化工企业近500家、纺织印染企业400家，淘汰落后炼铁产能4659万吨、炼钢产能3747万吨、水泥产能8700万吨、平板玻璃产能650万重箱。启动十大重点节能工程。燃煤电厂脱硫工程取得突破性进展，工业二氧化硫排放减少约346万吨。加强公共机构、千家企业等重点领域节能。经过各方面努力，节能减排取得积极进展，当年全国能源消费量增速比2006年有所缓减，能源消费弹性系数下降了0.17个百分点，为0.59，这表明经济增长对能源的依赖程度有所降低。当年单位国内生产总值能耗比上年下降3.27%，实现节能1.9亿吨标准煤。二氧化硫和化学需氧量排放总量分别下降了4.66%和3.14%，首次实现了双下降。可以说，2007年是从认识到实践都发生了重要转变、节能政策措施成效凸显的一年。

1. 制定综合性工作方案及配套政策，持续推进高耗能、高污染行业结构调整和淘汰落后生产力

5月23日，国务院印发了《“十一五”节能减排综合性工作方案》（本段简称《方案》）。《方案》明确指出要建立健全节能减排工作责任制和问责制，一级抓一级，层层抓落实，形成强有力的工作格局，首次明确“地方各级人民政府对本行政区域节能减排负总责，政府主要领导是第一责任人”。《方案》共提出了43项具体措施，涵盖能源结构调整、政府管理机制创新、节能减排重点工程项目、节能技术的研发与应用、节能服务市场与节能技术标准建设、能源的节约与高效利用、循环经济试点的深入开展、多元化监督管理体系的建立健全、增强税收信贷等经济调控手段改革力度、加大宣传教育力度等11个方面。《方案》还明确了限时淘汰小火电等13个行业落后产能和实现节能减排的具体任务及目标（如表2-3所示）。

表2-3　“十一五”期间13个高耗能行业淘汰落后产能具体任务与目标

行业	内　容	单　位	“十一五”时期	2007年
电力	实施“上大压小”关停小火电机组	万千瓦	5000	1000
炼铁	300立方米以下高炉	万吨	10000	3000
炼钢	年产20万吨及以下的小转炉、小电炉	万吨	5500	3500
电解铝	小型预焙槽	万吨	65	10
铁合金	6300千伏安以下矿热炉	万吨	400	120
电石	6300千伏安以下炉型电石产能	万吨	200	50
焦炭	炭化室高度4.3米以下的小机焦	万吨	8000	1000
水泥	等量替代机立窑水泥熟料	万吨	25000	5000
玻璃	落后平板玻璃	万重量箱	3000	600
造纸	年产3.4万吨以下草浆生产装置、年产1.7万吨以下化学制浆生产线、排放不达标的年产1万吨以下以废纸为原料的纸厂	万吨	650	230
酒精	落后酒精生产工艺及年产3万吨以下企业（废糖蜜制酒精除外）	万吨	160	40
味精	年产3万吨以下味精生产企业	万吨	20	5
柠檬酸	环保不达标柠檬酸生产企业	万吨	8	2

在电力工业领域，加快关停小火电机组。1月20日，国家发展改革委、能源办印发《关于加快关停小火电机组若干意见的通知》（本段简称《通知》）。该《通知》指出，经济快速发展引发电力工业快速无序发展，造成电力结构不合理，特别是能耗高、污染重的小火电机组比重过高，成为制约电力工业节能减排和健康发展的重要因素。“抓住当前经济社会发展较快、电力供求矛盾缓解的有利时机，加快关停小火电机组，推进电力工业结构调整，对于促进电力工业健康发展，实现‘十一五’时期能源消耗降低和主要污染物排放减少的目标至关重要。”3月2日，国家发展改革委办公厅印发《关于编制小火电机组关停实施方案有关要求的通知》，进一步提出了具体工作要求。8月2日，国务院办公厅转发发展改革委等部门共同拟定的《节能发电调度办法（试行）》，明确了节能发电调度的基本原则和适用范围，各类发电机组的序位、机组发电组合方案的制订、机组负荷分配与安全校核、机组检修、调峰、调频及备用容量安排、

信息公开与监管等内容。

在煤炭工业领域，开展煤矿整顿关闭工作，出台指导意见促进煤炭工业节约、清洁、安全和可持续发展。4 月 26 日，国家发展改革委印发《关于进一步做好 2007 年煤矿整顿关闭工作的通知》，明确要求各级政府、各地区提高对做好煤矿整顿关闭工作的认识，认真负责地落实好各类关闭煤矿名单，全面落实“十一五”时期小煤矿数量控制目标，年底之前确保关闭 4000 处煤矿，基本完成煤炭资源整合工作。7 月 3 日，国家发展改革委和环保总局共同印发了《煤炭工业节能减排工作意见》，明确了煤炭工业发展的指导思想、基本原则和节能减排目标，就煤矿设计、生产、洗选加工、资源保护和综合利用、保障措施等环节提出了重要指导性意见。

在其他高耗能工业领域，提出了加快推进结构调整的一系列政策措施及相关要求。2 月 18 日，国家发展改革委办公厅印发了《关于做好淘汰落后水泥生产能力有关工作的通知》，要求 2008 年底前各地要淘汰各种规格的干法中空窑、湿法窑等落后工艺技术装备，进一步消减立窑生产能力，有条件的地区要淘汰全部立窑。地方各级人民政府要依法关停并转年产规模小于 20 万吨和环保或水泥质量不达标企业的生产能力。

国务院《关于发布实施〈促进产业结构调整暂行规定〉的决定》（国发〔2005〕40 号）和《关于加快推进产能过剩行业结构调整的通知》（国发〔2006〕11 号）下发后，国家发展改革委会同工信部等有关部门配套制定了加快产能过剩行业结构调整指导意见，陆续公告了氯碱（烧碱、聚氯乙烯）、玻璃纤维、焦化、铝、铁合金、铅锌冶炼、电石、平板玻璃等高耗能行业的准入条件，并对造纸、酒精、味精、柠檬酸等行业制定了淘汰落后产能工作方案。在各方面的共同努力下，这些宏观调控的政策措施逐步得到贯彻落实，产能过剩行业盲目发展的势头一度得到遏制，加之一些高耗能行业受电力和原材料供应紧张局面的制约，投资增幅明显回落。但进入 2007 年后，国内能源供应，特别是电力供需矛盾总体缓解，高耗能行业又开始在一些地区盲目扩张，一些地方政府还违反产业政策规定，出台了一些鼓励高耗能产业发展的优惠政策，把高耗能产业作为招商引资的重点，致使 2007 年一季度大多数高耗能产品的产量增长幅度都在 20% 以上，其中粗钢产量增长 22. 3%、铁合金增长 44. 4%、电解铝增长 36. 6%、焦炭增长 23. 7%、电石增长 34. 1%。某些高耗能行业投资增长幅度居高不下，给节能减排任务的完成增加了很大的难度。为此，4 月 29 日，国家发展改革委印发了《关于加快推进产业结构调整遏制高耗能行业再度盲目扩张的紧急通知》，要求：严把钢铁、电解铝、铜冶炼、铁合金、电石、焦炭、水泥等产能过剩行业，特别是新上高耗能项目投资关；坚决取缔违规出台的鼓励高耗能产业发展的各项优惠政策；认真贯彻国家产业政策和有关法律法规，积极推进产业结构调整；进一步提高行业准入门槛，淘汰能耗高、污染严重的落后生产能力；加强产业政策与国土、信贷、环保等政策的协调配合和市场监管；加强督促检查，确保政策措施落实到位。12 月 21 日，国家发展改革委、电监会印发了《关于取消电解铝等高耗能行业电价优惠有关问题的通知》，从能源价格方面加强了对高耗能行业的发展制约。

6 月 27 日，国家发展改革委办公厅印发《关于请报送造纸、酒精、味精、柠檬酸行业淘汰落后产能分年度计划方案的通知》，从目标任务、依据标准、工作要求三个方面推进了造纸、酒精、味精、柠檬酸行业淘汰落后产能的步伐。10 月 22 日，国家发展改革委、环保总局联合印发《关于做好淘汰落后造纸、酒精、味精、柠檬酸生产能力工作的通知》，进一步指明了工作原则、强调了依据标准和工作要求、确定了“十一五”总体目标任务和年度目标任务，为这些行业的淘汰落后产能目标更加明确，节能工作更加具有实操性。

针对一些地方出现部分企业不认真执行国家法律、法规和产业政策，将国家明令淘汰的设备转为它用的问题，8 月 14 日，国家发展改革委印发《关于禁止落后炼铁高炉等淘汰设备转为它用有关问题的紧急通知》。10 月 23 日，再次印发《关于严格禁止落后生产能力转移流动的通知》，明确指出淘汰落后生产能力不仅是调整经济结构、强化节能减排的一项重要措施，也是保护能源资源和生态环境、实现经济和社会可持续发展的历史责任；淘汰落后绝不是简单地将落后能力推出门外，甩包袱，而是要彻底消除浪费能源资源和污染环境的源头；产业转移也不是企业装备设施的简单搬迁，生产能力易地，而是在区域经济要素优势变化的情况下，产业在不同地区实现新的发展。要求各地必须高度重视，采取切实可行的措施加以制止落后炼铁高炉等淘汰设备转为它用。

在结构调整推进过程中为更好地体现“突出重点、有保有压、区别对待、扶优限劣”的政策导向，国家发展改革委及相关部门还发布了造纸产业政策、新能源汽车生产准入管理规则，公布国家重点支持的大型水泥企业（集团）名单，对已经关停或者在年度计划中应予以关停的小火电机组、煤矿、以及淘汰落后生产能力的电石、铁合金、焦化、水泥企业名单予以公告。

可以说，按照《“十一五”综合方案》的要求，持续推进高耗能、高污染行业结构调整，加快淘汰落后生产能力是国家在“十一五”期间促进产业结构优化升级、转变经济增长方式、实现节能减排目标的一项最具成效的举措。

2. 研究出台《节能发电调度办法（试行）》，并开展相关试点工作

8 月 2 日，国务院办公厅印发了《节能发电调度办法（试行）》。随后，电监会、国家发展改革委、环保部联合出台了《节能发电调度信息发布办法（试行）》。节能发电调度是指在保障电力可靠供应的前提下，按照节能、经济的原则，优先调度可再生发电资源，按机组能耗和污染物排放水平由低到高排序，依次调用化石类发电资源，最大限度地减少能源、资源消耗和污染物排放。这是对当时改革发电调度方式、开展节能发电调度、减少能源消耗和污染物排放的重要尝试。12 月 19 日，国家发展改革委印发了《节能发电调度试点工作方案和实施细则（试行）》，进一步推动节能发电调度方式在电网企业的应用实践。上述工作构成了我国日后发展和深化电力需求侧管理机制的基础。

3. 建立健全节能减排统计监测与考核评价机制

11 月 17 日，国务院批转国家发展改革委、国家统计局和国家环境保护总局共同制定的《节能减排统计监测及考核实施方案和办法》，主要目的是建立和完善我国的能源和污染物排放统计、监测与考核制度，强化政府和相关企业的责任，充分发挥节能减排的政策指导作用，同时发挥社会舆论的监督作用，促使“十一五”节能减排约束性目标的顺利实现。它主要包括三个实施方案，即《单位 GDP 能耗统计指标体系实施方案》《单位 GDP 能耗监测体系实施方案》《单位 GDP 能耗考核体系实施方案》，分别从单位 GDP 能耗统计、监测和考核方面，主要污染物总量减排统计、监测和考核方面进行了详细的规定。

4. 节能管理政策逐步向建筑、金融、公共机构等重点用能领域渗透

首次在固定资产投资项目管理领域制定节能政策。2006 年 12 月 12 日，国家发展改革委印发《关于加强固定资产投资项目节能评估和审查工作的通知》，首次将节能评估和审查作为固定资产投资项目立项审批的前置性条件纳入项目管理，自 2007 年 1 月 1 日施行。该通知要求要充分认识加强固定资产投资项目节能评估和审查工作的重要性，开展好固定资产投资项目节能评估和审查工作。对地方政府审批、核准项目以及对固定资产投资项目节能评估和审查工作的监督管理提出了要求。2007 年 1 月 5 日，国家发展改革委接着印发了《固定资产投资项目节能评估和审查指南（2006）》，为做好固定资产投资项目（含规划、新、改、扩建工程）的节能评估和审查工作，提供了相关法律法规、产业和技术政策、标准和设计规范的技术支撑，使得固定资产投资项目进一步走上规范化、标准化、科学化轨道。

首次实施政府强制采购节能产品制度。7 月 30 日，国务院办公厅印发《关于建立政府强制采购节能产品制度的通知》，要求切实加强政府机构节能工作，发挥政府采购的政策导向作用，在积极推进政府机构优先采购节能节水产品的基础上，选择部分节能效果显著、性能比较成熟的产品，予以强制采购。12 月 13 日，财政部和国家发展改革委联合发布了《首批政府强制采购节能产品清单》，电视机、电脑、打印机等九类产品被列为首批政府强制采购的节能产品。标志着我国实施政府强制采购节能产品制度的确立。

强化公共建筑空调用能管理。6 月 1 日，国务院办公厅印发《关于严格执行公共建筑空调温度控制标准的通知》，阐述了公共建筑空调用能管理中存在的问题，就严格执行公共建筑空调温度控制标准做出了明确规定。要求所有公共建筑内的用能单位，包括国家机关、社会团体、企事业组织和个体工商户，除医院等特殊单位以及在生产工艺上对温度有特定要求并经批准的用户之外，夏季室内空调温度设置不得低于 26℃，冬季室内空调温度设置不得高于 20℃。

出台相关金融政策，为节能减排重点工程、高效节能产品推广应用提供资金保障。6 月 29 日，中国人民银行出台了《关于改进和加强节能环保领域金融服务工作的指导意见》；11 月 23 日，银监会制定了《节能减排授信工作指导意见》。两个指导意见都从落实科学发展观、促进经济社会环境全面可持续发展、确保银行业金融机构安全稳健运行的战略高度出发，要求银行业金融机构及时跟踪国家确定的节能重点工程和节能技术服务体系等项目，有重点地给予信贷支持。提出强化对节能服务产业的金融支持，鼓励银行等金融机构创新信贷产品，拓宽担保品范围，简化申请和审批手续，为节能服务公司提供项目融资、保理等金融服务。节能服务公司实施合同能源管理项目投入的固定资产可按有关规定向银行申请抵押贷款。此外，有关银行还对贷款实行差别定价，严控对高耗能、高污染企业的信贷投入；加大对节能环保企业和项目的信贷支持，改善节能环保领域的直接融资服务。

12 月 18 日，财政部和国家发展改革委联合印发了《高效照明产品推广财政补贴资金管理暂行办法》，国家安排专项资金，支持高效照明产品的推广使用。

5. 推进可再生能源开发利用

发布首个《可再生能源中长期发展规划》。8 月 31 日，国家发展改革委印发《可再生能源中长期发展规划》（本段简称《规划》）。这是我国为了加快可再生能源发展，促进节能减排，积极应对气候变化，更好地满足经济和社会可持续发展的需要，在总结我国可再生能源资源、技术及产业发展状况，借鉴国际可再生能源发展经验基础上，研究制定的首部可再生能源中长期发展规划。《规划》提出了从当前到2020年期间我国可再生能源发展的指导思想、主要任务、重点领域和保障措施。《规划》指出，我国可再生能源中长期发展的重点是水能、生物质能、风能和太阳能。加快可再生能源电力建设步伐，到2020年建成水电3亿千瓦、风电3000万千瓦、生物质发电3000万千瓦、太阳能发电180万千瓦。鼓励太阳能热利用技术应用，到2020年建成太阳能热水器面积3亿平方米。继续推广户用沼气和畜禽养殖场沼气工程，加快生物质成型燃料的推广应用，到2020年，实现沼气年利用440亿立方米、生物质成型燃料5000万吨。积极发展非粮生物液体燃料，到2020年形成年替代1000万吨石油的能力。政府采取强制性市场份额、优惠电价和费用分摊、资金支持和税收优惠、建立产业服务体系等政策和措施，积极支持可再生能源的技术进步、产业发展和开发利用，努力实现规划提出的，到2010年使可再生能源消费量占到能源消费总量的10%，2020年提高到15%的发展目标。

开展农村生物质能综合利用示范项目。为促进农村生物质能的开发利用，按照《可再生能源发展专项资金管理暂行办法》（财建〔2006〕237号）要求，国家发展改革委和财政部决定实施农林废弃生物质能综合利用示范项目。11月5日，国家发展改革委办公厅、财政部办公厅共同印发了《关于请组织申报2007年生物质能综合利用示范项目的通知》，明确依据农村生物质能利用现状及发展目标，通过支持主要包括生物质成型燃料、畜禽养殖场沼气发电、生物质气化（炭化）发电在内的农林废弃生物质能的开发利用及产业化发展，促进生物质能技术进步，培育农村新型产业，增加农村清洁能源供应，推动社会主义新农村建设。国家财政按项目投资一定比例给予补助，其余资金由项目投资单位自筹解决。各地区发展改革部门负责协调示范项目的建设用地、规划、环保和并网等建设条件。

6. 强化重点用能单位管理，开展全民节能行动

开展千家企业能源利用状况分析评价工作。为及时反映2006年千家企业能源利用状况，国家发展改革委对千家企业能源消费状况、单位产品能耗水平、能源管理情况以及用能技术装备状况等进行了分析汇总，编制并发布了《千家企业能源利用状况公报（2007）》（本段简称《公报》）。该《公报》表明，2006年，千家企业能源消费量为7.97亿吨标准煤，比2005年增长8.6%，能源消费量约占全国能源消费总量的1/3，占工业能源消费量的50%左右；千家企业能源消费量中，原煤占36.10%，原油占21.30%，电力占12.97%，焦炭占8.91%，热力占1.91%，天然气占1.48%，其他能源占17.33%；千家企业能源消费量前六位的地区依次是：山东、河北、辽宁、山西、江苏、河南省，能源消费量占千家企业能源消费总量的50.50%。千家企业能源消费量前四位的行业是钢铁、电力、化工、石油石化等四个行业，占千家企业能源消费量的82%。根据国家统计局2006年主要耗能产品单位能耗指标计算，千家企业共节能1492万吨标准煤。加上其他产品节能量，2006年节能量约2000万吨标准煤。钢铁、化工、电力、石油石化四个行业的节能量占总节能量的92%。《公报》指出，千家企业一般实行厂级、车间和用能设备三级能源管理，能源管理工作覆盖到了企业生产全过程。95%以上的企业都建立了专职或兼职的能源管理机构，配备了相关能源管理人员，能源管理水平正逐步加强。50%以上的企业能源统计管理基础较好，统计机构健全，统计人员业务素质较高；20%以下的企业能源统计基础较为薄弱。对千家企业能源审计报告的汇总分析表明，现阶段技术装备的先进性是决定工业企业能耗水平的关键因素。

加强中小企业节能管理。为了进一步推进企业节能减排的工作力度，11月27日，国家发展改革委印发了《关于做好中小企业节能减排工作的通知》（本段简称《通知》）。该《通知》指出，我国中小企业发展迅速，已成为推动经济社会发展的重要力量。当前，中小企业发展中存在着总体素质不高、增长方式粗放、结构不合理等问题，相当一部分中小企业工艺和装备落后，资源利用率低、环境污染重。在一些规模经济要求较高的资源型产业，中小企业数量多、规模小，工艺水平落后。贯彻落实科学发展观，建设生态文明社会，实现国民经济又好又快发展，迫切要求广大中小企业从主要依靠数量扩张转变为更加注重质量提高，从主要依靠粗放型增长转变为更加注重节约资源、保护环境，走低消耗、少排放、能循环、可持续的我国特色新型工业化道路。《通知》要求以科学发展观为指导，扎实推进中小企业节能减排。具体措施包括：广泛宣传动员，提高思想认识；淘汰落后产能，控制“两高”行业发展；加快节能减排技术开发，大力推广共性节能减排技术；促进服务业和科技型中小企业发展，优化产业结构；健全节能减排服务体系，探索污染集中治理模式；引导企业加强管理，夯实节能减排基础等。

发布“限塑令”。塑料购物袋在为消费者提供便利的同时，由于过量使用及回收处理不到位等原因，也造成了严重的能源资源浪费和环境污染。特别是超薄塑料购物袋容易破损，大多被随意丢弃，成为“白色污染”的主要来源。12月31日，国务院办公厅印发《关于限制生产销售使用塑料购物袋的通知》（本段简称“限塑令”）。“限塑令”明确从 2008 年 6 月 1 日起，在全国范围内禁止生产、销售、使用厚度小于 0.025 毫米的塑料购物袋，实行塑料购物袋有偿使用制度。“限塑令”要求加强对限产限售限用塑料购物袋的监督检查，提高废塑料的回收利用水平，大力营造限产限售限用塑料购物袋的良好氛围，强化地方人民政府和国务院有关部门的责任。

加大宣传力度，营造全民节能氛围。为进一步动员全社会积极参与节能减排和应对气候变化工作，形成以政府为主导、企业为主体、全社会共同推进的节能减排工作格局，营造全民共建节约型社会的氛围，5 月 8 日，国家发改委印发了《关于建设节约型社会科普巡回展览 2007 年度巡展工作的通知》。8 月 28 日，国家发展改革委会同中宣部、教育部、科技部等 16 部、委、办、局及社会团体共同印发了《节能减排全民行动实施方案》，并于 9 月份集中开展了节能减排全民行动大型主题宣传活动。

2.3.3 2008 年

2008 年，节能减排工作是在新修订生效的《中华人民共和国节能法》指导下，建立健全相关法规政策，规范节能统计监测、考核及节能量审核机制与方法，实施地方政府与千家企业节能目标责任考核，持续淘汰落后产能、推进十大节能重点工程项目，推广节能技术和产品，限制塑料袋使用及避免过度包装等资源浪费，倡导全民节约。节能工作重点体现了为实现“十一五”节能目标而对既有节能政策贯彻执行的连续性、有序性、创新性。

2008 年，中央财政安排 423 亿元资金，支持十大重点节能工程和环保设施等项目建设，全国新增城市污水日处理能力 1149 万吨，新增燃煤脱硫机组容量 9712 万千瓦。当年万元 GDP 能耗为 1.21 吨标准煤/万元（按照 2005 年可比价格计算），单位国内生产总值能耗比上年下降 4.59%，超过 2006 年和 2007 年的降幅。全国淘汰和停产整顿污染严重的造纸企业 1100 多家，关闭小火电机组 1669 万千瓦，淘汰落后产能水泥 5300 万吨、炼钢 600 万吨、炼铁 1400 万吨、电石 104.8 万吨、铁合金 117 万吨、焦炭 3054 万吨。不过，2008 年单位 GDP 能耗下降除了因为淘汰落后产能和节能目标考核问责措施力度加大，主要高耗能产品的单位产品能耗稳步降低之外，还有一个重要原因是年末受到世界金融危机的影响，高耗能产业增速有所回落，主要耗能产品和出口趋缓。“十一五”前三年累计，单位国内生产总值能耗下降 10.08%，化学需氧量、二氧化硫排放量分别减少 6.61% 和 8.95%。

1. 修订《中华人民共和国节能法》，完善相应的法规政策

修订并实施节能法。结合我国节能工作面临的新形势，全国人大对已施行九年的《中华人民共和国节能法》[1997 年 11 月 1 日中华人民共和国主席令第 90 号，1998 年 1 月 1 日施行。以下简称“《节能法》（2008 年版）”] 进行了修订。新修订的《节能法》于 2007 年 10 月 28 日颁布，2008 年 4 月 1 日正式施行。《节能法》（2008 年版）共 7 章 87 条，分为总则、节能管理、合理使用与节能、节能技术进步、激励措施、法律责任和附则。法条从调整范围、操作性、监管主体、发挥市场经济手段等方面进行了大量补充和完善，新增了建筑、交通运输、公共机构的管理和相关措施，强调节能标准建设和节能技术进步，强化了对重点用能单位的监管和考核，增加了对节能措施的“激励”和节能服务市场的培育，并制定了相应的激励措施和法律责任。《节能法》（2008 年版）把节约资源定为我国的基本国策，使得节能减排成为全社会共同参与的大事。随后，国家发展改革委等 11 部门联合印发了《关于贯彻实施〈中华人民共和国节能法〉的通知》（本段简称《通知》）。该《通知》紧扣相关法条重要内容，要求各地区各部门充分认识贯彻实施《节能法》（2008 年版）的重要性和紧迫性，抓紧完善配套法规和标准，加强重点工程、重点企业和重点领域节能管理，实施有利于节能的经济政策，切实做好《节能法》（2008 年版）贯彻落实情况的监督检查，进一步加大《节能法》（2008 年版）宣传和培训的力度，加强组织领导。各省市也相继制定了节能条例或实施办法。

交通、建筑等重点用能领域出台节能法配套法规、标准。与新修订的《节能法》（2008 年版）突出调整建筑、交通运输、公共机构领域节能相呼应，同年 4 月和 6 月，交通运输部分别公布了《营运客车燃料消耗量限值及测量方法》《营运货车燃料消耗量限值及测量方法》两项标准和《营运车辆燃料消耗量限值标准实施方案》，为实行营运车辆燃料消耗准入与退出制度奠定了基础。对《交通行业实施〈节能法〉细则》（交体法发〔2000〕306 号）进行了修订，于 7 月 16 日颁布了《公路、水路交通实施〈中华人民共和国节能法〉办法》，为交通运输行业深入推进节能减排工作提供了制度保障。9 月 23 日交通运输部印发了《公路水路交通节能中长期规划纲要》，明确到 2015 年，与 2005 年相比，营运货车单位运输周转量能耗下降 12% 左右，营运客车单位运输周转量能耗下降 3% 左右；到 2020 年，与 2005 年相比，营运货车单位运输周转量能耗下降 16% 左右，营运客车单位运输周转量能耗下降 5% 左右。

3 月 14 日，国家发展改革委、财政部共同印发了《节能项目节能量审核指南》。指南对节能项目（工程）的适用范围、审核依据、审核原则和方法、审核内容、审核程序、审核报告，以及节能量的确定和监测方法、节能量审核报告样式都做出了细致的规定，为规范节能项目节能量的审核方法、审核程序和审核行为提供了政策依据。同年8月，国务院发布了《民用建筑节能条例》和《公共机构节能条例》，分别按照民用建筑和公共机构建筑用能的不同特征，对建筑领域节能管理、节能新产品和新技术、节能标准、新能源和可再生能源利用等方面进行了明确规定，以全面加强建筑领域的节能降耗管理，促使建筑领域不断提高能源利用效率，降低能源消耗。

强化和规范重点用能单位能源利用状况报告制度。按照《节能法》（2008年版）关于“重点用能单位应每年向管理节能工作的部门报送上年度的能源利用状况报告”的要求，为进一步加强重点用能单位的节能管理，规范重点用能单位能源利用状况报告报送工作，6月6日，国家发展改革委出台《关于印发重点用能单位能源利用状况报告制度实施方案的通知》。标志着重点用能单位能源利用状况报告制度正式纳入规范化、常态化节能管理工作机制，也标志着我国的节能工作重点由产业和能源结构调整向加强重点用能单位节能基础管理并重的指导思路。

制定《可再生能源发展“十一五”规划》。根据《可再生能源中长期发展规划》（发改能源〔2007〕2174号）的总体要求和我国可再生能源发展的最新进展，国家发展改革委对“十一五”时期部分可再生能源的发展目标和发展重点进行了调整，制定了《可再生能源发展“十一五”规划》，于3月3日发布实施，作为指导“十一五”时期我国可再生能源开发利用和引导可再生能源产业发展的主要依据。

2. 在全国启动高效绿色照明产品推广工程

2008年，我国汽车燃油经济性水平比欧洲平均水平低15%～20%，电机系统运行效率比国外先进水平低10%～20%，低效电机及相关设备、低效照明产品仍在大量使用，高效节能空调市场占有率不足5%，行政机关、企事业单位、大型公共建筑、城市景观照明以及家庭用电等方面还存在许多浪费现象，一些地区石油、电力供应持续紧张。根据《高效照明产品推广财政补贴资金管理暂行办法》（财建〔2007〕1027号），5月9日，国家发展改革委、财政部综合考虑全国各地区高效照明产品需求量、工作基础、配套措施等情况，编制了《财政补贴高效照明产品推广任务》（第一批），共5000万只。同时，编制了《财政补贴高效照明产品推广实施指南》；通过统一招标确定了高效照明产品中标企业、产品规格型号、协议供货价格，明确了地区、部门推广任务承担企业。至此，我国的高效绿色照明产品推广工程拉开序幕。为了加快节能照明产品的推广应用，各地区财政也纷纷出台相应的措施，加大补贴力度。例如，北京市在中央财政补贴50%的基础上，制定了市级财政跟进补贴30%，区级财政补贴10%的推广政策。这样，一盏中标价为10元的节能灯在中央、北京市、区三级政府补贴后，就成为市民家中的“1元节能灯”。这一政策受到市民的热烈支持响应。

3. 继续贯彻落实既有节能减排政策措施

持续淘汰落后产能及产品，优化调整产业结构。为加快高耗能行业重点节能技术的推广，引导企业采用先进的节能新工艺、新技术和新设备，提高能源利用效率，国家发展改革委于5月29日发布了《国家重点节能技术推广目录（第一批）》，涉及煤炭、钢铁、有色金属、石油化工、化工、建材、机械、纺织等9个行业，共50项高效节能技术。

在结构调整方面，为敦促地方政府加强对属地淘汰落后造纸、酒精等“两高”行业生产能力的监督检查，以及便于新闻媒体和社会各界监督落实情况，国家发展改革委和环保总局分批次公告了造纸、酒精、味精、柠檬酸、电石、铁合金、焦化行业2007年应予淘汰落后产能的企业名单，以及各家企业已淘汰产能的规模、设备或生产线数量。对铁合金、电解金属锰行业准入条件进行了修订。新增了印染行业、乳制品加工行业准入条件。

按照从2008年6月1日开始实施的“限塑令”要求，国家发展改革委组织修订了《产业结构调整指导目录（2005年本）》，将厚度小于0.025毫米的塑料购物袋列入淘汰类产业目录。7月11日，国家发展改革委印发《关于进一步做好贯彻落实〈国务院办公厅关于限制生产销售使用塑料购物袋的通知〉有关工作的通知》，就进一步做好全国限制生产、销售、使用塑料购物袋有关工作做出了明确规定。

取消电解铝等高耗能行业电价优惠政策。根据国家发展改革委、财政部、国家电监会《关于进一步贯彻落实差别电价政策有关问题的通知》（发改价格〔2007〕2655号）有关规定，取消了电解铝等高耗能行业的电价优惠政策。

进一步加强节油节电节约资源管理。为进一步提高能源利用效率，缓解石油和电力供应紧张状况，8月1日，国务院印发《关于进一步加强节油节电工作的通知》，要求充分认识节油节电工作的重要性和紧迫性，明确当前节能工作的重点和关键环节，加强管理和监督，加强组织领导，有针对性地从汽车节油、锅炉（窑炉）节油、电机系统节电、空调节电、照明节电、办公节电等方面采取措施，做好节油节电工作。8月15日，国家发展改革委、中宣部等五部门联合发布《关于进一步规范月饼包装节约资源保护环境的通知》，就规范中秋月饼过度包装和抵制奢华消费等问题做出了明确规定。

4. 首次对地方政府和千家企业实施节能目标责任评价考核

2008 年，国家发展改革委首次对全国省级地方政府和千家企业节能行动目标 2007 年完成情况和节能措施落实情况进行了评价考核。7 月 27 日，发布了对全国 30 个省、自治区、直辖市 2007 年节能目标责任进行评价考核的结果。

除西藏未参加考核外，其他省区考核结果表明：北京、天津、辽宁、上海、江苏、山东 6 省（市）考核结果为超额完成等级；吉林、浙江、安徽、福建、湖北、湖南、广东、广西、重庆、四川、云南、陕西、甘肃、青海 14 个省（区、市）考核结果为完成等级；黑龙江、江西、河南 3 省考核结果为基本完成等级；河北、山西、内蒙古、海南、贵州、宁夏、新疆 7 省（区）考核结果为未完成等级。“十一五”节能目标完成进度 40% 以上的有北京、天津 2 个地区；完成进度 30% 以上的有福建、上海、陕西等 15 个地区；完成进度 20% ~30% 的有云南、四川、湖南、重庆、河北、贵州、内蒙古、山西、吉林、宁夏 10 个地区；完成进度低于 20% 的有新疆、海南、青海 3 个地区。从考核结果分布看，经济发达的地区考核结果好于经济不发达的地区、以煤矿资源开发为主导经济的省区考核结果则未完成居多。

8 月 27 日，国家发展改革委以第 58 号公告了 2007 年千家企业节能目标责任评价考核结果。根据《国家发展改革委关于印发千家企业节能行动实施方案的通知》（发改环资〔2006〕571 号）要求，签署《节能目标责任书》的千家企业共有 998 家，其中参加考核的 953 家，破产 3 家，兼并 15 家，停产 26 家，用能发生重大变化 1 家。参加考核的千家企业中，879 家完成了年度节能目标，占 92. 2%；74 家未完成年度节能目标，占 7. 8%。2007 年实现节能量 3817 万吨标准煤，是 2006 年实现节能量的 2. 55 倍。953 家企业中，391 家考核结果为超额完成等级，占 41%；456 家考核结果为完成等级，占 47. 8%；32 家考核结果为基本完成等级，占 3. 4%；74 家考核结果为未完成等级，占 7. 8%。对千家企业中的国有独资、国有控股企业，考核结果交各级国有资产监管机构，作为企业负责人业绩考核的重要依据，实行问责制。对评价考核结果为超额完成和完成等级的企业，由省级节能主管部门予以通报表扬；对成绩突出的，给予表彰奖励。对评价考核结果为未完成等级的企业，一是要求在考核结果公告后一个月内提出整改措施，并报所在地省级节能主管部门，限期整改；二是一律不得参加年度评奖、授予荣誉称号，不享受国家免检等扶优措施；三是年内对其新建高耗能投资项目和新增工业用地暂停核准和审批。

2.3.4 2009 年

2009 年是进入 21 世纪以来我国经济发展最为困难的一年。2008 年底发生的全球金融危机还在扩散蔓延，世界经济深度衰退，我国经济受到严重冲击，增速快速回落，出口出现负增长，不少企业经营困难，有的甚至停产倒闭，失业人员大量增加，大批农民工返乡，经济面临硬着陆的风险。在应对国际金融危机带来的世界经济深度衰退的极其艰难的形势下，党中央、国务院紧紧围绕“保增长、扩内需、调结构”工作重心，以基础设施建设和产业结构转型为抓手，克难奋进，以高超的政治智慧和驾驭复杂局面的能力带领中国走出了困境。

2009 年，中央政府产业结构调整力度持续加大，制定并实施十大重点产业调整振兴规划。鼓励企业加快技术改造，安排 200 亿元技改专项资金，共支持了 4441 个技改项目。下大力气抑制部分行业产能过剩和重复建设，关停小火电机组 2617 万千瓦，淘汰落后炼钢产能 1691 万吨、炼铁 2113 万吨、水泥 7416 万吨、焦炭 1809 万吨、电石 46.7 万吨、铁合金 162 万吨、造纸 50 万吨、平板玻璃 600 万重量箱、电解铝 30 万吨。安排预算内资金，支持重点节能工程、循环经济等项目 2983 个；实施节能产品惠民工程，推广节能空调 500 多万台、高效照明灯具 1.5 亿只。积极开展应对气候变化工作，明确提出 2020 年我国控制温室气体排放行动目标和政策措施。当年万元 GDP 能耗为 1.16 吨标准煤/万元（按 2005 年可比价格计算），同比降低了 3.61%。“十一五”前四年累计单位国内生产总值能耗下降 14.38%，化学需氧量、二氧化硫排放量分别下降 9.66% 和 13.14%。火电供电的能耗、吨煤吨钢可比能耗、水泥综合能耗等单位产品能耗与国际先进水平的差距明显缩小。

1. 实施“一揽子计划”，保增长、扩内需、调结构

出台“一揽子计划”及十个重点产业的调整和振兴规划。为应对金融危机的冲击和影响，党中央、国务院审时度势，及时制定和实施了扩大内需、促进经济增长的一揽子计划（10 项措施），根据估算，实施这十大措施，到 2010 年底约需投资 4 万亿元。也有一些媒体和经济界人士将其简称为“四万亿计划”。此后，按照“保增长、扩内需、调结构”的总体要求，国家陆续出台了钢铁、汽车、石化、轻工、纺织、装备制造、有色金属、物流、船舶、电子信息 10 个重点产业的调整和振兴规划，在推动结构调整方面提出了控制总量、淘汰落后、兼并重组、技术改造、自主创新等一系列对策措施，同时加强节能减排监督检查，对部分地区自行出台的高耗能企业优惠电价政策进行了清理。各地也相继出台了一些扶持相关产业发展的政策措施。国家发展改革委筹建国家节能中心，作为政府实施节能管理的技术支持机构。

持续抑制部分行业产能过剩和重复建设，引导产业健康发展。2009 年下半年，一揽子计划政策效应已初步显现，工业增速稳中趋升，企业生产经营困难情况有所缓解，产业发展总体向好。但从产业发展状况看，结构调整虽取得一定进展，但总体进展不快，各地区、各行业也不平衡。不少领域产能过剩、重复建设问题仍很突出，有的甚至还在加剧。不仅钢铁、水泥、平板玻璃、煤化工、电解铝等产能过剩的传统产业仍在盲目扩张，风电设备、多晶硅等新兴产业也出现了重复建设倾向，一些地区违法、违规审批，未批先建、边批边建现象又有所抬头。

对于部分行业出现的产能过剩和重复建设，如不及时加以调控和引导，任其发展，市场恶性竞争难以避免，经济效益难以提高，并将导致企业倒闭或开工不足、人员下岗失业、银行不良资产大量增加等一系列问题，不仅严重影响国家扩大内需一揽子计划的实施效果和来之不易的企稳向好的形势，而且将错失利用国际金融危机形成的市场形势推动结构调整的历史机遇。尽快抑制产能过剩和重复建设，把有限的要素资源引导和配置到优化存量、培育新的增长点上来，大力发展符合市场需求的高新技术产业和服务业，成为当务之急。为此，9 月 26 日，国务院批转了国家发展改革委等部门《关于抑制部分行业产能过剩和重复建设引导产业健康发展若干意见》，要求各地区各部门正确把握钢铁、水泥等行业抑制产能过剩和重复建设的政策导向，提出了严格市场准入、强化环境监管、依法依规供地用地、实行有保有控的金融政策、严格项目审批管理、做好企业兼并重组工作、建立信息发布制度、实行问责制、深化体制改革 9 条对策措施。同日，国家发展改革委办公厅印发《关于水泥、平板玻璃建设项目清理工作有关问题的通知》，成为新形势下贯彻落实国务院引导产业健康发展若干意见的首个政策执行文件。

2. 促进内需，启动节能产品惠民工程及汽车家电“以旧换新”实施方案

启动实施节能产品惠民工程。为促进内需，进一步提升家用电器等终端用能产品的能源利用效率，5 月 18 日，财政部、国家发展改革委印发《关于开展“节能产品惠民工程”的通知》，同时发布了《高效节能产品推广财政补助资金管理暂行办法》《“节能产品惠民工程”高效节能房间空调器推广实施细则》，在全国范围内组织实施“节能产品惠民工程”。“节能产品惠民工程”采取财政补贴方式，对能效等级 1 级或 2

级以上的空调、冰箱、电机等 10 类高效节能产品以及已实施的高效照明产品、节能与新能源汽车进行推广应用，形成有效的激励机制，提高高效节能产品市场份额，有效拉动国内需求特别是消费需求。“节能产品惠民工程”的意义有三个方面：一是有效扩大内需特别是消费需求、振兴产业。每年可拉动消费需求 4000 亿～5000 亿元；二是提高终端用能产品的能源利用效率、优化结构。据测算，实施惠民工程每年可实现节电 750 亿千瓦时，相当于少建 15 个百万千瓦级的燃煤电厂，减排 7500 万吨二氧化碳；三是达到节电省钱、惠及百姓的社会效果。

5 月 31 日，国家发展改革委发布《“节能产品惠民工程”高效节能房间空调器推广目录（第一批）》，标志着该工程全面进入实践阶段。7 月 13 日和 12 月 22 日，分别发布了第二批、第三批节能空调器推广目录以及部分型号的变更信息。从节能空调器推广目录的持续发布和信息更新，说明了国家在推广高效节能产品政策措施方面的连贯性。

鼓励汽车家电以旧换新。6 月 1 日，国务院办公厅转发国家发展改革委等部门《促进扩大内需鼓励汽车家电以旧换新实施方案》（本段简称《方案》）。该《方案》的基本思路是采取财政补贴方式，鼓励汽车、家电“以旧换新”。《方案》与“汽车摩托车下乡”“家电下乡”等扩大消费政策相衔接，与将于 2011 年施行的《废弃电器电子产品回收处理管理条例》制度设计相一致，旨在既确保财政资金使用的安全有效，又要做到简便易行，方便广大消费者。

3. 提高能源效率，加强能源领域标准化管理工作

完善能源领域标准化管理机制。2 月 5 日，国家能源局印发并实施了《能源领域行业标准化管理办法（试行）及实施细则》，对能源领域行业标准化的管理、行业标准的制定和实施、行业标准化技术委员会的管理做出了详细的规定，对于强化能源领域标准管理提供了制度保障。

交通运输领域出台管理办法加大运输车辆燃料消耗检测与限值管理。道路运输业是能源消耗大户。一是燃料消耗量大。截至 2008 年底，全国道路营运车辆的保有量达到 930.61 万辆，占全国机动车保有量的 5.5%，但所消耗的成品油占全国成品油消耗总量的 30% 左右；二是能源利用率低。与国外先进水平相比，我国机动车平均油耗要高 10%～25%，货车百公里油耗更是高出一倍以上。9 月 26 日，交通运输部发布了《道路运输车辆燃料消耗量检测和监督管理办法》（本段简称《办法》），自 2009 年 11 月 1 日起施行。该《办法》规定，总质量超过 3500 千克的道路旅客运输车辆和货物运输车辆的燃料消耗量应当分别满足交通行业标准《营运客车燃料消耗量限值及测量方法》（JT711）和《营运货车燃料消耗量限值及测量方法》（JT719）的要求，不符合道路运输车辆燃料消耗量限值标准的车辆，不得用于营运。

继续推广重点节能技术，提高能源利用效率。12 月 31 日，国家发展改革委发布了《国家重点节能技术推广目录（第二批）》，在第一批涉及煤炭、电力、钢铁、有色金属、石油化工、化工、建材、机械、纺织等 9 个行业基础上，又新增了建筑、交通 2 个行业，共 11 个行业 35 项高效节能技术。

4. 开展 2008 年节能目标责任考核

5 月 19 日，国务院批转国家发展改革委《关于 2009 年深化经济体制改革工作意见的通知》。指出要加快理顺环境税费制度，继续完善节能减排目标责任评价考核体系和多元化节能环保投入机制等一系列相关机制的建设。10 月 9 日，国家发展改革委公告了对全国 31 个省、自治区、直辖市 2008 年节能目标完成情况和节能措施落实情况的评价考核结果。北京、天津、河北、辽宁、江苏、山东、云南 7 个省（市）考核结果为超额完成等级；山西、内蒙古、吉林、黑龙江、上海、浙江、安徽、福建、江西、河南、湖北、湖南、广东、广西、重庆、贵州、陕西、甘肃、宁夏 19 个省（区、市）考核结果为完成等级；海南、西藏、青海 3 省（区）考核结果为基本完成等级；四川、新疆 2 个省（区）因地震灾害影响等原因没有完成当年节能任务，考核结果为未完成等级。与 2007 年相比，考核超额等级、完成等级省区数量占比分别提高了 2.6%、14.6%，基本完成省区数量与上年持平，未完成省区数量占比则下降了 16.8%。说明节能目标考核对转变政府观念，统一思想认识起到了积极的推动效果。

11 月 16 日，国家发展改革委公告了对千家企业 2008 年节能目标完成情况和节能措施落实情况的评价考核结果。参加 2008 年考核的千家企业共 922 家（2007 年考核的 953 家千家企业中，部分企业由于兼并、破产、关停等原因，没有参加 2008 年考核），其中 886 家完成了年度节能目标，占 96.1%；36 家未完成年度节能目标，占 3.9%；2008 年共实现节能量 3572 万吨标准煤，约为 2007 年实现节能量的 94%。截至 2008 年底，千家企业共实现节能量 10620 万吨标准煤，完成“十一五”节能目标的 106.2%，提前两年完成了“十一五”节能任务。其中完成或超额完成的 443 家，占 48.0%；完成 80% ~100% 的 161 家，占 17.5%；完成 60% ~80% 的 163 家，占 17.7%；完成 40% ~60% 的 80 家，占 8.7%；完成 40% 以下的 75 家，占 8.1%。922 家千家企业中，483 家考核结果为超额完成等级，占 52.4%；375 家为完成等级，占 40.7%；28 家考核结果为基本完成等级，占 3.0%；36 家考核结果为未完成等级，占 3.9%。与 2007 年相比，考核结果为基本完成、完成、超额完成等级的企业占比增长了 3.9%，未完成企业占比下降了 3.9%。说明经过三年的节能减排专项行动，节能减排理念在千家企业逐渐得到推广和重视，节能工作取得新进展。

2.3.5 2010 年

“十一五”前四年，全国单位国内生产总值能耗累计下降 14.38%，“十一五”节能目标采取五年算总账的办法，到2010 年末要实现单位国内生产总值能耗比2005 年降低20%左右的目标，任务相当艰巨。2010 年是考核“十一五”时期节能目标是否实现的“决战”年，也是谋划“十二五”节能减排发展目标与政策措施的“布局”年，是两个五年计划的关键衔接点，既要总揽全局打好攻坚战，又要为“十二五”节能工作开好局，是承上启下的关键年。

2010 年，我国更加强化淘汰落后产能和节能目标责任考核目标结果行政问责制，综合运用法律、经济、技术及必要的行政手段，持续发力推动淘汰落后产能工作，当年淘汰落后炼铁产能 4100 万吨、炼钢 1185.7 万吨、焦炭 2533 万吨、铁合金 245.6 万吨、电石 115.3 万吨、电解铝 37.8 万吨、水泥 14031 万吨、平板玻璃 1843.5 万重量箱、造纸 539.2 万吨、酒精 85.2 万吨、味精 23.4 万吨、柠檬酸 1.7 万吨；淘汰电力落后产能 1690 万千瓦，涉及企业 225 家，最终全面实现“十一五”约束性目标。

1. 吹响实现“十一五”节能目标集结号

2010 年，为确保“十一五”节能目标的顺利实现，各部门、各行业纷纷聚焦行业管理重点，出台和完善相关措施，打响了节能减排的攻坚战。2 月 6 日，国务院印发了《关于进一步加强淘汰落后产能工作的通知》，要求以电力、煤炭、焦炭、铁合金、电石、钢铁、有色金属、建材、轻工业、纺织行业为重点，加强管理，按期淘汰落后产能。3 月 4 日，住房和城乡建设部办公厅印发了《民用建筑能耗和节能信息统计报表制度》，指出做好建筑能耗统计调查工作，是各级住房和城乡建设行政主管部门全面了解本行政区域民用建筑能源消耗状况和建筑节能工作进展情况，科学制定建筑节能规划、政策、标准，实现科学决策的重要基础，同时也是制定建筑节能目标、实施建筑节能工作考核评价的重要依据。3 月 26 日，国资委出台了《中央企业节能减排监督管理暂行办法》，指导监督中央企业开展节能减排工作，要求中央企业在全社会节能减排中发挥表率作用，促进企业加强结构调整、技术创新、提升能源管理水平、履行社会责任。

4 月 14 日，工信部办公厅印发了《关于进一步加强中小企业节能减排工作的指导意见》，以工业领域中小企业为重点，要求着力抓好能源资源消耗高、资源利用率低、污染减排压力大的中小企业节能减排工作，建立完善的中小企业节能减排融资机制。5 月，交通运输部启动《"车、船、路、港"千家企业低碳交通专项行动》，以此深入推进交通运输领域节能减排工作。

4 月 28 日，国务院常务会议专题研究节能减排工作，提出了八项政策措施。5 月 4 日，国务院印发了《关于进一步加大工作力度确保实现"十一五"节能减排目标的通知》。要求强化节能减排目标责任，加大问责力度，加大淘汰落后产能力度，严控高耗能、高排放行业过快增长，加快实施节能减排重点工程，切实加强用能管理，强化重点耗能单位节能管理，推动重点领域节能减排，大力推广节能技术和产品，完善节能减排经济政策，加快完善法规标准，加大监督检查力度，深入开展节能减排全民行动，实施节能减排预警调控，综合运用经济、法律、技术和必要的行政手段，切实把节能减排作为加强宏观调控、调整经济结构、转变发展方式的行政手段，确保实现"十一五"节能减排目标。5 月 28 日，国家发展改革委印发《关于发挥试点示范作用为实现"十一五"节能减排目标作贡献的通知》，要求国家循环经济试点单位要发挥试点示范作用，率先完成节能目标责任，为实现"十一五"节能减排目标作贡献。

2. 加大高耗能行业结构调整宏观调控力度，持续推进节能产品和技术

出台组合政策加快推进淘汰落后产能。5 月 12 日，国家发展改革委印发《关于清理对高耗能企业优惠电价等问题的通知》，明确取消对高耗能企业的优惠电价，包括取消对高耗能企业的用电价格优惠、坚决制止各地自行出台优惠电价措施、加大差别电价政策实施力度、对超能耗产品实行惩罚性电价、整顿电价秩序、加强监督检查等政策措施。

5 月 24 日，国家发展改革委、国家能源局、国家安监总局、煤矿安监局联合印发《关于进一步淘汰落后产能推进煤矿整顿关闭工作的通知》，要求：各有关单位要进一步提高认识，增强做好淘汰落后产能工作的紧迫感和责任感；要加大工作力度，确保完成煤矿整顿关闭、淘汰落后产能任务；要研究政策措施，积极推进"以大管小"和小煤矿扩能改造工作；要运用经济手段，加大对煤矿整顿关闭、淘汰落后产能重点地区的支持力度；要加强监督检查，严厉打击非法违法生产行为。同时还下发了 2020 年煤炭行业淘汰落后产能计划表。

6 月 4 日，国务院办公厅印发《关于进一步加大节能减排力度加快钢铁工业结构调整的若干意见》，要求各地区、各有关单位充分认识加强钢铁工业节能减排和结构调整工作的重要意义，坚决遏制钢铁产能过快增长，加大淘汰落后产能力度，加快钢铁企业兼并重组，大力实施企业技术创新和技术改造，切实规范铁矿石流通秩序，推进国内铁矿开发和“走出去”战略的实施，加强工作的组织协调并明确了各相关部委分工。10 月 29 日，国家发展改革委等 3 部门联合印发《关于清理钢铁项目的通知》，明确清理范围为 2005 年以来开工建设（含在建和已建成）的钢铁项目（包括新建、改扩建的铁矿开发项目和钢铁生产项目），清理结果及处理意见为钢铁行业淘汰落后产能，优化“十二五”钢铁产业布局、结构调整和产业升级提供第一手资料，为钢铁产业宏观调控、能耗和环保指标分配、资源和土地配给、企业融资、差别电价、联合重组、淘汰落后、技术改造等政策的制订提供了重要依据。

持续推进节能产品惠民工程以及节能汽车等重点节能技术。5 月下旬，财政部、国家发展改革委等部门先后印发了《关于印发“节能产品惠民工程”节能汽车（1.6 升及以下乘用车）推广实施细则的通知》《高效电机推广实施细则》。6 ~ 11 月间，连续公布了第一至第四批节能汽车推广目录、第一批高效电机推广目录、第四批节能空调推广目录，同时废止了 2009 年发布的节能空调推广目录（第一、第二、第三批）。

5 月 31 日，财政部会同相关部委印发了《关于扩大公共服务领域节能与新能源汽车示范推广有关工作的通知》《关于开展私人购买新能源汽车补贴试点的通知》，通过政策引导和财政补贴，开展公共服务领域节能与新能源汽车示范推广，鼓励私人购买新能源汽车，加快推进节能与新能源汽车产业化，以促进交通运输领域的能源消费结构调整。

之后，国家发展改革委发布了《国家重点节能技术推广目录（第三批）》，涉及煤炭、电力、钢铁、有色金属、石油化工、化工、建材、机械、纺织、建筑、交通 11 个行业，共 30 项高效节能技术。

9 月 8 日，国家发展改革委、环境保护部、工信部共同发布《废弃电器电子产品处理目录（第一批）》和《制订和调整废弃电器电子产品处理目录的若干规定》公告，自 2011 年 1 月 1 日起施行。

3. 加快培育和发展节能环保、新能源、新能源汽车等战略性新兴产业

战略性新兴产业是以重大技术突破和重大发展需求为基础，对经济社会全局和长远发展具有重大引领带动作用，知识技术密集、物质资源消耗少、成长潜力大、综合效益好的产业。发展战略性新兴产业已成为世界主要国家抢占新一轮经济和科技发展制高点的重大战略，加快培育和发展战略性新兴产业是全面建设小康社会、实现可持续发展的必然选择，是推进产业结构升级、加快经济发展方式转变的重大举措，是构建国际竞争新优势、掌握发展主动权的迫切需要。

10月10日，国务院印发了《关于加快培育和发展战略性新兴产业的决定》，提出要立足我国国情和科技、产业基础，现阶段重点培育和发展节能环保、新一代信息技术、生物、高端装备制造、新能源、新材料、新能源汽车等七大战略性新兴产业。目标是到2015年，战略性新兴产业形成健康发展、协调推进的基本格局，产业增加值占国内生产总值的比重力争达到8%左右。到2020年，战略性新兴产业增加值占国内生产总值的比重力争达到15%左右。再经过10年左右的努力，战略性新兴产业的整体创新能力和产业发展水平达到世界先进水平，为经济社会可持续发展提供强有力的支撑。

在节能环保产业领域，重点开发推广高效节能技术装备及产品，实现重点领域关键技术突破，带动能效整体水平的提高。加快资源循环利用关键共性技术研发和产业化示范，提高资源综合利用水平和再制造产业化水平。示范推广先进环保技术装备及产品，提升污染防治水平。推进市场化节能环保服务体系建设。加快建立以先进技术为支撑的废旧商品回收利用体系，积极推进煤炭清洁利用、海水综合利用。

在新能源产业领域，积极研发新一代核能技术和先进反应堆，发展核能产业。加快太阳能热利用技术推广应用，开拓多元化的太阳能光伏光热发电市场。提高风电技术装备水平，有序推进风电规模化发展，加快适应新能源发展的智能电网及运行体系建设。因地制宜开发利用生物质能。

在新能源汽车产业领域，着力突破动力电池、驱动电机和电子控制领域关键核心技术，推进插电式混合动力汽车、纯电动汽车推广应用和产业化。同时，开展燃料电池汽车相关前沿技术研发，大力推进高能效、低排放节能汽车发展。

4. 大力促进合同能源管理等节能服务产业健康发展

4月2日，国务院办公厅转发了发展改革委等部门《关于加快推行合同能源管理促进节能服务产业发展意见的通知》，明确了充分认识推行合同能源管理、发展节能服务产业的重要意义、指导思想、基本原则，以及“到2015年，建立比较完善的节能服务体系的”发展目标，提出了完善财政资金支持、税收扶持、会计制度等相关政策措施的意见。

5月6日，国家税务总局印发《关于进一步做好税收促进节能减排工作的通知》，要求各地区税务部门充分认识做好税收促进节能减排工作的重要意义，认真落实促进节能减排的各项税收政策，切实做好节能减排税收政策的宣传、咨询和辅导，依法加强对“两高”及产能过剩行业和企业税收征管，深入开展税务系统“节能减排全民行动”。

6 月 3 日，财政部、国家发展改革委印发《合同能源管理奖励资金管理暂行办法》，以充分发挥市场机制和加强政策支持引导为原则，积极推行合同能源管理，加快节能新技术、新产品的推广应用，促进节能服务产业发展。

6 月 29 日，财政部办公厅、国家发展改革委办公厅印发《关于合同能源管理财政奖励资金需求及节能服务公司审核备案有关事项的通知》，开始逐步规范节能服务公司管理，培育和扶持有发展潜力的节能服务公司。

8 月 31 日，国家发展改革委、财政部公告了《节能服务公司备案名单（第一批)》。

10 月 19 日，两部委再次印发《关于财政奖励合同能源管理项目有关事项的补充通知》，对申请合同能源管理项目财政奖励的节能服务公司备案时间、合同签署时间、以及具体项目类别进行了详细规定。

12 月 30 日，财政部、国家税务总局印发《关于促进节能服务产业发展增值税营业税和企业所得税政策问题的通知》，对符合条件的节能服务公司予以税收优惠政策。一系列管理文件的出台，为“十二五”时期促进合同能源管理，发展节能服务产业创造了良好的政策和体制环境。

5. 持续健全和完善节能管理工作机制

9 月 17 日，国家发展改革委发布施行了《固定资产投资项目节能评估和审查暂行办法》，规定我国境内建设的固定资产投资项目必须进行节能评估、审查、登记、备案，并作为项目审批、核准或开工建设的前置性条件以及项目设计、施工、和竣工验收的重要依据。

同日，国家质量监督检验检疫总局发布《能源计量监督管理办法》，从 2010 年 11 月 1 日起施行。它对我国境内用能单位从事能源计量活动以及实施能源计量监督管理进行了详细的规定。

11 月 4 日，国家发展改革委等六部门联合出台了《电力需求侧管理办法》，以提高电能利用效率，改进用电方式，促进电力资源优化配置，保障用电秩序，实现科学用电、节约用电、有序用电。

这些政策文件从固定资产投资项目节能评估管理、用能单位能源统计计量基础能力建设、电力企业节电管理方面引导提高能源管理水平，并为“十二五”时期创新工作机制谋篇布局，在后续节能工作实践中不断得到丰富和完善。

6. 开展2009年节能目标责任考核

6月21日，国家发展改革委公告了对全国31个省、自治区、直辖市2009年节能目标责任完成情况的评价考核结果。北京、天津、河北、山西、内蒙古、辽宁、上海、江苏、福建、江西、山东、湖北、广东、重庆、四川、云南、陕西、宁夏18个省（区、市）考核结果为超额完成等级；吉林、黑龙江、浙江、安徽、河南、湖南、广西、海南、甘肃、青海10个省（区）考核结果为完成等级；西藏自治区考核结果为基本完成等级；贵州、新疆2省（区）考核结果为未完成等级。截至2009年底，已完成“十一五”节能目标的有北京、天津2个直辖市；完成进度超过80%的有湖北、湖南、广西等22个省（区、市）；完成进度70%～80%的有西藏、安徽、吉林、贵州、青海5个省（区）；完成进度低于60%的有海南、新疆2个省（区）。

6月25日，国家发展改革委公告了对千家企业2009年节能目标责任完成情况考核结果。参加2009年考核的千家企业共901家，其中873家完成了年度节能目标，占96.9%；28家未完成年度节能目标，占3.1%；2009年共实现节能量2925万吨标准煤。“十一五”前四年，千家企业共实现节能量13220万吨标准煤，实现“十一五”节能目标的132.2%。其中完成或超额完成的635家，占70.5%；完成80%～100%的181家，占20.1%；完成60%～80%的36家，占4.0%；完成40%～60%的24家，占2.7%；完成40%以下的25家，占2.8%。901家千家企业中，568家考核结果为超额完成等级，占63.0%；288家为完成等级，占32.0%；17家考核结果为基本完成等级，占1.9%；28家考核结果为未完成等级，占3.1%。

表2－4反映了对全国省、区政府和千家企业开展节能目标责任考核以来，各年度考核结果等次的占比变化情况。可以看出，31个省、区政府中，考核结果在完成和超额完成等级以上的占比由2007年度的66.7%上升至2009年度的90.3%，提高了23.6个百分点；未完成等级则由2007年度的22.3%下降至2009年度的6.5%，降低了16.8个百分点。千家企业中，考核结果在完成和超额完成等级以上的占比由2007年度的88.8%上升至2009年度的95%，提高了6.2个百分点；未完成等级则由2007年度的7.8%下降至2009年度的3.1%，降低了4.7个百分点。说明连续三年对各级政府和千家企业开展节能目标责任考核工作，极大地提高了各级政府和企业对节能工作的重视，树立了科学发展的信心和责任感，有力地推动了“十一五”节能目标的顺利实现。

表 2-4　“十一五”期间省、区政府和千家企业节能目标责任考核结果占比分布

考核对象及年度 考核等级	省、区政府			千家企业		
	2007 年度	2008 年度	2009 年度	2007 年度	2008 年度	2009 年度
超额完成	20%	22.5%	58.1%	41%	52.4%	63%
完成	46.7%	61.3%	32.2%	47.8%	40.7%	32%
基本完成	10%	9.7%	3.2%	3.4%	3%	1.9%
未完成	23.3%	6.5%	6.5%	7.8%	3.9%	3.1%

2.4　“十一五”时期的节能政策效果

2.4.1　“十一五”节能目标完成情况

“十一五”期间，我国政府把节能减排作为宏观调控的重点，把淘汰落后产能作为加快调整经济结构和转变经济发展方式的突破口，全面贯彻落实节能目标责任考核机制，从行政措施到经济措施，从组织建设到宣传教育，均达到了前所未有的力度和广度。节能减排政策呈现多管齐下、综合治理的显著特征。国内生产总值保持了较高的增长速度，能耗强度持续下降，单位 GDP 能耗从 2005 年的 1.40 吨标准煤/万元下降到 2010 年的 1.13 吨标准煤/万元（国内生产总值按 2005 年可比价计算），累计下降 19.1%，基本实现了“十一五”规划制定的目标。如图 2-1、图 2-2 所示。能源消费以 6.6% 的年均增长率支持了 GDP11.2% 的年均增长率，其中煤炭消费年均增长率为 5.7%、石油为 6.2%、天然气为 18.1%、一次电力及其他能源为 11.9%。能源消费弹性系数由“十五”时期的 1.04 下降到 0.59，节能 6.3 亿吨标准煤，为保持经济平稳较快发展提供了有力支撑。

2.4.2　结构节能效果

在结构节能方面，对实现节能目标责任最强硬的节能措施是在电力、钢铁、水泥等 13 个高耗能行业推进结构调整淘汰落后产能。中央政府出台了多项政策引导产业结构调整，利用财税政策促进节能产业发展；遏制重点高耗能行业，不断加大控制力度；通过制订能耗标准、遏制落后企业、促进技术进步和“上大压小”等主要措施，加快淘汰落后产能。采取加快发展可再生能源、发展循环经济、努力实现电力供应多元化、提高清洁能源比重、优化能源结构等一系列措施，提高能源供应质量和能源效率。“十

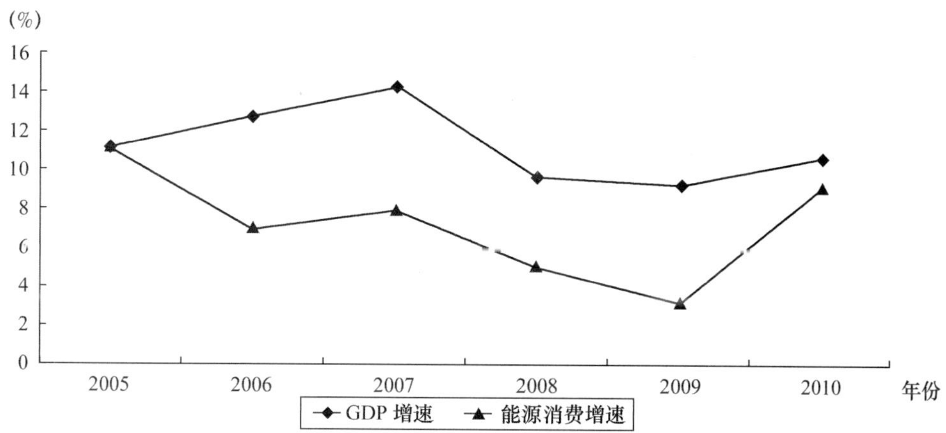

图 2－1 "十一五"期间的 GDP 和能源消费增长速度对比

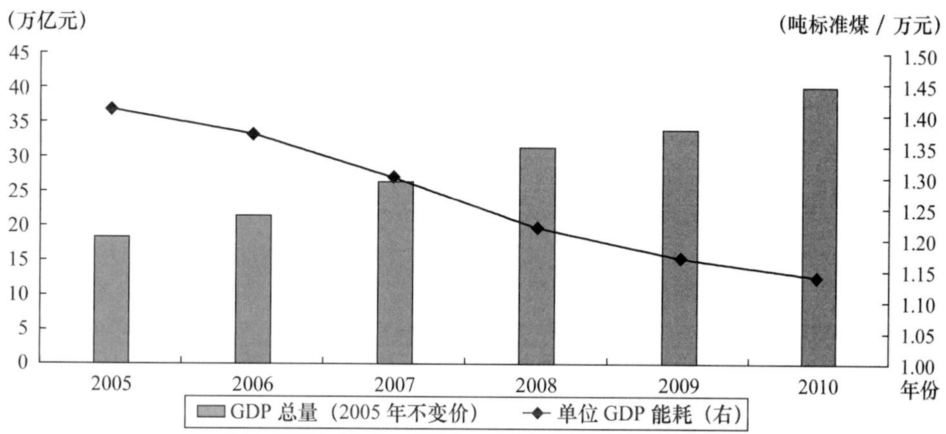

图 2－2 "十一五"期间的经济增长与单位 GDP 能耗变化情况

一五"期间全国累计"上大压小"、关停小火电机组 7682.5 万千瓦、超出预期关停计划的 52%；煤炭行业共关闭小煤矿 9574 处，淘汰落后产能 5.3 亿吨；淘汰落后炼铁产能 12272 万吨、超出预期淘汰计划的 20%；炼钢 7223.7 万吨、超出预期淘汰计划的 31%；水泥 3.7 亿吨、超出预期淘汰计划的 24%；淘汰造纸 1136.2 万吨，焦炭 10787 万吨，铁合金 524.6 万吨，平板玻璃 4500 万重量箱等，在关闭化工、纺织、印染、酒精、味精、柠檬酸等重污染企业方面都取得积极进展。

在淘汰落后产能工作中，重点行业先进生产能力比重明显提高，大型、高效装备和先进节能技术得到广泛应用，耗能产品单位能耗显著降低。2010 年与 2005 年相比，电力行业 300 兆瓦以上火电机组占火电装机容量比重由 47% 上升到 71%；钢铁行业 1000 立方米以上大型高炉比重由 21% 上升到 52%；建材行业新型干法水泥熟料产量比重由 39% 上升到 81%。

2.4.3 技术节能效果

十大重点节能工程为全面提升能源利用效率做出关键性贡献。在技术节能方面，燃煤工业锅炉（窑炉）改造、区域热电联产、余热余压利用、节约和替代石油、电机系统节能、能量系统优化、建筑节能、绿色照明、政府机构节能、节能监测和技术服务体系建设这十大重点节能工程的启动和实施，全面提升了能源利用效率，为节能目标顺利实现做出了关键性贡献。中央预算内投资安排 80 多亿元，中央财政节能减排专项资金安排 220 多亿元，支持了 5200 多个重点节能工程项目，实现节能量 1.6 亿吨标准煤。各省级地方政府也设立了专项资金，对节能改造实行投资补助和财政奖励，带动社会资金投入约 8000 亿元，有力推动了十大重点节能工程的实施，共形成节能能力 3.4 亿吨标准煤，占“十一五”节能总量的 54.0%。国家大型企业节能重点工程起到了较好的示范性作用，有力地带动了各级地方政府指导的节能重点工程。

随着重点节能工程项目的推进，先进节能技术得到普遍推广，如图 2-3 所示，与 2005 年相比，钢铁行业干熄焦技术普及率由不足 30% 提高到 80% 以上，水泥行业低温余热回收发电技术由开始起步提高到 55%，烧碱行业离子膜法烧碱比重由 29.5% 提高到 84.3%。

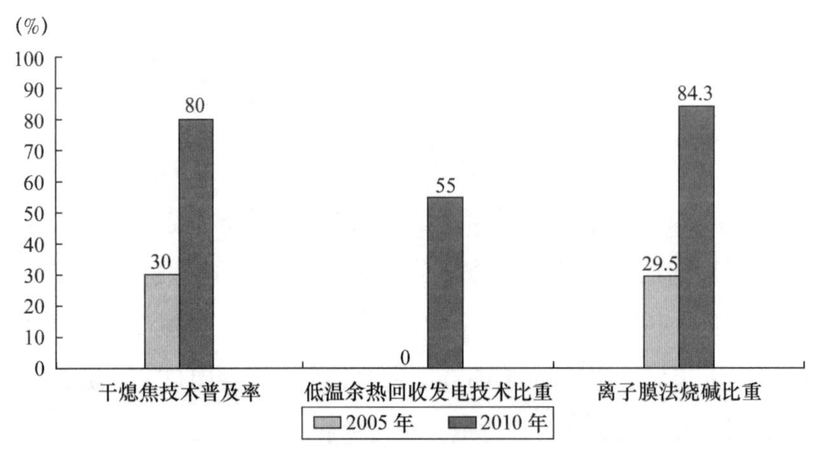

图 2-3 先进节能技术在部分高耗能行业的推广应用比例

十大重点节能工程的实施还提供了通过项目技术改造实现节能的经验，重点耗能行业单位产品能耗水平显著下降，为各行业制定高耗能产品能耗限额标准提供了依据。与 2005 年相比，火电供电煤耗由 370 克标准煤/千瓦时降到 333 克标准煤/千瓦时，下降了 10.0%；大中型企业吨钢综合能耗由 760 千克标准煤/吨降到 701 千克标准煤/吨，下降了 7.8%；水泥综合能耗下降了 19.7%；乙烯综合能耗下降了 12.3%；合成氨综合能耗下降了 6.6%；烧碱综合能耗下降了 22.4%；平板玻璃综合能耗下降了 25.6%；建筑陶瓷综合能耗下降了 16.1%。

“节能产品惠民工程”推动节能空调、汽车、节能灯和高效电机等节能产品得到全面推广。在相关财政补贴政策推动下，高效节能空调的市场占有率从推广前的 5% 上升到 70% 以上，低能效空调全部停止生产，行业整体能效水平提高 24%。1.6 升及以下节能乘用车型号从推广前 101 个增加到 341 个，每月销售数量从推广前不到 5 万辆上升到 30 万辆左右，市场份额从 7% 上升到 30% 以上。中央财政安排 16.2 亿元，支持推广 3.6 亿只低汞含量节能灯，直接拉动消费 40 多亿元，推广的节能灯实现年节电 125 亿千瓦时，使老百姓年节省电费 60 多亿元。2010 年 8 月启动了高效电机的财政补贴推广工作。“节能产品惠民工程”自实施以来，直接拉动消费需求 1200 多亿元，实现年节电 225 亿千瓦时，年节油 30 万吨，减排二氧化碳超过 1400 多万吨，取得了“价格下降、节电省钱、生活质量提高”等多重惠民效果。

在工业、建筑、交通运输和公共机构等重点领域，通过专项行动深入开展节能工作。工业领域选取年综合能源消费量 18 万吨标准煤以上的约一千家企业，组织实施了“千家企业节能行动”，累计实现节能 1.5 亿吨标准煤。建筑领域对既有建筑投入改造资金 244 亿元，其中中央财政 46 亿元，地方各级财政 90 亿元，引导社会资金投入 108 亿元，完成北方采暖区 1.82 亿平方米的既有建筑供热计量及节能改造，超过原计划的 1.5 亿平方米任务。在交通运输领域，开展“车船路港”千家企业低碳交通运输专项行动，推进甩挂运输试点工作。在公共机构领域，发布了 8 批节能产品政府采购清单，推动节能产品在政府等公共机构的应用。

此外，在全行业大力推广高效耗能设备、高效节能产品和技术的使用，在民用领域实施汽车家电“以旧换新”，都为提高能源利用效率、实现节能目标起到了重要作用。

以合同能源管理为主要内容的节能技术服务产业得到迅速壮大和发展。“十一五”期间，中央财政资金大力支持合同能源管理项目，培育节能服务市场，先后备案了 984 家节能服务公司。与 2005 年相比，节能服务产业规模从 47 亿元增加到 840 亿元，从业人员从 1.6 万人增加到 18 万人，合同能源管理项目投资从 13 亿元增加到 290 亿元，形成年节能能力从 60 多万吨标准煤增加到 1300 多万吨标准煤。节能服务产业拉动社会投资累计超过 1800 亿元。

2.4.4 管理节能效果

我国节能法规标准体系、政策支持体系、技术支撑体系、监督管理体系在“十一五”时期初步形成，全社会节能环保意识进一步增强。

1. 制（修）订系列节能法规政，不断健全和完善节能工作机制

在管理节能方面，及时修订《节能法》（2008 年版），并依据修订后的《节能法》出台了一系列相应的行业管理制度。法规标准和政策建设不断健全和完善。国家还制定和修订了《循环经济促进法》《清洁生产促进法》《可再生资源法》等法律，出台了《民用建筑节能条例》《公共机构节能条例》。出台了《节能减排统计监测及考核实施方案和办法》《固定资产投资项目节能评估和审查暂行办法》，《能源计量监督管理办法》《电力需求侧管理办法》等系列管理办法，进一步健全和完善节能管理工作机制。制（修）订了 27 项高耗能产品能耗限额强制性国家标准、44 项主要终端用能产品强制性能效标准，制（修）订了 54 项基础类、管理类国家标准。组织研究、发布了 4 个 LED 照明产品的技术指南。从财政、金融、税收、价格收费等四个方面出台了一系列支持节能减排的经济政策，不但对实现节能减排目标起到了重要的推动作用，也为“十二五”期间健全节能减排长效机制奠定了坚实的基础。

可以说，《节能法》（2008 年版）的修订为健全和完善节能政策体系、形成强有力的工作机制奠定了法制基础。“十一五”时期形成的最强有力的节能管理工作机制是建立健全对各省、直辖市和自治区以及千家企业开展的节能目标责任考核制和问责制，也是确保“十一五”节能目标实现最为突出的管理手段。

2. 扎实推进各项工作，全力以赴实现节能目标

在建立健全节能管理机制的基础上，国家发展改革委等有关部门牵头组织开展节能目标责任评价考核，建立节能监察机构，成立国家节能中心，加强节能工作的制度与组织建设；明确提出政府强制采购节能产品，引进“合同能源管理”模式，出台相关财税政策，引导和鼓励专业节能服务机构为中小企业提供节能服务，强化能源需求管理与市场服务；广泛开展全民节能宣传活动，为“十一五”节能目标的顺利实现做出了不懈努力。

3. 节能目标考核取得显著成效

从 2008 年起，连续三年对省级政府和千家企业节能减排目标责任进行现场评价考核，考核结果向社会公告，并将节能减排指标完成情况作为领导干部考核评价的重要内容。通过节能目标考核和问责机制，极大地调动了中央和地方各级政府部门、千家企业加强节能减排工作的紧迫感和责任心，把思想认识统一到全面树立科学发展观和建设资源节约型、环境友好型社会这个共识上来，为实现节能目标奠定了认识基础。

"十一五"时期，全国单位国内生产总值能耗降低 19.1%，基本完成了《"十一五"规划纲要》确定的约束性目标。中央政府对全国各地政府的考核结果如表 2－5 所示，除对新疆另行考核外，全国其他地区均完成了国家下达的节能目标任务。有 28 个地区超额完成了"十一五"节能目标任务，超额完成目标较多的 10 个地区分别为：北京（超额 32.95%，下同）、天津（5%）、山西（3%）、内蒙古（2.82%）、黑龙江（3.95%）、福建（2.81%）、湖北（8.35%）、广东（2.63%）、重庆（4.75%）、云南（2.41%），其中北京、湖北、天津分别超出目标 6.59、1.67、1 个百分点。

表 2－5　"十一五"各地区节能目标完成情况表

地区	2005 年		2010 年	
	单位 GDP 能耗（吨标准煤/万元）	"十一五"时期计划降低（%）	单位 GDP 能耗（吨标准煤/万元）	比 2005 年降低（%）
北京	0.792	－20.00	0.582	－26.59
天津	1.046	－20.00	0.826	－21.00
河北	1.981	－20.00	1.583	－20.11
山西	2.890	－22.00	2.235	－22.66
内蒙古	2.475	－22.00	1.915	－22.62
辽宁	1.726	－20.00	1.380	－20.01
吉林	1.468	－22.00	1.145	－22.04
黑龙江	1.460	－20.00	1.156	－20.79
上海	0.889	－20.00	0.712	－20.00
江苏	0.920	－20.00	0.734	－20.45
浙江	0.897	－20.00	0.717	－20.01
安徽	1.216	－20.00	0.969	－20.36
福建	0.937	－16.00	0.783	－16.45
江西	1.057	－20.00	0.845	－20.04
山东	1.316	－22.00	1.025	－22.09
河南	1.396	－20.00	1.115	－20.12
湖北	1.510	－20.00	1.183	－21.67

续表

地区	2005年		2010年	
	单位GDP能耗（吨标准煤/万元）	“十一五”时期计划降低（%）	单位GDP能耗（吨标准煤/万元）	比2005年降低（%）
湖　南	1.472	-20.00	1.170	-20.43
广　东	0.794	-16.00	0.664	-16.42
广　西	1.222	-15.00	1.036	-15.22
海　南	0.920	-12.00	0.808	-12.14
重　庆	1.425	-20.00	1.127	-20.95
四　川	1.600	-20.00	1.275	-20.31
贵　州	2.813	-20.00	2.248	-20.06
云　南	1.740	-17.00	1.438	-17.41
西　藏	1.450	-12.00	1.276	-12.00
陕　西	1.416	-20.00	1.129	-20.25
甘　肃	2.260	-20.00	1.801	-20.26
青　海	3.074	-17.00	2.550	-17.04
宁　夏	4.140	-20.00	3.308	-20.09
新　疆	另行考核			

对各省级地区内千家企业“十一五”节能目标完成情况和节能措施落实情况的评价考核结果显示：截至2010年底，纳入考核的千家企业共881家。其中，866家企业完成了“十一五”节能目标；15家企业未完成“十一五”节能目标。2009年考核的901家千家企业中，24家由于兼并、破产、关停等原因没有参加2010年考核。2006～2009年停产的企业中，4家企业恢复生产，纳入2010年度考核。千家企业“十一五”期间共实现节能量16549万吨标准煤。

4. 不断加大宣传力度，营造全民节能的社会氛围

中央17个部门在全国范围内组织开展了“节能减排全民行动”，启动了9个专项行动，组织了节能减排全民行动大型主题宣传活动。每年组织全国“节能宣传周”、世界环境日等活动。组织开展了“节能减排在两会”“节能减排进世博”、节能减排文艺作品征集、全国建设节约型社会主题招贴设计大赛等形式多样的宣传活动。通过认证、发布目录等方式大力推广节能技术和产品。

2.5 “十二五”时期：节能政策向促进生态文明建设融合阶段

“十一五”期间，在党中央、国务院的领导下，经过坚持不懈的努力，节能减排工作取得了显著的成效，基本实现了“十一五”规划制定的目标。但是应该看到，2010年，我国一次能源消费总量为34.36亿吨标准煤。工业能耗占全国终端能源消费量的65.7%，远高于世界平均水平（2009年为39.0%），其中钢铁、有色金属、建材、化工、石化等重工业增加值占工业总增加值的比重由68.1%上升到70.9%，高耗能、高排放产业增长过快，第三产业增加值占国内生产总值的比重低于预期目标，产业结构调整进展缓慢，“十一五”预期结构调整目标没有实现。与发达国家相比，我国的能源利用效率总体仍然偏低。2010年国内生产总值约占世界的8.6%，能源消耗占世界的19.3%，单位国内生产总值能耗仍是世界平均水平的2倍以上。钢铁、建材、化工等行业单位产品能耗比国际先进水平高出10%～20%。有利于节能减排的价格、财税、金融等经济政策还不完善，基于市场的激励和约束机制不健全，创新驱动不足，企业缺乏节能减排内生动力。节能减排标准尚不完善，能源消费和污染物排放计量、统计体系建设滞后，监测、监察能力亟待加强，节能减排管理能力还不能适应工作需要。一些地方对节能减排的紧迫性和艰巨性认识不足，片面追求经济增长，对调结构、转方式重视不够，不能正确处理经济发展与节能减排的关系，节能减排工作还存在思想认识不深入、政策措施不落实、监督检查不力、激励约束不强等问题。

“十二五”是全面建设小康社会的关键时期，是深化改革开放、加快转变经济发展方式的攻坚时期。从国际看，世界多极化、经济全球化深入发展，和平、发展、合作仍是时代潮流。国际金融危机影响深远，世界经济结构加快调整，全球经济治理机制深刻变革，科技创新和产业转型孕育突破，发展中国家特别是新兴市场国家整体实力步入上升期。从国内看，我国发展的有利条件和长期向好的趋势没有改变，工业化、信息化、城镇化、市场化、国际化深入发展，市场需求潜力巨大，资金供给充裕，科技和教育水平整体提升，劳动力素质提高，基础设施日益完善，政府宏观调控和应对重大挑战的能力明显增强，社会大局保持稳定。综合判断国际国内形势，我国发展仍处于可以大有作为的重要战略机遇期。

2.5.1 2011 年

2011 年 3 月，国务院颁布了《国民经济和社会发展第十二个五年规划纲要》，成为新时期节能减排工作的纲领性文件。“十二五”规划纲要明确到 2015 年末实现非化石能源占一次能源消费比重达到 11.4%，单位 GDP 能耗比 2010 年降低 16%，单位 GDP 二氧化碳排放降低 17% 的目标。

2011 年是“十二五”开局之年。随着我国工业化、城镇化进程加快和消费结构升级，能源需求呈刚性增长，受国内资源保障能力和环境容量制约，经济社会发展面临的资源环境瓶颈约束更加突出，节能减排难度不断加大。一方面，国际社会围绕能源安全和气候变化的博弈更加激烈。贸易保护主义抬头，部分发达国家凭借技术优势开征碳税并计划实施碳关税，绿色贸易壁垒日益突出。另一方面，全球范围内绿色经济、低碳技术正在兴起，不少发达国家大幅增加投入，支持节能环保、新能源和低碳技术等领域创新发展，抢占未来发展制高点的竞争日趋激烈。

虽然我国节能减排面临巨大挑战，但也面临难得的历史机遇。科学发展观深入人心，全民节能环保意识不断提高，各方面对节能减排的重视程度不断增强，产业结构和能源结构调整力度不断加大，科技创新能力不断提升，节能减排激励约束机制不断完善，这些都为“十二五”推进节能减排创造了有利条件。

2011 年，为加快产业结构优化升级，我国大力培育战略性新兴产业，新能源、新材料、高端装备制造、新能源汽车快速发展，企业兼并重组取得新进展。制定实施方案，对全国 16078 家重点用能单位启动万家企业节能低碳行动。全年清洁能源发电装机达到 2.9 亿千瓦，比 2010 年增加 3356 万千瓦。加强重点节能环保工程建设，新增城镇污水日处理能力 1100 万吨，5000 多万千瓦新增燃煤发电机组全部安装脱硫设施。加大对高耗能、高排放和产能过剩行业的调控力度，淘汰落后的水泥产能 1.5 亿吨、炼铁产能 3122 万吨、焦炭产能 1925 万吨。但是，2011 年确定的年度节能减排目标是单位 GDP 能耗下降 3.5%，但实际只下降了 2.01%，这种状况大大增加了“十二五”后四年的工作压力。

1. 出台工作方案及配套政策，引导节能降耗和应对气候变化同步发展

（1）出台“十二五”节能减排综合性工作方案。

8 月 31 日，国务院于印发《“十二五”节能减排综合性工作方案》（本节简称《方案》）。该《方案》细化了《“十二五”规划纲要》确定的节能减排目标。在节能方面，提出“到2015年，全国万元国内生产总值能耗下降到0.869吨标准煤（按2005年价格计算），比2010年的1.034吨标准煤下降16%，比2005年的1.276吨标准煤下降32%；‘十二五’期间，实现节能6.7亿吨标准煤。2015年，全国化学需氧量和二氧化硫排放总量分别控制在2347.6万吨、2086.4万吨，比2010年的2551.7万吨、2267.8万吨分别下降8%；全国氨氮和氮氧化物排放总量分别控制在238.0万吨、2046.7万吨，比2010年的264.4万吨、2273.6万吨分别下降10%。”方案明确了“十二五”节能减排的总体要求和主要目标、重点任务和政策措施，分12个部分，共50条措施。

《方案》的12个部分分别是：节能减排总体要求和主要目标；强化节能减排目标责任；调整优化产业结构；实施节能减排重点工程；加强节能减排管理；大力发展循环经济；加快节能减排技术开发和推广应用；完善节能减排经济政策；强化节能减排监督检查；推广节能减排市场化机制；加强节能减排基础工作和能力建设；动员全社会参与节能减排。围绕各部分内容主题，《方案》提出了以下相应的政策措施。

在强化节能减排目标责任方面，提出合理分解节能减排指标，健全节能减排统计、监测和考核体系，加强目标责任评价考核。

在调整优化产业结构方面，提出抑制高耗能、高排放行业过快增长，加快淘汰落后产能，推动传统产业改造升级，调整能源结构，提高服务业和战略性新兴产业在国民经济中的比重等五项措施。明确到2015年，非化石能源占一次能源消费比重达到11.4%；服务业增加值和战略性新兴产业增加值占国内生产总值比重分别达到47%和8%左右。

《方案》要求多渠道筹措节能减排资金，实施节能、污染物减排及循环经济重点工程。其中节能重点工程包括锅炉窑炉改造、电机系统节能、能量系统优化、余热余压利用、节约替代石油、建筑节能、绿色照明等节能改造工程，以及节能技术产业化示范工程、节能产品惠民工程、合同能源管理推广工程和节能能力建设工程。《方案》提出到2015年，工业锅炉、窑炉平均运行效率比2010年分别提高5个和2个百分点，电机系统运行效率提高2～3个百分点，新增余热余压发电能力2000万千瓦，北方采暖地区既有居住建筑供热计量和节能改造4亿平方米以上，夏热冬冷地区既有居住建筑节能改造5000万平方米，公共建筑节能改造6000万平方米。“十二五”时期，形成3亿吨标准煤的节能能力。

在加强节能减排管理方面，《方案》提出要合理控制能源消费总量，强化重点用能单位节能管理，加强工业、建筑、交通运输、农业和农村、商业和民用、公共机构等重点行业领域的节能减排。明确通过开展万家企业节能低碳行动，实现节能 2.5 亿吨标准煤。公共机构领域完成办公建筑节能改造6000 万平方米，创建2000 家节约型公共机构示范单位。

为促进循环经济健康发展，提出加强循环经济宏观指导，全面推行清洁生产，推进资源综合利用，加快资源再生利用产业化，促进垃圾资源化利用，推进节水型社会建设等措施。

在加快节能减排技术开发和推广应用方面，提出要加快节能减排共性和关键技术研发，加大节能减排技术产业化示范，加快节能减排技术推广应用。

《方案》还从价格、财政、税收、金融四个方面提出了有利于节能减排的经济政策措施。

在节能减排监督检查方面，《方案》提出健全节能环保法律法规，严格节能评估审查和环境影响评价制度，加强重点污染源和治理设施运行监管，加强节能减排执法监督等政策措施。

在推广节能减排市场化机制方面，提出加大能效标识和节能环保产品认证实施力度，建立“领跑者”标准制度，加强节能发电调度和电力需求侧管理，加快推行合同能源管理，推进排污权和碳排放权交易试点，推行污染治理设施建设运行特许经营等措施。

在加强节能减排基础工作和能力建设方面，提出要加快节能环保标准体系建设，强化节能减排管理能力建设。

《方案》还要求要加强节能减排宣传教育、深入开展节能减排全民行动、政府机关带头节能减排，动员全社会积极参与节能减排。

《方案》以附件形式，明确了“十二五”时期各地区的节能目标、化学需氧量排放总量控制计划、氨氮排放总量控制计划、二氧化硫排放总量控制计划、氮氧化物排放总量控制计划。指标的分解主要是考虑了各地区、各行业的经济发展水平、产业结构、节能潜力、环境容量及国家产业布局等因素。各地区节能目标（万元地区生产总值能耗与基比 2010 年下降率）分解情况为：天津、上海、江苏、浙江、广东下降18%；北京、河北、辽宁、山东下降 17%；山西、吉林、黑龙江、安徽、福建、江西、河南、湖北、湖南、重庆、四川、陕西下降 16%；内蒙古、广西、贵州、云南、甘肃、宁夏下降 15%；海南、西藏、青海、新疆下降 10%。

（2）出台“十二五”温室气体减排工作方案。

12 月 1 日，国务院印发《“十二五”控制温室气体排放工作方案》（本节简称《减排方案》)。《减排方案》指出，控制温室气体排放是我国积极应对全球气候变化的重要任务，对于加快转变经济发展方式、促进经济社会可持续发展、推进新的产业革命具有重要意义。要围绕到2015年全国单位国内生产总值二氧化碳排放比2010年下降17%的目标，大力开展节能降耗，优化能源结构，努力增加碳汇，加快形成以低碳为特征的产业体系和生活方式。

《减排方案》的主要目标是：大幅度降低单位国内生产总值二氧化碳排放，到2015年全国单位国内生产总值二氧化碳排放比2010年下降17%。控制非能源活动二氧化碳排放和甲烷、氧化亚氮、氢氟碳化物、全氟化碳、六氟化硫等温室气体排放取得成效。应对气候变化政策体系、体制机制进一步完善，温室气体排放统计核算体系基本建立，碳排放交易市场逐步形成。通过低碳试验试点，形成一批各具特色的低碳省区和城市，建成一批具有典型示范意义的低碳园区和低碳社区，推广一批具有良好减排效果的低碳技术和产品，控制温室气体排放能力得到全面提升。

《减排方案》的主要工作措施包括：综合运用调整产业结构、大力推进节能降耗、积极发展低碳能源、努力增加碳汇、控制非能源活动温室气体排放、加强高排放产品节约与替代等多种控制措施；开展低碳省区和城市、低碳产业园区、低碳社区、低碳商业、低碳产品等试点，加大对试验试点工作的支持力度；加快建立温室气体排放统计核算体系；探索建立碳排放交易市场；大力推动全社会低碳行动；广泛开展国际合作；强化科技与人才支撑；通过加强组织领导和评价考核、健全管理体制、落实资金保障等措施来保障方案的组织实施。

(3)交通、建筑、公共机构等重点用能领域出台相关行业规划及政策文件。

例如，交通运输部出台了《公路水路交通运输节能减排“十二五”规划》。对交通运输行业“十一五”期间的节能减排工作进行了总结，分析问题并明确提出了“十二五”时期的能源强度指标和CO_2排放强度指标，以及实现节能减排目标的基本路径和保障。住房和城乡建设部印发《关于落实〈国务院关于印发“十二五”节能减排综合性工作方案的通知〉的实施方案的通知》。明确到“十二五”末，建筑领域实现1.16亿吨标准煤节能能力。国务院机关事务管理局出台了《公共机构节能“十二五”规划》。明确到“十二五”末，实现公共机构人均能耗下降15%，单位建筑面积能耗下降12%。建立起比较完善的公共机构节能组织管理体系、政策法规体系、计量监测考核体系、技术支撑体系、宣传培训体系和市场化服务体系。财政部、国家发展改革委出台了《节能技术改造财政奖励资金管理办法》。明确在"十二五"时期，中央财政将继续安排专项资金，采取"以奖代补"方式，对企业实施节能技术改造给予适当支持和奖励。

2. 深化产业结构调整，加快培育和发展战略性新兴产业

（1）修订产业结构调整指导目录，引领产业结构转型升级。

国家发展改革委会同国务院有关部门对《产业结构调整指导目录（2005 年本)》进行了修订，于 3 月 27 日公布了《产业结构调整指导目录（2011 年本)》，自 2011 年 6 月 1 日起施行。《产业结构调整指导目录（2005 年本)》同时废止。新修订目录内容如表 2－6 所示。

表 2－6　　产业结构调整指导目录（2011 年本）分类数量表

产业名称	鼓励类（项）	限制类（项）	淘汰类（项）	落后产品（类）
农林业	66	16	7	
水利	31			
煤炭	20	5	11	
电力	24	4	4	
核能	11			
石油、天然气和化工	28	13	10	7
钢铁	17	20	44	3
有色金属	5	8	26	1
建材	14	13	26	9
医药	8	7	8	5
机械	60	57	26	65
汽车	10			
船舶	11		2	4
航空航天	14			
轻工	39	35	33	14
纺织	14	17	23	
建筑	10			
城市基础设施及房地产	24			
铁路	18			8
公路	19			
水运	15			
航空运输	8			

续表

产业名称	鼓励类（项）	限制类（项）	淘汰类（项）	落后产品（类）
信息产业	44	2		
其他服务业	18			
环境保护与资源节约综合利用	40			
黄金	2	7	4	
烟草		1		
消防		7	1	16
其他		7	5	1
印刷			36	
新能源	10			
城市轨道交通设备	9			
综合交通运输	8			
现代物流业	11			
金融服务业	11			
科技服务业	11			
商业服务业	11			
商贸服务业	8			
旅游业	4			
邮政业	9			
教育、文化、卫生、体育服务业	35			
公共安全与应急产品	43			
民爆产品	10	4	23	4
合计	750	223	289	137

《产业结构调整指导目录（2011 年本）》重点涵盖七个方面内容：一是瞄准薄弱领域，着力提高基础工艺、基础材料、基础元器件等基础制造能力。二是突出关键环节，更加注重提高关键设备制造能力和关键部件配套能力。三是强化保障支撑，加快发展重点产业调整振兴和新兴产业所需装备。四是更加关注“三农”，扶持发展先进适用农用装备。五是适应需求变化，大力发展新兴领域装备。六是防范产能过剩，坚决抑制部分行业重复建设。七是淘汰落后产能，加快产业转型升级。

与修订前相比较，新目录（2011 年本）有以下几个特点：一是细化了条目内容。新增了新能源产业，对交通运输、金融、科技等现代服务业的条目内容进行了较大程度的细化，具体到产品、规格和技术参数，更加明确支持发展的重点。二是提高了技术要求。对大部分鼓励类别条目，较大幅度地提高了规格参数要求，对部分限制类和淘汰类条目，也提高了规格参数要求。三是扩大了覆盖范围。修订后的条目，涵盖了电工、机床、仪器仪表、通用机械、农机、重型机械、石化机械、内燃机、液气密、模具、轴承、通用零部件、塑料机械、环保机械、印刷机械、食品包装机械、工程机械、文化办公、制冷、城市轨道交通，以及铸造、锻造等机械工业各个行业。覆盖更加全面，包括鼓励类750个、限制类223个、淘汰类289个，分别比2005年本所列的相应条目增加了39.1%、17.4%、14.7%。落后产品137个，比2005年本所列的落后产品减少了6.8%，说明“十一五”时期淘汰落后产能取得了一定的成效，但是“十二五”时期在产业结构调整方面仍然有较大空间。

（2）加快培育和发展战略性新兴产业。

根据《国务院关于加快培育和发展战略性新兴产业的决定》（国发〔2010〕32号），9月8日，商务部、发展改革委等11部门印发了《关于促进战略性新兴产业国际化发展的指导意见》（本节简称《意见》）。该《意见》指出，要把握经济全球化的新特点，逐步深化国际合作，积极探索合作新模式，在更高层次上参与国际合作，从而提升节能环保、新能源、新能源汽车等七大战略性新兴产业自主发展能力与核心竞争力。

节能环保领域，重点是培育节能环保产业国际化基地，鼓励节能环保产品开拓国际市场，提高出口产品附加值，推动出口产品由以单机出口为主向以成套供货为主转变；建立进口再生资源监管区，鼓励有条件的再生资源回收利用企业实施“走出去”战略，开展对外工程承包和劳务输出，促进国际大循环；鼓励符合条件的企业到境外为我国投资项目和技术援助项目提供配套的环境技术服务；加强节能环保领域国际合作，推动国际环境合作项目国内配套资金的落实，加强国际环境技术转让，加大对我国参与环境服务贸易领域国际谈判的支持力度。

新能源领域，重点是鼓励新能源产业关键技术的研发及引进消化吸收再创新，提升核心技术竞争力和新能源开发能力；加强太阳能产业的国际合作与交流，支持新型太阳能热利用项目和产品开拓国际市场，优化出口产品结构，鼓励企业海外承建电厂工程；鼓励有生物质能研发优势的境外企业和机构以技术投资参股，促进国内商业模式创新。

新能源汽车领域，重点是推动传统汽车制造企业向新能源汽车领域发展，培育本土龙头企业和新能源汽车跨国公司；鼓励境外申请专利；鼓励参与国际标准制定，逐步与国际标准接轨；建立产业联盟和行业中介组织，规范市场秩序；鼓励新能源汽车零部件企业“走出去”，在海外投资建厂。

节能服务产业领域，重点是健全和规范节能服务公司的市场行为，培育良好的市场环境。3月3日、5月16日、8月9日，国家发展改革委和财政部先后公布了第二、第三、第四批节能服务公司审核备案名单；7月20日，两部门再度联合印发《关于进一步加强合同能源管理项目监督检查工作的通知》，针对2010年度中央财政奖励合同能源管理项目申报书面审查中发现的问题开展专项监督检查行动；12月15日，针对部分节能服务公司造假骗取合同能源管理项目财政奖励资金的问题，两部门发布了《取消节能服务公司备案资格名单》，共取消了北京泽兰瑞德科技发展有限公司等15家节能服务公司的备案资格。

3. 大力推广节能产品和技术

贯彻落实“节能产品惠民工程”，大力推广节能产品和节能技术。2月11日、5月11日、10月17日，国家发展改革委先后公布了节能汽车推广目录第五批、第六批、第七批；3月8日、7月26日，公布了高效电机推广目录第二批、第三批。1月30日、7月21日，分别公布了第九期、第十期节能产品政府采购清单。

11月1日，国家发展改革委等5部门联合发布了《中国逐步淘汰白炽灯路线图》，要求自2012年10月1日起，分五个阶段逐步禁止进口和销售普通照明白炽灯。根据路线路估算，预计通过全面淘汰白炽灯，可新增照明电器行业产值约80亿元、新增就业岗位约1.5万个，形成年节电480亿千瓦时、年减少二氧化碳排放4800万吨的能力。

12月30日，国家发展改革委发布《国家重点节能技术推广目录（第四批）》，涉及煤炭、电力、钢铁、有色金属、石油石化、化工、建材、机械、纺织、轻工、建筑、交通、通信等13个行业，共22项重点节能技术。

健全和完善财政资金节能补贴相关政策。6月21日，财政部、国家发展改革委联合发布了《节能技术改造财政奖励资金管理办法》（本段简称《办法》）。明确“十二五”期间，中央财政继续安排专项资金，采取“以奖代补”方式，对节能技术改造项目给予适当支持和奖励，从而加快推广先进节能技术，提高能源利用效率。该《办法》对财政奖励资金的支持对象和条件、奖励标准、奖励资金的申报和下达、审核机构管理、项目监督管理等都做出了具体的规定。根据《办法》要求，两部委组织专家对地方推荐的第三方节能量审核机构进行了评审，并于9月29日发布了《第三方节能量审核机构目录》（第一批）。

9 月 7 日，财政部、国家发展改革委、工业和信息化部 3 部门联合印发了《关于调整节能汽车推广补贴政策的通知》，决定自 2011 年 10 月 1 日起实施新的节能汽车推广补贴政策。

4. 多方位健全和完善节能管理工作机制，严把高耗能行业项目建设管理，持续巩固既有节能管理工作成效

严控高耗能行业项目审批与建设，持续着力淘汰落后产能。随着国内经济形势的好转，部分地区和企业未报经主管部门组织论证和核准，擅自建设了一批平板玻璃生产线项目，高耗能行业重新抬头，这与国家“十一五”以来一直要求的控制总量、淘汰落后产能、调整产业结构、提高经济发展质量和效益的宏观调控政策取向相悖。为防止平板玻璃等高耗能行业死灰复燃，9 月 28 日，国家发展改革委办公厅印发《关于开展平板玻璃建设项目专项清理的通知》，对平板玻璃建设项目进行专项清理。

启动万家企业节能低碳行动。为推动重点用能单位加强节能工作，12 月 7 日，国家发展改革委等 12 部门联合印发了《万家企业节能低碳行动实施方案》（本段简称《实施方案》）。万家企业是指年综合能源消费量 1 万吨标准煤以上以及有关部门指定的年综合能源消费量 5000 吨标准煤以上的重点用能单位。根据统计，2010 年全国共有 17000 家左右。万家企业能源消费量占全国能源消费总量的 60% 以上，是节能工作的重点对象。该《实施方案》提出以科学发展观为指导，以万家企业为抓手，依法强化政府对重点用能单位的节能监管，按照“企业为主、政府引导，统筹协调、属地管理，多措并举、务求实效”的原则，推动万家企业加强节能管理，建立健全节能激励约束机制，加快节能技术改造和结构调整，大幅度提高能源利用效率，力争“十二五”期间，通过万家企业开展节能低碳行动，实现节能 2.5 亿吨标准煤。

在电网企业推行电力需求侧管理目标考核。11 月 9 日，国家发展改革委印发《电网企业实施电力需求侧管理目标责任考核方案（试行）》，要求按照“目标明确、责任落实，统一组织、分级实施，定量与定性考核相结合”的要求，建立健全电网企业电力需求侧管理目标责任评价和考核制度，确保实现《电力需求侧管理办法》规定的电力电量节约指标，从而推动电网企业充分发挥自身优势，广泛深入开展电力需求侧管理工作。

持续推进实施“限塑令”。为全面总结 2008 年 6 月实施的国务院“限塑令”实施情况，深入推动限塑工作，巩固限塑成果，7 月 6 日，国家发展改革委等 6 部门联合印发了《关于集中开展限制生产销售使用塑料购物袋专项行动的通知》，定于 7 月至 8 月在全国集中开展实施“限塑令”专项行动，由国家有关部门组成联合检查组，对各地限制生产销售使用塑料购物袋工作进行重点督查。

加强清洁发展机制项目管理。为进一步推进清洁发展机制项目在我国的有序开展，促进清洁发展机制市场的健康发展，国家发展改革委等4部门于8月3日联合发布了《清洁发展机制项目运行管理办法》（修订版），自发布之日起施行。2005年10月12日施行的《清洁发展机制项目运行管理办法》同时废止。

这些措施有效地补充和完善了“十一五”时期建立的政策体系，保障了相关工作机制的规范健康发展。2011年，还出台了一些新的政策文件，为创新建设和发展适用于“十二五”时期节能管理的工作机制起到了保障作用。

5. 推进能源结构调整，促进新能源发展

进一步推进煤炭行业淘汰落后产能。9月26日，国家发展改革委等4部门联合印发《关于“十二五”期间进一步推进煤炭行业淘汰落后产能工作的通知》（本段简称《通知》）。《通知》指出，“十二五”期间，全国煤炭行业淘汰将落后产能9718万吨，2917处小煤矿退出市场，其中，内蒙古、山西、北京、江苏等省（市、区）小煤矿已全部退出，“十二五”期间不再下达计划。《通知》明确，目前，全国仍有近10000处小煤矿，到“十二五”期末，小煤矿数量要降至7000处以内，采煤机械化程度达到55%以上，掘进机械化程度达到80%以上。“十二五”期间，应予以淘汰的落后煤矿包括：不符合煤炭产业政策、矿产资源规划和矿区总体规划的煤矿；单井井型低于3万吨/年的煤矿；乱采滥挖，资源浪费严重，采区回采率连续3年平均低于50%的煤矿；采煤工作面采用人力或畜力运输煤炭、掘进工作面采用手镐掘进及人力装岩的煤矿；存在煤与瓦斯突出、自燃发火、冲击地压、水害威胁等重大安全生产隐患，经论证在现有条件下难以有效防治的煤矿；煤矿生产安全相关法律、法规、规章、规程、标准和技术规范等明令禁止或淘汰的其他类型煤矿。

通过强化电价管理推动电力生产和供应结构升级。为充分发挥电价调控政策对转变经济发展方式、调整产业结构、促进节能减排的重要作用，强化电价监管，加大对违法行为的查处力度，采取切实措施整顿规范电价秩序，确保国家电价政策贯彻执行，6月20日，国家发展改革委印发了《关于整顿规范电价秩序的通知》，要求坚决制止各地自行出台优惠电价措施，严格执行国家上网电价政策，严格落实燃煤发电机组脱硫电价政策。

为促进太阳能光伏发电产业健康持续发展，7月24日，国家发展改革委印发了

《关于完善太阳能光伏发电上网电价政策的通知》，明确要求按照社会平均投资和运营成本，参考太阳能光伏电站招标价格，以及我国太阳能资源状况，对非招标太阳能光伏发电项目实行全国统一的标杆上网电价。

出台政策鼓励发展天然气分布式能源。10 月 9 日，国家发展改革委等 4 部门联合出台了《关于发展天然气分布式能源的指导意见》（本段简称《意见》）。该《意见》分析了我国天然气发展利用的现状，指出了发展天然气分布式能源的重要意义、指导思想和政策措施，明确了主要任务和目标是："十二五"初期启动一批天然气分布式能源示范项目，"十二五"期间建设 1000 个左右天然气分布式能源项目，并拟建设 10 个左右各类典型特征的分布式能源示范区域。未来 5 ~ 10 年内在分布式能源装备核心能力和产品研制应用方面取得实质性突破。初步形成具有自主知识产权的分布式能源装备产业体系。2015 年前完成天然气分布式能源主要装备研制。通过示范工程应用，当装机规模达到 500 万千瓦，解决分布式能源系统集成，装备自主化率达到 60%；当装机规模达到 1000 万千瓦，基本解决中小型、微型燃气轮机等核心装备自主制造，装备自主化率达到 90%。到 2020 年，在全国规模以上城市推广使用分布式能源系统，装机规模达到 5000 万千瓦，初步实现分布式能源装备产业化。

2.5.2 2012 年

2012 年是"十二五"时期承前启后的重要一年，也是当届政府任期的最后一年。这一年，国务院及重点行业领域节能主管部门出台了一系列"十二五"节能减排相关规划，通过大力促进产业结构优化升级，推动清洁能源、节能环保、高端装备制造等一批战略性新兴产业健康发展，加大"节能产品惠民工程"实施范围和工作力度，强化工业、交通、建筑、公共机构等重点领域节能管理，开展万家企业节能低碳行动和节能减排全民行动，取得了显著的工作成效。当年单位国内生产总值能耗降低 3.6%，实现了全年节能目标。产业结构调整取得显著成效，服务业增加值占国内生产总值比重提高了 2.7 个百分点，成为吸纳就业最多的产业。但是，由于 2011 年未完成年度目标，导致节能减排目标完成进度滞后，要实现"十二五"节能目标任务，后三年年均单位国内生产总值能耗需降低 3.84%，比前两年平均降幅高 1.03 个百分点。随着节能减排工作的深入推进，政策机制不完善、基础工作薄弱等问题日益凸显，"十二五"后三年节能减排面临更加严峻的挑战。

1. 出台系列节能减排重点产业、重点行业规划

6 月 16 日，国务院出台《"十二五"节能环保产业发展规划》（本节简称《节能环保产业规划》)。节能环保产业是国家加快培育和发展的7个战略性新兴产业之一，涉及节能环保技术装备、产品和服务等，产业链长，关联度大，吸纳就业能力强，对经济增长拉动作用明显。截至2010年，我国节能环保产业总产值达2万亿元，从业人数2800万人。产业领域不断扩大，技术装备迅速升级，产品种类日益丰富，服务水平显著提高，初步形成了门类较为齐全的产业体系。我国节能环保产业潜力巨大，拉动经济增长前景广阔。据测算，到2015年，我国技术可行、经济合理的节能潜力超过4亿吨标准煤，可带动上万亿元投资；节能服务业总产值可突破3000亿元；产业废物循环利用市场空间巨大；城镇污水垃圾、脱硫脱硝设施建设投资可超过8000亿元，环境服务总产值将达5000亿元。

《节能环保产业规划》主要目标是：到2015年，节能环保产业总产值达4.5万亿元，增加值占国内生产总值的比重为2%左右，节能环保产业产值年均增长15%以上，培育一批具有国际竞争力的节能环保大型企业集团。

《节能环保产业规划》提出了节能产业、资源循环利用产业和环保产业三大重点产业。还提出了八大重点工程，包括：重大节能技术与装备产业化工程、半导体照明产业化及应用工程、“城市矿产”示范工程、再制造产业化工程、产业废物资源化利用工程、重大环保技术装备及产品产业化示范工程、海水淡化产业基地建设工程、节能环保服务业培育工程。未来将以重点工程为依托，形成对节能环保产业最直接、最有效的需求拉动，带动节能环保产业快速发展。

6月28日，国务院印发《节能与新能源汽车产业发展规划（2012～2020年）》（以下简称《节能汽车规划》）。《节能汽车规划》指出，为应对日益突出的燃油供求矛盾和环境污染问题，节能与新能源汽车已成为国际汽车产业的发展方向，未来十年将迎来全球汽车产业转型升级的重要战略机遇期。目前我国汽车产销规模已居世界首位，预计在未来一段时期仍将持续增长，必须抓住机遇、抓紧部署，加快培育和发展节能与新能源汽车产业，促进汽车产业优化升级，实现由汽车工业大国向汽车工业强国转变。

《节能汽车规划》的主要目标是：产业化取得重大进展。到2015年，纯电动汽车和插电式混合动力汽车累计产销量力争达到50万辆；到2020年，纯电动汽车和插电式混合动力汽车生产能力达200万辆、累计产销量超过500万辆，燃料电池汽车、车用氢能源产业与国际同步发展。燃料经济性显著改善。到2015年，当年生产的乘用车平均燃料消耗量降至6.9升/百公里，节能型乘用车燃料消耗量降至5.9升/百公里以下。到

2020 年，当年生产的乘用车平均燃料消耗量降至 5. 0 升/百公里，节能型乘用车燃料消耗量降至 4. 5 升/百公里以下；商用车新车燃料消耗量接近国际先进水平。技术水平大幅提高。新能源汽车、动力电池及关键零部件技术整体上达到国际先进水平，掌握混合动力、先进内燃机、高效变速器、汽车电子和轻量化材料等汽车节能关键核心技术，形成一批具有较强竞争力的节能与新能源汽车企业。配套能力明显增强。关键零部件技术水平和生产规模基本满足国内市场需求。充电设施建设与新能源汽车产销规模相适应，满足重点区域内或城际间新能源汽车运行需要。管理制度较为完善。建立起有效的节能与新能源汽车企业和产品相关管理制度，构建市场营销、售后服务及动力电池回收利用体系，完善扶持政策，形成比较完备的技术标准和管理规范体系。

《节能汽车规划》的主要任务包括：实施节能与新能源汽车技术创新工程，科学规划产业布局，加快推广应用和试点示范，积极推进充电设施建设，加强动力电池梯级利用和回收管理等。

7 月 9 日，国务院出台《“十二五”国家战略性新兴产业发展规划》（本段简称《战略新兴产业规划》）。节能环保、新一代信息技术、生物、高端装备制造、新能源、新材料、新能源汽车是国家提出加快培育和发展的 7 个战略性新兴产业。《战略新兴产业规划》明确，节能环保产业作为战略性新兴产业之一，其主要包括高效节能产业、先进环保产业和资源循环利用产业三个重点发展方向，发展目标是强化政策和标准的驱动作用，充分运用现代技术成果，突破能源高效与梯次利用、污染物防治与安全处置、资源回收与循环利用等关键核心技术，大力发展高效节能、先进环保和资源循环利用的新装备和产品；完善约束和激励机制，创新服务模式，优化能源管理、大力推行清洁生产和低碳技术、鼓励绿色消费，加快形成支柱产业，提高资源利用率，促进资源节约型和环境友好型社会建设。其中高效节能产业主要任务是发展高效节能锅炉窑炉、电机及拖动设备、余热余压利用、高效储能、节能监测和能源计量等节能新技术和装备；鼓励开发和推广应用高效节能电器、高效照明等产品；提高新建建筑节能标准，开展既有建筑节能改造，大力发展绿色建筑，推广绿色建筑材料；加快发展节能交通工具；积极开发和推广用能系统优化技术，促进能源的梯次利用和高效利用；大力推行合同能源管理新业态。其发展路线图如表 2 – 7 所示。

8 月 6 日，国务院出台《节能减排“十二五”规划》。《节能减排“十二五”规划》回顾了“十一五”时期节能减排工作索取得的成绩和存在的问题，分析了“十二五”时期面临的形势，提出了新时期节能减排工作的指导思想、基本原则、总体目标、

表 2-7　　高效节能产业发展路线图

时间节点	2015 年	2020 年
发展目标	重大节能技术装备得到推广应用，主要终端用能产品能效接近国际先进水平，高效节能产品市场占有率大幅提升，采用合同能源管理机制的节能服务业销售额年均增长 30% 以上	形成适合我国国情的节能技术装备和产品体系，主要节能装备、主要行业单位产出能耗指标达到国际先进水平
重大行动	关键技术开发：重点开发高效内燃机和混合动力汽车，高压变频调速、稀土永磁无铁芯电机等电机节能技术，蓄热式高温空气燃烧、等离子点火等高效锅炉窑炉技术，高效换热器及系统优化等能源梯次利用技术，中低品位余热余压回收利用技术，能源优化技术等； 产业化：大力推广重点节能技术和产品，开展重点节能技术示范、产品产业化及推广应用。实施节能产品惠民工程、重大节能技术与装备产业化工程，推进重点领域节能改造； 商业模式创新：推广合同能源管理，开展节能量交易	
重大政策	严格实施固定资产投资项目节能评估和审查制度； 制定重点用能产品能效标准和重点行业能耗限额标准，扩大能效标识实施范围，推行能效领跑者制度； 加大财政支持力度，完善能源价格机制	

具体目标，明确了主要任务、重点工程、保障措施、规划实施组织等。规划目标包括：单位国内生产总值能耗下降 16%、主要污染物排放总量下降 8% ~10%，“十二五”期间实现节能 6.7 亿吨标准煤的总体目标，以及各行业、重点领域和主要耗能设备的具体目标（见表 2-8）。工业方面，提出单位工业增加值（规模以上）能耗下降 21% 左右，并对火电、钢铁、水泥、原油加工等主要高耗能行业的单位产品能耗提出了目标要求。建筑方面，提出北方采暖地区既有居住建筑供热计量和节能改造 4 亿平方米以上，新建建筑施工阶段节能标准执行率达到 95% 以上，绿色建筑标准执行率达到 15%。交通方面，对铁路、公路、水运、航空单位运输周转量能耗水平提出了目标要求。主要终端用能设备方面，对锅炉、电动机、汽车、家用电器等设备提出了能效改善目标。公共机构方面，对公共机构单位建筑面积能耗以及人均能耗提出了目标要求。

《节能减排“十二五”规划》提出了三项重点任务：一是通过抑制高耗能高排放行业过快增长，淘汰落后产能（见表 2-9），促进传统产业优化升级，调整能源消费结构，推动服务业和战略性新兴产业发展等措施来调整优化产业结构；二是通过加强工业、建筑、交通运输、农业和农村、商用和民用、公共机构节能来推动能效水平提高；三是通过加强城镇生活污水处理设施建设、加强重点行业污染物减排、开展农业源污染防治、控制机动车污染物排放、推进大气中细颗粒物污染物（PM2.5）治理等措施来强化主要污染物减排。

表 2-8　　　　　　　　　　“十二五”时期主要节能指标

指　标	单　位	2010 年	2015 年	变化率
工　业				
单位工业增加值（规模以上）能耗	%			[-21%左右]
火电供电煤耗	克标准煤/千瓦时	333	325	-8
火电厂厂用电率	%	6.33	6.2	-0.13
电网综合线损率	%	6.53	6.3	-0.23
吨钢综合能耗	千克标准煤	605	580	-25
铝锭综合交流电耗	千瓦时/吨	14013	13300	-713
铜冶炼综合能耗	千克标准煤/吨	350	300	-50
原油加工综合能耗	千克标准煤/吨	99	86	-13
乙烯综合能耗	千克标准煤/吨	886	857	-29
合成氨综合能耗	千克标准煤/吨	1402	1350	-52
烧碱（离子膜）综合能耗	千克标准煤/吨	351	330	-21
水泥熟料综合能耗	千克标准煤/吨	115	112	-3
平板玻璃综合能耗	千克标准煤/重量箱	17	15	-2
纸及纸板综合能耗	千克标准煤/吨	680	530	-150
纸浆综合能耗	千克标准煤/吨	450	370	-80
日用陶瓷综合能耗	千克标准煤/吨	1190	1110	-80
建　筑				
北方采暖地区既有居住建筑改造面积	亿平方米	1.8	5.8	4
城镇新建绿色建筑标准执行率	%	1	15	14
交通运输				
铁路单位运输工作量综合能耗	吨标准煤/百万换算吨公里	5.01	4.76	[-5%]
营运车辆单位运输周转量能耗	千克标准煤/百吨公里	7.9	7.5	[-5%]
营运船舶单位运输周转量能耗	千克标准煤/千吨公里	6.99	6.29	[-10%]
民航业单位运输周转量能耗	千克标准煤/吨公里	0.450	0.428	[-5%]
公共机构				
公共机构单位建筑面积能耗	千克标准煤/平方米	23.9	21	[-12%]
公共机构人均能耗	千克标准煤/人	447.4	380	[15%]
燃煤工业锅炉（运行）	%	65	70~75	5~10
三相异步电动机（设计）	%	90	92~94	2~4
容积式空气压缩机输入比功率	千瓦/（立方米·分$^{-1}$）	10.7	8.5~9.3	-1.4~-2.2

续表

指　标	单　位	2010 年	2015 年	变化率
电力变压器损耗	千瓦	空载：43 负载：170	空载：30～33 负载：151～153	-10～-13 -17～-19
汽车（乘用车）平均油耗	升/百公里	8	6.9	-1.1
房间空调器（能效比）	—	3.3	3.5～4.5	0.2～1.2
电冰箱（能效指数）	%	49	40～46	-3～-9
家用燃气热水器（热效率）	%	87～90	93～97	3～10

注：[　] 内为变化率。

表 2-9　　“十二五”时期淘汰落后产能一览表

行　业	主要内容	单位	产能
电力	大电网覆盖范围内，单机容量在 10 万千瓦及以下的常规燃煤火电机组，单机容量在 5 万千瓦及以下的常规小火电机组，以发电为主的燃油锅炉及发电机组（5 万千瓦及以下）；大电网覆盖范围内，设计寿命期满的单机容量在 20 万千瓦及以下的常规燃煤火电机组	万千瓦	2000
炼铁	400 立方米及以下炼铁高炉等	万吨	4800
炼钢	30 吨及以下转炉、电炉等	万吨	4800
铁合金	6300 千伏安以下铁合金矿热电炉，3000 千伏安以下铁合金半封闭直流电炉、铁合金精炼电炉等	万吨	740
电石	单台炉容量小于 125000 千伏安电石炉及开放式电石炉	万吨	380
铜（含再生铜）冶炼	鼓风炉、电炉、反射炉炼铜工艺及设备等	万吨	80
电解铝	100 千安及以下预焙槽等	万吨	90
铅（含再生铅）冶炼	采用烧结锅、烧结盘、简易高炉等落后方式炼铅工艺及设备，未配套建设制酸及尾气吸收系统的烧结机炼铅工艺等	万吨	130
锌（含再生锌）冶炼	采用马弗炉、马槽炉、横罐、小竖罐等进行焙烧、简易冷凝设施进行收尘等落后方式炼锌或生产氧化锌工艺装备等	万吨	65
焦炭	土法炼焦（含改良焦炉），单炉产能 7.5 万吨/年以下的半焦（兰炭）生产装置，炭化室高度小于 4.3 米焦炉（3.8 米及以上捣固焦炉除外）	万吨	4200
水泥（含熟料及磨机）	立窑，干法中空窑，直径 3 米以下水泥粉磨设备等	万吨	37000

续表

行　业	主要内容	单位	产能
平板玻璃	平拉工艺平板玻璃生产线（含格法）	万重量箱	9000
造纸	无碱回收的碱法（硫酸盐法）制浆生产线，单条产能小于3.4万吨的非木浆生产线，单条产能小于1万吨的废纸浆生产线，年生产能力5.1万吨以下的化学木浆生产线等	万吨	1500
化纤	2万吨/年及以下粘胶常规纤维生产线，湿法氨纶工艺生产线，二甲基酰胺溶剂法氨纶及腈纶工艺生产线，硝酸法腈纶常规生产线等	万吨	59
印染	未经改造的74型染整生产线，使用年限超过15年的国产和使用年限超过20年的进口前处理设备、拉幅和定形设备、圆网和平网印花机、连续染色机，使用年限超过15年的浴比大于1∶10的棉及化纤间歇式染色设备等	亿米	55.8
制革	年加工生皮能力5万张牛皮、年加工蓝湿皮能力3万张牛皮以下的制革生产线	万标张	1100
酒精	3万吨/年以下酒精生产线（废糖蜜制酒精除外）	万吨	100
味精	3万吨/年以下味精生产线	万吨	18.2
柠檬酸	2万吨/年及以下柠檬酸生产线	万吨	4.75
铅蓄电池（含极板及组装）	开口式普通铅蓄电池生产线，含镉高于0.002%的铅蓄电池生产线，20万千伏安时/年规模以下的铅蓄电池生产线	万千伏安时	746
白炽灯	60瓦以上普通照明用白炽灯	亿只	6

《节能减排“十二五”规划》还提出了十大节能减排重点工程。包括：节能改造工程、节能产品惠民工程、合同能源管理推广工程、节能技术产业化示范工程、城镇生活污水处理设施建设工程、重点流域水污染防治工程、脱硫脱硝工程、规模化畜禽养殖污染防治工程、循环经济示范推广工程、节能减排能力建设工程。

第1~4项工程主要针对节能，节能改造工程支持锅炉（窑炉）改造和热电联产、电机系统节能、能量系统优化、余热余压利用、节约和替代石油、建筑节能、交通运输节能、绿色照明等节能改造项目。节能产品惠民工程以财政补贴方式推广高效节能家电、汽车、电动机、照明产品等。合同能源管理推广工程支持以合同能源管理方式实施节能改造。节能技术产业化示范工程支持一批共性、关键节能技术的产业化示范和推广应用。通过实施节能重点工程，“十二五”时期形成3亿吨标准煤的节能能力。

第5～8项工程主要针对减排，内容包括城镇生活污水处理设施建设，重点流域水污染防治，电力、钢铁、建材等生产设备以及机动车等排放源改造，规模化畜禽养殖污染防治等。通过实施减排重点工程，“十二五”时期形成420万吨化学需氧量、277万吨二氧化硫、40万吨氨氮、358万吨氮氧化物的减排能力。

第9～10项工程兼具节能减排，第9项重点工程是循环经济示范推广工程，主要支持循环经济发展和清洁生产共性、关键技术的培育、示范和推广；第10项是节能减排能力建设工程，主要从加强节能减排统计、监测和预警以及强化管理能力建设等方面夯实节能减排工作基础。

资金筹措方面，测算“十二五”时期节能减排重点工程总投资为23660亿元，其中，节能重点工程总投资约9820亿元，污染减排重点工程约8160亿元，循环经济重点工程约5680亿元。节能、循环经济、重点流域工业污染防治、烟气脱硫脱硝工程所需资金主要由企业通过自有资金、金融机构贷款和社会资金解决，各级政府安排一定资金予以支持和引导。城镇生活污水处理设施和配套管网建设的责任主体是地方政府，国家对重点建设项目给予适当支持。

其他重点行业领域也出台了相应的节能规划及行动方案。1月31日，国家发展改革委等16部门共同制定了《“十二五”节能减排全民行动实施方案》。通过节能减排家庭社区行动、青少年行动、企业行动、学校行动、军营行动、农村行动、机构行动、科技行动、科普行动、媒体行动十个专项行动计划，带动全社会共同参与节能减排工作，营造良好社会氛围，为确保实现“十二五”节能目标做出贡献。

2月27日，工业和信息化部发布《工业节能“十二五”规划》。明确到2015年节能总体目标为：规模以上工业增加值能耗比2010年下降21%左右，“十二五”期间预计实现节能量6.7亿吨标准煤。

5月9日，住房和城乡建设部出台了《“十二五”建筑节能专项规划》，提出到“十二五”期末，建筑节能形成1.16亿吨标准煤节能能力。其中，发展绿色建筑，加强新建建筑节能工作，形成4500万吨标准煤节能能力；深化供热体制改革，全面推行供热计量收费，推进北方采暖地区既有建筑供热计量及节能改造，形成2700万吨标准煤节能能力；加强公共建筑节能监管体系建设，推动节能改造与运行管理，形成1400万吨标准煤节能能力。推动可再生能源与建筑一体化应用，形成常规能源替代能力3000万吨标准煤。

7月5日，国家发展改革委、财政部、国管局联合印发《关于印发节约型公共机构示范单位创建工作方案的通知》，要求在国家机关和教育、科技、文化、卫生、体育等系统公共机构中，创建一批管理科学精细、资源利用高效、崇尚勤俭节约、践行绿色低碳的节约型公共机构示范单位，引领和带动全国公共机构深入开展节能减排工作。明确“十二五”期间，创建2000家节约型公共机构示范单位。通过创建活动，达到单位建筑面积和人均能源资源指标大幅度降低，形成100万吨标准煤的节能能力。

2. 推动重点节能工程实施，开展燃煤电厂节能升级改造工作

6月12日，国家发展改革委等3部门共同印发《关于开展燃煤电厂综合升级改造工作的通知》，要求按照“市场运作、政策扶持、试点先行、有序实施”的原则，采用成熟可靠、经济适用的先进发电技术和管理办法，对在役煤电机组进行综合升级改造，首批启动1000万千瓦示范项目，待取得经验后，再逐渐扩大改造规模。鼓励对供电煤耗高出同类机组平均水平5克/千瓦时以上的煤电机组实施综合升级改造。

为进一步规范机组性能测试，确保测试结果真实可信，8月31日，国家能源局、财政部联合印发《关于印发燃煤电厂综合升级改造机组性能测试有关规定的通知》，制定了《燃煤电厂综合升级改造机组性能测试管理细则》《燃煤电厂综合升级改造机组性能测试技术要求》《燃煤电厂综合升级改造实施前机组性能测试报告（提纲）》和《燃煤电厂综合升级改造实施后机组性能测试暨实施效果报告（提纲）》，并公布20家了燃煤电厂综合升级改造机组性能测试机构名单。

3. 优化调整能源结构，出台天然气相关政策，保障能源系统平稳运行

开展天然气分布式能源示范。为统筹国内外两种资源、两个市场，提高天然气在一次能源消费结构中的比重，6月1日，国家发展改革委等4部门印发《关于下达首批国家天然气分布式能源示范项目的通知》，在江苏、天津、北京、湖北安排首批国家天然气分布式能源示范项目4个，总规模达40830千瓦，中央财政给予示范项目适当支持。

出台《天然气利用政策》。10月14日，国家发展改革委第15号令发布了《天然气利用政策》。这是我国首次就天然气利用发布详细的政策指导文件。天然气政策提出了“三个坚持”：坚持统筹兼顾，整体考虑全国天然气利用的方向和领域，优化配置国内外资源；坚持区别对待，明确天然气利用顺序，保民生、保重点、保发展，并考虑不同地区的差异化政策；坚持量入为出，根据资源落实情况，有序发展天然气市场。

确保天然气稳定供应。12月26日，国家发展改革委印发了《关于保障当前天然气稳定供应的紧急通知》，指出2012年1～11月国内天然气产量976亿立方米，同比增长

6.8%，进口约合381亿立方米，增长36.7%。随着国内用气区域和规模不断扩大，特别是部分地区大范围实施汽车“油改气”、锅炉“煤改气”工程，天然气消费需求快速增加，同时季节性消费特征明显，北方供暖型城市峰谷差较大。入冬后，部分地区出现较大范围雨雪低温天气，进入用气高峰期，天然气需求量迅速大幅攀升。受天然气管输能力限制和储气调峰能力严重滞后等因素影响，供需矛盾较为突出，出现供应紧张状况。为保障天然气正常供应，做好迎峰度冬期间天然气供应保障，要求各有关方面保持高度重视，全面落实要求；加强监测预警，把握运行动态；加强资源组织，增加有效供给；加强综合协调，确保安全运行；促进能源节约，保障重点需求。各地要明确保供序列，把确保居民生活用气放在首位。如出现供气紧张，应按顺序压缩其他行业用气，优先保证群众生活、公共设施、公共交通等重点领域用气。

4. 持续贯彻长效节能技术产品推广机制

结合“节能产品惠民工程”，继续推广节能新产品新技术。1月20日，国家发展改革委发布第11期节能产品政府采购清单，明确清单中的空调机、照明产品、电视机、电热水器、计算机、打印机、显示器、便器、水嘴等九类产品为政府强制采购节能产品。

3月21日，国家发展改革委和财政部发布了高效电机推广目录（第四批）入围企业及推广目录。

5月25日，财政部等3部门印发了《节能产品惠民工程高效节能平板电视推广实施细则》，随后又陆续印发了高效房间空气调节器、家用热水器、太阳能热水器、空气源热泵热水器（机）、电动洗衣机、家用电冰箱、单元式空气调节机和冷水机组、台式微型计算机、节能配电变压器、容积式空气压缩机、通风机、清水离心泵等12类电器产品。推广实施细则；6~12月间，陆续发布第一、第二、第三批高效节能平板电视、家用燃气热水器、空气源热泵热水器（机）、电动洗衣机、家用电冰箱、太阳能热水器、房间空气调节器（第五~第八批），及第一批台式微型计算机、高效节能单元式空气调节机和冷水机组推广、推广企业以及推广销售网点目录；发布第八批节能汽车推广目录。

10月9日，财政部等3部门联合印发《关于认真做好节能家电推广工作的通知》，将做好节能家电推广作为“扩消费、调结构、转方式、促节能、惠民生”的一项重要举措来抓。

12月13日，国家发展改革委发布《国家重点节能技术推广目录（第五批）》，涉及煤炭、电力、钢铁、有色、石油石化、化工、建材、机械、轻工、建筑、交通、通信等12个行业，共49项重点节能技术。

推广建筑节能新型墙体材料。8月21日，国家发展改革委办公厅印发《关于开展“十二五”城市城区限制使用粘土制品　县城禁止使用实心粘土砖工作的通知》。要求在巩固全国城市城区“禁实”成果基础上，开展“城市限粘、县城禁实”工作，推广应用节能利废的新型墙体材料新技术、新产品，推动新型墙体材料行业节能降耗。到2015年，全国30%以上的城市实现“限粘”、50%以上县城实现“禁实”，有序推进乡镇、农村“禁实”工作。

推进能源效率标识实施。11月14日，国家发展改革委、国家质检总局、国家认监委共同发布《中华人民共和国实行能源效率标识的产品目录（第十批）》《微型计算机能源效率标识实施规则》。

5. 加强节能管理，贯彻落实节能目标责任评价考核制度

落实“晴雨表”工作机制，定期跟踪节能目标完成情况。3月22日，国家发展改革委办公厅印发《关于定期发布节能目标完成情况“晴雨表”的通知》（本段简称《通知》）。该《通知》要求，为深入、持续地推进节能减排各项工作，防止出现前松后紧的问题，各省（区、市）节能主管部门要会同统计部门根据工业生产统计快报、电力工业统计月报、能源统计资料等统计数据及时测算节能目标完成进展情况，按季度做好节能形势分析，认真查找存在的问题，对下一阶段工作进行部署，并定期发布节能目标完成情况“晴雨表”。《通知》还要求各级节能主管部门要高度重视这项工作，切实加强组织领导，明确目标任务，强化部门沟通协调，确保预警的及时性、科学性和有效性。

开展万家企业节能低碳行动，提升万家企业节能管理水平。5月12日，国家发展改革委公告了“万家企业节能低碳行动”企业名单及节能量目标，明确全国31个省、市、自治区共16078家企业、宾馆、学校参加节能低碳行动，实现“十二五”节能2.5亿吨标准煤的目标。7月11日，印发了《万家企业节能目标责任考核实施方案》，要求将万家企业节能目标责任考核工作，作为强化企业节能责任，推动落实各项政策措施，促进企业建立节能长效机制的重要手段，切实加强组织领导，狠抓工作落实，确保考核工作取得实效。8月14日，国家发展改革委办公厅印发《关于进一步加强万家企业能源利用状况报告工作的通知》，以加强万家企业能源利用状况报告工作，全面掌握万家企业能耗状况，强化节能监管，促进企业提高能效，完成节能目标责任。11月28

日，国家发展改革委、国家认监委共同印发《关于加强万家企业能源管理体系建设工作的通知》，要求万家企业充分认识加强万家企业能源管理体系建设的意义，加强工作指导，积极推动能源管理体系建设，及时开展建设效果评价，从而推动万家企业建立健全能源管理体系，持续改进能源管理水平，不断提高能源利用效率，确保完成“十二五”节能目标任务。

对省级政府开展节能目标责任考核。“十一五”时期形成的节能目标责任考核评价制度作为一项长效工作机制在“十二五”时期继续得到贯彻落实。12 月 18 日，国家发展改革委公告了对全国 30 个省、自治区、直辖市 2011 年节能目标责任完成情况的评价考核结果（西藏自治区未公布）。考核结果表明，北京、天津、河北、山西、上海、山东、河南、湖北、四川、贵州 10 个省（区、市）考核结果为超额完成等级；吉林、黑龙江、安徽、湖南、广西、重庆、云南、陕西 8 个省（区）考核结果为完成等级；内蒙古、辽宁、江苏、福建、江西、广东 6 个省区考核结果为基本完成等级；浙江、海南、甘肃、青海、宁夏、新疆 6 个省（区）考核结果为未完成等级。其中青海因玉树地震灾害的影响未完成年度节能目标。

2.5.3　2013 年

2013 年，是党的十八大确立的新一届中央政府依法履职的第一年，是实施“十二五”规划承前启后的关键年，也是为全面建成小康社会奠定坚实基础的重要一年。针对阻碍发展的结构性问题，中央及地方各级部门注重调整经济结构，国务院明确提出了化解产能严重过剩矛盾的工作目标、主要任务和政策措施。加快发展服务业，2013 年服务业增加值占国内生产总值比重达到 46.1%，首次超过第二产业。进一步加快发展节能环保产业，推广节能环保产品，加快实施重点工程，促进节能环保产业发展水平全面提升。积极优化能源结构，非化石能源占一次能源消费比重达到 9.8%。在提高能源利用效率方面，持续推进“节能产品惠民工程”和新能源汽车推广应用，精准发力，运用市场手段和差别化政策，在优化结构中稳增长，在创新驱动中促转型，推动提质增效升级。坚持推进节能减排和污染防治并重，当年能源消耗强度下降 3.7%，完成年度节能目标任务。

30 多年来以粗放式增长为主导的发展历程，给我国的大气环境带来了严峻挑战。以京津冀为代表的区域性大气环境问题日益突出，损害人民群众身体健康，影响社会和谐稳定。随着我国工业化、城镇化的深入推进，能源资源消耗持续增加，大气污染防治压力继续加大。为此，新一届中央政府出台了改革开放35年来首个针对空气污染防治的综合性《大气污染防治计划》，被称为“大气十条”，标志着我国的节能降耗政策导向由传统的节能、提高能效向综合性、全方位提质增效、绿色环保、生态文明转变。

值得注意的是，随着能源结构调整的深入推进，以及全国大范围的燃煤锅炉“煤改气”能效升级改造，出现了天然气供应极为紧张、价格持续高涨的局面。为此，国家发展改革委、国家能源局在2013年度出台了一系列保障天然气平稳供给运行的政策措施和意见。同时，为保障政策的连贯性和清洁能源供给的安全性，为科学决策和政策评估提供依据，也开始着手对“煤改气”项目和天然气供需情况进行调查。充分反映了在节能减排政策制定过程中不断遇到新问题，通过调查研究实事求是解决新问题的工作作风。

1. 加快推进节能环保产业发展，将大气污染防治和生态文明建设放在前所未有的重要战略地位

8月1日，国务院印发《关于加快发展节能环保产业的意见》（本节简称《意见》）。该《意见》指出，资源环境制约是当前我国经济社会发展面临的突出矛盾。解决节能环保问题，是扩内需、稳增长、调结构，打造中国经济升级版的一项重要而紧迫的任务。加快发展节能环保产业，对拉动投资和消费，形成新的经济增长点，推动产业升级和发展方式转变，促进节能减排和民生改善，实现经济可持续发展和确保2020年全面建成小康社会，具有十分重要的意义。到2015年，我国节能环保产业总产值要达到4.5万亿元，成为国民经济新的支柱产业。

《意见》提出，要按照“创新引领、服务提升，需求牵引、工程带动，法规驱动、政策激励，市场主导、政府引导”的原则，一是要围绕重点领域，通过加快节能技术装备升级换代，推动重点领域节能增效；提升环保技术装备水平，治理突出环境问题；发展资源循环利用技术装备，提高资源产出率；创新发展模式，壮大节能环保服务业来促进节能环保产业发展水平全面提升。二是要发挥政府带动作用，通过加强节能技术改造、实施污染治理重点工程、推进园区循环化改造、加快城镇环境基础设施建设、开展绿色建筑行动来引领社会资金投入节能环保工程建设。三是要推广节能环保产品，通过扩大节能产品市场消费、拉动环保产品及再生产品消费、推进政府采购节能环保产品来扩大市场消费需求。四是要加强技术创新，通过支持企业技术创新能力建设、加快掌握重大关键核心技术、促进科技成果产业化转化、推动国际合作和人才队伍建设来提高节能环保产业市场竞争力。五是要强化约束激励，通过健全法规标准、强化目标责任、加大财政投入、拓展投融资渠道、完善价格、收费和土地政策、推行市场化机制、支持节能环保产业“走出去”和“引进来”、开展生态文明先行先试、加强节能环保宣传教育来营造有利的市场和政策环境。

根据《意见》中关于在全国范围内选择有代表性的100个地区开展国家生态文明先行示范区建设，探索符合我国国情的生态文明建设模式的要求，12月2日，国家发展改革委等6部门联合印发了《国家生态文明先行示范区建设方案（试行）》（本段简称《示范区方案》）。该《示范区方案》提出了建设生态文明先行示范区的总体要求和主要目标，明确通过5年左右的努力，先行示范地区基本形成符合主体功能定位的开发格局。资源循环利用体系初步建立，节能减排和碳强度指标下降幅度超过上级政府下达的约束性指标，资源产出率、单位建设用地生产总值、万元工业增加值用水量、农业灌溉有效利用系数、城镇（乡）生活污水处理率、生活垃圾无害化处理率等处于全国或本省（市）前列，城镇供水水源地全面达标，森林、草原、湖泊、湿地等面积逐步增加、质量逐步提高，水土流失和沙化、荒漠化、石漠化土地面积明显减少，耕地质量稳步提高，物种得到有效保护，覆盖全社会的生态文化体系基本建立，绿色生活方式普遍推行，最严格的耕地保护制度、水资源管理制度、环境保护制度得到有效落实，生态文明制度建设取得重大突破，形成可复制、可推广的生态文明建设典型模式。

《示范区方案》明确了八个方面的主要任务：一是科学谋划空间开发格局；二是调整优化产业结构；三是着力推动绿色循环低碳发展；四是节约集约利用资源；五是加大生态系统和环境保护力度；六是建立生态文化体系；七是创新体制机制；八是加强基础能力建设。此外，还提出了组织实施有关的具体要求。

9月10日，国务院印发《大气污染防治行动计划》，通常被称为“大气十条”。“大气十条”提出了防治大气污染的行动目标：经过5年努力，全国空气质量总体改善，重污染天气较大幅度减少；京津冀、长三角、珠三角等区域空气质量明显好转。力争再用5年或更长时间，逐步消除重污染天气，全国空气质量明显改善。到2017年，全国地级及以上城市可吸入颗粒物浓度比2012年下降10%以上，优良天数逐年提高；京津冀、长三角、珠三角等区域细颗粒物浓度分别下降25%、20%、15%左右，其中北京市细颗粒物年均浓度控制在60微克/立方米左右。

为实现以上目标，“大气十条”明确了十条具体措施：一是减少污染物排放。全面整治燃煤小锅炉，加快重点行业脱硫脱硝除尘改造。整治城市扬尘。提高燃油品质，限期淘汰黄标车。二是调整优化产业结构，推动产业转型升级。严控“两高”行业新增产能，提前一年完成钢铁、水泥、电解铝、平板玻璃等重点行业“十二五”淘汰落后产能任务。三是大力推行清洁生产，重点行业主要大气污染物排放强度到2017年底下降30%以上。大力发展循环经济，大力发展公共交通。四是加快能源结构调整，加大天然气、煤制甲烷等清洁能源供应。五是强化节能环保指标约束，对未通过能评、环评的项目，不准批准开工建设，不得提供土地和贷款支持，不得供电供水。六是推行激励与约束并举的节能减排新机制，加大排污费征收力度。加大对大气污染防治的信贷支持。加强国际合作，大力培育环保、新能源产业。七是用法律、标准“倒逼”产业转型升级。制定、修订重点行业排放标准，建议修订《大气污染防治法》等法律。强制公开重污染行业企业环境信息。公布重点城市空气质量排名。加大违法行为处罚力度。八是建立环渤海包括京津冀、长三角、珠三角等区域联防联控机制，加强人口密集地区和重点大城市PM2.5治理，构建对各省（区、市）的大气环境整治目标责任考核体系。九是将重污染天气纳入地方政府突发事件应急管理，根据污染等级及时采取重污染企业限产限排、机动车限行等措施。十是树立全社会“同呼吸、共奋斗”的行为准则，地方政府对当地空气质量负总责，落实企业治污主体责任，国务院有关部门协调联动，倡导节约、绿色消费方式和低碳生活习惯，动员全民参与环境保护和监督。

京津冀及周边地区（包括北京、天津、河北、山西、内蒙古自治区、山东）是我国大气污染最严重的区域。为加快京津冀及周边地区大气污染综合治理，依据“大气十条”，9月17日，环境保护部等6部门联合印发了《京津冀及周边地区落实大气污染防治行动计划实施细则》。主要目标：经过5年努力，京津冀及周边地区空气质量明显好转，重污染天气较大幅度减少。力争再用5年或更长时间，逐步消除重污染天气，空气质量全面改善。具体指标是：到2017年，北京市、天津市、河北省细颗粒物（PM2.5）浓度在2012年基础上下降25%左右，山西省、山东省下降20%，内蒙古自治区下降10%。其中，北京市细颗粒物年均浓度控制在60微克/立方米左右。实施细则还细化明确了六个方面25条重点任务。

2. 深化产业结构调整优化，引导战略性新兴产业发展壮大

1月30日，国家发展改革委等六部委联合发布了《半导体照明节能产业规划》（本段简称《规划》）。该《规划》分析了我国照明产业的发展现状与面临形势，明确了把LED照明作为战略性新兴产业发展重点的指导思想，提出总体目标是：到2015年关键设备和重要原材料实现国产化，重大技术取得突破，高端应用产品达到国际先进水平、节能效果更加明显，LED照明产业节能集中度逐步提高，产业集聚区基本确立，一批龙头企业竞争力明显增强，研发平台和标准、检测、认证体系进一步完善。具体目标包括三个方面：一是节能减排效果更加明显，市场份额逐步扩大。到2015年，60W以上普通照明用白炽灯全部淘汰，市场占有率降到10%以下；节能灯等传统高效照明产品市场占有率稳定在70%左右；LED功能性照明产品市场占有率达20%以上。此外，LED液晶背光源、景观照明市场占有率分别达70%和80%以上。与传统照明产品相比，实现年节电600亿千瓦时，相当于节约标准煤2100万吨，减少二氧化碳排放近6000万吨。二是产业规模稳步增长，重点企业实力增强。LED照明节能产业产值年均增长30%左右，2015年达到4500亿元（其中LED照明应用产品1800亿元）。产业结构进一步优化，建成一批特色鲜明的半导体照明产业集聚区。形成10~15家掌握核心技术、拥有较多自主知识产权和知名品牌、质量竞争力强的龙头企业。三是技术创新能力大幅提升，标准检测认证体系进一步完善。LED芯片国产化率80%以上，硅基LED芯片取得重要突破。核心器件的发光效率与应用产品的质量达到国际同期先进水平。大型MOCVD装备、关键原材料实现国产化，检测设备国产化率达70%以上。建立具有世界先进水平的研发、检测平台和标准、认证体系。

《规划》还提出了逐步开展推广应用、着力提升产业创新能力、加快完善产业服务支撑体系三大主要任务，实施照明产品应用示范与推广、产业化关键技术研发、核心装备及配套材料技术创新、标准检测及认证体系建设四项重点工程，以及统筹协调推进产业健康有序发展、继续加大技术创新支持力度、实施支持产业发展的鼓励政策、广泛开展宣传教育和人才培养、深化国际与区域交流合作五项保障措施。

出台《战略性新兴产业重点产品和服务指导目录》。为更好地指导各部门、各地区开展培育发展战略性新兴产业工作，2月22日，国家发展改革委发布了《战略性新兴产业重点产品和服务指导目录》（本段简称《目录》）。该《目录》依据国家确定的7个战略性新兴产业、24个发展方向，进一步细化到近3100项细分的产品和服务。其中节能环保产业约740项、约占24%，新能源产业约300项、约占10%，新能源汽车产业约60项、约占2%，新材料产业约280项、约占9%，高端装备制造产业约270项、约占9%，生物产业约500项、约占16%，新一代信息技术产业约950项、约占30%。

节能环保产业又分为高效节能产业、先进环保产业和资源循环利用产业三大类，其中高效节能产业包括高效节能锅炉窑炉、电机及拖动设备、余热余压余气利用、高效储能、节能监测和能源计量、高效节能电器、高效照明产品及系统、绿色建筑材料、节能交通工具、用能系统优化、节能管理与服务、采矿及电力行业高效节能技术和装备、其他节能技术 13 项内容。先进环保产业包括水污染、大气污染防治等 13 项内容。资源循环利用产业包括矿产资源、固体废物综合利用等 9 项内容。

2 月 16 日，国家发展改革委发布《关于修改〈产业结构调整指导目录（2011 年本）〉有关条款的决定》，对 2011 年本《产业结构调整指导目录》鼓励类 18 项、限制类 12 项、淘汰类 6 项共 36 条内容进行了修改，自 2013 年 5 月 1 日起施行。

持续推动节能服务市场和产业健康发展。12 月 17 日，国家税务总局、国家发展改革委发布了《关于落实节能服务企业合同能源管理项目企业所得税优惠政策有关征收管理问题的公告》。明确继续实施税收优惠政策鼓励节能服务市场和企业。对实施节能效益分享型合同能源管理项目的节能服务企业，予以企业所得税“三免三减半”优惠政策。如节能服务企业的分享型合同约定的效益分享期短于 6 年的，按实际分享期享受优惠。

3. 完善电价机制及相关激励政策，推进能源结构优化调整

6 月 15 日，国家发展改革委印发《关于完善核电上网电价机制有关问题的通知》。明确对新建核电机组实行标杆上网电价政策。对 2013 年 1 月 1 日后投产的核电机组，核定全国核电标杆上网电价为每千瓦时 0.43 元。

为推动分布式发电应用，国家发展改革委 7 月 18 日印发了《分布式发电管理暂行办法》。明确对符合条件的分布式发电给予建设资金补贴或单位发电量补贴。享受补贴的分布式发电包括：风力发电、太阳能发电、生物质发电、地热发电、海洋能发电等新能源。

8 月 26 日，国家发展改革委印发了《关于发挥价格杠杆作用促进光伏产业健康发展的通知》。根据各地太阳能资源条件和建设成本，将全国分为三类太阳能资源区，相应制定光伏电站标杆上网电价。光伏电站标杆上网电价高出当地燃煤机组标杆上网电价（含脱硫等环保电价，下同）的部分，通过可再生能源发展基金予以补贴。对分布式光伏发电实行按照全电量补贴的政策，电价补贴标准为每千瓦时 0.42 元，通过可再生能源发展基金予以支付，由电网企业转付；其中，分布式光伏发电系统自用有余上网的电量，由电网企业按照当地燃煤机组标杆上网电价收购。分区标杆上网电价政策适用于 2013 年 9 月 1 日后备案（核准），以及 2013 年 9 月 1 日前备案（核准）但于

2014 年 1 月 1 日及以后投运的光伏电站项目；电价补贴标准适用于除享受中央财政投资补贴之外的分布式光伏发电项目。

8 月 27 日，国家发展改革委印发了《关于调整可再生能源电价附加标准与环保电价有关事项的通知》，适当调整可再生能源电价附加和燃煤发电企业脱硝等环保电价标准，具体包括：将向除居民生活和农业生产以外的其他用电征收的可再生能源电价附加标准由每千瓦时 0.8 分钱提高至 1.5 分钱。将燃煤发电企业脱硝电价补偿标准由每千瓦时 0.8 分钱提高至 1 分钱。对采用新技术进行除尘设施改造、烟尘排放浓度低于 $30mg/m^3$（重点地区低于 $20mg/m^3$），并经环保部门验收合格的燃煤发电企业除尘成本予以适当支持，电价补偿标准为每千瓦时 0.2 分钱。以上价格调整自 2013 年 9 月 25 日起执行。

4. 出台指导意见化解高耗能行业产能严重过剩矛盾

为积极有效地化解钢铁、水泥、电解铝、平板玻璃、船舶等行业产能严重过剩矛盾，同时指导其他产能过剩行业化解工作，5 月 10 日，国家发展改革委、工信部联合印发《关于坚决遏制产能严重过剩行业盲目扩张的通知》（本段简称《通知》）。《通知》指出，要根据国务院有关工作部署，充分认识遏制严重过剩产能的重要性和紧迫性，按照“尊重规律、分业施策、多管齐下、标本兼治”的原则和“消化一批、转移一批、整合一批、淘汰一批”过剩产能的要求，严禁核准产能严重过剩行业新增产能项目，坚决停建产能过剩行业违规在建项目，加强领导严格监督检查。同时研究制定有关综合性的政策措施。

10 月 6 日，国务院出台《关于化解产能严重过剩矛盾的指导意见》（本节简称《意见》）。该《意见》指出，2012 年底，我国钢铁、水泥、电解铝、平板玻璃、船舶产能利用率分别仅为 72%、73.7%、71.9%、73.1% 和 75%，明显低于国际通常水平。钢铁、电解铝、船舶等行业利润大幅下滑，企业普遍经营困难。但是，这些产能严重过剩行业仍有一批在建、拟建项目，产能过剩呈加剧之势。如不及时采取措施加以化解，势必会加剧市场恶性竞争，造成行业亏损面扩大、企业职工失业、银行不良资产增加、能源资源瓶颈加剧、生态环境恶化等问题，直接危及产业健康发展，甚至影响到民生改善和社会稳定大局。

当前，我国出现产能严重过剩主要受发展阶段、发展理念和体制机制等多种因素的影响。在加快推进工业化、城镇化的发展阶段，市场需求快速增长，一些企业对市场预期过于乐观，盲目投资，加剧了产能扩张；部分行业发展方式粗放，创新能力不强，产业集中度低，没有形成由优强企业主导的产业发展格局，导致行业无序竞争、重复建设严重；一些地方过于追求发展速度，过分倚重投资拉动，通过廉价供地、税收减免、低价配置资源等方式招商引资，助推了重复投资和产能扩张；与此同时，资源要素市场化改革滞后，政策、规划、标准、环保等引导和约束不强，投资体制和管理方式不完善，监督检查和责任追究不到位，导致生产要素价格扭曲，公平竞争的市场环境不健全，市场机制作用未能有效发挥，落后产能退出渠道不畅，产能过剩矛盾不断加剧。必须坚决控制增量、优化存量，深化体制改革和机制创新，加快建立和完善以市场为主导的化解产能严重过剩矛盾长效机制。

《意见》详细阐述了化解产能严重过剩矛盾工作的总体要求、基本原则、主要目标、主要任务、分业施策、政策措施及实施保障等内容，为新时期化解产能过剩矛盾指明了方向。其中对钢铁、水泥、电解铝、平板玻璃、船舶等五个产能严重过剩的高耗能行业，根据行业特征，有针对性地制定了分类施策化解矛盾的方式方法。在政策措施方面，提出了强调完善行业管理，强化环保硬约束监督管理，加强土地和岸线管理，落实有保有控的金融政策，完善和规范价格政策，完善财税支持政策，落实职工安置政策，建立项目信息库和公开制度，强化监督检查等要求。

为贯彻落实上述《意见》精神，更好地发挥价格杠杆在化解产能过剩、加快转型升级、促进技术进步、提高能效水平方面的积极作用，12 月 13 日，国家发展改革委、工信部印发了《关于电解铝企业用电实行阶梯电价政策的通知》。决定对电解铝企业用电实行阶梯电价，电解铝企业铝液电解交流电耗不高于每吨 13700 千瓦时的，其铝液电解用电（含来自自备电厂电量）不加价；高于每吨 13700 千瓦时但不高于 13800 千瓦时的，其铝液电解用电每千瓦时加价 0. 02 元；高于每吨 13800 千瓦时的，其铝液电解用电每千瓦时加价 0. 08 元。电解铝企业用电阶梯电价按年执行，每年根据上年实际电耗水平执行相应的电价标准。

5. 持续贯彻长效节能技术产品推广机制，提高能源利用效率

持续推进“节能产品惠民工程”。年内，国家发展改革委、财政部、工信部陆续联合发布了“节能产品惠民工程”第一、第二批高效节能配电电压器、清水离心泵、通风机、容积式空气压缩机推广及推广企业目录；第二、第三批高效节能单元式空气调节机和冷水机组、台式微型计算机（第二、第三、第四批）推广及推广企业目录；第四、第五批高效节能电动洗衣机、家用电冰箱、家用燃气热水器、太阳能热水器、空气源热泵热水器、平板电视推广目录及推广企业目录；第九、第十批高效节能空气调节器推广目录及推广企业目录；第八批节能汽车推广目录信息变更。

大力推广新能源汽车。9月13号，财政部印发了《关于继续开展新能源汽车推广应用工作的通知》，明确2013～2015年继续开展新能源汽车推广应用工作，依托城市推广应用新能源汽车，对消费者购买新能源汽车给予补贴，对示范城市充电设施建设给予财政奖励，并给出了新能源汽车推广应用补助标准。9月30日，财政部等3部门联合印发了《关于开展1.6升及以下节能环保汽车推广工作的通知》，决定从2013年10月1日起，实施1.6升及以下节能环保汽车（乘用车）推广政策。推广政策明确给出了推广车辆要达到的产品综合燃料消耗量限值标准以及污染物排放限值要求（GB 18352.5—2013标准中Ⅰ型试验的限值要求）。

深化生产销售使用塑料袋。“限塑令”自2008年实施以来，塑料购物袋使用量和丢弃量明显减少，“白色污染”问题得到一定程度遏制。超市、商城的塑料购物袋使用量普遍减少了2/3以上。全国主要商品零售场所塑料购物袋使用累计减少670亿个，累计减少塑料消耗100万吨，相当于节约石油600万吨，折合标准煤850多万吨，减少二氧化碳排放约2000万吨，取得了较好的成效。2013年是“限塑令”实施5周年，4月17日，国家发展改革委印发《关于深化限制生产销售使用塑料袋实施工作的通知》，要求为巩固和扩大已有成果，全面落实中央关于厉行勤俭节约的精神，各地区、各部门要加大宣传力度，大力营造绿色消费氛围；加强执法，开展全面监督检查；修订相关法规，完善政策保障体系，把实施好“限塑令”作为落实科学发展观，推动生态文明建设的具体抓手。

推广国家重点节能技术。12月30日，国家发展改革委发布《国家重点节能技术推广目录（第六批）》，涉及煤炭、电力、钢铁、有色、石油石化、化工、有色、建材、机械、轻工、纺织、建筑、通信等13个行业，共29项重点节能技术。

6. 强化节能目标责任管理，确保年度节能目标顺利实现

出台《关于加大工作力度确保实现2013年节能减排目标任务的通知》。“十二五”前两年，节能目标完成进度呈现滞后，存在“前松后紧”的趋势。要实现“十二五”目标任务，后三年年均单位国内生产总值能耗需降低3.84%，比前两年平均降幅高1.03个百分点，氮氧化物平均降幅需达到4%以上。为确保完成2013年目标任务，国家发展改革委于8月16日印发了《关于加大工作力度确保实现2013年节能减排目标任务的通知》（本段简称《通知》）。该《通知》要求各地区、各部门认真学习贯彻党的十八大精神，把生态文明建设放在突出地位，融入经济、政治、文化、社会建设各方面和全过程，切实增强全局意识、危机意识和责任意识，树立绿色、循环、低碳发展理念，以节能减排倒逼产业转型和发展方式加快转变，下更大决心，用更大气力，采取更加有力的政策措施，确保2013年全国单位国内生产总值能耗下降3.7%以上，二氧化硫、化学需氧量、氨氮、氮氧化物排放总量分别下降2%、2%、2.5%、3%，促进形成节约资源和保护环境的产业结构、生产方式、生活方式，加快生态文明建设。《通知》从强化节能减排目标责任、调整优化产业结构、加快实施节能减排重点工程、推动重点领域节能、推进主要污染物减排、大力发展循环经济、加快节能减排技术和产品开发推广、完善节能减排的经济政策、推行节能减排市场化机制、强化节能减排管理监督、开展节能减排全民行动等方面提出了工作任务和具体举措。

开展电力需求侧管理目标责任考核。2012年是电网企业实施电力需求侧管理目标责任考核的第一年。根据《关于印发〈电力需求侧管理办法〉的通知》（发改运行〔2010〕2643号）和《国家发展改革委关于印发〈电网企业实施电力需求侧管理目标责任考核方案（试行）〉的通知》（发改运行〔2011〕2407号）要求，发展改革委会同有关部门对国家电网公司、南方电网公司2012年度电力需求侧管理目标责任完成情况进行了评价考核。考核结果显示，2012年国家电网公司、南方电网公司均超额完成电力需求侧管理目标任务，共节约电力302万千瓦，节约电量117亿千瓦时。从考核组织工作看，北京、山西、山东、辽宁、江苏、湖南、江西、宁夏等地经济运行主管部门综合表现较好，个别地区需加大考核工作组织力度。

开展万家企业节能目标责任考核。2012年也是万家企业实施节能目标责任考核的第一年。根据国家发展改革委办公厅《关于印发万家企业节能目标责任考核实施方案的通知》（发改办环资〔2012〕1923号）。国家发展改革委组织实施了2012年万家企业节能目标考核，并于12月25日公告发布了考核结果。国家发展改革委公布的万家企业共16078家，2012年参加考核企业14542家；有1536家企业因重组、关停、搬迁、淘汰等原因未参加考核。参加考核企业中，3760家考核结果为“超额完成”等级，占25.9%；7327家考核结果为“完成”等级，占50.4%；2078家考核结果为“基本完成”等级，占14.3%；1377家考核结果为“未完成”等级，占9.5%。2011~2012年，万家企业累计实现节能量1.7亿吨标准煤，完成“十二五”万家企业节能量目标的69%。

2012年，参加万家企业节能目标责任考核的中央企业和单位共1338家。其中，612家考核结果为“超额完成”等级，占45.7%；524家考核结果为“完成”等级，占 39.2%；87 家考核结果为“基本完成”等级，占 6.5%；115 家考核结果为“未完成”等级，占 8.6%。

7. 加强天然气供需管理，确保天然气稳定运行

天然气供应紧缺、价格上涨是在能源结构调整进程中遇到的新问题。自 2012 年 6 月以来，全国多地大范围实施燃煤锅炉改气工程，加之部分地区火电机组脱硝改造较为集中，燃气发电明显增多。2013 年 3 月中旬采暖季结束后天然气用量仍然保持较高水平，主力气田检修和储气库注气进度推迟，部分地区供需偏紧。为保障天然气供需平稳运行，保障迎峰度夏、度冬天然气供应，国家发展改革委于 6 月 13 日印发《关于进一步做好当前天然气供应保障工作的通知》。要求各地区加强天然气监测分析，把握供需动态；加强资源统筹，保障平稳供应；加强供需衔接，有序发展下游市场；加强综合配套，确保安全平稳运行；加强信息沟通，促进节约用气。

冬季是天然气消费高峰期，供需矛盾较为突出，需从增加有效供给和强化需求侧管理等方面入手，多管齐下，统筹做好各项工作。10 月 12 日，国家发展改革委印发《关于做好 2013 年天然气迎峰度冬工作的意见》，要求准确把握面临形势，认真落实任务要求；及时掌握供需动态，不断加强运行调节；努力挖掘资源潜力，最大限度增加供应；完善管道储运设施，提高供应保障能力；强化需求侧管理，确保民生等重点需求；加强安全生产管理，保障管网稳定运行；推进价格改革，以市场手段优化资源配置；建立天然气储备，增强应急调峰能力；搞好新闻宣传，营造良好舆论环境。11 月 2 日，国家发展改革委、国家能源局印发《关于进一步做好 2013 年天然气迎峰度冬工作的补充通知》，又新增了三点要求，即切实落实气源合同，有序实施“煤改气”项目；调剂用好液化天然气资源，保障应急需要；加强综合协调，促进市场供需平衡。

为保证“煤改气”、燃气热电联产等有序实施，促使清洁能源更好地发挥作用，特别是保障天然气在居民生活、公共交通等领域的稳定供应，11 月 3 日，国家发展改革委、国家能源局联合印发《关于切实落实气源和供气合同，确保“煤改气”有序实施的紧急通知》，要求各地各部门切实落实“煤改气”项目的气源和供气合同；统筹做好天然气替代发展规划；加强运行协调，确保居民生活及冬季供暖。

为统筹做好天然气供应和利用工作，确保需求增长与资源供应相适应，避免“气荒”隐患，保障国内市场稳定供应，政策评估和决策出台科学可行，国家发展改革委、国家能源局于 11 月 26 日印发了《关于调查“煤改气”及天然气供需情况的通知》。对各地“煤改气”及今后几年天然气供需情况进行摸底调查。调查范围包括：2012 ~

2013 年新建或改造完成的燃气锅炉、燃气热电联产、燃气发电等“煤改气”项目及在建项目；2014 ~2017 年计划实施的各类“煤改气”项目；2014 ~2017 年天然气资源平衡情况。调查内容包括：新建或改造锅炉容量、发电装机容量，天然气需求量及资源落实情况等；2014 ~2017 年天然气需求预测及资源落实情况。

2.5.4 2014 年

“十二五”前三年，全国单位 GDP 能耗和二氧化碳排放累计下降 9.03%、10.68%，节约能源 3.5 亿吨标准煤，相当于减排二氧化碳 8.4 亿吨；化学需氧量、氨氮、二氧化硫、氮氧化物排放量分别下降 7.8%、7.1%、9.9%、2.0%，节能减排取得了积极进展和成效。但是由于部分指标完成情况落后于时间进度要求，要实现“十二五”节能减排降碳约束性目标，在思想认识、工作进度、政策机制、基础能力等方面，都还有不小差距，形势依然严峻，任务十分艰巨。

2014 年，我国支撑发展的要素条件发生深刻变化，深层次矛盾凸显，正处于结构调整阵痛期、增长速度换挡期，经济下行压力较大。同时，发展仍处在可以大有作为的重要战略机遇期，工业化、城镇化持续推进，区域发展回旋余地大，今后一个时期保持经济中高速增长有基础也有条件。当前，节能减排困难和问题主要反映在以下几个方面：一是认识不到位。中央提出不要简单以 GDP 论英雄，要更加注重发展的质量效益。但部分地区还没有完全适应新形势新任务的要求，对传统发展路径的依赖尤为明显。有的认为节能减排是对经济发展“做减法”，对淘汰落后产能决心不大，有的甚至还在上一些高消耗、高排放和产能过剩项目。二是部分指标完成进度滞后，后两年实现目标难度加大。单位 GDP 能耗和氮氧化物排放量下降率前三年分别只完成五年总任务的 54.3% 和 20%，与 60% 的进度要求还有明显差距。要实现“十二五”目标，后两年单位 GDP 能耗须年均降低 3.9% 以上，氮氧化物排放量须年均下降 4.2% 以上，远高于前三年平均降幅。三是发展方式依然粗放，转方式、调结构的任务艰巨。2012 年我国经济总量占世界的比重为 11.4%，但消耗了全世界 21.3% 的能源、54% 的水泥、45% 的钢、43% 的铜。能耗强度大大高于世界平均水平，主要工业产品能耗比国外先进水平高 10% ~20%，一些落后技术设备仍在使用。四是政策机制不完善。随着当前煤炭价格走低，财政奖励的激励作用弱化，企业节能改造积极性不高。燃煤电厂脱硝工程建设滞后。黄标车和老旧车淘汰及畜禽污染防治激励措施不足。五是基础工作薄弱。节能环保标准不完善，一些标准缺失，一些标准没有及时修订，满足不了工作需要。执法能力偏弱，守法成本高、违法成本低的问题仍未有效解决。节能计量、统计、监测工作有待加强。以上有些问题涉及层次很深，需要相关部门花大功夫、下大力气，不遗余力地去推进，去破解。

在新一届中央政府的领导下，节能减排工作不仅注重深度化解高耗能行业过剩产能、加快推进产业结构调整、引导战略性新兴产业发展，还更加注重从能源消费的源头进行污染防治，特别是大气污染防治。国务院办公厅印发《2014－2015年节能减排低碳发展行动方案》，把节能减排作为向环境污染和低效浪费宣战的有力武器，坚持用“铁规”和“铁腕”推进节能减排，进一步硬化考核指标、量化工作任务、强化保障措施，更广泛地利用市场机制，从调整优化结构、推动技术进步、加强和改善管理等方面挖掘潜力，深入推进工业、建筑、交通运输、公共机构等重点领域和重点用能单位节能减排，加大污染特别是大气和水污染治理力度，确保实现“十二五”节能减排约束性指标。相关主管部门密集出台了一系列行动计划和实施（工作）方案，全面打响了大气污染防治的攻坚战。进一步建立健全法规制度，加快节能低碳技术、装备和产品的推广应用。持续开展万家企业节能低碳行动，推进能源管理体系建设，提高企业能源管理水平。持续开展电力需求侧目标责任考核和节能目标责任考核并公告考核结果。加强和规范电站建设项目和电价管理，促进新能源和可再生能源持续健康发展。针对经济结构和能源结构中出现的国内天然气需求快速增长，供需矛盾突出等问题，采用市场化机制调节资源配置，对天然气价格进行改革，确保天然气的稳定供应。

2014年，全国单位国内生产总值能耗下降4.8%，降幅比2013年的3.7%增加了1.1个百分点，超额完成了年度目标。这是“十二五”以来我国节能降耗的最好成绩，成为新常态下的新亮点。“十二五”前四年全国单位GDP能耗累计下降13.4%，完成了五年目标进度的82.5%。在碳减排方面，2014年全国二氧化碳排放仅增长0.9%。远低于5.9%的十年平均水平，略高于0.5%的全球平均增长。

1. 发布一系列政策文件，确保完成节能降耗减碳目标，强化大气污染防治

5月15日，国务院办公厅印发《2014－2015年节能减排低碳发展行动方案》（本节简称《2014－2015行动方案》，成为指导“十二五”后两年节能减排工作的重要行动指南。《2014－2015行动方案》指出，为确保全面完成“十二五”节能减排降碳目标，2014～2015年工作目标为：单位GDP能耗、化学需氧量、二氧化硫、氨氮、氮氧化物排放量分别逐年下降3.9%、2%、2%、2%、5%以上，单位GDP二氧化碳排放量两年分别下降4%、3.5%以上。其中完成难度较大的是节能指标和氮氧化物减排指标。

对于节能指标，按2014~2015年GDP年均增长7.5%测算，后两年需节能3.2亿吨标准煤。形成这些节能能力，主要有三种路径：一是产业结构调整，二是推动技术进步，三是强化管理。通过淘汰落后产能、遏制高耗能行业新增产能、发展服务业和战略性新兴产业等结构调整措施，节能1.69亿吨标准煤。通过实施节能技术改造、推广节能技术产品、推行合同能源管理等工程技术措施，形成节能能力1.47亿吨标准煤。通过推广能源管理体系、实行精细化管理等，节能2000万吨标准煤。

对于氮氧化物减排目标，2014~2015两年须净削减180万吨。通过实施燃煤电厂和水泥熟料生产线脱硝改造、加强运行监管等，可减排260万吨；实施“煤改气”、淘汰落后产能、淘汰黄标车、油品升级等，可减排140万吨。两项合计减排400万吨，抵消新增量后可净削减240万吨。

《2014-2015行动方案》明确了实现目标的三条路径，并给出了具体行动措施。在产业结构调整方面，一是积极化解产能严重过剩矛盾。加大既有落后产能淘汰力度，提前一年完成钢铁、电解铝、水泥、平板玻璃等重点行业“十二五”淘汰任务，2015年再淘汰一批落后产能。二是加快发展低能耗低排放产业，力争到2015年服务业和战略性新兴产业增加值占国内生产总值比重分别达到47%和8%左右，节能环保产业总产值达到4.5万亿元，形成新的经济增长点。三是调整优化能源结构。严控煤炭消费总量，降低煤炭消费比重，京津冀、长三角、珠三角等区域及产能严重过剩行业新上耗煤项目，实行煤炭消费等量或者减量置换，京津冀地区2015年煤炭消费总量力争实现比2012年负增长。推广使用型煤、清洁优质煤，增加天然气供应。大力发展非化石能源，2015年非化石能源占一次能源消费的比重提高到11.4%。

在技术进步方面，一是实施重点工程。在节能领域，实施节能技术改造、节能技术装备产业化示范、合同能源管理等节能重点工程，形成节能能力6500万吨标准煤。在减排领域，主要是推动脱硫脱硝工程建设，完成4万平方米钢铁烧结机安装脱硫设施、3亿千瓦燃煤机组实施脱硝改造、6亿吨熟料产能的新型干法水泥生产线安装脱硝设施，新增二氧化硫、氮氧化物减排能力230万吨、260万吨以上。新增日处理能力1600万吨的城镇污水处理设施，规模化畜禽养殖场和养殖小区配套建设废弃物处理设施，新增化学需氧量、氨氮减排能力200万吨、30万吨。二是加快更新改造燃煤锅炉。实施锅炉节能环保综合提升工程，淘汰落后锅炉20万蒸吨，推广高效节能环保锅炉25万蒸吨，形成节能能力2300万吨标准煤，减排二氧化硫和氮氧化物能力40万吨、10

万吨。三是加大机动车减排力度，淘汰黄标车和老旧车600万辆。脱硫脱硝、淘汰燃煤锅炉、淘汰黄标车和老旧车的任务都随方案量化分解到地方各级政府。四是加强技术创新，加快节能减排共性关键技术及成套装备研发生产，鼓励建立以企业为主体、市场为导向、多种形式的产学研战略联盟。五是加快先进技术推广，完善节能低碳技术遴选、评定及推广机制。

在强化管理方面，修订能效标识管理办法，将实施能效标识的产品由28类扩大到35类。制定节能低碳产品认证管理办法，将实施节能认证的产品由117类扩大到139类。强化电力需求侧管理，完善配套政策，推广电能服务。加快推动并到2015年基本建成重点用能单位能耗在线监测系统等等。

为确保任务顺利落实，《2014－2015行动方案》提出要用好法律手段、经济手段和必要的行政手段，充分发挥其效力。一是法规标准的规制作用。要推进节约能源法、大气污染防治法的修订工作，开展节能评估审查立法工作，加快制定《排污许可证管理条例》《机动车污染防治条例》等。制定100项左右的节能标准，制修订一批重点行业污染物排放标准。加大违法行为查处力度，依法追究有关人员的责任等。二是经济手段的引导作用。价格方面，形成多用资源多付费、多排放污染物多付费的机制。严格落实差别电价、惩罚性电价、脱硫脱硝除尘电价、居民用电用水用气阶梯价格，研究扩大基于能耗、环保标准的非居民用电阶梯价格实施范围。财税方面，加大预算内投资和财政资金投入，资金安排要与工作任务相挂钩，提高资金使用效率。落实资源综合利用、合同能源管理等方面税收优惠政策，实施煤炭等资源税从价计征改革，加快推进环境保护费改税。金融方面，信贷、证券、债券、基金、保险都要扩大对绿色发展的支持，加快金融产品和业务创新，支持符合条件的企业上市，发行非金融企业债务融资工具、企业债券等，拓宽融资渠道。推行市场化机制方面，实施能效领跑者制度，建立碳排放权、节能量和排污权交易制度等，力争用最小的成本得到最大的收益。要通过完善经济政策，形成有效的激励和约束，更好地发挥市场配置资源的决定性作用。三是必要的行政手段。强化节能减排降碳目标责任，严格考核问责机制。对严格节能评估审查和环境影响评价，新建高耗能、高排放项目能效水平和排污强度必须达到国内先进水平，对钢铁、有色、建材、石油石化、化工等行业新增产能实行能耗等量或减量置换，对未完成任务的地区暂停新建高耗能项目的能评审查和新增主要污染物排放项目的环评审批。

3月24日，国家发展改革委制定了《能源行业加强大气污染防治工作方案》（本节简称《防治方案》)。《防治方案》要求能源行业主动承担源头治理和清洁能源保障供应的责任，按照“远近结合、标本兼治、综合施策、限期完成”的原则，加快重点污染源治理，加强能源消费总量控制，着力保障清洁能源供应，推动转变能源发展方式，显著降低能源生产和使用对大气环境的负面影响，促进能源行业与生态环境的协调可持续发展，为全国空气质量改善目标的实现提供坚强保障。

《防治方案》的近期目标是：2015 年，非化石能源消费比重提高到 11.4%，天然气（不包含煤制气）消费比重达到 7% 以上；京津冀、长三角、珠三角区域重点城市供应国Ⅴ标准车用汽、柴油。

中期目标是：2017 年，非化石能源消费比重提高到 13%，天然气（不包含煤制气）消费比重提高到 9% 以上，煤炭消费比重降至 65% 以下；全国范围内供应国Ⅴ标准车用汽柴油。逐步提高京津冀、长三角、珠三角区域和山东省接受外输电比例，力争实现煤炭消费总量负增长。

远期目标是：能源消费结构调整和总量控制取得明显成效，能源生产和利用方式转变不断深入，以较低的能源增速支撑全面建成小康社会的需要，能源开发利用与生态环境保护的矛盾得到有效缓解，形成清洁、高效、多元的能源供应体系，实现绿色、低碳和可持续发展。

重点工作任务及目标包括以下五点。

一是加快治理重点污染源。加大火电、石化和燃煤锅炉污染治理力度，确保按期达标排放，大气污染防治重点控制区火电、石化企业及燃煤锅炉项目按照相关要求执行大气污染物特别排放限值。加强分散燃煤治理。2017 年底前，北京市、天津市和河北省基本建立县（区）为单位的全密闭配煤中心、覆盖所有乡镇村的清洁煤供应网络，洁净煤使用率达到 90% 以上。

二是加强能源消费总量控制。控制能源消费过快增长，控制能源消费过快增长的增长措施、保障体系和社会氛围基本形成，重点行业单位产品能耗指标接近世界先进水平的比例大幅提高，能源资源开发、转化和利用效率明显提高。逐步降低煤炭消费比重，到 2017 年，煤炭占一次能源消费总量的比重降低到 65% 以下，京津冀、长三角、珠三角等区域力争实现煤炭消费总量负增长；北京市、天津市、河北省和山东省净削减煤炭消费量分别为 1300 万吨、1000 万吨、4000 万吨和 2000 万吨。

三是保障清洁能源供应。加大向重点区域送电规模，到 2015 年底，向京津冀地区新增送电规模 200 万千瓦。到 2017 年底，向京津冀鲁、长三角、珠三角等三区域新增送电规模6800万千瓦，其中京津冀鲁地区4100万千瓦，长三角地区2200万千瓦，珠三角地区500万千瓦。推进油品质量升级，2015年底前，京津冀、长三角、珠三角等区域内重点城市供应符合国Ⅴ标准的车用汽、柴油；2017年底前，全国供应符合国Ⅴ标准的车用汽、柴油。增加天然气供应，2015年，全国天然气供应能力达到2500亿立方米。2017年，达到3300亿立方米。安全高效推进核电建设，2015年运行核电装机达到4000万千瓦、在建1800万千瓦，年发电量超过2000亿千瓦时；力争2017年底运行核电装机达到5000万千瓦，在建3000万千瓦，年发电量超过2800亿千瓦时。有效利用可再生能源，2015年，全国水、风、光电装机容量分别达到2.9亿、1.0亿和0.35亿千瓦，生物质能利用规模5000万吨标准煤；2017年，水、风、广电装机容量分别达到3.3亿、1.5亿和0.7亿千瓦，生物质能利用规模7000万吨标准煤。

四是转变能源发展方式。推动煤炭高效清洁转化，2017年，原煤入选率达到70%以上，煤制气产量达到320亿立方米，煤制油产量达到1000万吨，煤炭深加工示范项目综合能效达到50%左右。促进可再生能源就地消纳，形成较为完善的促进可再生能源就地消纳的政策体系。2017年底前，每年新增生物质能供热面积350万平方米，每年新增生物质能工业供热利用量150万吨标准煤。推广分布式供能方式，2015年，力争建成1000个天然气分布式能源项目、30个新能源微电网示范工程、分布式光伏发电装机达到2000万千瓦以上。2017年，天然气分布式能源达到3000万千瓦，分布式光伏发电装机达到3500万千瓦以上。加快储能技术研发应用，掌握大规模间歇式电源并网技术，突破10兆瓦级空气储能、兆瓦级超导储能等关键技术，2015年形成为50万辆电动汽车供电的配套充电设施，2017年为更大规模的电动汽车市场提供充电基础设施保障。

五是健全协调管理机制，完善相关配套措施。建立联防联控的长效机制，制定分省区能源保障方案，完善工作制度，加强考核监督，强化规划政策引导，加大能源科技投入，明确总量控制责任，推进重点领域改革，进一步强化监管措施，完善能源价格机制，研究财金支持政策等。

针对上述重点工作任务及目标，《防治方案》还提出了具体的工作措施。

3月28日，国家发展改革委和环境保护部发布了《燃煤发电机组环保电价及环保设施运行监管办法》（本节简称《监管办法》），自2014年5月1日起实施。二氧化硫、氮氧化物、烟粉尘等是影响空气中PM2.5浓度的主要污染物。2013年，我国这三项污染物排放总量分别约2044万吨、2227万吨和1500万吨，均位居世界第一。燃煤发电是大气污染主要源头之一，其三项污染物排放量占总排放量40%左右。因此，加快燃煤发电机组脱硫脱硝除尘设施建设和改造，是减少大气污染物排放、实现环境空气质量明显改善目标的重要措施。

《监管办法》提出了六条措施，推动完善环保电价执行和环保设施运行的监管体系。一是燃煤发电机组必须按环保规定安装脱硫、脱硝和除尘环保设施。对安装环保设施的燃煤发电机组，在现行上网电价基础上实行脱硫、脱硝和除尘电价加价等环保电价政策。二是发电企业必须安装运行烟气排放连续监测系统并与环保部门和电网企业联网，环保电价按单项污染物排放浓度小时均值进行考核。三是对达不到国家和地方规定的污染物排放限值的发电企业，没收环保电价款，并视超标情况处以5倍以下罚款。四是明确环保设施建设、验收、运行监测等制度，规范程序和流程。五是明确企业和政府部门责任追究办法，确保环保电价政策执行到位。六是加强环保设施运行的监督检查和新闻舆论监督，鼓励群众举报，向社会公告火电企业污染物排放情况和典型价格违法案件。

《监管办法》还明确了各相关方责任，规定发电企业负责安装并运行环保设施，在线监测系统应与环保部门和电网企业联网，保存环保设施运行数据记录备查；电网企业要按时向发电企业支付环保电价款，并协助政府部门对环保设施运行情况进行监测；省级环保主管部门负责环保设施运行的监管，每季度核实并确定发电机组分项污染物的小时浓度均值超标时段；省级价格主管部门根据环保部门提供的超标时段，以及电网企业提供的电量，负责环保电价款的核算、没收和罚款。上述企业和政府部门要各司其职，协同配合，共同做好环保电价监管工作。执行不力的，要依法追究责任。

6月7日，国务院办公厅印发《能源发展战略行动计划2014－2020年》。该行动计划提出坚持“节约、清洁、安全”的战略方针，加快构建清洁、高效、安全、可持续的现代能源体系。重点实施“节约优先、立足国内、绿色低碳、创新驱动”四大战略，目标是到2020年，一次能源消费总量控制在48亿吨标准煤左右，煤炭消费总量控制在42亿吨左右。基本形成比较完善的能源安全保障体系。国内一次能源生产总量达到42亿吨标准煤，能源自给能力保持在85%左右，石油储采比提高到14%～15%，能源储备应急体系基本建成。非化石能源占一次能源消费比重达到15%，天然气比重达到10%以上，煤炭消费比重控制在62%以内。基本形成统一开放竞争有序的现代能源市场体系。

能源发展战略行动计划提出五个方面的主要任务：一是通过推进煤炭清洁高效开

发利用、稳步提高国内石油产量、大力发展天然气、积极发展能源替代、加强储备应急能力建设来增强能源自主保障能力。二是通过严格控制能源消费过快增长、着力实施能效提升计划、推动城乡用能方式变革来推进能源消费革命。三是通过降低煤炭消费比重、提高天然气消费比重、安全发展核电、大力发展可再生能源来优化能源结构。四是通过统筹利用国内国际两种资源、两个市场，加强俄罗斯中亚、中东、非洲、美洲和亚太五大重点能源合作区域建设，积极参与全球能源治理来拓展能源国际合作。五是通过明确能源科技创新战略方向和重点、抓好科技重大专项、依托重大工程带动自主创新、加快能源科技创新体系建设来推进能源科技创新。

出台《煤电节能减排升级与改造行动计划（2014－2020年）》。为落实《能源发展战略行动计划（2014－2020年）》要求，加快推动能源生产和消费革命，进一步提升煤电高效清洁发展水平，9月12日，国家发展改革委等3部门出台了《煤电节能减排升级与改造行动计划（2014－2020年）》，并同时发布了典型常规燃煤发电机组供电煤耗参考值、燃煤电厂节能减排主要参考技术。煤电节能减排升级改造的目标是：全国新建燃煤发电机组平均供电煤耗低于300克标准煤/千瓦时（以下简称“克/千瓦时”）；东部地区新建燃煤发电机组大气污染物排放浓度基本达到燃气轮机组排放限值，中部地区新建机组原则上接近或达到燃气轮机组排放限值，鼓励西部地区新建机组接近或达到燃气轮机组排放限值。到2020年，现役燃煤发电机组改造后平均供电煤耗低于310克/千瓦时，其中现役60万千瓦及以上机组（除空冷机组外）改造后平均供电煤耗低于300克/千瓦时。东部地区现役30万千瓦及以上公用燃煤发电机组、10万千瓦及以上自备燃煤发电机组以及其他有条件的燃煤发电机组，改造后大气污染物排放浓度基本达到燃气轮机组排放限值。在执行更严格能效环保标准的前提下，到2020年，力争使煤炭占一次能源消费比重下降到62%以内，电煤占煤炭消费比重提高到60%以上。

煤电节能减排升级改造的行动措施包括：严格能效准入门槛、严控大气污染物排放、优化区域煤电布局、积极发展热电联产、有序发展低热值煤发电、深入淘汰落后产能、实施综合节能改造、推进环保设施改造、强化自备机组节能减排、优化电力运行调度方式、推进机组运行优化、加强电煤质量和计量控制、促进网源协调发展、加强电力需求侧管理、提升技术装备水平、促进工程设计优化、推进技术集成应用、促进节能环保发电、实行煤电节能减排与新建项目挂钩、完善价格税费政策、拓宽投融资渠道、明确政府部门责任、强化企业主体责任、实行严格检测评估、严格目标任务考核、实施有效监管检查、积极推进信息公开、发挥社会监督作用等。

运用市场化手段促进水泥行业结构调整。为落实《国务院关于化解产能过剩矛盾的指导意见》（国发〔2013〕41号）有关要求促进水泥行业技术进步，提高能源资源利用效率，改善环境，5月5日，国家发展改革委等3部门联合印发了《关于运用价格手段促进水泥行业产业结构调整有关事项的通知》（本段简称《通知》）。该《通知》要求，对淘汰类水泥熟料企业生产用电实行更加严格的差别电价政策。对《产业结构调整指导目录（2011年本）（修正）》明确淘汰的利用水泥立窑、干法中空窑（生产高铝水泥、硫铝酸盐水泥等特种水泥除外）、立波尔窑、湿法窑生产熟料的企业，其用电价格在现行目录销售电价基础上每千瓦时加价0.4元。对其他水泥企业生产用电实行基于能耗标准的阶梯电价政策。结合《水泥单位产品能源消耗限额》（GB 16780—2012），对其他水泥熟料及粉磨企业实施基于可比熟料（水泥）综合电耗水平的阶梯电价政策。此外，通知还对完善差别电价执行程序，严格生产许可证管理和行政执法，严格管理和规范使用加价电费资金，加大监督检查力度做出了明确规定。自2014年7月1日起执行。

强化煤矿建设和煤炭消费管理，出台重点地区煤炭消费减量替代管理暂行办法。为进一步优化能源结构，落实煤炭消费总量控制目标，促进煤炭清洁高效利用，切实减少大气污染，改善空气质量，11月6日，国家发展改革委等三部门联合印发《关于全面清查和坚决制止煤矿违法违规建设生产的紧急通知》，要求落实主体责任、全面排查清理违法违规煤矿建设生产、落实各项停产措施、加大问责力度。12月29日，国家发展改革委会同国务院有关部门制定了《重点地区煤炭消费减量替代管理暂行办法》（以下简称《“减煤替代”办法》）。《“减煤替代”办法》所称重点地区，是指北京市、天津市、河北省、山东省、上海市、江苏省、浙江省和广东省的珠三角地区。煤炭减量，是指通过淘汰落后产能、压减过剩产能、提高煤炭等能源利用效率直接减少煤炭消费。煤炭替代，是指利用可再生能源、天然气、电力等优质能源替代煤炭消费。《“减煤替代”办法》对北京市、天津市、河北省、山东省2017年度提出了具体的煤炭消费减量目标，分别为：到2017年，北京市煤炭消费量比2012年减少1300万吨，天津市减少1000万吨，河北省减少4000万吨，山东省减少2000万吨。同时要求其他重点地区研究提出煤炭消费减量目标和工作方案，并报送国家发展改革委、环境保护部、国家能源局备案。

出台机动车污染综合防治方案。为强化机动车污染防治，10月24日，国家发展改革委、环境保护部等12部门共同印发《加强“车油路”统筹加快推进机动车污染综合防治方案》（本节简称《“车油路”方案》）。

《“车油路”方案》的主要目标包括四个方面：一是加快淘汰黄标车和老旧车。2014 年底前，全国范围内淘汰黄标车和老旧车 600 万辆；2015 年底前，京津冀、长三角、珠三角等区域内基本淘汰黄标车；2017 年底前，全国范围内基本淘汰黄标车。二是大力推广新能源汽车。2015 年起，在公交车、出租车等城市客运以及环卫、物流、机场通勤、公安巡逻等领域加大新能源汽车推广应用力度。新能源汽车推广应用城市公共服务领域新增或更新车辆中的新能源汽车比例不低于 30%。2014～2016 年，中央国家机关以及新能源汽车推广应用城市的政府机关及公共机构购买的新能源汽车占当年配备更新汽车总量的比例不低于 30%，以后逐年扩大规模。三是加快油品质量升级。2015 年底前，京津冀、长三角、珠三角等区域内重点城市全面供应符合国家第五阶段标准的车用汽、柴油，停止销售第四阶段标准的车用汽、柴油；2017 年底前，全国供应符合国家第五阶段标准的车用汽、柴油，停止销售第四阶段标准的车用汽、柴油。四是加强城市交通管理。到 2015 年，北京、上海中心城区公共交通机动化出行分担率达到 60% 以上；到 2017 年，京津冀、长三角、珠三角等区域人均公共交通设施拥有水平比 2012 年提高 30 个百分点，市区人口超过 100 万的城市公共交通机动化出行分担率达到 60% 左右；特大城市和大城市步行、自行车出行分担率提高 5 个百分点左右，中小城市步行、自行车出行分担率提高 10 个百分点左右。

《“车油路”方案》的工作内容：在加强机动车环保管理方面，明确要求通过提高机动车排放标准要求、完善机动车准入许可和强制认证制度、强化机动车生产销售等环节监督检查、实施机动车环保召回制度、实施汽车维修技术信息公开制度来严格新生产车辆管理；通过加快黄标车和老旧车淘汰进度、完善环保检验制度、加强道路行驶车辆环保达标监督检查来强化在用车监管；通过加快推广新能源汽车和新能源汽车基础设施建设来大力推广新能源汽车。在加快提升燃油品质方面，提出要加快油品质量升级和加强成品油质量监督检查。在加强城市交通管理方面，提出要优化城市功能和布局规划、大力发展城市公共交通、改善交通管理。在建立有效的工作推进机制方面，提出要完善法规标准、建立强有力的部门协调机制、明确地方政府责任。

出台锅炉节能环保升级实施方案。针对我国锅炉节能和污染防治工作中存在技术装备落后、经济运行水平不高、燃料匹配性差、环保设施不到位、政策法规不完善等问题，国家发展改革委于 10 月 29 日印发了《燃煤锅炉节能环保综合提升工程实施方案》。

主要目标：到2018年，推广高效锅炉50万蒸吨，高效燃煤锅炉市场占有率由目前的不足5%提高到40%；淘汰落后燃煤锅炉40万蒸吨；完成40万蒸吨燃煤锅炉的节能改造；推动建成若干个高效锅炉制造基地，培育一批大型高效锅炉骨干企业；燃煤工业锅炉平均运行效率在2013年的基础上提高6个百分点，形成年4000万吨标煤的节能能力；减排100万吨烟尘、128万吨二氧化硫、24万吨氮氧化物。

实施内容：加快推广高效锅炉，加速淘汰落后锅炉，加大节能改造力度，提升锅炉系统运行水平，提升锅炉污染治理水平，推动高效锅炉产业化，推进燃料结构优化调整等。

保障措施：完善法规标准，加大资金投入，强化监督管理，落实工作责任等。

12月27日，国务院办公厅印发《关于推行环境污染第三方治理的意见》（本节简称《第三方治理意见》），鼓励推行环境污染第三方治理新模式。第三方治理是指排污者通过缴纳或按合同约定支付费用，委托环境服务公司进行污染治理的新机制，是推进环保设施建设和运营专业化、产业化的重要途径，是促进环境服务业发展的有效措施。第三方治理的基本原则是坚持排污者付费、坚持市场化运作、坚持政府引导推动。当前，我国环境污染第三方治理处在初期快速发展阶段，并以其较高的污染治理效率和较低的污染治理成本，为满足各地污染治理需求带来了新的解决方案。在相关政策带动下，全国各地在脱硫脱硝、废水治理、工业固废处理、垃圾处理、环境修复等领域出现了一批第三方治理典型实践及案例。多数地区聚焦于水务、固废处理等城市环境公用设施、工业企业、工业园区和环境修复领域。农村污水处理领域第三方治理的模式也在进行积极探索和实践。从行业态势看，当前，第三方治理企业热情较高，但由于一些地区政策法规滞后，体制机制不完善，排污企业反应冷热不一，选择第三方治理过程中还存在着责任不明晰、一些地方政府职能定位不清、第三方服务市场环境存在一定缺失、行业不规范、行业信息缺失、未建立完善合理的价格机制和制度规则等问题。

《第三方治理意见》的出台，一是明确了排污单位污染治理主体责任和第三方治理责任；二是注重加强政策支持和引导；三是进行管理制度和模式创新；四是创新第三方治理机制和实施方式；五是鼓励第三方治理信息公开。

《第三方治理意见》提出的主要目标是：到2020年，环境公用设施、工业园区等重点领域第三方治理取得显著进展，污染治理效率和专业化水平明显提高，社会资本进入污染治理市场的活力进一步激发。环境公用设施投资运营体制改革基本完成，高效、优质、可持续的环境公共服务市场化供给体系基本形成；第三方治理业态和模式趋于成熟，涌现一批技术能力强、运营管理水平高、综合信用好、具有国际竞争力的环境服务公司。

2. 建立健全相关法规制度，加快节能低碳技术和节能产品推广应用，提高能源利用效率

出台《节能低碳技术推广管理暂行办法》。为加快节能低碳技术进步和推广普及，引导用能单位采用先进适用的节能低碳新技术、新装备、新工艺，建立节能低碳技术遴选、评定和推广机制，促进能源资源节约集约利用，缓解资源环境压力，减少二氧化碳等温室气体排放，1 月 6 日，国家发展改革委制定了《节能低碳技术推广管理暂行办法》，主要适用于国家发展改革委管理的《国家重点节能低碳技术推广目录》的申报、遴选和推广工作。在暂行办法的规范和引导下，国家发展改革委对前六批《国家重点节能技术推广目录》技术进行了更新，于 12 月 31 日发布了《国家重点节能低碳技术推广目录（2014 年本，节能部分）》，征集了一批新的技术，目录涉及煤炭、电力、钢铁、有色、石油石化、化工、建材、机械、轻工、纺织、建筑、交通、通信等 13 个行业，共 218 项重点节能技术。

持续推广建筑节能新型墙体材料。2 月 26 日，国家发展改革委办公厅印发《关于公布第二批禁止使用实心粘土砖县城和限制使用粘土制品城市名单的通知》。通知根据《关于开展“十二五”城市城区限制粘土制品　县城禁止使用实心粘土砖工作的通知》（发改办环资〔2012〕2313 号）提出的到 2015 年全国 50% 以上县城实现“禁实”、30% 以上的城市实现“限粘”的目标任务要求，提出了第二批 411 个“禁实”县城和 186 个“限粘”城市名单。

大力推广节能产品。1 月 15 日，财政部、国家发展改革委公布了第 15 期节能产品政府采购清单。8 月 28 日，公布了节能产品惠民工程高效电机推广目录和入围企业（第六批）。9 月 3 日，公布了节能环保汽车（1.6 升及以下乘用车）推广目录（第一批）。9 月 29 日，国家发展改革委等三部门联合公布了《能源效率标识产品目录（第十一批）》《吸油烟机能源效率标识实施规则》《热泵热水机（器）能源效率标识实施规则》《家用电磁灶能源效率标识实施规则》（修订）和《复印机、打印机和传真机能源效率标识实施规则》（修订）。

加快新能源汽车的推广应用。为促进汽车产业转型升级，7 月 14 日，国务院办公厅印发《关于加快新能源汽车推广应用的指导意见》，强调要贯彻落实发展新能源汽车的国家战略，坚持“创新驱动，产学研用结合”“政府引导，市场竞争拉动”“双管齐下，公共服务带动”“因地制宜，明确责任主体”的原则，以纯电驱动为新能源汽车发展的主要战略取向，重点发展纯电动汽车、插电式（含增程式）混合动力汽车和燃料电池汽车，以市场主导和政府扶持相结合，建立长期稳定的新能源汽车发展政策体系，创造良好发展环境，加快培育市场，促进新能源汽车产业健康快速发展。重点任务包括：一是加快充电设施建设。制定充电设施发展规划和技术标准，完善城市规划和相应标准，完善充电设施用地政策、用电价格政策，推进充电设施关键技术攻关，鼓励公共单位加快内部停车场充电设施建设，落实充电设施建设责任。二是积极引导企业创新商业模式。加快售后服务体系建设，积极鼓励投融资创新，发挥信息技术的积极作用。三是推动公共服务领域率先推广应用。扩大公共服务领域新能源汽车应用规模，推进党政机关和公共机构、企事业单位使用新能源汽车。四是进一步完善政策体系。完善新能源汽车推广补贴政策，改革完善城市公交车成品油价格补贴政策，给予新能源汽车税收优惠，多渠道筹集支持新能源汽车发展的资金，完善新能源汽车金融服务体系，制定新能源汽车企业准入政策，建立企业平均燃料消耗量管理制度，实行差异化的新能源汽车交通管理政策。五是坚决破除地方保护。统一标准和目录，规范市场秩序。六是加强技术创新和产品质量监管。加大科技攻关支持力度，组织实施产业技术创新工程，完善新能源汽车产品质量保障体系。《新能源汽车推广意见》还要求通过加强地方政府的组织推动作用、加强部门间的统筹协调、加强宣传引导和舆论监督来进一步加强新能源汽车推广应用的组织领导工作。

12 月 31 日，国家发展改革委等 7 部门印发了《能效“领跑者”制度实施方案》，基本思路是：建立能效“领跑者”制度，通过树立标杆、政策激励、提高标准，形成推动终端用能产品、高耗能行业、公共机构能效水平不断提升的长效机制，促进节能减排。定期发布能源利用效率最高的终端用能产品目录，单位产品能耗最低的高耗能产品生产企业名单，能源利用效率最高的公共机构名单，以及能效指标，树立能效标杆。对能效领跑者给予政策扶持，引导企业、公共机构追逐能效“领跑者”。适时将能效领跑者指标纳入强制性能效、能耗限额国家标准，完善标准动态更新机制，不断提高能效准入门槛。能效“领跑者”实施范围包括终端用能产品、高耗能行业和公共机构三类，对不同类型的“领跑者”有针对性地制定了不同的实施内容。

3. 推进能源管理体系建设和节能目标责任考核，不断提高万家企业能源管理水平

出台《能源管理体系认证规则》。为促进能源管理体系建设，规范能源管理体系认证活动，不断提高企业的能源管理水平，根据《关于加强万家企业能源管理体系建设工作的通知》（发改环资〔2012〕3787 号）的有关规定，国家认监委、国家发展改革委制定了《能源管理体系认证规则》，于 5 月 31 日发布实施。11 月 17 日，为推动万家企业能源管理体系建设工作，公布了中国质量认证中心等 31 家第一批能源管理体系认证机构名单。

12 月 3 日，国家发展改革委公告了 2013 年万家企业节能目标考核结果。国家发展改革委公布的万家企业共 16078 家，2013 年参加考核企业 14119 家；有 1959 家企业因重组、关停、搬迁、淘汰等原因未参加考核。参加考核企业中，3975 家考核结果为"超额完成"等级，占 28.15%；7117 家考核结果为"完成"等级，占 50.41%；1836 家考核结果为"基本完成"等级，占 13.00%；1191 家考核结果为"未完成"等级，占 8.44%。2011～2013 年，万家企业累计实现节能量 2.49 亿吨标准煤，完成"十二五"万家企业节能量目标的 97.72%。

2013 年，参加万家企业节能目标责任考核的中央企业和单位共 1414 家。其中，631 家考核结果为"超额完成"等级，占 44.63%；551 家考核结果为"完成"等级，占 38.97%；88 家考核结果为"基本完成"等级，占 6.22%；144 家考核结果为"未完成"等级，占 10.18%。

8 月 6 日，国家发展改革委公告了对全国 31 个省、自治区、直辖市 2013 年节能目标责任完成情况的评价考核结果。北京、河北、上海 3 个省（市）考核结果为超额完成等级；天津、山西、内蒙古、辽宁、吉林、黑龙江、江苏、浙江、福建、江西、山东、河南、湖北、湖南、广东、广西、四川、贵州、云南、西藏、陕西、甘肃等 22 个省（区、市）考核结果为完成等级；安徽、海南、重庆、青海、宁夏等 5 个省（区、市）为基本完成等级；新疆因新上项目多、新增能耗大等原因为未完成等级。

4. 大力推进电力需求侧平台建设，强化电力运行管理和考核

大力推进电力需求侧管理平台建设。电力需求侧管理是提高电能利用效率，促进电力资源优化配置，保障用电秩序，推动节能减排的重要举措。平台是运用信息化手段促进电力需求侧管理广泛深入开展的重要技术支撑。为有效发挥电力需求侧管理在保障电力供应、提高电能利用效率、加强经济运行监测分析等方面的积极作用，国家发展改革委办公厅于 4 月 8 日印发了《关于做好国家电力需求侧管理平台建设和应用工作的通知》，明确电力需求侧管理平台的逻辑架构包括主站、子站两个层级，物理架构为分布式布局，平台功能主要包括门户和业务两类。同时制定了《电力需求侧管理平台建设技术规范（试行）》和《国家电力需求侧管理平台管理规定（试行，2014）》，为电力需求侧管理平台建设提供了管理和技术支撑。

出台加强和改进发电运行调节管理指导意见。为稳定电力生产供应，保障电力供需平衡，强化电网安全运行，促进节能减排和资源优化配置，5 月 18 日，国家发展改革委印发《关于加强和改进发电运行调节管理的指导意见》，提出了发电运行应坚持的六项原则：要求发电企业应统筹电力电量平衡，促进节能减排；强化发电运行调节管理，稳定机组出力；加强燃料供应监管，保障火电正常生产；优化安排发电组合，提高发电负荷率；定期通报运行信息，加强组织管理等 44 条工作措施。

6 月 23 日，国家发展改革委公告发布了对 2013 年电网企业实施电力需求侧管理目标责任考核结果。2013 年国家电网公司、南方电网公司均超额完成电力需求侧管理目标任务，共节约电量 162 亿千瓦时，节约电力 344 万千瓦。除西藏外，全国 30 个省（区、市）电网企业全部完成 2013 年度目标任务，其中 17 个考核等级为优秀，12 个考核等级为良好，1 个考核等级为合格。北京、河北、山东、安徽、湖北、江西、海南、宁夏 8 个省（区、市）考核工作组织较为得力。

5. 规范电站建设项目，推进电力价格市场化，促进新能源和可再生能源持续健康发展

6 月 5 日，国家发展改革委印发《关于海上风电上网电价政策的通知》，对非招标的海上风电项目，区分潮间带风电和近海风电两种类型确定上网电价。2017 年以前（不含 2017 年）投运的近海风电项目上网电价为每千瓦时 0. 85 元（含税，下同），潮间带风电项目上网电价为每千瓦时 0. 75 元。鼓励通过特许权招标等市场竞争方式确定海上风电项目开发业主和上网电价。通过特许权招标确定业主的海上风电项目，其上网电价按照中标价格执行，但不得高于以上规定的同类项目上网电价水平。2017 年及以后投运的海上风电项目上网电价，将根据海上风电技术进步和项目建设成本变化，结合特许权招投标情况研究制定。

为合理引导风电投资，促进风电产业健康有序发展，提高国家可再生能源电价附加资金补贴效率，12 月 31 日，国家发展改革委印发《关于适当调整陆上风电标杆上网电价的通知》，决定适当调整新投陆上风电上网标杆电价。对陆上风电继续实行分资源区标杆上网电价政策。将第Ⅰ类、第Ⅱ类和第Ⅲ类资源区风电标杆上网电价每千瓦时降低 2 分钱，调整后的标杆上网电价分别为每千瓦时 0. 49 元、0. 52 元和 0. 56 元；第Ⅳ类资源区风电标杆上网电价维持现行每千瓦时 0. 61 元不变。鼓励通过招标等竞争方式确定业主和上网电价，但通过竞争方式形成的上网电价不得高于国家规定的当地风电标杆上网电价水平。继续实行风电价格费用分摊制度。风电上网电价在当地燃煤机组标杆上网电价（含脱硫、脱硝、除尘）以内的部分，由当地省级电网负担；高出部分，通过国家可再生能源发展基金分摊解决。燃煤机组标杆上网电价调整后，风电上网电价中由当地电网负担的部分相应调整。《通知》适用于2015年1月1日以后核准的陆上风电项目，以及2015年1月1日前核准但于2016年1月1日以后投运的陆上风电项目。

为进一步疏导燃煤发电企业脱硝、除尘等环保电价矛盾，推进部分地区工商业用电同价，8月20日，国家发展改革委印发《关于进一步疏导环保电价矛盾的通知》。明确电价调整自2014年9月1日执行。

抽水蓄能电站运行灵活、反应快速，是电力系统中具有调峰、填谷、调频、调相、备用和黑启动等多种功能的特殊电源，是目前最具经济性的大规模储能设施。我国抽水蓄能电站建设规模持续扩大，设计、施工和机组设备制造水平不断提升，已形成较为完备的规划、设计、建设、运行管理体系，相继建成了广州、十三陵、天荒坪、泰安、西龙池、惠州、仙游等一批具有世界先进水平的抽水蓄能电站。到2013年底，建成抽水蓄能电站2151万千瓦，为我国电力安全发挥了重要作用。随着我国经济社会的发展，电力系统规模不断扩大，用电负荷和峰谷差持续加大，电力用户对供电质量要求不断提高，随机性、间歇性新能源大规模开发，对抽水蓄能电站发展提出了更高要求。统筹规划、建管并重、适度加快抽水蓄能电站发展，对保障我国电力系统安全稳定经济运行、缓解电网调峰矛盾、增加新能源电力消纳、促进清洁能源开发利用和能源结构调整、实现可持续发展意义重大。为保障电力系统安全稳定经济运行，适应新能源发展需要，促进抽水蓄能电站持续健康有序发展，11月1日，国家发展改革委出台《关于促进抽水蓄能电站健康有序发展有关问题的意见》，明确了促进水蓄能电站健康有序发展的总体要求，并从电站规划、建设、运行、技术进步、监督管理、发展政策等方面提出了指导意见。

12月8日，国家发展改革委办公厅印发《关于加强和规范生物质发电项目管理有关要求的通知》，要求各地区鼓励发展生物质热电联产，提高生物质资源利用效率。具备技术经济可行性条件的新建生物质发电项目，应实行热电联产；鼓励已建成运行的生物质发电项目根据热力市场和技术经济可行性条件，实行热电联产改造。有关部门要加强规划指导，合理布局项目，规范项目管理。农林生物质发电项目严禁掺烧化石能源。已投产和新建农林生物质发电项目严禁掺烧煤炭等化石能源。加强对农林生物质发电项目运行的监督，依据职责分工，能源、财政、价格主管部门按照有关规定对农林生物质发电项目掺烧煤炭等违规行为进行调查和处理，收回骗取的国家可再生能源基金补贴，并依据情节轻重处以罚款、取消补贴、追究项目法人法律责任等处罚。

6. 启动天然气价格改革，进一步强化天然气用气管理，建立天然气稳定供应长效机制

1 月 23 日，国家发展改革委、国家能源局印发《关于切实加强需求侧管理　确保民生用气的紧急通知》，要求各有关单位做好压减工业、保障民用工作，严格实施有序用气，科学削减高峰用量，延续燃煤锅炉使用，积极利用价格杠杆引导节约用气，切实抓好安全生产，加强用气及保供措施监管等防范措施，确保隆冬用气高峰期平稳度冬，特别是春节期间民生用气需求。

4 月 14 日，国务院办公厅转发发展改革委《关于建立保障天然气稳定供应长效机制若干意见的通知》（本段简称《若干意见》）。为保障天然气供需基本平衡、长期稳定供应，《若干意见》提出了四项主要任务：一是增加天然气供应。到 2020 年天然气供应能力达到 4000 亿立方米，力争达到 4200 亿立方米。二是保障民生用气。基本满足新型城镇化发展过程中居民用气（包括居民生活用气、学校教学和学生生活用气、养老福利机构用气等）、集中供热用气，以及公交车、出租车等民生需求用气，特别是要确保居民用气安全稳定供应。三是推进“煤改气”工程。到 2020 年累计满足“煤改气”工程用气需求 1120 亿立方米。四是建立有序用气机制。坚持规划先行、量入为出、全国平衡、供需协商，科学确定各省（区、市）的民生用气和“煤改气”工程用气需求量，加强需求侧管理，规范用气秩序。保障措施包括：统筹供需、做好衔接；多方施策、增加储备；预测预警、加强监管；推动改革、理顺价格。

3 月 20 日，国家发展改革委印发《关于建立健全居民生活用气阶梯价格制度的指导意见》（本段简称《指导意见》）。《指导意见》指出，长期以来，我国对居民用气实行低价政策。一方面，由于居民气价明显低于工商业等其他用户价格，交叉补贴现象严重，导致用气量越大的用户，享受的补贴越多，越没有体现公平负担的原则；另一方面，造成部分居民用户过度消费天然气，特别是加大了冬季用气高峰时调峰保供的压力。近年来，部分城市率先实施了阶梯气价政策，在保障居民基本用气需求、引导节约用气、缓解供气压力等方面起到了良好的政策效果。为进一步促进天然气市场的可持续健康发展，确保居民基本用气需求，同时引导居民合理用气、节约用气，有必要在全国范围内建立健全居民用气阶梯价格制度。指导意见对各档气量和气价的确定做了原则性规定。

阶梯气价分为三档，第一档用气量按覆盖区域内80%居民家庭用户的月均用气量确定，保障居民基本生活用气需求；第二档用气量按覆盖区域内95%居民家庭用户的月均用气量确定，体现改善和提高居民生活质量的合理用气需求；第三档用气量为超出第二档的用气部分。各档气价实行超额累进加价。根据不同阶梯的保障功能，第一档气价按基本补偿供气成本的原则确定，并在一定时期内保持稳定；第二档气价按合理补偿成本、取得合理收益的原则制定；第三档气价要充分体现天然气资源稀缺程度，能够抑制过度消费。原则上，第一、第二、第三档气价按1∶1.2∶1.5的比价安排。根据现行价格管理权限，居民用气销售价格由地方政府管理。指导意见只提出了居民阶梯气价制度的总体框架，由地方政府结合当地自然地理环境、经济发展和居民用气特点，制定具体方案并组织实施。指导意见还明确了建立居民生活用气阶梯价格制度的基本原则、主要内容和工作要求。

2013年，我国进口天然气530亿立方米左右，对外依存度已经超过30%。为更好地利用价格杠杆引导资源合理配置，国家决定按照2015年实现存量气与增量气价格并轨的既定目标，进一步提高存量气价格。8月10日，国家发展改革委印发《关于调整非居民用存量天然气价格的通知》。在保持增量气门站价格不变的前提下，适当提高非居民用存量天然气门站价格，具体为：非居民用存量气最高门站价格每千立方米提高400元，居民用气门站价格不做调整。居民生活用气、学校教学和学生生活用气、养老福利机构用气等（不包括集中供热用气）门站价格不做调整。进一步落实放开进口液化天然气（LNG）气源价格和页岩气、煤层气、煤制气出厂价格政策。价格调整自2014年9月1日起实施。

为规范天然气发电上网电价管理，12月31日，国家发展改革委印发《关于规范天然气发电上网电价管理有关问题的通知》，要求根据天然气发电在电力系统中的作用及投产时间，实行差别化的上网电价机制。对新投产天然气热电联产发电机组上网实行标杆电价政策。具备条件的地区天然气发电可以通过市场竞争或与电力用户协商确定电价。建立气、电价格联动机制。当天然气价格出现较大变化时，天然气发电上网电价应及时调整，但最高电价不得超过当地燃煤发电上网标杆电价或当地电网企业平均购电价格每千瓦时0.35元。加强天然气热电联产和分布式能源建设管理。对天然气发电价格管理实行省级负责制。各地天然气发电上网电价具体管理办法由省级政府价格主管部门根据上述原则制定，报国家发展改革委备案，并自2015年1月1日起执行。

2.5.5 2015年

2015年既是全面深化改革的关键之年，也是全面完成“十二五”规划的收官之年。由于“十二五”前四年全国单位GDP能耗累计下降13.4%，完成了五年目标进度的82.5%。2015年全国单位GDP能耗下降3.1%以上，即可完成规划总目标，仅当年第一季度数据就同比下降了5.6%。因而完成年度目标还是相对比较乐观的。2015年，中国能源消费量为43亿吨标准煤，同比增长0.9%，增速比2014年下降1.3个百分点，为2000年以来的最低水平。但是，2015年世界经济增速为6年来最低，国际贸易增速更低，大宗商品价格深度下跌，国际金融市场震荡加剧，对我国经济造成直接冲击和影响。面对“三期叠加”的局面，经济工作遇到不少难题，国内生产总值每增长1个百分点的增量，相当于五年前1.5个百分点、十年前2.5个百分点的增量。经济规模越大，增长难度越大。在经济下行压力比较大的时候，一些地方在狠抓稳增长的情况下容易转移节能工作的注意力。煤炭、原油等能源价格的大幅下跌也容易造成企业在节能改造的积极性方面有所降低。同时，一些地方满足已有的成绩开始有“歇歇脚、喘口气”的想法，这些新情况、新问题给节能工作都带来了新的挑战。节能减排工作仍然丝毫不能懈怠，方可确保全面完成“十二五”目标。

1. 出台首个部署生态文明建设的专题文件

中共中央、国务院出台首个部署生态文明建设的专题文件——《关于加快推进生态文明建设的意见》，成为当前和今后一个时期推动我国生态文明建设的最重要纲领性文件。

印发《关于加快推进生态文明建设的意见》。针对我国资源约束趋紧、环境污染严重、生态系统退化的现实，党的十八大做出了把生态文明建设放在突出地位，纳入中国特色社会主义事业“五位一体”总布局的战略决策，十八届三中全会提出加快建立系统完整的生态文明制度体系，十八届四中全会要求用严格的法律制度保护生态环境。5月6日，中共中央、国务院印发了《关于加快推进生态文明建设的意见》（本节简称《意见》）。该《意见》既是落实中央精神的时间表和路线图，也是基于我国国情做出的战略部署，明确了生态文明建设的总体要求、目标愿景、重点任务和制度体系，突出体现了战略性、综合性、系统性和可操作性，措施更具体，任务更明确，充分体现了党中央对生态文明建设的高度重视。

生态文明建设不仅仅局限于“种草种树”“末端治理”，而是发展理念、发展方式的根本转变，涉及经济、政治、文化、社会建设方方面面，并与生产力布局、空间格局、产业结构、生产方式、生活方式，以及价值理念、制度体制紧密相关，是一项全面系统的工程，是一场全方位、系统性的绿色变革，必须人人有责、共建共享。具体来说：首先是要加快生产方式的绿色化，就是要通过生态文明建设，构建起科技含量高、资源消耗低、环境污染少的产业结构，大力发展绿色产业，培育新的经济增长点。其次是要推进生活方式的绿色化，加快形成勤俭节约、绿色低碳、文明健康的生活方式和消费模式。再次是要弘扬生态文明主流价值观，把生态文明纳入社会主义核心价值体系，形成人人、事事、处处、时时崇尚生态文明的社会新风尚。最后是要健全系统完整的制度体系，通过最严格的制度、最严密的法治，对各类开发、利用、保护自然资源和生态环境的行为，进行规范和约束。

《意见》通篇贯穿了“绿水青山就是金山银山”和“人人都是生态文明建设者”的理念。按照“源头预防、过程控制、损害赔偿、责任追究”的整体思路，提出了严守资源环境生态红线、健全自然资源资产产权和用途管制制度、健全生态保护补偿机制、完善政绩考核和责任追究制度等10个方面的重大制度。《意见》采取条块结合的构架，包括9个部分共35条。主要内容概括起来就是“五位一体、五个坚持、四项任务、四项保障机制”。

“五位一体”，就是围绕十八大关于“将生态文明建设融入经济、政治、文化、社会建设各方面和全过程”的要求，提出了具体的实现路径和融合方式。

“五个坚持”，就是坚持把节约优先、保护优先、自然恢复为主作为基本方针；坚持把绿色发展、循环发展、低碳发展作为基本途径；坚持把深化改革和创新驱动作为基本动力；坚持把培育生态文化作为重要支撑；坚持把重点突破和整体推进作为工作方式，将中央关于生态文明建设的总体要求明晰细化。

“四项任务”，明确了优化国土空间开发格局、加快技术创新和结构调整、促进资源节约循环高效利用、加大自然生态系统和环境保护力度等4个方面的重点任务。

“四项保障机制”，提出了健全生态文明制度体系、加强统计监测和执法监督、加快形成良好社会风尚、切实加强组织领导等4个方面的保障机制。

《意见》明确从三个方面推进目标任务的落实。一是强化统筹协调。要求各级党委和政府对本地区生态文明建设负总责，各有关部门要密切协调配合，共同形成推进生态文明建设的强大工作合力。二是开展先行先试。注重顶层设计与地方实践的结合，深入开展生态文明先行示范区建设，探索生态文明建设的有效模式，形成可复制、可推广的制度成果。三是细化实施方案。各地要抓紧提出实施方案，相关部门要研究制定行业性和专题性规划，国家发改委将按照中央要求抓紧制定分工方案，逐项分解目标任务，推动每一项任务落实落地。

为贯彻落实党中央、国务院《意见》和国家发展改革委《关于印发国家生态文明先行示范区建设方案（试行）的通知》（发改环资〔2013〕2420号），国家发展改革委等六部门分别于2014年7月22日和2015年12月31日组织开展了第一批、第二批生态文明先行示范区建设，公布了建设地区及制度创新重点。

出台《生态文明体制改革总体方案》。9月21日，中共中央、国务院印发了《生态文明体制改革总体方案》（本段简称《总体方案》）。《总体方案》提出，要树立尊重自然、顺应自然、保护自然的理念，发展和保护相统一的理念，绿水青山就是金山银山的理念，自然价值和自然资本的理念，空间均衡的理念，山水林田湖是一个生命共同体的理念，按照党中央、国务院决策部署，坚持节约资源和保护环境基本国策，坚持节约优先、保护优先、自然恢复为主方针，立足我国社会主义初级阶段的基本国情和新的阶段性特征，以建设美丽中国为目标，以正确处理人与自然关系为核心，以解决生态环境领域突出问题为导向，保障国家生态安全，改善环境质量，提高资源利用效率，推动形成人与自然和谐发展的现代化建设新格局。到2020年，构建起由自然资源资产产权制度、国土空间开发保护制度、空间规划体系、资源总量管理和全面节约制度、资源有偿使用和生态补偿制度、环境治理体系、环境治理和生态保护市场体系、生态文明绩效评价考核和责任追究制度等八项制度构成的产权清晰、多元参与、激励约束并重、系统完整的生态文明制度体系，推进生态文明领域国家治理体系和治理能力现代化，努力走向社会主义生态文明新时代。

八项制度中，健全自然资源资产产权制度的核心是“清晰”。如果所有权人不到位，产权制度就建立不起来，解决了这个问题才能真正从源头上避免生态环境的破坏。

建立国土空间开发保护制度，核心是“主体功能”。不同区域自然条件不一样，应根据主体功能进行开发和保护程度不一的监管和管理。最终目的是要建立空间治理体系，这是关于开发保护制度的核心问题。建立空间规划体系的核心是“一张图”。要推进多规合一，最终形成一个规划，“一张蓝图干到底”。完善资源总量管理和全面节约制度的核心是“扩围”。要把严格的保护制度从耕地、水拓展到其他各类自然空间和各类自然资源。健全资源有偿使用和生态补偿制度的核心是“有价”。自然资源是有价值的，使用者就必须付费，所有者必须收费，才能够真正建立起生态补偿机制理论上的基础。建立健全环境治理体系核心是“共治”。环境治理需要政府、市场、个人、社会来共同参与，各自发挥不同的作用。健全环境治理和生态保护市场体系的核心是“市场机制”。建立市场体系，企业才能在这个市场当中成长壮大。完善生态文明绩效考核和责任追究制度，核心是“履责”。通过设立这方面的制度，要求各级政府严格履行好保护生态环境的重要职责。

根据《关于加快推进生态文明建设的意见》（中发〔2015〕12 号）、《国务院办公厅关于推行环境污染第三方治理的意见》（国办发〔2014〕69 号），为了在燃煤电厂加快推行和规范环境污染第三方治理工作，12 月 31 日，国家发展改革委、环保局、能源局 3 部门联合印发了《关于在燃煤电厂推行环境污染第三方治理的指导意见》（本段简称《燃煤电厂治理意见》）。《燃煤电厂治理意见》指出，2007 ~ 2010 年，国家发展改革委联合环境保护部在电力行业开展了为期三年的燃煤电厂烟气脱硫特许经营试点工作并取得成功，试点火电机组容量达到 2400 万千瓦。截至 2014 年底，采取第三方治理方式运行的烟气脱硫特许经营规模约 9700 万千瓦，脱硝特许经营规模约 3300 万千瓦。从试点及实际应用情况看，环境污染第三方治理有利于提高燃煤电厂污染治理工程建设质量；有利于污染治理设施稳定达标运行；有利于引进社会资本、缓解电力企业环保设施建设资金压力；有利于发挥环境服务公司的专业优势、促进环保服务业持续健康发展。明确以市场化、专业化、产业化为导向，按照“企业自愿、依法推行、诚实守信”的原则，采取特许经营或委托经营两种模式，组织燃煤电厂开展环境污染第三方治理。主要目标是：到 2020 年，燃煤电厂环境污染第三方治理服务范围进一步扩大，由现有的二氧化硫、氮氧化物治理领域全面扩大至废气、废水、固废等环境污染治理领域；社会资本更加活跃，资本规模进一步扩大；第三方治理相关法规政策进一步完善；环境服务公司技术水平能力不断提高，形成一批能力强、综合信用好的龙头环保企业。

2. 中共中央、国务院出台《关于进一步深化电力体制改革的若干意见》及系列配套文件，推动电力行业结构转型和产业升级

电力行业在我国能源与社会经济发展具有十分重要的地位，在我国的发展大致可分为三个既有阶段①，以及目前正在进行的新一轮深化改革阶段。

---

① 陈德胜、张国梁、李洪侠：“新电改方案解读”，《能源》，2015 年第 5 期，第 82 ~ 85 页。

一是高度垄断阶段（1949～1985 年）。国家对电力工业采取“政企合一、国有国营”的高度垄断模式。这一阶段具有特殊的时代背景，总体来说为国民经济体系的确立提供了电力需求保障。

二是改革初探阶段（1985～2002 年）。20 世纪 80 年代开始，随着经济增速的加快，电力供需矛盾日益突出，国际独资经营电力已无法满足电力行业规模快速增长对资金的需求。我国开始探索电力体制改革。1985 年国务院印发《关于鼓励集资办电和实行多种电价的暂行规定》，1987 年进一步提出了“政企分开、省为实体、联合电网、统一调度、集资办电”的方针激发社会资本投资办电的积极性。1988 年撤销电力部，成立国家电力公司，初步实现“政企分离”。这个阶段各项改革措施较大程度上解决了资金问题，有效促进了电力工业的发展，实现了“政企分离”的改革目标。但此阶段电力体制还是呈中央垂直一体化管理模式，电力生产效率较低。

三是电力体制改革阶段（2002～2015 年）。2002 年出现了电力过剩，供需矛盾缓解，主要矛盾演变为如何促进发电环节良性高效的竞争，电改的主要目标是做到电力供给的安全、经济，以及实现电力零售市场化。2002 年，国务院印发著名的“5 号文件”《电力体制改革方案》（国发〔2002〕5 号），提出“厂网分离、输配分开、竞价上网”的改革方向，期望通过打破垄断，改变现行的电力运行模式，标志着现代化电力体制改革正式拉开帷幕。从 2002 年改革方案实施 13 年以来，在党中央、国务院领导下，电力行业破除了独家办电的体制束缚，从根本上改变了指令性计划体制和政企不分、厂网不分等问题，初步形成了电力市场主体多元化竞争格局，“厂网分离、主辅分离”的目标基本实现，促进了电力行业快速发展，提高了电力普遍服务水平，初步形成了多元化市场体系，电价形成机制逐步完善，积极探索了电力市场化交易和监管。但是，在电力行业发展中仍然面临一些亟须通过改革解决的问题，主要是“输配分离”一直未有大的突破，“竞价上网”虽然经过在东北等区域进行试点，但是并没有取得预期的效果。主要原因如下：一是交易机制缺失，资源利用效率不高；二是价格关系没有理顺，市场化定价机制尚未完全形成，计划电量、计划电价、输配电真实成本、交叉补贴不清；三是政府职能转变不到位，各类规划协调机制不完善，输配售一体化垄断、电网独卖独断等问题依然存在；四是发展机制不健全，新能源和可再生能源开发利用面临困难；五是立法修法工作相对滞后，制约电力市场化和健康发展。

四是正在进行的深化电力体制改革阶段（2015 年至今）。党的十八大后，在我国经济进入中高位增长的新常态、环境治理力度不断加大、能源消费结构调整的背景下，除了“安全”和“经济”外，“环保”和“低碳”也成为电力行业发展的重要目标。同时，分布式、智能化、共享经济、储能、需求响应、能源互联网等新概念新技术不断涌现，需要建立更加灵活、体制更加开放的电力机制。因此，培育市场主体、健全和完善市场机制、构建真正有效的电力市场就成为2015年后深化电力体制改革的重要任务。为此，2015年3月15日，中共中央、国务院印发了《关于进一步深化电力体制改革的若干意见》（中发〔2015〕9号）。与2002年电改方案相比，新电改方案是以中共中央和国务院名义发布的，充分显示了党和国家对深化电力体制改革的重视程度。

新电改方案的主要内容可以概括为“三放开、一独立、三强化”，即放开新增配售电市场，放开输配以外的经营性电价，放开公益性调节性以外的发电计划；交易机构相对独立；加强政府监督，强化电力统筹规划，强化和提升电力安全高效运行和可靠性供应水平。为贯彻落实新电改意见精神，国务院出台了一系列配套文件，即一个顶层设计辅以N个配套政策的“1＋N”政策形式。配套政策包括：《关于推进输配电价改革的实施意见》《关于推进电力市场建设的实施意见》《关于电力交易机构组建和规范运行的实施意见》《关于有序放开发用电计划的实施意见》《关于推进售电侧改革的实施意见》《关于加强和规范燃煤自备电厂监督管理的指导意见》五个实施意见和一个指导意见。表2－10反映了各配套文件对顶层设计内容的支持方向。

表2－10　深化电力体制改革阶段的配套政策文件

政策类型	文件名称	
顶层设计	《关于推进电力市场建设的实施意见》	
主要措施	一独立	《关于电力交易机构组建和规范运行的实施意见》
	三开放	《关于有序放开发用电计划的实施意见》
		《关于推进售电侧改革的实施意见》
		《关于推进输配电价改革的实施意见》
辅助措施	《关丁加强和规范燃煤自备电厂监督管理的指导意见》	

表2－10中，《关于推进电力市场建设的实施意见》（本段简称《实施意见》）属于电力体制改革的顶层设计方案，此轮改革的重点是无歧视开放电网，完善市场体系。目前，我国的电力市场主要由电网公司进行电量的统购统销，而《实施意见》对电力市场改革后的具体形态进行了详细的描述。电力市场由中长期和现货市场构成，具有分散式和集中式两种模式，分为区域和省（区、市）电力市场，市场之间不分级别。这完全打破了目前我国电力市场的交易模式，为各类市场主体参与市场竞争提供了条

件。而且，电力市场的交易模式更加多样，交易类型更加丰富，交易区域更加广泛，使得竞争更加充分，能够更好地还原电力的商品属性，同时又能通过建立完善的市场体系来平抑电力的价格波动，保持市场的稳定运行。

《关于电力交易机构组建和规范运行的实施意见》（本段简称《实施意见 1》）明晰了交易机构定位，重塑市场格局。《实施意见 1》明确指出，交易机构不以营利为目的，在政府监管下为市场主体提供规范公开透明的电力交易体系。同时，交易机构具有与履行交易职责相适应的人、财、物，日常管理不受市场主体干预，接受政府监督。交易机构主要负责交易组织，调度机构主要负责实时平衡和系统安全。这在一定程度上保障了交易机构的独立性，明晰了交易机构在电力市场中的定位。而且，交易机构的重新定位将改变电网公司集输配电、调度、交易于一体的市场参与身份，也将促使更多的交易主体产生并参与到电力市场中来，从而改变目前的电力市场格局。

《关于有序放开发用电计划的实施意见》（本段简称《实施意见 2》）旨在保障民生，促进清洁低碳能源发展。《实施意见 2》明确了电力消费的优先权，即一产用电、三产中的重要事业、公益服务行业用电，以及居民生活用电优先购电。这体现了电力普遍服务的基本属性，更为无议价能力用户的用电提供了重要保障。同时还明确，纳入规划的风能、太阳能、生物质能等可再生能源发电优先发电。当前，我国的节能减排压力巨大，而风电、光伏由于电网接入问题所产生的弃风、弃光现象非常普遍，大力发展可再生能源，提高风电、光伏等在电量中的比例是我国乃至世界节能减排的重要手段。这一规定明确了可再生能源在电力市场中的发电优先顺序，为低碳清洁能源的发展提供了最直接的政策保障，将有效地促进可再生能源的发展。

《关于推进售电侧改革的实施意见》（本段简称《实施意见 3》）明确售电改革细节，推进政策落地。《实施意见 3》明确了售电公司、市场主体等的准入和退出条件，也明确了售电公司可拥有增量配电网的经营权，并对售电的交易方式、交易要求、交易价格，以及结算方式进行了详细说明。《实施意见 3》中将售电公司分成了三类，但值得注意的是，同一供电营业区内可有多个售电公司，但只能有一家公司拥有该配电网经营权，并提供保底供电服务，也就是说保底服务与配网经营权进行了捆绑。

《关于推进输配电价改革的实施意见》（本段简称《实施意见 4》）目的是厘清输配电价和交叉补贴，完善价格机制。《实施意见 4》要求认真开展输配电价测算工作，分类推进交叉补贴改革，明确过渡期电力直接交易的输配电价政策。此次改革中，国家一方面要求摸清电网输配电资产、成本和企业效益，合理核定输配电价，另一方面更是下定决心改革不同种类电价之间的交叉补贴问题。这两方面工作的实施，将有助于进一步厘清我国电价的构成，推动科学、合理、透明的电力价格机制的形成。

《关于加强和规范燃煤自备电厂监督管理的指导意见》（本段简称《指导意见》）重点是加强自备电厂管理，合理配置资源。该《指导意见》从规划建设、运行管理、责任义务、节能减排、市场交易、监督管理等方面对燃煤自备电厂的规范化发展提出了若干指导性意见，对于促进燃煤自备电厂健康有序发展具有积极的指导作用。对自备电厂的规划和建设做出了严格的规定，不仅要纳入国家依据总量控制制定的火电建设规划，而且要与公用火电项目同等条件参与优选。同时，明确指出京津冀、长三角、珠三角等区域新建项目禁止配套建设燃煤自备电厂；装机明显冗余、火电利用小时数偏低地区，除以热定电的热电联产项目外，原则上不再新（扩）建自备电厂项目。将自备燃煤电厂与公用火电项目统筹进行管理，不仅能够推动自备电厂的有序发展，而且能够统筹配置资源，合理发展煤电，促进可再生能源的消纳，助推我国节能减排目标的实现。

此外，国家发展改革委等有关单位陆续出台了《关于贯彻中发〔2015〕9 号文件精神加快推进输配电价改革的通知》（发改价格〔2015〕742 号）、《关于降低燃煤发电上网电价和工商业用电价格的通知》（发改价格〔2015〕748 号）、《关于跨省电能交易价格形成机制有关问题的通知》（发改价格〔2015〕962 号）、《关于实行燃煤电厂超低排放电价支持政策有关问题的通知》（发改价格〔2015〕2835 号）、《关于完善陆上风电光伏发电上网标杆电价政策的通知》（发改价格〔2015〕3044 号）、《关于改善电力运行促进清洁能源多发满发的指导意见》（发改运行〔2015〕518 号）、《关于促进智能电网发展的指导意见》（发改运行〔2015〕1518 号）、《关于开展可再生能源就近消纳试点的通知》（发改办运行〔2015〕2554 号）、《关于完善应急机制做好电力需求侧管理城市综合试点工作的通知》（发改运行〔2015〕703 号）等一系列配套文件，进一步明确了部分改革内容，为相关工作的落地实施提供了明确的路径。

《关于降低燃煤发电上网电价和工商业用电价格的通知》明确全国燃煤发电上网电价平均每千瓦时下调约 2 分钱（含税）。下调燃煤发电上网电价形成的降价空间，除适当疏导部分地区天然气发电价格以及脱硝、除尘、超低排放环保电价等突出结构性矛盾，促进节能减排和大气污染防治外，主要用于下调工商业用电价格。

《关于实行燃煤电厂超低排放电价支持政策有关问题的通知》决定对燃煤电厂超低排放实行电价支持政策。超低排放是指燃煤发电机组大气污染物排放浓度基本符合燃气机组排放限值（以下简称“超低限值”）要求，即在基准含氧量6%条件下，烟尘、二氧化硫、氮氧化物排放浓度分别不高于10mg/Nm^3、35mg/Nm^3、50mg/Nm^3。为鼓励引导超低排放，对经所在地省级环保部门验收合格并符合上述超低限值要求的燃煤发电企业给予适当的上网电价支持。其中，对2016年1月1日以前已经并网运行的现役机组，对其统购上网电量加价每千瓦时1分钱（含税）；对2016年1月1日之后并网运行的新建机组，对其统购上网电量加价每千瓦时0.5分钱（含税）。上述电价加价标准暂定执行到2017年底，2018年以后逐步统一和降低标准。地方制定更严格超低排放标准的，鼓励地方出台相关支持奖励政策措施。超低排放电价支持政策实行事后兑付、季度结算，并与超低排放情况挂钩。

《关于完善陆上风电光伏发电上网标杆电价政策的通知》决定调整新建陆上风电和光伏发电上网标杆电价政策，以合理引导新能源投资，促进陆上风电、光伏发电等新能源产业健康有序发展，推动各地新能源平衡发展，提高可再生能源电价附加资金补贴效率。

《关于改善电力运行调节促进清洁能源多发满发的指导意见》要求各地区统筹年度电力电量平衡，积极促进清洁能源消纳；加强日常运行调节，充分运用利益补偿机制为清洁能源开拓市场空间；加强电力需求侧管理，通过移峰填谷为清洁能源多发满发创造有利条件；加强相互配合和监督管理，确保清洁能源多发满发政策落到实处。

《关于开展可再生能源就近消纳试点的通知》决定在甘肃省和内蒙古自治区部分地区开展可再生能源就近消纳试点工作，并给出了《关于可再生能源就近消纳试点的意见（暂行）》。试点的总体目标是：在可再生能源富集地区加强电力外送、扩大消纳范围的同时开展就近消纳试点，以可再生能源为主、传统能源调峰配合形成局域电网，降低用电成本，形成竞争优势，促使可再生能源和当地经济社会发展形成良性循环。为其他地区规划内的可再生能源全额保障性收购积累经验，实现可再生能源优先调度的机制创新，努力解决弃风、弃光问题，促进可再生能源持续健康发展。试点内容包括：可再生能源在局域电网就近消纳，可再生能源直接交易，可再生能源优先发电权，其他鼓励可再生能源消纳的运行机制等。

3. 制定重点城市煤炭消费总量控制工作方案，强化煤矿煤炭行业监管和查处力度，遏制煤矿产能扩张，促进煤炭工业健康发展

加强大气污染治理，制定重点城市煤炭消费总量控制方案。5月13日，国家发展改革委等3部门印发了《加强大气污染治理重点城市煤炭消费总量控制工作方案》（本段简称《控煤方案》)。该《控煤方案》结合节能环保工作具体安排，将空气质量相对较差的前10位城市作为2015年度大气污染治理重点城市（包括保定、邢台、石家庄、唐山、邯郸、衡水、济南、廊坊、郑州、天津10个城市)，将空气质量相对较差的前11~20位城市作为2015年度预警城市（包括沈阳、北京、沧州、太原、西安、南京、乌鲁木齐、成都、武汉、秦皇岛10个城市)，加强煤炭消费总量控制及预警工作。《控煤方案》要求重点城市分解落实能源消费总量控制和煤炭减量目标，制定煤炭减量替代工作方案，强化目标考核。通过加快调整优化产业结构、实施节能减排重点工程、推进能源结构优化完成目标任务。在组织实施环节对重点城市加强统筹协调、建立重点城市动态调整机制、严格监督检查，对预警城市实施监测预警，确保完成煤炭消费总量控制目标。

2016年12月31日，国家发展改革委发布了对京津冀鲁、长三角、珠三角等重点地区2015年煤炭消费减量替代目标完成情况和工作措施落实情况的检查结果。2015年，北京、天津、河北、上海、江苏、浙江、广东煤炭消费量分别为1165万吨、4539万吨、28943万吨、4728万吨、27209万吨、13826万吨、16587万吨，比2012年分别减少1105万吨、759万吨、2416万吨、975万吨、553万吨、548万吨、1047万吨，珠三角地区2015年煤炭消费量比2012年减少1227万吨。山东省2015年煤炭消费量40927万吨，比2012年增加了694万吨。总体来看，上海市、江苏省、浙江省和珠三角地区提前完成煤炭消费减量目标任务，北京市、天津市、河北省达到煤炭消费减量时间进度要求。

强化煤炭行业监管力度，规范煤炭生产企业经营行为。为进一步做好对违法违规建设生产煤矿的事中事后监管和分类处理，切实维护煤炭生产建设秩序，促进供需总量平衡，4月2日，国家发展改革委等6部门联合印发《关于开展煤矿违法违规建设生产情况核查工作的通知》。决定对在建（包括新建、扩建，资源整合）煤矿、生产（取得安全生产许可证）煤矿、改造（包括技术改造、资源整合）煤矿、停产煤矿、煤田灭火、河道治理、采空区治理等工程进行全面核查。

5月26日，国家发展改革委等3部门联合印发《关于落实违反违规煤矿煤炭相关治理措施的通知》。进一步要求全面核查煤矿建设生产情况，防范采购违法违规煤矿煤炭风险，审慎办理违法违规煤矿煤炭运输，建立电煤合同执行与发电量奖惩挂钩制度，推进煤电双方签订中长期合同，加强监督检查。

7月15日，国家发展改革委、公安部等12部门联合印发《关于对违法违规建设生产煤矿实施联合惩戒的通知》。明确联合惩戒对象包括未办理相关核准审批手续的新建、改扩建煤矿；超能力生产的煤矿；存在重大安全隐患生产的煤矿。联合惩戒内容包括有关部门（机构、单位）依法依规对违法违规建设生产煤矿予以处罚，并对煤矿或所在企业集团在项目核准与淘汰落后产能、确定采矿权出让或土地供应、融资、民用爆炸物品和电力供应、政府性资金支持、铁路运输、市场监管等方面予以限制。联合惩戒措施包括新增产能与淘汰落后挂钩、严格民用爆炸物品购买审批、限制电力供应、审慎办理铁路运输、审慎办理融资授信、限制企业债券发行、限制政府性资金支持、限制违规单位评先评优等。

9 月 1 日，国家发展改革委印发《关于从严控制新建煤矿项目有关问题的通知》。要求各地区严格新建煤矿项目核准审查，有序推进已核准煤矿项目建设，妥善处理违规在建煤矿项目，持续改进对煤炭企业的服务，切实把从严控制新建煤矿项目落到实处。

9 月 6 日，国家发展改革委印发《关于严格治理违法违规建设煤矿有关问题的通知》。要求充分认识治理违法违规建设煤矿的重要性、紧迫性，严格落实违法违规建设煤矿停产停建要求，对违法违规建设煤矿从严补办核准手续，进一步规范煤矿建设秩序。

4. 持续推进天然气价格改革的同时，强化责任机制全力保障民生用气

持续推进天然气价格改革。2014 年我国天然气对外依存度已达 32% 左右。为发挥价格杠杆作用，充分利用国际国内两个市场、两种资源，保障市场供应，引导资源合理配置，国家加快了天然气价格改革步伐。2013 年 7 月，实施了天然气价格调整方案，区分存量气和增量气，增量气门站价格一步调整到与可替代能源价格保持合理比价的水平，存量气价格分 3 年实施，计划 2015 年调整到位。按既定目标，2013 年、2014 年国家连续两次较大幅度调整非居民用存量天然气门站价格，2015 年实现存量气与增量气价格并轨。2 月 26 日，国家发展改革委印发《关于理顺非居民用天然气价格的通知》。决定根据 2014 年下半年以来燃料油和液化石油气等可替代能源价格变化情况，按照现行天然气价格机制，增量气最高门站价格每千立方米降低 440 元，存量气最高门站价格每千立方米提高 40 元（广东、广西、海南、重庆、四川按与全国衔接的原则安排），实现价格并轨，理顺非居民用天然气价格。试点放开直供用户用气门站价格。居民用气门站价格暂不做调整。自 2015 年 4 月 1 日起实施。这次天然气价格并轨实现了理顺非居民用气价格“三步走”的目标。尽快实施存量气与增量气价格并轨，不仅有利于创建公平的市场竞争环境，促进企业平等竞争，也为推进天然气价格市场化奠定良好基础。价格并轨后，非居民用气价格基本理顺，同时试点放开了直供用户用气价格，意味着天然气价格改革完成“破冰之旅”。改革平稳实施，效果逐步显现，资源配置更加合理，保障能力进一步提高，市场活跃度增强。

11 月 18 日，国家发展改革委印发了《关于降低非居民用天然气门站价格并进一步推进价格市场化改革的通知》。此次改革，核心内容有两点：一是降低非居民用气门站价格。各省份非居民用气最高门站价格每千立方米降低 700 元。二是提高非居民用气价格市场化程度。将非居民用气由目前实行最高门站价格管理改为基准门站价格管理。降低后的门站价格作为基准门站价格，供需双方可以基准门站价格为基础，在下浮不限、上浮 20% 的范围内协商确定具体门站价格。这意味着进一步放松价格管制，增加价格弹性，留给供需双方更多自主协商价格的空间，进而有利于激发市场活力，促进公平竞争。此次改革，在放松价格管制的同时，还有一个重要的内容就是推动天然气市场建设，推进天然气公开透明交易。

天然气价格改革的最终目标是完全放开气源价格，政府只监管具有自然垄断性质的管道运输价格和配气价格。交易市场的建设是实现这一目标的重要举措。具体而言，一是要求天然气生产经营企业放眼长远，认真做好天然气公开交易工作；二是要求交易中心会员尤其是上游企业向交易中心共享非居民用气的场内和场外交易数量和价格等信息；三是要求交易中心规范管理、专业运作、透明交易，不断探索发现价格的新模式、新方法、新手段，定期向社会发布交易信息。天然气市场的建设，不仅有利于尽早形成公允的天然气市场价格，为全面放开天然气价格创造条件，也有利于国内天然气市场深度融入全球市场，提高国际影响力。

确保天然气供应平稳运行，保障民生用气。为贯彻落实《国务院办公厅转发发展改革委关于建立保障天然气稳定供应长效机制若干意见的通知》（国办发〔2014〕16 号）要求，切实保证民生用气需求，1 月 31 日，国家发展改革委、国家能源局印发《关于实行保证民生用气责任制的通知》。要求逐级明确责任分工，切实落实主体责任，签订《保障民生用气责任书》。

12 月 7 日，国家发展改革委印发《关于做好 2015 年天然气迎峰度冬工作的通知》。要求各有关单位准确把握供需形势，确保完成供应计划，提高协调保障水平，科学使用储气资源，修订完善应急预案，切实加强需求侧管理，进一步强化监测分析，始终保持管网安全运行，落实天然气保障主体责任，切实做好天然气迎峰度冬工作。

12 月 22 日，国家发展改革委印发《关于切实加强需求侧管理确保民生用气的通知》。要求各有关单位认真落实“压工保民”措施，及时启动有序用气方案，科学削减高峰时段用量，积极利用价格杠杆引导节约用气，确保入冬连续强冷天气和 2016 年“两节”期间民生用气需求。

5. 创新金融财税政策支持产业结构调整和技术改造升级

出台《能效信贷指引》，引导和支持重点用能行业开展能效提升活动。1 月 13 日，银监会、国家发展改革委共同制定了《能效信贷指引》，用于指引重点用能单位、节能服务公司、第三方节能量审核机构开展与能效信贷有关的活动。能效信贷业务的重点服务领域包括：工业节能，主要涉及电力、煤炭、钢铁、有色金属、石油石化、化工、建材、造纸、纺织、印染、食品加工、照明等重点行业；建筑节能，主要涉及既有和新建居住建筑、国家机关办公建筑和商业、服务业、教育、科研、文化、卫生等其他公共建筑，建筑集中供热、供冷系统节能设备及系统优化，可再生能源建筑应用等；交通运输节能，主要涉及铁路运输、公路运输、水路运输、航空运输和城市交通等行业；与节能项目、服务、技术和设备有关的其他重要领域。能效项目是指通过优化设计、更新用能设备和系统、加强能源回收利用等方式，以节省一次、二次能源为目的的能源节约项目，通常具备技术类型复杂、专业性强，涉及内容广、参与主体多，市场潜力大，兼具经济、环境、社会效益等特征。

《能效信贷指引》明确提出银行业金融机构应在有效控制风险和商业可持续的前提下，加大对以下重点能效项目的信贷支持力度：有利于促进产业结构调整、企业技术改造和重要产品升级换代的重点能效项目；符合国家规划的重点节能工程或列入国家重点节能低碳技术推广目录的能效项目及合同能源管理项目，效益突出、信用良好、能源管理体系健全的“万家企业”中的节能技改工程等；高于现行国家标准的低能耗、超低能耗新建节能建筑，符合国家绿色建筑评价标准的新建二、三星级绿色建筑和绿色保障性住房项目，既有建筑节能改造、绿色改造项目、可再生能源建筑应用项目、集中性供热、供冷系统节能改造、节能运行管理项目、获得绿色建材二、三星级评价标识的项目，符合国家能效技术规范和绿色评价标准的新建码头及配套节能减排设施等；符合国家绿色循环低碳交通运输要求的重点节能工程或试点示范项目，符合船舶能效技术规范和二氧化碳排放限值的新建船舶，列入低碳交通运输“千家企业”的节能项目等；符合国家半导体照明节能产业规划的半导体照明产业化及室内外半导体照明应用项目等；获得国家或地方政府有关部门资金支持的节能技术改造项目和重大节能技术产品产业化项目；其他符合国家产业政策或行业规划的重点能效项目。

出台《绿色债券发行指引》，支持节能环保绿色低碳产业发展，推动生态文明示范区建设。12 月 31 日，国家发展改革委办公厅印发了《绿色债券发行指引》。用于指引募集资金支持节能减排技术改造、绿色城镇化、能源清洁高效利用、新能源开发利用、循环经济发展、水资源节约和非常规水资源开发利用、污染防治、生态农林业、节能环保产业、低碳产业、生态文明先行示范实验、低碳试点示范等绿色循环低碳发展项目的企业债券。现阶段支持重点包括：节能减排技术改造项目，包括燃煤电厂超低排放和节能改造，余热余压利用、燃煤锅炉节能环保提升改造、电机系统能效提升、企业能效综合提升、绿色照明等。绿色城镇化项目，包括绿色建筑发展、建筑工业化、既有建筑节能改造、海绵城市建设、智慧城市建设、智能电网建设、新能源汽车充电设施建设等。能源清洁高效利用项目，包括煤炭、石油等能源的高效清洁化利用。新能源开发利用项目，包括水能、风能、核能、太阳能、生物质能、地热、浅层地温能、海洋能、空气能等开发利用。节能环保产业项目，包括节能环保重大装备、技术产业化，合同能源管理，节能环保产业基地（园区）建设等。此外，还包括循环经济发展项目、水资源节约和非常规水资源开发利用项目、污染防治项目、生态农林业项目、低碳产业项目、生态文明先行示范实验项目、低碳发展试点示范项目等。《绿色债券发行指引》还对债券审核要求及相关政策做出了说明。

6. 积极推进“互联网 +”行动，倡导绿色消费，加快培育新供给新动力推动生态文明建设

积极推进“互联网 +”行动，打造智慧能源领域新动能。7 月 1 日，国务院印发《关于积极推进“互联网 +”行动的指导意见》（本节简称《“互联网 +”意见》）。《“互联网 +”意见》指出，为加快推动互联网与各领域深入融合和创新发展，充分发挥“互联网 +”对稳增长、促改革、调结构、惠民生、防风险的重要作用，要按照“开放共享、融合创新、变革转型、引领跨越、安全有序”的原则，积极推动“互联网 +”行动。到 2018 年，互联网与经济社会各领域的融合发展进一步深化，基于互联网的新业态成为新的经济增长动力，互联网支撑大众创业、万众创新的作用进一步增强，互联网成为提供公共服务的重要手段，网络经济与实体经济协同互动的发展格局基本形成。到 2025 年，网络化、智能化、服务化、协同化的“互联网 +”产业生态体系基本完善，“互联网 +”新经济形态初步形成，“互联网 +”成为经济社会创新发展的重要驱动力量。

《“互联网+”意见》明确了“互联网+智慧能源”“互联网+绿色生态”等11个领域的40项重点行动计划。

在“互联网+智慧能源”领域，目标是通过互联网促进能源系统扁平化，推进能源生产与消费模式革命，提高能源利用效率，推动节能减排。加强分布式能源网络建设，提高可再生能源占比，促进能源利用结构优化。加快发电设施、用电设施和电网智能化改造，提高电力系统的安全性、稳定性和可靠性。主要任务包括：推进能源生产智能化、建设分布式能源网络、探索能源消费新模式、发展基于电网的通信设施和新型业务等。

在“互联网+绿色生态”领域，目标是推动互联网与生态文明建设深度融合，完善污染物监测及信息发布系统，形成覆盖主要生态要素的资源环境承载能力动态监测网络，实现生态环境数据互联互通和开放共享。充分发挥互联网在逆向物流回收体系中的平台作用，促进再生资源交易利用便捷化、互动化、透明化，促进生产生活方式绿色化。主要任务包括：加强资源环境动态监测、大力发展智慧环保、完善废旧资源回收利用体系、建立废弃物在线交易系统等。

积极发挥新消费引领作用，加快培育形成生态文明建设新供给新动力。当前，我国消费结构正在发生深刻变化，以淘宝、天猫为代表的新零售方式带动消费新热点、新模式转型升级，引领相关产业、基础设施和公共服务投资迅速成长，蕴藏着巨大发展潜力和空间。发挥新消费引领作用是更好满足居民消费需求、提高人民生活质量的内在要求，是加快推动产业转型升级、实现经济提质增效的重要途径，是畅通经济良性循环体系、构建稳定增长长效机制的必然选择。为更好发挥新消费引领作用，加快培育形成经济发展新供给新动力，11月19日，国务院印发了《关于积极发挥新消费引领作用加快培育形成新供给新动力的指导意见》（本段简称《意见》）。《意见》要求坚持“消费引领、创新驱动、市场主导、制度保障”的原则，面向服务消费、信息消费、绿色消费、时尚消费、品质消费、农村消费六个重点领域促进消费引领作用，加快推进制度创新，全面优化消费环境，创新并扩大有效供给，优化政策支撑体系，不断培育和形成新供给新动力。在绿色消费领域，《意见》旨在促进生态文明理念和绿色消费观念日益深入人心，绿色消费从生态有机食品向空气净化器、净水器、节能节水器具、绿色家电、绿色建材等有利于节约资源、改善环境的商品和服务拓展。进而推动循环经济、生态经济、低碳经济蓬勃发展，为生态农业、新能源、节能节水、资源综合利用、环境保护与污染治理、生态保护与修复等领域技术研发、生产服务能力提升和基础设施建设提供大量投资创业机会。

7. 持续推广节能新产品新技术，贯彻落实节能目标责任制，多种手段促进提高能源利用效率

出台《余热暖民工程实施方案》，减少煤炭消耗，提高供热领域能源利用效率。10月29日，国家发展改革委、住房城乡建设部联合印发了《余热暖民工程实施方案》（本段简称《方案》）。《方案》指出，2014年，我国北方地区城镇采暖面积达120亿平方米，其中城镇集中供热面积为71亿平方米。采暖用能超过1.8亿吨标准煤（燃煤约占90%），不仅消耗了大量能源，还带来了严重的环境问题，是我国北方地区冬季雾霾的主要成因之一。与此同时，北方地区电力、钢铁、水泥、有色金属、石化等行业仍有约3亿吨标准煤低品位余热资源尚未利用。实施余热暖民工程，推进具备条件的地区集中回收利用低品位余热资源用于供热，可以降低供热成本，大幅提高能源利用效率，减少煤炭消耗和污染物排放，是一项重要的民生工程。《方案》提出按照“安全稳定、因地制宜、鼓励创新、多方共赢”的原则实施余热暖民工程，目标是到2020年，通过集中回收利用低品位余热资源，替代燃煤供热20亿平方米以上，减少供热用原煤5000万吨以上。先行选择150个示范市（县、区），探索建立余热资源用于供热的经济范式、典型模式，不断改革和完善城镇供热的政策机制和制度保障。

持续推广节能低碳新技术新产品，建立健全相关机制，有以下五点举措。

一是推进能源效率标识实施制度。3月19日，国家发展改革委、国家质检总局和国家认监委公布了《中华人民共和国实行能源效率标识的产品目录（第十二批）》《家用燃气灶具能源效率标识实施规则》《商用燃气灶具能源效率标识实施规则》《水（地）源热泵机组能源效率标识实施规则》和《溴化锂吸收式冷水机组能源效率标识实施规则》，并鼓励企业在能效标识上附加二维码，于2015年12月1日起实施。

二是持续贯彻落实节能产品政府采购清单及节能产品惠民工程制度。7月27日，国家发展改革委等3部门发布节能产品惠民工程节能环保汽车（1.6升及以下乘用车）推广目录（第二批），自发布之日起开始实施，消费者购买目录中的产品可以享受中央财政补贴。7月31日，财政部、国家发展改革委公布了第十八期节能产品政府采购清单。

三是发布部分家用电器的能效“领跑者”制度实施细则。11月2日，国家发展改革委等3部门发布了《家用电冰箱能效“领跑者”制度实施细则》《平板电视能效“领跑者”制度实施细则》《转速可控型房间空气调节器能效“领跑者”制度实施细则》。并根据实施细则开展2015年家用电冰箱、平板电视、转速可控型空气调节器能效“领跑者”产品评选工作。

四是持续发布重点节能低碳技术推广目录。12月6日，国家发展改革委发布《国家重点推广的低碳技术目录》（第二批），目录涉及煤炭、电力、建材、有色金属、石油石化、化工、机械、汽车、轻工、纺织、农业、林业等12个行业，涵盖新能源与可再生能源、燃料及原材料替代、工艺过程等非二氧化碳减排、碳捕集利用与封存、碳汇等领域，共29项国家重点推广的低碳技术。

12月30日，国家发展改革委发布了《国家重点节能低碳技术推广目录（2015年本，节能部分）》，涉及煤炭、电力、钢铁、有色、石油石化、化工、建材、机械、轻工、纺织、建筑、交通、通信等13个行业，共266项重点节能技术。同日，发布《高效节能锅炉推广目录（第一批）》。

五是开展评选和推广国际“十大节能技术和十大节能实践”项目活动。为推广普及先进的节能技术和实践，推动全球能效提升，国家发展改革委和澳大利亚工业部在国际能效合作伙伴关系（IPEEC）下发起了评选和推广国际“十大节能技术和十大节能实践”项目（简称“双十佳”）。国家发展改革委根据IPEEC《最佳节能技术和最佳节能实践评价方法及评选指南》，评选出了中国“双十佳”；会同澳大利亚工业部、美国能源部、日本经济产业省从IPEEC成员国提交的节能技术和实践中评选了国际“双十佳”，并于12月16日发布了国际和国内“双十佳”最佳节能技术和实践清单，以及中国“双十佳”最佳节能技术和实践说明。

8. 加强公共机构节能管理，贯彻落实节能目标责任考核制

出台《公共机构能源审计管理暂行办法》。12月31日，国家发展改革委第32号令和发布了《公共机构能源审计管理暂行办法》（本段简称《暂行办法》），自2016年3月1日起施行。《暂行办法》规定，年能源消费量达500吨标准煤以上或年电力消耗200万千瓦时以上或建筑面积1万平方米以上的公共机构或集中办公区每5年应开展一次能源审计，并纳入政府购买服务范围。此外，对年能源消费总量占本级公共机构能源消费比重排前10%的，或与上一年度相比年度能源消费量增长超过20%的，或未完成年度节能目标任务的，或其他有必要实施能源审计情况的公共机构或集中办公区，由县级以上各级人民政府管理机关事务工作的机构应结合工作实际，委托能源审计服务机构，组织开展能源审计。

持续贯彻落实电力需求侧管理目标考核和节能目标责任评价考核制度。7月7日，国家发展改革委公告发布了对2014年电网企业实施电力需求侧管理目标责任考核结果。2014年国家电网公司、南方电网公司均超额完成电力需求侧管理目标任务，共节约电量131亿千瓦时，节约电力295万千瓦。除西藏外，全国30个省（区、市）电网企业全部完成2014年度目标任务，对社会节电比重较高和考核组织管理较为突出的北京、河北、上海、江苏、四川、宁夏、广电、海南等省份予以通报表扬。

9月14日，国家发展改革委公布了对各省（区、市）2014年度节能目标完成情况的考核结果。北京、河北、上海、江苏、浙江等5个省（市）为超额完成等级；天津、山西、内蒙古、辽宁、吉林、黑龙江、安徽、福建、江西、山东、河南、湖北、湖南、广东、广西、海南、重庆、四川、贵州、云南、西藏、陕西、甘肃、宁夏等24个省（区、市）考核结果为完成等级；青海、新疆考核结果为基本完成等级。

12月30日，国家发展改革委公告了2014年万家企业节能目标考核结果。国家发展改革委公布的万家企业共16078家，2014年参加考核企业共13328家；有2750家企业因重组、关停、搬迁、淘汰等原因未参加考核。参加考核企业中，4126家考核结果为“超额完成”等级，占30.96%；6814家考核结果为“完成”等级，占51.13%；1440家考核结果为“基本完成”等级，占10.80%；948家考核结果为“未完成”等级，占7.11%。2011～2014年，万家企业累计实现节能量3.09亿吨标准煤，完成“十二五”万家企业节能量目标的121.13%。

2014年，参加万家企业节能目标责任考核的中央企业和单位共1403家。其中，696家考核结果为“超额完成”等级，占49.61%；517家考核结果为“完成”等级，占36.85%；71家考核结果为“基本完成”等级，占5.13%；72家考核结果为“未完成”等级，占5.13%。

2.6 “十二五”时期的节能政策效果

2.6.1 “十二五”节能目标完成情况

“十二五”节能减排工作取得显著成效。各地区、各部门认真贯彻落实党中央、国务院决策部署，把节能减排作为优化经济结构、推动绿色循环低碳发展、加快生态文明建设的重要抓手和突破口，超额完成了“十二五”规划的目标任务。

“十二五”时期，全国单位国内生产总值能耗降低18.4%，化学需氧量、二氧化硫、氨氮、氮氧化物等主要污染物排放总量分别减少 12.9%、18%、13%和 18.6%，为经济结构调整、环境改善、应对全球气候变化做出了重要贡献。我国国内生产总值（GDP）保持平稳增长，能耗强度持续下降，单位 GDP 能耗从 2010 年的 0.87 吨标准煤/万元（国内生产总值按 2010 年可比价计算）下降到 2015 年的 0.71 吨标准煤/万元，累计下降 18.4%，以能源消费年均 3.6%的增速支撑了国民经济年均 7.8%的增长，累计实现节能 8.6 亿吨标准煤，相当于减少二氧化碳排放 19.3 亿吨。能源消费弹性系数不断降低，由"十一五"时期的 0.59 降低到 0.44。能源消费增速明显放缓。2015 年，中国经济总量占世界的比重为 15.5%，比 2010 年的 9.5%提升了 6 个百分点。中国能源消费量为 43 亿吨标准煤，同比仅增长 0.9%，增速比 2014 年下降 1.3 个百分点，为 2000 年以来的最低水平。如图 2-4、图 2-5 所示。

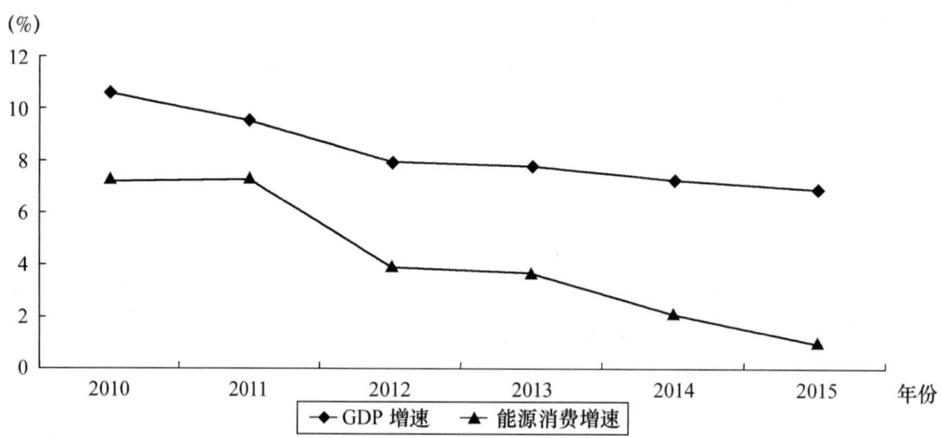

图 2-4 "十二五"期间的 GDP 和能源消费增长速度对比

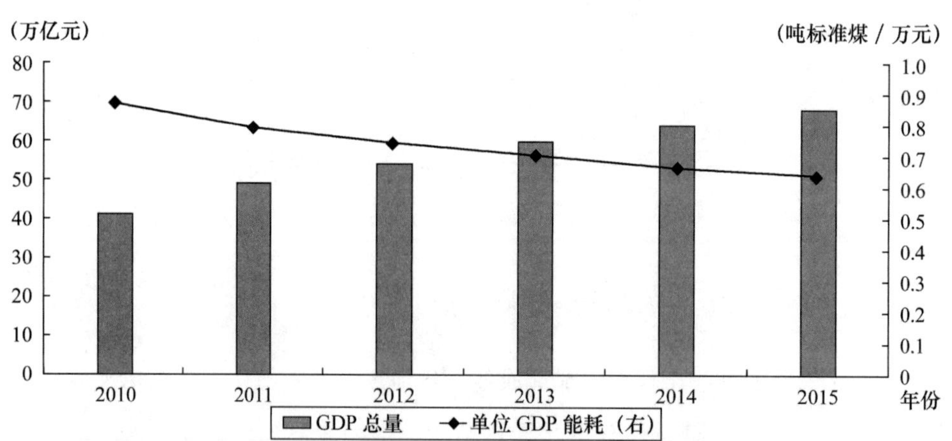

图 2-5 "十二五"期间的经济增长与单位 GDP 能耗变化情况

2016 年 8 月 10 日，国家发展改革委公告发布了对国家电网公司、南方电网公司电力需求侧管理目标责任完成情况的考核结果，2015 年国家电网公司、南方电网公司均完成电力需求侧管理目标任务，共节约电量 142.7 亿千瓦时，节约电力 327.3 万千瓦。对社会节电比重较高和措施得力的河北、上海、江苏、湖北、广东、贵州，以及首次参加考核的西藏等省（区、市）予以通报表扬。

2016 年 11 月 27 日，国家发展改革委公告了对全国 31 个省、自治区、直辖市"十二五"节能目标完成情况、措施落实情况的考核评价结果。北京、河北、上海、江苏、浙江、安徽、河南、湖北、广东、贵州 10 个省（市）考核结果为超额完成等级；天津、山西、内蒙古、辽宁、吉林、黑龙江、福建、江西、山东、湖南、广西、海南、重庆、四川、云南、西藏、陕西、甘肃、青海、宁夏 20 个省（区、市）考核结果为完成等级；新疆考核结果为基本完成等级。至此，北京市成为全国唯一一家连续十年获节能目标考核"超额完成"等级的省市。

与"十一五"时期相比，"十二五"期间节能减排最突出的亮点和创新就是将全社会确保实现节能减排目标任务上升到应对全球气候变化和建设生态文明的战略高度；在淘汰高耗能产业的同时积极培育和发展战略性新兴产业，推动产业结构提质增效深度融合调整；建筑、交通、公共机构等重点领域节能管理力度不断增强，节能新技术新产品推广利用程度更加深入、范围更加广泛；更加注重创新市场机制推动能源革命，启动电力行业体制改革，完成天然气非居民用气价格改革，开展绿色金融信贷机制创新，不断强化市场化手段推进节能减排。

2.6.2 结构节能效果

"十二五"期间，中国经济持续增长的同时，产业结构不断优化。改革开放以来，中国工业化进程加快，保持了较高增速，工业能源消费也处于较高水平。从 20 世纪 90 年代中期以来，在能源消费总量中工业能源消费量占比一直维持在 70% 以上。"十二五"以来，随着供给侧结构性改革的深入推进和产业结构的优化调整，工业增加值稳步提升，能源消费增速明显下降。第三产业增加值在国内生产总值中的比重不断上升，到 2013 年达到 46.7%，首次超过第二产业，且仍在上升。2015 年，我国三次产业结构的比重为 8.9:40.9:50.2，其中第二产业增加值在国内生产总值的比重比 2010 年下降了 5.5 个百分点，第三产业增加了 6.2 个百分点。第三产业中，全国节能服务企业总数达到 5426 家，从业人员超过 43 万人，节能服务产业连续五年持续增长，正在带动节能环保产业成为新的经济增长点，产业结构不断优化。

同时，工业能源消费在全国能源消费总量中的比重为68%，比2014年下降了1.45个百分点。如图2-6所示，工业在能源消费中的比重也持续下降，从2013年起工业能源消费比重连续三年低于70%，达到2015年的67.99%，比2010年下降了近4.5个百分点，显示我国工业能效水平逐年提升。

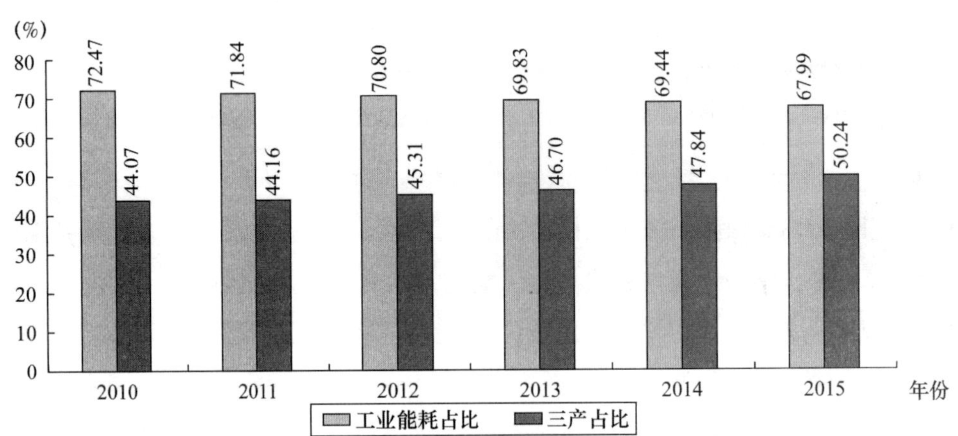

图2-6　2010~2015年工业能源占能源消费总量的比重和第三产业增加值占GDP的比例

值得注意的是，从三次产业结构比重和工业能耗在全国能源消费总量中的占比看，"十二五"时期我国节能工作取得最大成效的主阵地仍然是工业节能，淘汰落后产能在全国范围内仍然是完成节能目标任务最有力的措施手段。

超额完成淘汰落后产能目标任务。中央政府坚持目标导向，出台了系列促进结构调整的重点产业、重点行业规划，制定了高效节能产业发展路线图，发布产业结构调整指导目录（2011年本）和战略性新兴产业重点产品和服务指导目录。围绕《节能减排"十二五"规划》中明确的重点行业结构调整和削减煤炭消耗总量等目标任务，制订了一系列实施方案，推动产业结构和能源结构深度调整。持续遏制"两高"行业盲目新增产能，通过能评审查核减能源消费量超过3000万吨标准煤。加快淘汰落后产能，关停小火电机组27886兆瓦，累计淘汰落后产能炼铁8470万吨、炼钢8737万吨、铁合金1135万吨、电石603万吨、水泥6.46亿吨、平板玻璃16566万重量箱（研究表明，各年度淘汰落后产能量如表2-11所示①）。

① 耿静、吕永龙、任丙南、王铁宇："淘汰落后产能的产业转型政策在典型工业行业的节能效果分析"，《气候变化研究进展》，2016年第5期，第366~373页。

表 2－11　　　“十二五”时期淘汰落后产能目标及各年度实际完成情况

行业	“十二五”关停目标	实际淘汰量					“十二五”累计完成量	超额完成百分比（%）
		2011 年	2012 年	2013 年	2014 年	2015 年		
电力/兆瓦	20000	7840	5512	5440	4860	4234	27886	139.4
炼铁/万吨	4800	3192	1078	618	2823	758.6	8469.6	176.5
炼钢/万吨	4800	2846	937	884	3113	957	8737	182
铁合金/万吨	740	212.7	326	210	262	124.2	1134.9	153.4
电石/万吨	380	151.9	132	118	194	7.5	603.4	158.8
铜（含再生铜）冶炼/万吨	80	42.5	75.8	86	76	7.9	288.2	360.3
电解铝/万吨	90	63.9	27	27	51	36.2	205.1	227.9
铅（含在生铅）冶炼/万吨	130	66.1	134	96	36	49.3	381.4	293.4
锌（含再生锌）冶炼/万吨	65	33.8	32.9	19	0	0	85.7	131.8
焦炭/万吨	4200	2006	2493	2400	1853	600.5	9352.5	222.7
水泥（含熟料及磨机）/万吨	37000	15497	25829	10578	8773	3888.1	64565.1	174.5
平板玻璃/万重量箱	9000	3041	5856	2800	3760	1109	16566	184.1
造纸/万吨	1500	831.1	1057	831	547	149.3	3415.4	227.7
化纤/万吨	59	37.2	25.7	55	11	0	128.9	218.5
印染/万米	558000	186673	325809	322000	209000	75600	1119082	200.6
制革/万标张	1100	488	1185	916	622	245.2	3456.2	314.2
酒精/万吨	100	48.7	73.5	34	0	0	156.2	156.2
味精/万吨	18.2	8.4	14.3	29	0	0	51.7	284.1
柠檬酸/万吨	4.8	3.6	7	7	0	0	17.6	366.7
铅蓄电池（含极板及组装）/（万千伏安（小时）	746	0	2971	2840	3020	738.4	9569.4	1282.8

清洁能源消费比重大幅度提高。“十二五”期间，中国能源消费结构的调整成效显著，非化石能源比重显著提高。如图 2－7 所示，2015 年，清洁能源消费占能源消费总量的比重达到 17.9%，比 2010 年增加了 4.5 个百分点，超额完成 11.2% 的目标。一次电力及其他非化石能源发电总装机达到 5.2 亿千瓦，是 2010 年的 2 倍。非化石能源发电装机容量占总装机容量的比重由 2010 年的 27% 增加到 2015 年的 34%。其中水电（包括抽水蓄能）、核电、风电、太阳能光伏发电总量分别达到 3.2 亿千瓦、2608 万千瓦、1.3 亿千瓦和 4318 万千瓦，“十二五”装机规模分别增长 1.4 倍、2.6 倍、4 倍和 168 倍，年均增速分别为 8.1%、19.2%、34.3% 和 178.0%。

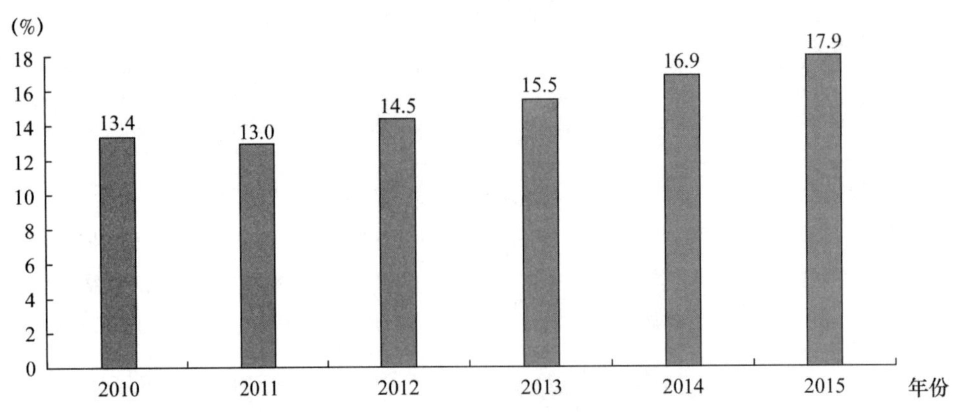

图 2-7　2010~2015 年清洁能源消费占能源消费总量的比重

能源结构不断优化。如图 2-8 所示，煤炭在一次能源生产构成中的比重由 2010 年的 80.7%降低到 2015 年的 78.2%，下降了 2.5 个百分点；原油生产比重由 2010 年的 9.8%降低到 2015 年的 9.2%，下降了 0.6 个百分点；天然气、一次电力及水电、核电、风电等其他清洁能源占比分别增加了 1.0 和 2.1 个百分点。2015 年，煤炭消费量占全国能源消费总量的比例为 64.0%，比 2010 年下降 5.2 个百分点；石油消费比重占 18.1%，比 2010 年上升 0.7 个百分点；天然气消费比重占 5.9%，比 2010 年上升 1.9 个百分点；一次电力及其他清洁能源消费比重达到 12.0%，比 2010 年上升 2.6 个百分点。

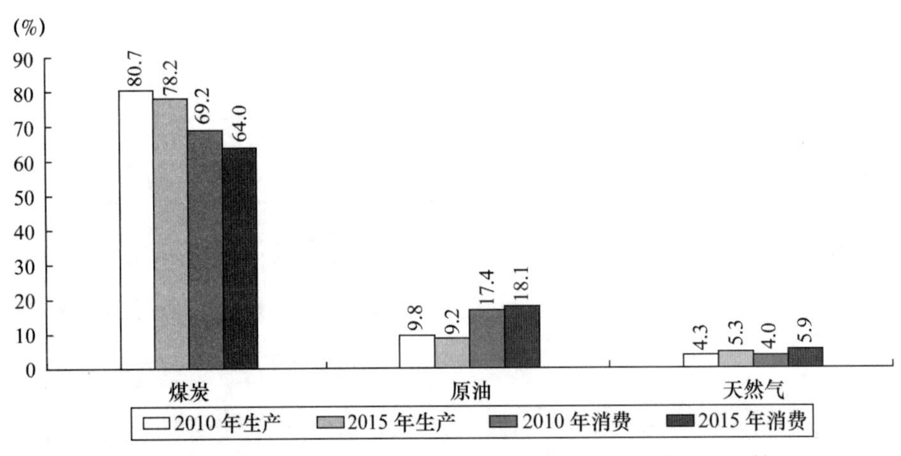

图 2-8　2010 年与 2015 年分品种能源生产和消费比重比较

通过分品种能源生产量和消费量的增（减）速变化幅度，可以看出“十二五”期间我国能源消费结构不断优化，煤炭消费比重显著下降，生产量能够满足消费量需求。原油生产量呈下降趋势，但是消费量却持续增长，对外依存度不断提高。天然气消费量增速最快，已远远超过国内生产企业所能匹配的增速，能源结构调整带来天然气供需矛盾的加剧、对外依存度不断增长，也是“十二五”以来，国家不断出台天然气消费相关政策、进行天然气价格改革、促进天然气合理利用的重要原因。

2.6.3 技术节能效果

技术节能方面，启动新一轮十大重点节能减排工程，即节能改造工程、节能产品惠民工程、合同能源管理推广工程、节能技术产业化示范工程、城镇生活污水处理设施建设工程、重点流域水污染防治工程、脱硫脱硝工程、规模化畜禽养殖污染防治工程、循环经济示范推广工程、节能减排能力建设工程。十大重点节能减排工程的启动和实施，为实现“十二五”节能减排目标也做出了巨大贡献。

以脱硫脱硝工程为例，2015 年与 2010 年相比，安装脱硫设施的煤电机组由 5.8 亿千瓦增加到 8.9 亿千瓦，安装率由 83% 增加到 99% 以上；安装脱硝设施的煤电机组由 0.8 亿千瓦增加到 8.3 亿千瓦，安装率由 12% 增加到 92%。安装脱硫设施的钢铁烧结机面积由 2.9 万平方米增加到 13.8 万平方米，安装率由 19% 增加到 88%；安装脱硝设施的新型干法水泥生产线由 0 增加到 16 亿吨。

开展万家企业节能低碳行动。截至 2015 年底，万家企业累计完成节能量 3.3 亿吨标准煤，超额完成节能 2.5 亿吨标准煤的目标。万家企业节能低碳行动起到了较好的示范性作用，有力地带动了企业开展节能技术改造，加强能源管理人员教育培训，提高企业合理用能的积极性和主动性，也为各级政府强化节能目标责任管理提供了抓手。重点耗能行业主要产品单位能耗均有较大幅度下降。大量节能技术改造项目的实施积累了经验，为各行业制定高耗能产品能耗限额标准提供了依据，也为企业节能和第三方节能机构服务提供了市场化运作经验。

实施能效“领跑者”制度。有关部门先后发布了空调、冰箱、平板电视等产品的能效“领跑者”制度实施细则。推行政府节能产品采购。政府节能采购清单到 2015 年已经公布了 18 批，“十二五”每年初和年中各发布一次，累计发布 10 批次。推行节能产品标识和能效标识。能效标识产品 2015 年发布了第 12 批，“十二五”累计发布 5 批 13 类产品。颁布实施《节能低碳技术推广管理暂行办法》。到 2015 年发布第七批《国家重点节能技术推广目录》，“十二五”累计发布 4 批重点节能技术。

通过“十一五”“十二五”近十年持续不断的实施节能重点工程、推进节能技术改造、提高能源效率、加强节能管理特别是高耗能行业的节能管理工作，我国整体的能源强度不断降低，特别是高耗能行业产品综合能耗。截至“十二五”末，全国火电供电标准煤耗、钢可比能耗、电解铝交流电耗、水泥、乙烯、合成氨、纸和纸板等高耗能行业的产品单位综合能耗都有非常显著的下降，与2000年相比，15年间上述行业的产品单位综合能耗累计下降率分别达到19.6%、17.9%、12.0%、20.1%、24.1%、12.0%、32.1%，显示了我国能源利用效率的不断提升。如表2－12所示。

表2－12　　主要高耗能产品单位综合能耗及降低率

指标名称	单位	2000年指标值	2005年		2010年		2015年	
			指标值	比2000年下降（%）	指标值	比2005年下降（%）	指标值	比2010年下降（%）
火电厂供电煤耗	克标准煤/千瓦时	392	370	5.61	333	10.00	315	5.41
钢可比能耗	千克标准煤/吨	784	732	6.63	681	6.97	644	5.43
电解铝交流电耗	千瓦时/吨	15418	14575	5.47	13979	4.09	13562	2.98
水泥综合能耗	千克标准煤/吨	172	149	13.37	143	4.03	137	4.20
乙烯综合能耗	千克标准煤/吨	1125	1073	4.62	950	11.46	854	10.11
合成氨综合能耗	千克标准煤/吨	1699	1650	2.88	1587	3.82	1495	5.80
纸和纸板综合能耗	千克标准煤/吨	1540	1380	10.39	1200	13.04	1045	12.92

资料来源：国家统计局能源统计司编：《中国能源统计年鉴2017》，中国统计出版社2018年版。

2.6.4 管理节能效果

“十二五”期间，国家在《节能法》等法律法规的保障和支持下，进一步健全和完善节能机制，多重组合发力的法规政策体系，制（修）订了200多项国家标准、100多项行业标准，以及多项技术指南，现代化的节能政策体系逐渐形成。特别是党的十八大以后，党和国家发布了《关于加快发展节能环保产业的意见》《关于加快推进生态文明建设的意见》《大气污染防治行动计划》《关于进一步深化电力体制改革的若干意见》等一系列政策文件，把加快推进节能环保产业发展，强化大气污染和环境污染防治，深化能源体制改革，推进生态文明建设放到了前所未有的战略高度。

节能管理能力建设方面，大力推进节能监察和能源利用在线监测工作。“十二五”期间安排中央预算内资金13亿元，带动地方配套资金5亿元，支持省市县三级节能监察机构能力建设。结合万家企业节能低碳行动，在重点用能单位推进能源体系建设，并开展体系认证工作，有效地提升了用能单位的节能管理水平和基础能力。

金融领域方面，创新机制支持节能环保产业发展和技术推广。设立节能专项资金、资源节约和环境保护专项资金，支持节能领域重大政策研究、重点工程建设、高效节能产品推广、节能宣传等，对既有建筑节能改造、淘汰落后产能给予财政奖励。银监会出台《绿色信贷指引》，加大对绿色经济、低碳经济、循环经济的支持力度。国家发改委印发《绿色债券发行指引》，支持企业发行绿色债券。银监会、发改委联合印发《能效信贷指引》，支持用能单位提高能源利用效率、降低能源消耗，服务领域包括工业、建筑、交通及其他相关领域。减免和取消了小排量汽车摩托等的消费税；节能车船减半征收车船税，新能源车船免征车船税；能源资源补偿费率降为零，提高资源税适用税率等。

建筑领域，建筑节能和绿色建筑取得重大进展。节能标准不断提高，绿色建筑呈现跨越式发展态势，既有居住建筑节能改造在严寒及寒冷地区全面展开，公共建筑节能监管力度进一步加强，节能改造在重点城市及学校、医院等领域稳步推进，可再生能源建筑应用规模进一步扩大，圆满完成了“十二五”确定的各项工作目标和任务。全国城镇新建民用建筑节能设计标准全部修订完成并颁布实施，节能性能进一步提高。城镇新建建筑执行节能强制性标准比例基本达到100%，累计增加节能建筑面积70亿平方米，节能建筑占城镇民用建筑面积比重超过40%。全国省会以上城市保障性安居工程、政府投资公益性建筑、大型公共建筑开始全面执行绿色建筑标准，北京、天津、上海、重庆、江苏、浙江、山东、深圳等地开始在城镇新建建筑中全面执行绿色建筑标准，推广绿色建筑面积超过10亿平方米。截至2015年底，全国累计有4071个项目获得绿色建筑评价标识，建筑面积超过4.7亿平方米。北方采暖地区共计完成既有居住建筑供热计量及节能改造面积9.9亿平方米，是国务院下达任务目标的1.4倍，节能改造惠及超过1500万户居民，年可节约650万吨标准煤。夏热冬冷地区完成既有居住建筑节能改造面积7090万平方米，是国务院下达任务目标的1.42倍。在33个省市（含计划单列市）开展能耗动态监测平台建设，对9000余栋建筑进行能耗动态监测，在233个高等院校、44个医院和19个科研院所开展建筑节能监管体系建设及节能改造试点，确定公共建筑节能改造重点城市11个，实施改造面积4864万平方米，带动全国实施改造面积1.1亿平方米。确定46个可再生能源建筑应用示范市、100个示范县和8个太阳能综合利用省级示范，实施398个太阳能光电建筑应用示范项目，装机容量683兆瓦。全国城镇太阳能光热应用面积超过30亿平方米，浅层地能应用面积超过5亿平方米，可再生能源替代民用建筑常规能源消耗比重超过4%。实施严寒及寒冷地区结合农村危房改造，对117.6万户农房实施节能改造。在青海、新疆等地区农村开展被动式太阳能房建设示范。全国有15个省级行政区域出台地方建筑节能条例，江苏、浙江率先出台绿色建筑发展条例。组织实施绿色建筑规划设计关键技术体系研究与集成示范等国家科技支撑计划重点研发项目，在部科技计划项目中安排技术研发项目及示范工程项目上百个，科技创新能力不断提高。

交通运输领域，全面推进交通节能减排。开展交通行业“车、船、路、港”千家企业节能行动。参与企业981家，出台了20余项公路水路节能环保标准和规范。先后推出了6批共130个部级节能减排示范项目。严格实行营运车辆燃料消耗量准入制度。实施了营运车辆燃料消耗量限值标准，累计发布30余批达标车型。印发了《关于进一步深化城际道路运输推广天然气汽车试点工作的意见》，推进山西、辽宁、江苏、山东、广东、宁夏等地开展天然气汽车应用试点。印发了《关于加快推进新能源汽车在交通运输行业推广应用的实施意见》，指导各地加快推广新能源汽车在城市公共交通及城市配送等领域应用。发布了《关于推进水运行业应用液化天然气工作的指导意见》和《水运行业应用天然气试点示范工作实施方案》，公布了水运行业应用液化天然气首批试点示范项目名单，核准了一批液化天然气动力船舶进行试点运营。印发了《原油成品油码头油气回收试点工作实施方案》，发布了《船舶和港口污染防治专项行动实施方案（2015－2020年）》，为“十三五”时期的船舶港口污染防治奠定了行动基础。推进集约高效运输组织网络建设。充分应用互联网技术，加快公众出行信息服务系统、公共物流信息平台、出租车智能电召系统等建设与应用，提升交通运输效率和节能减排效能。实施了客运运力调控政策，严格控制新增班线和运力。着力开展公路甩挂运输试点，发布了144个甩挂运输推荐车型，在中央财政资金支持下，确定了148个国家甩挂运输试点项目，推动江苏、福建、山东、广东等省份启动了省级甩挂运输试点。

公共机构领域，开展公共机构节能率先行动。发布两批共2137家节约型公共机构节能示范单位。“十二五”期间，人均综合能耗和单位建筑面积能耗分别下降了17.14%和13.88%，为370.73千克标准煤和20.55千克标准煤；人均用水量下降了17.84%，为25.35吨，超额完成“十二五”目标任务。制度标准逐步完善。2013年中共中央、国务院印发的《党政机关厉行节约反对浪费条例》中单列了节约资源的内容。国管局和有关部门修订和制定了能耗统计、能源审计、监督考核等制度和计量器具配备、办公用房节能改造、示范单位评价，以及节约型机关、学校、医院评价等标准；29个地区出台了本地区公共机构节能管理办法，多个地区制定了本地区能源统计、能源审计、合同能源管理、公共机构节能规范等配套制度标准。统计监督考核得到强化。75 万家公共机构报送了能源资源消费统计数据，统计工作水平不断提高，公共机构名录库建设基本完成。节能改造和新机制应用日益深入。累计投入财政资金超过 180 亿元，实施办公建筑节能改造 8200 万平方米、数据中心节能改造 17 万平方米。合同能源管理和 PPP 等市场化机制得到广泛应用，公共机构节能服务市场化程度进一步提高。试点示范稳步开展。共创建国家级节约型公共机构示范单位 2050 个、省级示范单位 2300 余个，1380 家省直公共机构建成节水型单位，中央国家机关本级全部建成节水型单位，推广应用新能源汽车 1 万余辆，建设充电配套设施 1 万余套。

能源体制改革方面，进一步深化电力体制改革。在进一步完善政企分开、厂网分开、主辅分开的基础上，按照管住中间、放开两头的体制架构，有序放开输配以外的竞争性环节电价，有序向社会资本开放配售电业务，有序放开公益性和调节性以外的发用电计划；推进交易机构相对独立，规范运行。与电力体制和电力市场化改革相适应，继续推进电价改革，对超过限额的电解铝企业用电实施阶梯电价；调低燃煤发电上网电价等，电价体系从单一的销售电价，经历了构建独立的上网电价、输配电价和完善销售电价等改革，基本形成了目前较为完善的电价体系。实施了天然气价格调整方案，推进天然气价格改革，强化责任机制；全面推行居民用电峰谷电价；降低非居民用天然气门站价格；适当提高非居民用存量天然气门站价格，逐步实现存量气与增量气价格并轨，理顺非居民用天然气价格。

第3章　国内外节能政策的研究现状及经验

3.1　我国节能政策研究与实践

3.1.1　我国节能政策研究现状

节能减排政策是政府在能源消费持续增长所引发的能源稳定、安全供应以及环境问题等一系列社会问题下，围绕能源开采、生产、供应、价格、消费、环境保护、经济发展、重点用能对象等方面制定和采取的以节约能源和减少污染物排放为目标的一系列行为规范和行为准则。

改革开放以来，我国政府对节能的重视程度越来越高，颁布的节能政策数量越来越多，政策总效力越来越大，针对节能政策的相关研究探索也越来越多。梳理国内节能减排政策的研究方向，主要集中在节能政策的机理及演化、节能政策的效果及评价、节能政策的措施及建议几个方面。

1. 节能政策的机理及演化

周雄勇等[①]分析了节能减排政策存在的问题及政策传导机理，从战略路线图设计的视角出发，研究构建了适合我国国情的节能减排政策体系，以期更好地推动节能减排政策优化创新。

邱立新[②]建立节能减排政策传导的系统模型，对政策变量和目标变量的逻辑关系以

---

① 周雄勇、郗永勤、许志端：“节能减排政策的需求、传导与体系建设：基于战略路线图”，《贵州社会科学》，2018年第4期，第132～139页。

② 邱立新：“节能减排政策传导机制与效应评价——以山东省为例”，《科技管理研究》，2012年第4期，第25～28、32页。

及政策的传导机理进行了分析，通过案例评价检验节能减排政策的实施效果。

吴滨等[①]通过追溯改革开放40年节能政策各阶段的内容和特点，从能源形势、体制改革以及经济发展阶段三个维度探讨节能政策演进的内在机制，认为我国节能政策的发展演进大致可分为四个阶段，即现代节能政策的准备阶段（1978～1988年）；市场化节能政策导入阶段（1989～2000年）；节能政策组合推进阶段（2001～2010年）；节能政策体系构建阶段（2011年至今）。并对当前我国节能政策面临的新形势进行分析，并以此为基础提出节能政策未来的趋势走向。

张永宁等[②]认为改革开放以来，中国节能减排政策的演进可以归结为形成、发展、修正和融合四个阶段，整体呈现出政策内容逐渐细化、政策结构逐渐系统化、政策工具逐渐多元化、政策层次和法律效力不断提升的特征。根据政策的出台时间、时代背景和内容特征分为四个阶段，即节能政策与减排政策并行的政策形成阶段（1978～1988年）；节能减排上升为基本国策的政策发展阶段（1989～1999年）；转变经济增长方式的政策修正阶段（2000～2008年）；发展生态文明的政策融合阶段（2009年至今）。

张国兴等[③]研究分析了京津冀1981年以来节能减排政策措施的演变状况，并探究京津冀节能减排政策措施对其节能减排效果影响的差异性。认为京津冀节能减排政策颁布经历了早期各年份相对零散、缺乏连续性到21世纪以来政策颁布数量显著增多、政策总体力度逐渐增大的过程，但三地政策总效力的增加主要是由于节能减排政策颁布数量增多引起的；京津冀三地在政策的制定过程中更多的是趋于实现短期目标，政策整体缺乏系统性和权威性；人事措施、行政措施、引导措施、财税措施、金融措施等不同节能减排政策措施对京津冀节能和减排的有效性具有明显的差异；三地对不同政策措施的使用方式、使用程度方面存在明显的差异，这对京津冀协同推进节能减排的治理工作提出挑战。还从京津冀完善单一节能减排政策措施的使用、加强市场手段的应用及京津冀区域协同治理等方面提出了相应政策建议。

---

① 吴滨、庄芹芹、张茜："我国节能政策的演进及趋势分析"，《重庆理工大学学报》（社会科学版），2018年第9期，第23～31页。

② 张永宁、沈霁华："中国节能减排政策的演进——基于1978－2016年政策文本的研究"，《中国石油大学学》（社会科学版），2016年第6期，第1～5页。

③ 张国兴、叶亚琼、管欣、尹江河、吕绚丽："京津冀节能减排政策措施的差异与协同研究"，《管理科学学报》，2018年第5期，第111～126页。

曾凡银[①]认为，节能减排政策的传导首先是以财税、金融、货币政策等一般性政策工具为基础，通过利率、税率、价格等中介工具进行调节，然后通过多种政策工具实施的各种组合效果，达到节能目标的实现。

王倩、王小利[②]认为财政政策传导机制依赖的经济体制、运行机制、微观经济主体行为的变化以及经济运行中的制度安排是影响财政政策传导机制有效性的主要因素。

杨劬[③]运用委托代理理论研究绿色信贷推动企业节能减排的作用机理，认为如果标准统一明确、企业信息传递顺畅，且银行有完全的政策执行力，则对关注长远利益的企业，绿色信贷有很强的节能减排激励效果，但对追求短期利益的企业，激励作用有所不足。在当前的政策体系还不完备的情况下，我国政府需要围绕绿色信贷进行制度的配套建设。

王劲、孙平[④]通过对中国建筑节能政策研究的演进规律研究，认为近年来国内对建筑节能政策的研究呈现出由单一的技术政策研究演进到政策体系构建的探讨、由强化规制的约束性政策研究演进到激发、鼓励的导向性政策研究等演进规律。但是，在我国建筑节能政策研究与实践中存在诸多不足，必须加大建筑节能政策体系的建设。

赵书新[⑤]对节能减排政府补贴激励政策设计的机理进行了研究。探讨了节能减排工作的经济特征、各行为主体的特征以及节能减排补贴激励政策的作用机理，对“十大重点节能工程”和“节能产品惠民工程”中的“以奖代补”“合同能源管理”和“推广高效节能空调补贴”三个典型案例的补贴激励政策设计进行了分析和解释，并提出了改进并优化节能减排中政府补贴激励政策设计的一系列对策和建议。

李铁男等[⑥]分析了政府机构节能的内涵、机理，探讨了政府机构节能政策的适应性，有针对性地提出了我国政府机构节能的管理运行框架体系和政策措施建议。

---

① 曾凡银：“中国节能减排政策：理论框架与实践分析”，《财贸经济》，2010 年第 7 期，第 110 ~ 115 页。

② 王倩、王小利：“影响我国财政政策传导机制有效性因素的分析”，《中国政府采购》，2009 年第 1 期，第 68 ~ 70 页。

③ 杨劬：“我国绿色信贷政策的节能减排机理分析”，《学术论坛》，2011 年第 10 期，第 126 ~ 130 页。

④ 王劲、孙平：“中国建筑节能政策研究的演进规律分析”，《甘肃社会科学》，2011 年第 11 期，第 223 ~ 225 页。

⑤ 赵书新：《节能减排政策补贴激励政策设计的机理研究》，北京交通大学出版社 2011 年版。

⑥ 李铁男、邓红兵、董仁才、赵景柱：“政府机构节能内涵、机理与政策措施建议”，《世界标准化与质量管理》，2007 年第 8 期，第 45 ~ 47 页。

符冠云等[①]对新常态下提高重点用能企业节能内生动力的机制进行了探索。认为重点用能企业是全社会节能的“主战场”，侧重“政府主导＋行政干预”的方式难以充分调动企业节能内生动力，市场这只“看不见的手”也未能充分发挥作用，节能长效机制尚未完全建立起来。新常态下，我国节能工作正处于转型的“十字路口”，政策与机制需根据节能新形势和企业新需求，进行供给侧改革，优化计划和市场在节能推进格局中的关系，建立更加依靠市场的节能新机制，强化政府监管和服务职能，实现企业自主节能。

2. 节能政策的效果及评价

张国兴等[②]收集了我国1978～2013年间的节能政策，从政策力度、政策措施和政策目标三个维度开发了节能政策量化标准并据此对收集的政策进行了量化，构建了政策效力和政策协同度的度量模型，利用量化数据对我国节能政策的协调演变进行了分析。研究表明在节能政策的演变过程中，随着政策数量的增多，政策总效力的增加同时政策的平均力度逐渐降低，并且政策的制定表现出一定的战略和系统缺乏性；政策的部门协同、措施协同和目标协同的状况逐渐增强，并呈现出阶段性的增长特征，节能政策的制定也逐渐由单一部门为主向相关部门联合为主转变；政策措施协同中金融措施、人事措施、财政税收措施和其他经济措施与行政措施及引导措施的协同逐渐增大，其中其他措施与行政措施的协同是节能政策措施协同中的核心，节能政策的制定也逐渐由依靠单一措施向综合利用各种政策措施转变；在节能政策目标协同的演变过程中，政策目标间的协同程度逐渐增强，不同政策目标在实现过程中的协同状况也逐渐得到改善，但改善的程度有待进一步优化。

黎涛[③]研究了我国节能政策实施的综合效果，建立了我国节能政策绩效评价指标体系，通过专家调查法和信息熵相结合的方法确定相关指标的权重，对我国节能政策绩效水平进行了评价。

宋马林等[④]从经济外部性分析出发，将国内各地级市作为开展节能减排成效评价的

---

① 符冠云、裴庆冰、郁聪：“新常态下提高重点用能企业节能内生动力的机制探索”，《中国能源》，2016年第10期，第12～16页。

② 张国兴、高秀林、汪应洛、郭菊娥、汪寿阳：“我国节能政策的测量、协同与演变——基于1978～2013年政策数据的研究”，《中国人口·资源与环境》，2014年第12期，第62～73页。

③ 黎涛：《政府节能政策绩效的动态综合评价方法及应用》，南京航空航天大学出版社2007年版。

④ 宋马林、杨杰、孙欣：“国内各地区节能减排评价研究”，《资源开发与市场》，2008年第1期，第31～33、82页。

基本单位，从投入产出两大类方面拟定了节能减排评价体系，从能源消耗和污染物排放角度衡量投入，从人均国内生产总值的经济效益角度衡量产出，构建了6个投入指标和2个产出指标组合的评价体系。宋马林①还运用超效率数据包络模型从投入产出效率方面对我国各省和直辖市的节能减排工作情况进行了评价。

耿静等②利用我国2011～2015年典型产业淘汰落后产能数据，研究了通过淘汰落后产能实现产业结构的节能量，评价了不同行业在节能中发挥的作用，分析了全国范围内典型产业转型节能量的动态变化情况。研究表明：2011～2015年淘汰落后产能的年节能量分别为1358、1246、1067、981和484万吨标准煤，其间累计节能量约达到5136万吨标准煤；电力、水泥、造纸、炼铁、焦炭、炼钢和铁合金7个高耗能行业2011～2015年累计淘汰落后产能实现的节能量之和占到工业部门20个子行业总节能量的90%。河北、山东和山西淘汰落后产能实现的节能量最为突出，占全部节能量的近28%。

张国兴等③收集并研究了我国1978～2013年间颁布的1195条节能减排政策，通过对相应政策的政策力度、政策措施、政策目标的量化，探讨了各单项节能政策措施及不同措施协同对产业结构调整升级的影响。认为节能减排政策对产业结构升级的整体促进作用显著大于阻碍作用；节能减排政策中的金融措施、引导措施对产业结构调整与升级具有显著的促进作用，行政措施、财政税收措施、其他经济措施对产业结构升级存在一定的阻碍作用；引导措施和金融措施的协同对产业结构升级的正向影响效果大于只考虑财政税收措施和其他经济措施协同的负向影响效果，也显著大于行政措施、财政税收措施、其他经济措施协同的负向影响效果。研究表明，重视并加强对产业结构调整与升级有显著正向作用的政策措施单独和协同的使用，减少或避免无显著影响或有负向作用的政策措施单独和协同的使用，是利用节能减排政策推动产业结构调整与升级进而促进节能减排的有效途径。

---

① 宋马林："基于经济外部性的节能减排评价研究"，《广东轻工职业技术学院学报》，2007年第6期，第46～49页。

② 耿静、吕永龙、任丙南、王铁宇："淘汰落后产能的产业转型政策在典型工业行业的节能效果分析"，《气候变化研究进展》，2016年第9期，第366～373页。

③ 张国兴、张培德、修静、柴建："节能减排措施对产业结构调整与升级的有效性"，《中国人口·资源与环境》，2018年第2期，第123～133页。

丁晴、赵跃进等[①]调研并分析了我国政府于2011年发布的为期5年的《中国逐步淘汰白炽灯路线图》的实施效果。从微观、中观和宏观三个层次分析了我国实施淘汰白炽灯政策对生产企业、照明行业产生的影响，以及产生的节能减排效果。结果表明，《中国逐步淘汰白炽灯路线图》实施以来，在相关政策的引领下，白炽灯生产企业有序完成了产品结构的转型。白炽灯国内销售量持续降低，出口量保持稳定；白炽灯逐步退出中国照明产品销售主流市场，国内白炽灯市场的销售量将进一步下降；取得了显著的节能减排效果。

芈凌云等[②]收集了中国1996～2015年间颁布的引导居民生活领域节能行为的政策文件，将其划分为命令控制型、经济激励型、信息型和自愿参与型四种类型，从政策力度、政策目标、政策措施和政策反馈四个维度建立评估模型，对65项政策文件进行了政策效力量化分析和节能效果评估。研究结果显示：中国政府发布的引导居民生活节能的政策数量与各年政策整体效力呈同向变化且波动较大，政策的年平均效力水平变化平稳且整体较低，政策效力的变化主要由政策发布数量驱动，政府对政策文件本身的内容效力重视不够；政策文本效力的四个维度中，政策措施较多，但政策力度偏低，政策目标缺乏量化，政策反馈不足，导致政策年均效力难以有效提升；政府的政策偏好与政策工具的实际节能效果出现偏差。中国政府的政策颁布一直以命令控制型政策为主，其他政策工具为辅，而政策工具节能效果检验却显示命令控制型政策的节能效果并不显著，经济激励型政策和信息型政策的节能效果更好。

谭利、江月[③]通过研究重庆市的节能减排政策效果认为，重庆市目前促进节能减排的政策工具主要是实施命令控制型政策和排污收费政策，仍然处于较低的市场化阶段，还存在一定问题，如排污权交易活跃度低、相关税收政策缺失等。

3. 节能政策的措施和建议

黄德林等[④]从政策层面着手，对中西方节能政策进行了比较系统的梳理和总结，从节能政策的目标、主体和手段等方面讲中西方节能歧策进行比较，探讨我国在节能政

---

① 丁晴、赵跃进、刘韧、梁秀英、林翎："中国实施淘汰白炽灯路线图节能政策的效果"，《照明工程学报》，2017年第4期，第7～12页。

② 芈凌云、杨洁："中国居民生活节能引导政策的效力与效果评估——基于1996～2015年政策文本的量化分析"，《资源科学》，2017年第4期，第651～663页。

③ 谭利、江月："节能减排政策传导机制及效果研究——以重庆市节能减排政策体系为例"，《生态经济》，2012年第5期，第88～93页。

④ 黄德林、邵月、艾希："中西方节能政策比较研究"，《资源与产业》，2012年第2期，第33～38页。

策领域的缺陷与不足，并借鉴发达国家政策经验提出了完善我国节能税收政策、建立健全融资政策、能源价格政策和节能考核问责机制等方面的政策建议。

李华友①在分析欧盟能耗与经济发展关系及我国能源政策综述的基础上，提出了我国促进节能的政策重点与主要途径。

梁丽萍②认为作为能源稀缺大国，我国有必要借鉴发达国家的做法，制定并完善符合我国基本国情的相应财税政策，生成一套与能源有直接关系的税收和认证体系，确定能效标准，发挥政府采购政策对节能的最大作用，建立长效的节能机制。

陈少强等③对完善我国节能减排财政政策提出的对策建议包括：加大资金整合力度和政策集合力度，建立节能减排政策长效机制；完善节能减排 PPP 模式及相关体制机制；创新节能减排产业基金，鼓励社会力量参与节能减排；创新地方债权融资方式，探索节能减排专项债；建立健全绿色政府采购机制，探索清单制管理模式；进行体制机制创新，探索节能量交易制度。

倪红日④提出运用消费税或者开征燃油税逐步提高能源价格，促进节约能源；对节能投资项目实行加速折旧和给予税收抵免等优惠政策，促进企业对节能项目的投资；逐步建立适应我国国情的有效利用能源和促进环境保护的税收政策体系。

梁季⑤认为节能减排的重点在于调整能源消费结构，提高能源利用效率，税收政策支持重点也应集中于太阳能、风能、地热能、生物质能等可再生能源的开发利用，建议开征燃油税，完善消费税以及资源税，完善相关税收政策。

陈新华⑥指出除了价格和财税手段之外，节能在依靠产业结构调整的基础上更应该注重整个经济结构的调整，特别是消费结构的调整。消费结构的调整从长期来说对于降低能源强度非常重要，同时在能源技术选择方面也至关重要，应该使用有组织的经济激励和政府监管措施让技术选择朝着节能减排的方向发展。

---

① 李华友：“推动我国节能的环境政策”，《节能与环保》，2007 年第 9 期，第 12 ~ 14 页。

② 梁丽萍：“国外利用财税政策支持节能的措施及借鉴”，《重庆科技学院学报》（社会科学版），2013 年第 8 期，第 83 ~ 85 页。

③ 陈少强、程瑜：“完善我国节能减排财政政策的总体取向和政策建议”，《财政科学》，2017 年第 5 期，第 5 ~ 11 页。

④ 倪红日：“运用税收政策促进我国节约能源的研究”，《税务研究》，2005 年第 9 期，第 3 ~ 6 页。

⑤ 梁季：“节能减排税收政策研究”，《山东经济》，2008 年第 2 期，第 42 ~ 46 页。

⑥ 陈新华：《能源改变命运》，新华出版社 2008 年版。

谢晶莹[①]认为，我国经济发展与环境制约的矛盾日趋尖锐，人民群众对环境污染问题反映强烈。这种状况如果不能妥善解决，将会给资源环境带来难以承受的后果。为实现社会经济的可持续发展，必须坚持以节约资源为基本国策，大力调整经济结构，加快推进技术进步，严格管理制度，动员全民提高节能意识，切实建立节能长效机制，促进我国经济又快又好发展。

牛海燕[②]认为电力行业存在结构不合理、供需不平衡、机制不完善等一些亟待解决的问题，并提出了调整电力结构、加强需求侧管理、改进发电调度方式等对策。

段茂盛[③]提出为了避免节能政策和全国碳排放权交易体系的冲突，应该在不同的层级进行两者之间的协调，把握有关政策制定中的协调机会；在全国碳排放权交易体系配额分配方法设计时，应该使化石燃料发电机组从整体上而言有一定的短缺，从而促进可再生能源的发展。

林艳[④]对我国节能减排政策的优化策略进行了研究，给出了完善我国节能减排法律法规体系，提高公众节能减排的参与意识，拓宽节能减排公众参与渠道，转变政府职能，优化环境税收体系，开征环境税，加大对节能环保的支出力度和提高节能减排技术水平等对策建议。

总体而言，改革开放40年来，我国在节能政策研究方面持续深入，为各级政府制定节能政策和开展相关实践活动提供了坚实的决策支撑，有力地促进了节能减排事业的健康持续发展。不足之处是，在节能政策的机理及演化方面，对政策机理研究较少，对政策的传导和演化侧重于从政策文件自身的内容，而对政策实施的时代背景和实际效果联系较少。在节能政策的效果与评价方面，对政策的评价指标体系和评价方法研究较为深入，对实际政策效果的针对性跟踪评价及改进则相对较少。在节能政策的措施和建议方面，有关财政补贴的措施研究相对较多，而有关税收方面提出的政策建议，在可操作性方面还有待进一步深化。

---

① 谢晶莹：“对节能减排问题的重新审视”，《有色冶金节能》，2008年第2期，第18~22页。

② 牛海燕：“节能减排视角下我国电力行业面临的问题及对策”，《科技与管理》，2008年第1期，第1~2页。

③ 段茂盛：“全国碳排放权交易体系与节能和可再生能源政策的协调”，《环境经济研究》，2018年第6期，第1~10页。

④ 林艳：“我国节能减排政策的优化策略研究”，《理论月刊》，2016年第3期，第162~167、188页。

3.1.2 我国节能政策体系和实践与国外的差异

20 世纪以来，中西方在节能方面通过不断实践与发展，都已形成了一定的政策体系，但由于政策选择的路径依赖、国家的社会理念和治理体制不同，以及国与国之间的经济发展水平差异客观存在，西方发达国家的节能政策普遍比国内更完善一些。具体而言，中西方的节能实践在以下几个方面还存在较大差异，主要集中在政策目标、政策手段和政策主体几个方面。

1. 在节能政策目标上存在差异

我国作为世界上最大的发展中国家，坚定不移地开展节能工作不仅是一种勇于承担责任的大国姿态，更是为了推动我国产业升级和经济转型，实现由粗放型增长向集约型增长的转变。在实践当中，将节能减排与地方经济发展协同兼顾是大多数发展中国家政府在制定相关政策时的主要考虑。因此，在节能减排目标的确定上与西方发达国家存在一定的差异，这与经济发展程度有关。例如在 2015 年 12 月 12 日达成的《巴黎气候大会协定》中就明确指出，发达国家应继续带头，努力实现减排目标，发展我国家则应依据不同的国情继续强化减排努力，并逐渐实现减排或限排目标。而西方发达国家，其在制定节能政策时考虑得更多的是人居生活环境的改善以及人的全面发展。

由于经济发展的程度不同、产业分布的差异性等原因，节能减排政策目标的差异性同样存在于我国的不同省市之间。我国已在巴黎气候大会上承诺到 2030 年左右二氧化碳排放达到峰值，并争取尽早实现的目标。为发挥首都示范引领作用，北京市则向国家作出了“二氧化碳排放总量在 2020 年达到峰值并尽早达峰”的承诺。这是基于北京市的产业结构已与西方发达国家趋于一致，第三产业在国民生产总值中的占比已超过 80%，与国内其他工业城市相比，已具备了二氧化碳排放提前达到峰值的发展基础。

2. 在节能政策手段上存在差异

西方发达国家在节能政策中更多的是强调通过发挥市场机制的自动稳定器功能。相比之下，我国大多是靠指令性政策强制节能，市场化导向的经济政策较少，而且往往受到政府的干预，这种兼具计划经济双重特色的经济政策，使得政策对市场反馈的信息反应迟钝、滞后。如在财税政策方面，国外有多项独立的财税政策，对于激发企业节能的自觉性和积极性有着较好的市场导向作用，而我国现行的节能财政政策多为资金补贴方式，没有形成全面系统的绿色税收制度，仅在节能节水、环境保护、资源综合利用等方面有一些税收优惠政策。财政资金补贴政策在时效和政策信息传递上的不确定性，又往往与企业的生产经营计划不一致，从而造成政策效果的不稳定性，或者达不到预期的效果。

3. 在节能政策主体上存在差异

总体而言，西方发达国家的民主程度相对较高，其公民不仅有参政议政的意愿，而且有参政议政的能力和保障，因此节能政策从制定到实施的整个过程中，各利益相关方能够通过一系列民主程序充分表达自己的利益诉求，从而保障政策的民主化和执行力。我国节能政策基本上是由政府主导，政府在部门协同配合之间、其他主体特别是非政府组织和公民参与方面尚缺乏有效的管理和激励机制或手段，同时由于缺乏节能自愿协议等市场化机制的政策保障和经济激励政策，对企业也缺乏足够的吸引力。

3.2 中西方国家政策制定过程主要研究理论

政策过程是指从界定问题、提上日程、形成备选方案、选择方案、方案实施、政策评估、政策修正等的一系列过程。国内外大量学者从不同角度对政策制定过程开展研究，形成了丰富的理论成果。政策过程具有复杂性。研究者需要对大量经验事实进行有效的简化以提高研究的可行性。由于视角的不同，所看到的结果也不尽相同，形成了政策过程研究的各种框架。在 Paul Sabatier① 的相关著作中对此进行了较为清晰的分类阐述。

（1）基于制度理性选择视角的制度分析和发展框架。制度分析和发展框架关注规则、条件等因素，主要研究共同体属性影响行动舞台结构的方式、个体对激励的结果产出变量列表。

（2）基于模糊性和时间过程视角的多源流框架。多源流框架反思了在决策过程中的非理性因素和非渐近的政策突变，发现政策制定条件的模糊性和时间限制的现实，将政策制定过程视为是问题流、政策原汤、政策溪流三源流在政策制定过程中耦合的结果，当具备三源流时，受到决策者注意并从方案到议程再到政策的可能性增加。

（3）基于政策变迁视角的间断平衡理论。该理论认为通过政策子系统的互动、反馈模式来解释政策的变迁。

（4）基于政策变迁和学习视角的倡议联盟框架。该理论提出按信念体系划分政策

---

① Paul Sabatier：《Theories of the Policy Process》，《SDX Joint Publishing Company》，2004 年，第 1 ~ 23 页。

子系统内部的政策联盟，通过外部系统与政策子系统的互动及其内部联盟之间的政策学习来解释不通程度上的政策变迁。

（5）基于政策系统互动视角的政策传播和创新模型。包括传播模型和内部认定模型两类。传播模型实质是政策主体与客体间互动产生的政策创新和学习，具体又分为全国性互动模型、区域性传播模型、领导—跟进模型等；内部认定模型是因地方内部的政治、经济等因素而引发的创新。

我国学者在政策制定过程研究中，着重从政策过程理论的本土化应用和政策主体视角切入。

陈玲等①通过分析政策共同体、思想库和利益相关者参与政策过程的行为和作用，提出了转型期我国政策过程的共识框架和决策模型。

李文钊②认为多源流框架在未来是否能够具有持续性的生命力，一个重要的因素是该理论通过进行适应性调整，主动与一些成熟的理论进行对话，尽早发展具有普适性的理论命题，为共同研究和知识积累创造条件。

李婉莹③对中国转型期新旧政策衔接问题进行了研究。认为社会转型时期是社会进行破旧立新和社会利益重新分配的时期，在政策运行过程中政策衔接是不可或缺的一环，政策目标的实现及公共政策的连续稳定影响着政策效果，以及政策衔接需要依靠政策主体、政策环境及政策资源等多方面条件共同作用实现。

陈玲④的研究中剖析了政策制定过程的政策舞台、政策参与者和达成共识的模式，提出“制度—社会”双层政策过程理论，指出政策同时在制度化层面上的官僚体系和社会化层面上的协商网络两个层次上制定，两个层次的相互作用导致政策过程的渐近和突变。

在政策制定的主客体关系上，王绍光、樊鹏⑤的研究表明，对政策形成和决策过程

---

① 陈玲、赵静、薛澜：“择优还是折衷——转型期我国政策过程的一个解释框架和共识决策模型”，《管理世界》，2010 年第 8 期，第 59 ~ 72、187 页。

② 李文钊：“多源流框架期，第探究模糊性对政策过程的影响”，《行政论坛》，2018 年第 4 期，第 88 ~ 99 页。

③ 李婉莹：“中国转型期新旧政策衔接问题研究”，黑龙江大学硕士论文，2018 年 5 月。

④ 陈玲：“官僚体系与协商网络：我国政策过程的理论建构和案例研究”，《公共管理评论》，2006 年第 12 期，第 46 ~ 62 页。

⑤ 王绍光、樊鹏：“政策研究群体与政策制定——以新医改为例”，《政治学研究》，2011 年第 2 期，第 36 ~ 51 页。

的影响已不再局限于仅仅依靠个别领导人或部门，而是受到更开放、稳定的公共决策模式的影响。

王慧军①在相关研究中指出，政策的形成过程实际上是各种利益集团把各自的利益要求投入到政策制定系统中，由政策主体依据自身利益的需求，对复杂的利益关系进行调整的过程。

孙永怡②在强势利益集团对公共政策过程的渗透及其防范研究中，指出强势利益集团通过舆论、政治程序并运用显赫的社会资源渗透公共政策过程，其消极作用大于积极作用，需要从制度、法律等方面规范、引导强势利益集团的政策参与活动。

钱洁、张勤③认为低碳经济转型背景下，低碳政策系统中的政策行动主体子系统强调政府、企业和公民社会组织的多元网络与合作共治；政策工具子系统区分并综合运用强制性、混合型及自愿性工具；政策变迁子系统聚集于政策移植与政策创新的交互作用。我国政府低碳政策规划应基于各子系统间交互作用的系统运作模型分析，通过改善政策环境，制定适应各地区实际的低碳发展目标，实现全社会共同参与低碳经济转型的良性机制。

在效果验证方面，国内研究主要是通过实证研究验证既有理论在我国政策过程分析中的适用性。

周新伟等④对转型时期公共政策的适应性进行分析，认为当前中国公共政策的适应性状况并不容乐观，应从合理认知政策与环境的关系、重视政策过程的连续性与完整性、加大制度供给力度以及完善公共政策实施机制等方面入手来提高公共政策的适应性。

冯静、杨志云⑤按照利益相关者理论，分别将政策过程划分为利益剥夺、利益觉醒、利益需求、利益表达与诉求、利益综合、利益实现程度和协调利益冲突、利益选择、利益整合、利益分配、利益增进和利益平衡过程。

---

① 王慧军："公共政策过程中的政府利益冲突分析"，《中国行政管理》，2007 年第 7 期，第 30 ~ 33 页。

② 孙永怡："强势利益集团对公共政策过程的渗透及其防范"，《中国行政管理》，2007 年第 9 期，第 48 ~ 51 页。

③ 钱洁、张勤："低碳经济转型与我国低碳政策规划的系统分析"，《中国软科学》，2011 年第 4 期，第 21、22 ~ 28 页。

④ 周新伟、卢帅兵："转型时期公共政策的适应性分析"，《湖南农业大学学报》（社会科学版），2008 年第 10 期，第 99 ~ 102 页。

⑤ 冯静、杨志云："利益视角下的公共政策过程分析"，《中国行政管理》，2009 年第 1 期，第 26 ~ 30 页。

李永友①认为在一个税权高度集中、融资权高度统一的多级政府体制下，地方政府支出内生性和目标非一致性对中央财政支出政策的调控效果具有显著和非对称性影响。我国地方政府的财政支出并不具有显著的内生性，同时也没有证据表明我国中央地方财政调控目标存在差异，以及地方政府扩张冲动对中央财政支出政策的调控效果产生显著和非对称性影响。

毕亮亮②采用“多源流框架”理论解释江浙两省在跨行政区水污染防治政策出台的过程，认为三源流并非彼此独立，各源流的出现存在一定先后顺序。

王骚、靳晓熙③应用动态均衡理论，将政策变迁过程分为政策失衡、政策创新、政策均衡三个阶段。

贺东航、孔繁斌④总结了国内公共政策的执行经验，指出公共政策往往具有层级性，重大领域的重大公共政策往往还具有多属性特征，同时承载经济、政治、社会、文化和生态多项任务，其政策目标的实现取决于多部门的合作与配套政策的供给。为防止公共政策在执行中陷入“碎片化”，可运用我国特色制度的高位推动，通过层级性治理和多属性治理，采用协调、信任、合作、整合、资源交换和信息交流等相关手段来解决公共政策在央地之间、部门之间的贯彻与落实问题。

3.3 政策制定过程及要素互动分析

节能政策是公共政策系统输出的公共产品之一。政策系统不仅是政策运行的载体，也是政策过程开展的基础。系统是指由某种有规律的相互影响和相互制约的形式联结起来的各种事物的一个集合体。节能政策系统就是一个由若干相互联系又相互区别的政策子系统构成的有机整体。在节能政策系统中，有政策得以存在和运行的背景、环境和条件等外部要素，也有政策形成和实施的内部要素。概括起来，主要有节能政策

---

① 李永友：“多级政府体制下财政支出政策的调控效果：理论和实证”，《数量经济技术经济研究》，2009年第1期，第45~47页。

② 毕亮亮：“‘多源流框架’对中国政策过程的解释力——以江浙跨行政区水污染防治合作的政策过程为例”，《公共管理学报》，2007年第2期，第36~41、123页。

③ 王骚、靳晓熙：“动态均衡视角下的政策变迁规律研究”，《公共管理学报》，2005年第4期，第26~30，92~93页。

④ 贺东航、孔繁斌：“公共政策执行的中国经验”，《中国社会科学》，2011年第5期，第61~79、220~221页。

主体、节能政策客体和节能政策环境三大要素。

节能政策系统的各个子系统在内部关系上是相互联系、相互依存、相互作用的，同时政策系统与外部环境也在持续不断地进行互动，因此节能政策系统的运行表现为动态的发展过程。其中，节能政策系统与环境、主体与客体之间的矛盾构成政策运行的动力源泉。它的运行也表现为不断输入、转换、输出的系统过程。在输入过程中，政策环境把种种要求和支持传输给政策主体；在转换过程中，这些要求和支持变成政策方案；在输出过程中，政策方案作用于环境，引起环境变化，产生新的要求；而这种新的要求反馈到政策系统，进一步导致政策输出。这种周期性的运转使政策系统的运行得以持续。如图 3 - 1 所示。

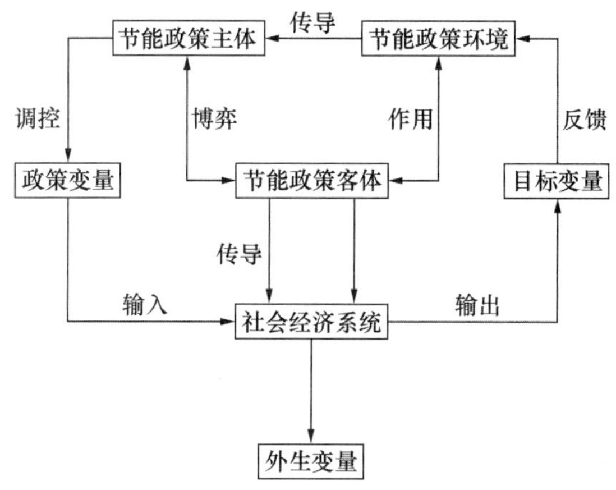

图 3 - 1　节能政策系统的运行过程

节能政策系统的运行包括利益输入、利益综合、政策形成、政策发布、政策执行、政策反馈六个阶段。从过程的角度看，节能政策有着变动性、互动性、弹性和流动性的特点。

1. 政策过程的变化性

节能政策是为解决社会经济发展过程中的能源供求、安全、价格及环境问题而制定和实施的，是一个不断变化发展的状态。能源领域的各种问题不是生来就有的，它有一个发生、发展，从潜在量化积累到激化质变的过程。因此，用来解决问题或者实现管理目标的节能政策也不能一经制定出来就不再变化，它必须随着政策问题中包含的矛盾不断变化而变化。例如，为贯彻实施节能目标责任考核制，我国不断加大节能目标考核管理的范围和力度，考核对象不仅包括省级政府，还从“十一五”时期的千家企业拓展到“十二五”时期的万家企业，以及实施电力需求侧制度的电网企业。在考核指标上，也从“十一五”时期仅设置能耗强度下降率一个约束性指标，转变为“十二五”时期的能源消费总量和能耗强度下降率两项约束性指标。在地方政府层面，则对所辖市（县、区）级政府进行了节能目标责任的层层分解和考核制度。例如，北京市就采取了对所辖各区政府，包括工业、建筑、交通、公共机构等在内的10个重点用能行业，包括中国国际航空有限公司、中石化集团北京燕山分公司等在内的近50家市级重点用能企业，进行了能源消费总量和能源强度下降率目标进行分解和考核的“三级两控”节能目标责任制。

2. 政策因素的互动性

在节能政策的实施过程中，存在两方面的互动。与所有通用公共政策一样，一方面，政策与环境之间存在互动。不仅环境的变化能够引起政策的变化，政策的制定与执行也会对环境产生影响，引起环境的变动。另一方面，政策的制定者、执行者与公众之间也进行着互动。节能政策是为了协调、平衡公众利益而制定和实施的，在政策制定与实施中，公众为了维护自身的利益，会对政策方案的采纳、政策的施行提出意见；政策的制定者、实施者在公众的作用下，会对政策做出调整、修正，政策的过程性是通过这些互动来实现的。一个特殊的互动还表现在节能政策实施过程中，还存在中央政府与地方政府之间的互动。这主要是基于地方政府发展本地经济的需要与中央政府减少能源消费和污染排放之间的博弈所致。

3. 政策要素的流动性

政策是由人来研究制定的，也必然是通过人来执行和实现的，人是政策从形成到落地实施、乃至评估改进都不可或缺的重要因素。从人力资源角度，节能政策的实施过程中包含着较大的流动性。参加政策规划、制定的人员，可能在政策出台后就离开了原先的工作部门。政策施行的对象（企业）内部，也存在人员流动较快，或者衔接不上的问题。在多数情况下，政策制定人员与政策执行人员并不总是同一的，政策评估人员也不总是政策执行人员。例如，《节能法》里对重点用能单位规定了能源管理负责人的报备制度，要求“重点用能单位应当设立能源管理岗位，在具有节能专业知识、实际经验以及中级以上技术职称的人员中聘任能源管理负责人，并报管理节能工作的部门和有关部门备案”，目的就是提高能源管理岗位的重要性及相关待遇，以减少一部分因人员流动对节能基础工作的不利影响，抵偿政策因素的流动性。

4. 政策环节的变通性

节能政策从制定、执行到评估，虽然逻辑上有很多前后相互衔接的步骤和环节，但是在政策实施中仍然存在着一定的变通性，并不是每项具体政策都需要依次经过所有环节。在有些场合，有些环节可能变得很长，有些环节可以省略，有些环节可以合并，而有些环节则可能细分出更细小的步骤。由于环节的多少、详略不一，不同的节能政策依据实际条件，就会形成各具特色的政策流程。例如，为缓解停车问题，减少交通拥堵和车辆尾气排放，北京市政府制定了停车价格调整政策。在政策实施前必须履行市民代表价格听证环节。而在实施节能目标责任考核制政策时，对于考核结果的确认则不需要事先采取面向社会公众的听证环节，只是在考核对象范围内进行沟通确认。

国内外大量学者也对政策过程中的互动进行了研究。钟裕民[①]用双层互动决策模型来作为近十年来中国政策过程的一个解释框架。认为当下中国公共政策过程是官僚体系层面（政策前台）的制度环境、社会网络层面（政策后台）的博弈格局和两者界面的互动结构共同作用的过程。这种双层互动决策模式在新常态下仍然具有强大的生命力，应得到积极的推广和发展。发展双层互动决策模式，尤其关注充分发挥执政党意识形态的政策价值导向功能、创造各利益群体平等参与公共决策的博弈平台以及以程序公正保障政策公正等三个问题。

自 2012 年以来，中国环境治理进入一个新阶段。在中央政府的持续努力下，环境治理的形势大为转变，在经济发展和环境治理之间，天平越来越向后者倾斜。Genia Kostka 和 Jonas Nahm[②] 从中央—地方关系出发，系统分析了过去一个时期内中国环境治理的成就及面临的挑战，指出中国环境治理是一个极为复杂的政治过程，不能简单地把环境治理的责任都归咎于地方政府松懈执法，也不能假设中央政府重新集中此项权力就能彻底解决环境治理的问题。中央政府在制定政策时，受制于地方政府的行政能力和配合程度，为确保中央政策的可持续性和有效性，必须面对在信息不准确和不全面的情况下，如何去做出正确的政策选择的难题。

马丽、李惠民、齐晔[③]从中央—地方互动的视角，对“十一五”节能目标责任考核

① 钟裕民：“双层互动决策模型：近十年来中国政策过程的一个解释框架”，《南京师大学报》（社会科学版），2018 年第 7 期，第 53 ~ 61 页。

② Genia Kostka、Jonas Nahm：《Central-Local Relations：Recentralization and Environmental Governmance In China》，《*The China Quarterly*》，2017 年第 231 期，第 567 ~ 582 页。

③ 马丽、李惠民、齐晔：“中央—地方互动与‘十一五’节能目标责任考核政策的制定过程分析》，《公共管理学报》，2012 年第 1 期，第 1 ~ 8、121 页。

政策的制定过程进行了分析。认为节能目标责任考核政策的制定过程呈现出“中央政府提出方针——地方政府进行创新性政策实践——中央政府肯定创新并颁布新政策——地方政府进行政策复制”的中央—地方互动特征，具有地方政策创新和自上而下政策复制相结合的特点。源自省级政府的政策实践是我国节能目标责任考核政策建立的主要学习源，为中央政府的政策出台提供了参照与经验，加速了中国节能考核政策的发展。但这些作为政策备选项的地方实践，总体上比较单一，并在中央节能目标责任考核政策出台后迅速进行了复制式修订。此外，节能目标责任考核政策的地方创新性实践主要发生在省级政府层面，地市级政府和更低层次的政府更多起到的是政策执行的作用。

宋雅琴等①就“十一五”开局节能、减排指标“失灵”现象进行了制度分析，以政策阶段视角和正式—非正式规则视角审视“十一五”规划中主要指标的制定过程和执行过程，发现规划编制过程中，正式制度赋予地方政府的自由度被非正式的削减，导致地方政府在指标制定过程中缺乏表达意志的能力；在规划实施过程中，目标责任制表面上强化了地方政府的义务，但中央政府却无法提供可预期的责任机制。

我国是一个单一制国家，根据“下级服从上级”原则，地方政府要服从中央政府的政策法规。同时，由于幅员辽阔、区域差别巨大，向地方或下级政府分权又有着充分的必要性。改革开放实践证明，各级政府并非铁板一块的整体，中央（上级）政府和地方（下级）政府有着不同的利益诉求，因而在节能政策制定和实施过程中有着不同的行为机制，发挥着不同的作用。比较常见的是一种自上而下的模式，即中央政府在面向全国实施某项政策措施之前，先根据实际情况，选择条件相对成熟、实施意愿较为强烈的省市或地区开展一段时间的试点示范，并对政策措施效果进行评估之后，再逐步向更大的范围推广应用。这种模式的优点是政令直接出自顶层设计，在政策实施和推广环节遇到的阻力和干扰较小，好的经验和做法容易得到快速复制和推广。缺点是地方政府被动地执行中央政策，不利于调动地方政府积极性有针对性地解决当地实际问题。如果与地方政府在经济社会发展中的利益不一致，则会在执行过程中出现疲于应对完成上级任务等形式主义。例如，为贯彻落实党中央《关于加快推进生态文明建设的意见》和国家发展改革委《关于印发国家生态文明先行示范区建设方案（试

① 宋雅琴、古德丹：“‘十一五规划’开局节能、减排指标‘失灵’的制度分析”，《中国软科学》，2007 年第 9 期，第 25 ~ 32、87 页。

行）的通知》（发改环资〔2013〕2420 号），国家发展改革委等部门分别于 2014 年 7 月 22 日和 2015 年 12 月 31 日组织开展了第一批、第二批生态文明先行示范区建设并总结推广示范区建设经验，就充分体现了中央—地方良好互动的视角。

另外，很多重要的创新性政策往往来自地方，是一种自下而上的政策形成过程，最为常见的模式即是某些地区主动采取一些新的管理机制或措施，在取得了明显的效益和效果之后，周围地区开始模仿，最终得到中央政府的认可和推广。这种模式的优点是易于激发地方政府的管理创新能动性，能够制定切合当地实际情况的政策，有效地解决一定范围内存在的问题。缺点是好的经验和做法不容易得到全国范围的推广，进一步提高政策等级的难度较大。值得注意的是，如果一项自下而上的政策需要由多个中央政府组成部门（如国务院委、办、局等）联合制定实施，则政策制定前牵头部门与其他各个组成部门的沟通协调和意见共识非常重要，如果相关主管部门不能事前达成一致，则上一级政策方案很难正式出台。即使得到地方政府的支持配合，甚至率先在某些地方省市取得试点成功的良好效果，也可能由于上层主管部门的职能分工或意见不一致而导致政策流产。

3.4 国外节能政策及经验

3.4.1 日本

日本作为全球能源效率最高的国家之一，不仅拥有大量先进节能技术和设备，作为《京都议定书》的发起国和倡导国，其在节能理念上更是走在世界前列。凭借理念的不断创新和突破，带动技术研发和政策调整，日本始终保持着节能领域的竞争优势。

1. 将节能融入国家经济发展战略之中，明确提出依靠节能提升国家竞争力、恢复经济增长

日本的节能事业从 20 世纪 70 年代开展至今，其节能的目的发生了重大的变化，经历了从降低能源对外依存度到解决环境污染，再到应对气候变化的发展过程。如今，日本将节能提升到一个新的战略高度，将其视为提升国家竞争力和带领日本经济走出衰退的主要动力。政府对于节能的重视达到了前所未有的高度，从战略部署、发展规划、推进实施等各方面保障节能的战略地位，将节能的理念渗透至生产和生活的各个角落，形成了以节能促发展、发展中节能的良性循环。在被誉为“日本未来十年复兴蓝图”的新成长战略中，“绿色创新”环境与能源强国战略作为首要重点领域被予以厚望，预期在2020年相关产业年产值将超过50兆日元（相合人民币3.4万亿元），新增就业岗位140万个。为实现这些目标，日本政府制定了详细的战略实施路线图和中长期发展目标。在“绿色战略”中，开发节能技术、促进节能产品生产和消费、促进节能服务产业发展等都将扮演重要角色。

2. 不断完善节能法律法规、政策体系和管理制度，覆盖生产、流通、销售和使用各个环节，实现了节能工作的法制化、规范化

日本是一个能源极度匮乏的国家，所以历届政府均十分重视能源的节约使用。1951年，吉田政府通过民间协会制定《热能管理法》并将之作为管理热能的基本法律，这是日本节能立法的开端。1973年第一次石油危机以来，日本政府着手起草一系列节能的法律法规指导企业与社会的合理用能。在第二次石油危机的背景下，于1979年6月22日制定颁布了《关于能源使用合理化的法律》（以下简称《节能法》），作为指导节能工作的基本法（30年中有过7次修订）。该法共有8章99条，涉及工厂、运输、建筑物、机器器具的节能措施，以及总则、基本方针、杂则和罚则等条款。日本政府通过不断修订和完善《节能法》，并设置配套法规政策以配合《节能法》的有效实施，形成了健全的节能法规体系，使各项节能工作始终体现了法制化、规范化的特点。

3. 更加注重节能技术的系统性和整体性，对节能技术的研发和推广予以技术和财政支持

为保证中长期节能目标的顺利实现，日本经济产业省制定了《节能技术战略2011》，对原有节能技术的研发和推广战略进行了调整。从目前基于各部门相对分散的节能技术研发，转向各领域和部门之间关联技术的研发，以实现整体能效最优为目的，从更加全面、系统、整体的角度看待节能技术。系统分析和整合各重点领域未来发展以及对节能技术的需求，优先开发具有跨部门影响力的节能技术。对节能技术的要求从实现局部最优向整体最优转变，对产品能耗评估从生产能耗向全生命周期转变。

为保证节能技术的创新性和实用性，政府牵头建立了由政府、研究机构，企业和用户组成的技术联盟，对节能技术的研发和应用进行系统评估，包括技术的领先性，节能效果，成本效益，使用价值等方面的内容，并设定特定技术开发课题，制定节能技术研发战略，这种“产学研”一体化的方式缩短了理论和实践的距离，使得开发出的节能技术能够在最短时间内推广应用。

4. 在流通领域，通过逐步完善“领跑者”制度和能效标识制度促进节能产品的生产和销售

在制造环节，日本于1998年修订的《节能法》中明确提出实施“领跑者”制度。该制度以终端用能设备为对象，制定和实施优于市场最高能效水平的能效要求，通过树立行业的节能标杆来促进节能技术进步和提高产品能效。在政策执行过程中，还根据市场销售、行业发展、同类产品能耗水平等情况对“领跑者”的能效标准、覆盖范围进行调整。根据节能法，制造商必须遵守标准，否则将受到警告、公告、命令、罚款（100万日元以下）等处罚。从列入领跑者制度的用能产品上看，最初只有汽车、空调、复印机等几类产品，经过多次调整和增减后，截至2012年3月已有24类产品列入了领跑者制度，基本覆盖了日常用能设备，领跑者的能效标准每过一段时间（一般为1年）就进行一次更新，起到引领行业发展的作用。

在销售环节，实行“节能型产品销售商评价制度”。对营业面积800m^2以上、家电产品销售额占总销售额50%以上的商店每年进行评选，并公布“节能型产品普及推进优秀店”名单，授权悬挂全国统一的节能图形标志，每年还在大型的“销售商”中评选经济产业大臣奖和环境大臣奖等。

在消费环节，实行能效标识制度。从节能标识标签上，消费者可以了解到能效等级、每年的能源消费量、节能标准达标率、能源运行费用、生产厂商、产品名称和型号等内容，随着产品的更新和进步，每年进行一次调查，当达到最佳标准的器具比标准制定时增加30%时，重新评价能效最佳标准，每年4月1日进行多级评价标准变更。

5. 对工厂进行分类管理，通过实施能源管理师制度提升用能单位节能管理软实力

根据能源消费量，日本将用能单位指定为两种类型工厂，第一类工厂是年消费原油300万升以上的单位，第二类工厂是年消费原油150万升以上的单位。节能法明确规定了各类指定工厂的责任和义务，提出了不同的管理要求，如每年定期提交能源使用状况申报书、定期报告书和中长期计划书（中长期计划书仅限于第一类指定工厂），依法聘用能源管理者和能源管理员，建立企业精细化管理体系。根据节能法，第一类能源管理指定工厂需设1～4个能源管理者，第二类能源管理指定工厂须设能源管理员，工厂选任或变更能源管理者必须向经产省提出申报。能源管理者由经过能源管理师考试或能源管理进修结业而获得能源管理师资格的人员担任，能源管理员可以是获得能源管理师资格的人员，也可以是经过能源管理员培训的结业者。能源管理师的职责从最初的维护设备发展到负责编写定期报告书、制定中长期规划。政策覆盖范围由工厂扩展到大型公共建筑、连锁商业企业等领域，有更多的用能单位被纳入能源管理师制度中来。

6. 采取多种形式的财税优惠、补贴政策，以及表彰奖励制度促进节能技术研发、改造及节能产品的推广应用

为了鼓励企业和社会节能，经产省实施了多项财税政策，一是税制改革。中小企业使用指定节能设备，可选择设备标准进价30%的特别折旧（即在正常折旧的基础上，还可提取30%的特别折旧）或者7%的税额减免。二是补助金制度。对于企业引进节能设备实施技术改造，给予总投资额的1/3～1/2的补助（一般项目补助上限不超过5亿日元，大规模项目补助上限不超过15亿元），对于企业和家庭引进高效热水器给予固定金额的补助，对于住宅、建筑物已引进高效能源系统，给予其总投资1/3的补助。三是特别会计制度，即在国家预算中安排专门的节能资金，对研发风险相对较高且具有战略性意义的节能技术予以一条龙式的经费支持，对“立项——前期调研——研究开发——推广应用”进行全流程资金补助，补贴的重点向中小企业倾斜。

除了财税优惠及补贴政策外，日本还设立了覆盖面广泛，包括研发单位、生产企业、销售企业、消费者等参与的节能奖励制度。例如，用于表彰优秀节能设备的“节能设备奖”，表彰高效能源管理工厂和能源管理人员的“优秀能源管理奖”，表彰销售节能产品或向顾客提供节能信息服务的销售商的“节能型产品销售商奖”，以及奖励给购买节能产品的消费者的“生态环保积分”等等。

7. 大力扶持节能服务公司，培育和发展能源服务产业

能源管理于20世纪70年代兴起于北美，主要是利用专业的能源服务公司（Energy Service Company，ESCO）为业主提供包括节能诊断、解决方案、维护设备及运营管理等全套服务，能源服务公司通过与业主签订合同、收取服务费和分享节能效益获得收益。日本于20世纪90年代引进ESCO并大力扶持能源服务产业，目前主要以办公楼、学校、医院等设施综合改造项目为主。ESCO模式主要有两种合同方式：一是节能量保证型合同，由业主负责筹集节能初期资金，节能设备的所有权归业主，适用于业主有较强的融资投资能力的情况；二是节能效益分享合同，由节能服务公司负责筹集节能投资，节能设备所有权归节能服务公司，业主不需要进行初期投资，不承担投资风险。据日本节能中心的研究，日本潜在的市场规模约有24700亿日元。

8. 持续开展全民宣传教育，实施全民节能总动员

日本政府非常重视节能宣传教育工作。除建立了节能日（每月第一天）、节能月

（每年 2 月），定期在全国范围内开展节能技术普及和推广，举办形式多样的宣传和教育活动外，还规定每年 8 月 1 日和 12 月 1 日为节能检查日，检查评估节能活动以及生活习惯。民间的节能活动已经由点到面，从单一的家庭节能扩大到区域节能。在政府的支持下，一些地方成立了“节能活动推进协议会”，这个组织由地方政府官员、节能专家、居民代表和企业人士组成，任务是研究制定一个地区的节能目标和实施计划，使区域节能效率超过个别单位和家庭的效率。“协议会”经常开办节能讲座，开展节能活动，如建立“无车日”，共同熄灭建筑物上的灯饰，推广使用风能、太阳能等自然清洁电力等。“协议会”还派“节能医生”进入家庭进行节能指导。这些具有专业知识的“节能医生”可以很快发现家庭生活中的能源浪费，进而提出节能建议。这种活动不仅为家庭节约了能源，而且为居民节省了不少电费，因而深受欢迎。此外，日本政府部门带头节能，2006 年 6 月，日本政府宣布开展“节能装”活动，内阁成员带头穿着简便行装，不打领带，要求公务员穿短袖衬衣上班，同时，将办公大楼的空调温度设定在 28 度等等。

3.4.2 德国

德国是个能源资源贫乏的国家，目前，90% 的燃油、86% 的天然气、和 79% 的原煤依赖进口①。联邦政府认为无论从经济平稳运行还是从能源安全供应战略高度来看，都应该大力节省常规能源和积极发展可再生能源。同时，德国作为一个出口导向性国家，节能降低成本已成为节能项目选择的首要原则，节能减排带动产业链发展是德国积极推动节能的重要动力。

1. 将节能和发展可再生能源从降低生产成本上升为带动产业链发展、顺利实现国家“能源转型”目标的关键

自 2011 年 6 月德国政府提出“能源转型”政策目标后，电价对德国的工业竞争力更具有了特殊意义。2011 年，德国工业电价（中等电压）税收的比例高达 40%。与欧洲其他国家相比，德国的电价超出了平均水平。而顺利实现“能源转型”的战略目标则要求能源转型既不给人们带来过重的成本压力，也不损害国家的竞争力。在此背景下，德国政府实施了成本效益控制，进一步明确能源转型成功的关键是通过节能和可

---

① 刘世俊、尹玉霞：“全球主要国家家电节能政策概览　德国节能政策（上）”，《电器》，2014 年第 6 期，第 72 ~ 74 页。

再生能源利用，保持经济的可承受力，且对未来市场和竞争具有创新能力。

2. 将提高能效视为将能源安全和气候保护联结起来的主要手段和途径

德国总理默克尔2007年7月3日在总理府举行全德“能源高峰会议”，会议的主题是“提高能效实现可持续发展”。参加会议的产业界代表一致同意，从届时起到2020年，德国的能源效率将每年提高3%。默克尔指出，提高能源利用效率将全面降低能源消耗，进而减少对能源进口的依赖，从而更有效地保障能源安全。同时，鉴于全球气候变暖，德国需要在气候保护方面承担更多的责任和义务。

德国政府认为，提高能效是将能源安全和气候保护联结起来的主要手段和途径，对应对气候变化发挥双重作用。首先，能源需求的减少本身就是对气候保护的贡献，全球气候变暖主要是由于能源需求增加导致温室气体排放的迅速增长造成的。提高能效能够缓解对能源的需求，当然也就是对气候保护的贡献。其次，能源的效率越是得到充分发挥，它排放的有害物质也就越少。

节能理念的不断创新和深化使得德国长期保持了世界范围内的能源和生产效率竞争力，德国国内能耗和经济增长已基本实现脱钩。能取得这样的成绩，很大程度上得益于联邦政府在实践中对节能理念认识的不断深化和发展。

3. 构建欧洲最完善的节能法律法规及政策体系

德国是欧洲节能环保领域法律框架最完善的国家。联邦政府早在1935年就制定了《能源经济法》，明确规定保障能源供应是地方政府的责任。1998年，德国对《能源经济法》作了修订，以保持与欧盟要求一致，既要求保障能源安全供给、自由竞争，并进行政府批准的定价制度，电网价格公开透明。2005年再次修订，实行电力公司厂网分离，结算透明。

20世纪70年代石油危机后，联邦政府又将节能和发展可再生能源作为德国家发展的长期战略，并和欧洲其他国家形成了战略伙伴关系，在法规、标准和政策制定、示范项目运作等诸多方面，都建立了欧洲一体化的大市场合作模式。此后德国的节能减排政策与欧盟基本保持一致，主要基于三个基本思想：可持续发展、能源供应保持竞争力和能源安全。90年代初提出可持续发展战略，并相继出台了《可再生能源法》《热电联供法》，《排出气体交易法》《能源税法》《建筑节能法》《生物燃料添加法》，将保护生态环境、控制碳排放量、鼓励和扶持节能技术推广的政策目标以立法的形式加以确认，至今已逐渐形成了70余种能源和可再生能源法律及相关政策的有机体系，包括法律、规章、税收、标准和工业界的目标协议、财政补贴、技术革新补贴等，并通过法律法规和政策的实施引导，鼓励企业加快节能技术创新和节能技术的推广应用。

4. 实施积极的财税激励政策与措施

德国的节能政策从两个方面入手制订。一方面是出台支持政策，包括直接资金支持、贴息贷款、税收优惠等。如对中小型节能服务或生产企业的直接资助或低息优惠贷款，对先进低碳技术的研发给予持续经费支持，对开展节能技术改造的工业企业给予税收优惠等。另一方面就是不断提高节能要求和标准。如德国对钢铁、水泥等行业原来的减免能源税支持政策进行了调整，新规定要求这些企业必须建立能源管理系统，并证明已经采取了全方位的节能措施，通过审核方能减免能源税。

德国联邦经济部和德国复兴信贷银行还共同设立了《中小企业提高能效特别基金计划》，为企业接受专业节能指导和采取节能措施提供信息和资金支持，用于促进中小企业提高能源利用效率。该计划主要包括方案部分和资金部分。方案部分会给中小企业提供专款以寻求提高能效的专业咨询意见，方案建议可以帮助中小企业克服信息不足的障碍，使其能够审查自己在节能方面的薄弱环节，发掘节能潜力。在方案部分可补贴最高 800 欧元的咨询费用。资金部分则是根据咨询方案中提出的节能措施投资建议，为中小企业的节能改造措施提供低息贷款。

在促进可再生能源利用方面，也建立了资金补贴机制。政府可向大的可再生能源项目提供优惠贷款，甚至将贷款额的 30% 作为补贴。例如，2012 ~ 2014 年间购买电动车的消费者可获得政府提供的 3000 ~ 5000 欧元的补助。

5. 制订全球领先的节能目标任务

按照《欧盟能效指令》的规定，德国于 2008 年和 2011 年提交了两份《能效行动计划》及实施办法。第一期计划与欧盟能源效率目标相一致，即以 1990 年为基准年，到 2020 年实现温室气体减排量达 20%，能耗降低 20%，可再生能源占一次能源比例 20%。该计划中对德国的能效政策、法规和财税措施做出分析，并就行业提出一系列节能措施，第二期计划还就第一期计划制定目标的实现情况进行了自下而上和自上而下的论证和评估，并对建筑、电力和交通重点领域分别提出了具体目标。

2011 年 6 月，德国政府出台“能源转型”的政策和目标，提出 2022 年消除核能并将可再生能源作为主要能源供应载体的宏伟目标，就此开启了德国能源政策的新篇章。为实现能源转型，政府将 2010 年 9 月 28 日出台的《能源方案》作为政策上的长期依据。

《能源方案》涵盖发电供电、供暖采暖和交通等领域的内容，包括目标、措施、投融资方案和监管，为德国能源转型确定了方向。《能源方案》对节能目标做了如下规定：温室气体排放量到 2020 年降低 40%，到 2050 年至少降低 80%；可再生能源消耗量占终端能源消费总量的比例，从 2010 年的 10% 提高到 2050 年的 60%，可再生能源发电量到 2050 年占总发电量的比例提高到 80%；与 2008 年相比，一次能源消耗量到 2050 年要下降 50%，这要求每年平均提高 2. 1% 的能源利用效率；与 2008 年相比，耗电量到 2020 年要降低 10%，到 2050 年要降低 25%；与 2005 年相比，交通领域到 2050 年的终端能耗要下降 40%，建筑节能改造率要在目前每年占既有建筑总量 2% 的基础上翻一番。

为了实现能源转型目标，德国政府制定了五大任务：一是可再生能源份额的扩充必须与电网的扩建同步进行；二是通过燃烧化石能源的电厂要确保未来能源供应的可靠性；三是在提高可再生能源使用比例时要注意成本控制；四是通过激励政策提高能源效率，而非法律手段强制实施；五是资助能源领域的相关研究和未来技术的开发。

这些目标和任务都已成为其他国家借鉴的范本，关注德国能源转型的进程和经验教训，可以帮助其他国家在能源领域方面取得更快发展且少走弯路。

6. 重视市场机制对节能减排的推动作用

德国政府一再强调，能源转型要控制成本并按照市场经济的原则来进行。德国企业在可再生能源和能效方面已经处于世界领先地位，国际市场为德国企业提供了巨大的发展潜能。2010 年，在世界范围内，德国可再生能源的投资达到了 2110 亿美元，创造历史最好水平，比 2009 年提高了 30%。

德国政府对国内各个层面的能源消耗量和利用水平有一套完善的统计制度，并且非常重视信息共享、公开。信息主要是通过每日的新闻播报、月统计报告和互联网等方式向社会免费提供服务，企业和用户随时都能通过以上方式了解需要的信息。这种服务对于企业衡量自身能源利用水平及在所处行业的位置、测算能源利用成本、寻找自身节约的潜力具有重大的意义。

联邦经济和能源部还出台了多种节能宣传手段，对全社会进行广泛的节能咨询支持，并提供资金帮助。包括中介咨询机构的设立，各类资质认证、设立建筑能耗证书制度、节能产品标识、举办能源管理师培训和各类对社会公众开放的宣传展示等。德国民间组织还尝试开展区域性城镇能源管理试点工作，借助欧盟资助和募集资金，引入能源服务公司，与当地政府和能源管理专家组成节能小组，共同商议地区系统节能。通过在市场机制作用下的宣传、咨询和资助三位一体，达到推进节能和能效的提升。

7. 建立完善的检测监督评估体系

为了对企业的能效水平和节能目标实现情况进行全面的掌握，德国政府建立了完善的检测监督评估体系。能源转型需要时间，需要企业对新建电厂、电网、蓄热技术、建筑节能改造和扩大可再生能源使用比例上进行大量投资。在市场经济的大环境下，单个企业的投资决定不受政府的约束，但是其能效水平和能耗却会影响整体的效果。因此，德国政府会定期检查相关单位在能源目标与措施的执行情况，检查投资环境是否良好。

德国节能机构研究认为，通过加强企业的能源管理可为企业减少15%～20%的能源消耗。因此，企业为了加强节能管理，普遍设立了专职能源管理人员，负责节能降耗工作。企业每年的年末会编制一份年度自查报告，接受由联邦政府成立的独立专家委员会的检查评估，企业每隔3年会完成一份总结性的工作报告，对节能工作进行深度分析、评估和改进。企业总结报告的资料和信息，来自多年积累的数据库，报告将对节能及能效提升阻碍因素进行分析，对采取额外措施的需求进行评估。如德国奔驰汽车公司发动机生产制造部有专职节能人员60多人，各分厂还配有兼职的节能员，并建有一个监控中心，负责对全厂能源情况进行监控，及时处理各种问题。

3.4.3　美国

尽管美国在全球以浪费能源而著称，但还是在提高能效方面取得了显著的成绩：美国近十年来能源消费总量基本保持不变，在终端用能中，建筑能耗占40%，工业占32%，交通占28%。除商用建筑外，所有领域的能源强度都有所降低。工业能源强度降幅最大，2012年比2004年降低了22%。1990年至今，美国平均每年通过节能减少的能源消费达25EJ以上，累积量相当于能源需求总量的25%，能源强度由每年降低1%提升到每年降低2%[①]。尽管节能工作极具复杂性和挑战性，但实践证明美国节能政策系统的运行还是富有成效的。

1. 能源结构的优化带来能源效率的大幅提升

近年来，美国积极推进清洁能源开发和技术创新，强化能源结构调整，努力提高能源利用效率，能源对外依赖度逐渐降低，"能源独立"战略取得积极成效。美国的能源消费结构主要以原油、天然气和煤炭为主。根据2016年BP《世界能源统计年鉴》，

---

① 郁聪、符冠云（译）："美国联邦和州政府的节能政策"，《中国能源》，2013年第6期，第21～24页。

近十年来，美国的一次能源消费总量波动率不超过5%，除石油需要部分进口外，其他能源品种自给率接近100%。

图3－2反映了各年度分品种能源在能源消费总量中的占比情况。可以看出，近十年来，美国的能源消费结构一直在持续优化调整中。比较显著的变化是，天然气、水电、核能与可再生能源的比重不断增加，煤炭和石油的消耗比重不断降低。与2005年相比，2015年天然气消耗占当年能源消费总量的比例为31.3%，增长7.1个百分点；可再生能源占比为3.1%，增长2.2个百分点；煤炭占比为17.4%，下降7.0个百分点；石油占比为37.3%，下降2.6个百分点；水电、核能占比基本不变。由此可以看出，在能源消费总量基本持平的情况下，美国通过提高天然气和可再生能源的消费比重，替代了原来能源消费结构中的部分煤炭和石油。这种能源消费结构的显著地提升全社会各领域的能源效率。

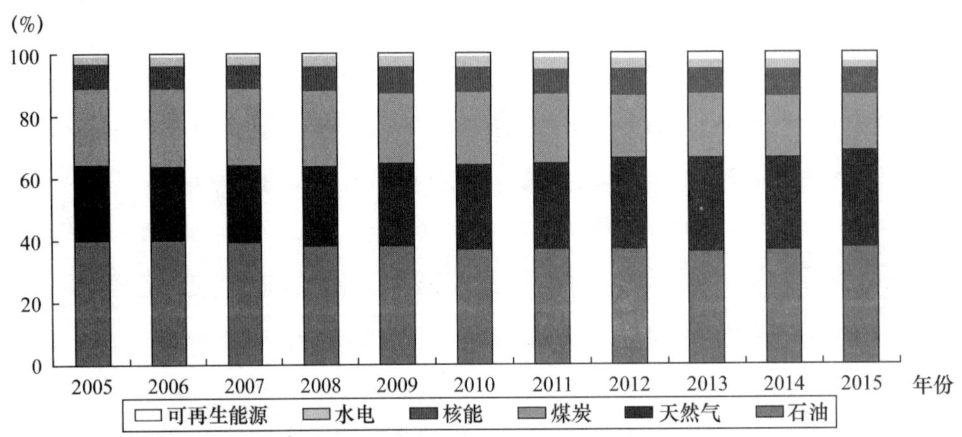

图3－2　美国2005～2015年份品种能源消费量占比情况

经过20多年摸索，美国在页岩气水力压裂开采等非常规油气资源开采技术方面取得了重大突破。2015年，美国天然气产量已占全球天然气总产量的21.7%，超越俄罗斯成为全球天然气生产第一大国。预计10年内美国将成为天然气净出口国①。此外，美国还大力发展煤炭清洁利用技术（气化、液化以及终端清洁用煤等），不断强化环境执法监管，煤炭主要用于燃煤电厂发电，基本上消除了在工业与居民等终端用户的直接燃煤消耗。

为了促进能源结构的持续优化，联邦政府还十分重视可再生能源及相关技术的研

① 徐成彬："美国节能环保产业发展经验及其对我国启示"，《中国能源》，2015年第1期，第37～42页。

发，每年投入的研发经费超过 30 亿美元。在项目最初可行性研究阶段一般给予 100% 的资助；在基础研发和工业性试验阶段，资金补助维持在 50% ~80%；在生产工艺研究和产品定型阶段，补助比例一般也不低于 50%。这种支持有效保证了技术研发活动的持续性，形成了较为充足的新技术和新产品储备，为可再生能源消费比例的逐年增长夯实了技术基础。

2. 重视政策研究和效果评估，不断健全和完善节能政策法律体系

与大部分发达国家一样，美国在能源管理方面非常重视法制建设，注重用法律手段来加强节能管理。在美国，包括节能在内的所有法律、法规和政策必须以美国国家宪法为基础。在联邦政府和地方政府权力分配上，联邦政府只拥有宪法上明确规定的权力，其余全部由州政府和地方政府行使。

美国宪法授权联邦政府进行州际间的贸易管理，因此联邦政府凭借此权力参与到能源系统管理中来。正如能源效率工作是一个互相关联的系统一样，能源政策也是一个自上而下、相互补充的制定体系。这样的好处是由联邦政府制定的政策适用范围和对象相对统一，易于吸引技术人才和专家，发挥指导和领导作用，并且联邦政府通常会在实施时给予充足的资金支持，不利之处是政策的适应性较弱，落地相对困难。在国家层面，2001 年联邦政府发布的《国家能源政策》提出建立“节能优先政策”，并强调进一步加大公共财政对节能工作的支持力度。2005 年颁布的《2005 年能源政策法案》，是有关美国节能政策的一部非常重要的综合法，提出了工业、交通运输、公共和商业建筑领域的节能政策与措施，共涵盖 18 个主题，包含了能源效率、可再生能源、石油和天然气、核能、车辆和燃料、机动车辆的燃油效率、氢能源、研发支持、电力、乙醇和汽油等内容。

由于州政府和地方政府受到资金和辖区的限制，制定的政策则更适用于本地需求，具备更好的实用性和可操作性；不利之处则是其实施过程中能得到的资金支持相对有限，政策的影响力也有限。例如，联邦政府制定了国家级的家用电器能效标准，而州政府要求电力公司执行标准，地方政府制定建筑节能标准来要求开发商和使用符合能效标准的电器。通过这样逐级的制定政策和实施细则，最终形成了一套自上而下、全面融合贯通的家用电器能效标准政策及执行方案。

不管是联邦政府还是州政府、地方政府，在制定政策推动节能工作时，首先都会请相关研究部门进行深入的调查研究，以相当翔实的数据结果作为某项政策的制定或者某项活动开展的有力支持。同时，在政策制定过程中也非常注重能源系统、能源经济、能源效率、能源环境、碳排放等方面的模型开发和利用。这样，在政策制定之初就可以初步分析该政策的实施能够带来多大的节能效果、环境效益和经济效益，并且可以进一步分析在政策的执行过程中可能会遇到的问题和市场障碍，从而提出解决这些问题的措施、方法和途径。在政策实施一段时间后，还会对政策实施的实际效果进行综合评价，并与预期的政策目标相比较，分析其达成或未达成的原因，吸取好的经验，对薄弱环节提出解决或改善的建议。

3. 通过能效标准的制定与实施，推动能源效率的提高

美国还非常重视能效标准的制定与贯彻实施，以此推动能源效率的提高。能效标准由能源部负责制定和实施。1980 年开始实施强制性能效标识制度，即国家制定相关产品、设备和系统的能效限额标准，这些标准均是强制性国家标准，大部分州还根据其自身特点制定了高于国家标准的地方能耗限额标准。1992 年开始实施自愿性节能认证，通过财税激励措施鼓励用能企业、用户来实现更高的能源效率标准，这些标准是自愿性的标准，属市场行为。如由美国能源部和环保部共同推行的“能源之星”计划。该计划通过对节能产品进行认证，形成了事实上的技术要求，并与政府采购挂钩，促进了节能产品在办公设备领域的广泛应用。随着“能源之星”在办公设备领域的成功，政府又把这一标识体系扩展到家用电器、照明、空调设备等方面，甚至包括新建住宅和商用房屋等，涵盖 5 大类 60 余种终端耗能产品，针对的是数以万计的普通用户。

截至目前，“能源之星”标识产品间接地成为美国政府的强制性行为，是国外产品或设备进入美国市场的技术壁垒。美国有 2 万多家公共和私营机构参与了该计划。其中，超过 1600 家制造商使用该标识，区分 4 万多个产品模型；超过 1400 家零售商推广能源之星产品及相关信息；超过 8400 家建筑商的新建房屋取得能源之星认证；超过 5800 家私营企业、公共部门和工业企业积极提高其建筑与设备能效；超过 700 家能效计划的组织者投资支持“能源之星”①。

“能源之星”计划在美国已经深入人心，得到了约 80% 民众的认同，取得了显著的环境和经济效益。根据美国环保局发布的 2014 年年度公报，2013 年联邦政府向全美国 25 个大城市、2.3 万余栋建筑颁发了年度“能源之星”证书。这些建筑总计节能了超过 31 亿美元的公共事业经费，其减排的温室气体总量相当于 330 万辆汽车一年的排放量。针对居民生活用能消费，登录美国“能源之星”网站，人们可以很方便地查询到

---

① 李思彤：“美国‘能源之星’计划”，《认证技术》，2013 年第 4 期，第 55 ~ 56 页。

一个美国家庭每年的能源开支平均是1500美元，如果能采用带“能源之星”标识的家用电器和设备等，就能减少能源开支30%以上。哪怕将最常用的5个灯泡换成节能灯，每年也能节约电费60美元。“能源之星”的网上分析程序“家庭能源顾问”还会根据普通用户对某些问题的回答，提供节约家庭能源的实用建议，帮助居民提高正确的生活节能技巧。

4. 通过电力需求侧资源规划，强化电能供给、调峰、调频、备用及可再生能源并网管理

实施电力需求侧管理是美国联邦政府推进节约电力的一项重要措施。在美国，需求侧资源是指为满足资源充足性的需要，以降低负荷水平和延缓电源侧新增装机容量投资为目的而实施的各种需求侧管理手段和措施①。曾鸣等的研究中，将美国的需求侧资源包括能效资源和需求侧响应资源两类②。如图3－3所示。

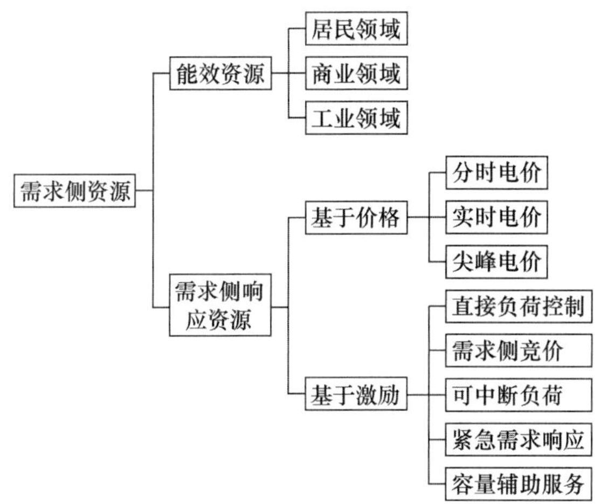

图3－3　美国需求侧资源分类

能效资源是指在提供相同优质电能服务（照明、热能等等）的同时，能够减少能源消耗的各项技术措施和项目，其目标在于实现长期的节电量效果。根据实施对象的不同，能效资源可分为三类，即居民领域能效资源、商业领域能效资源和工业领域能效资源。居民领域的能效资源，主要包括以普及节能灯为主要手段的绿色照明技术、高效热水器、节能型空调、冰箱等家用电器节能产品，另外还有一个很重要的方面是降低私人汽车的油耗。商业领域的能效资源包括中央空调自动温控和调风改造、绝缘

① Department of Energy. Demand-Side-Resources. http：//energy. gov/oe/dawnloads/chapter-3-demand-side-resources。

② 曾鸣、王良、李娜：“美国电力需求侧资源的应用及其启示”，《华东电力》，2013年第7期，第1416～1420页。

与密封改造、高效电机节能、绿色照明及光照控制等节电改造项目。工业领域的能效资源包括锅炉节能改造、锅炉余热余压利用、空调变频改造、热泵系统改进、电机节能等节煤、节电、节气改造项目。

能效资源的形成主要是由实施主体通过主动规划，辅以配套激励措施、法规、标准、鼓励用户（在更多的情况下是采用向用户或者承包商提供财政激励与服务的方式）获取、安装和使用能效技术（鼓励用户采取提高能效的措施）。

需求侧响应资源也称为负荷管理资源，是指鼓励电力用户主动改变自身用电模式、降低电能消费特别是高峰时段用电负荷的各种电价和激励措施。实施这些措施的同时可能会降低对电力用户的服务质量。其目标在于实现特定时段的节约电力效果。

需求侧响应资源可分为两类，分别是基于价格的需求侧响应和基于经济激励的需求侧响应。其中，基于价格的需求侧响应资源是通过管制机构批准的电价机制或者通过市场合同机制来实施的，包括使用分时电价、实时电价和尖峰电价来引导用户改变用电模式，保障电力有效供给。基于经济激励的需求侧响应资源则是通过直接给予用户响应的经济报酬或经济激励来促使用户建设用电需求，或者引导用户对于一些高耗能用电设备实施用电负荷控制。实施需求侧响应规划的关键在于制定合理的电价、配套激励政策以及先进的技术设备。

美国需求侧资源规划和实施过程中，参与主体众多，组织相对高效、有序。需求侧资源大多是由电力公司组织规划、实施的，此外，还有多种中介机构从事相关服务。在需求侧资源的规划与开发过程中，贯穿了多种经济层面的激励约束机制。包括财政支持、税收优惠，以及各种技术标准、相关执行合同等，对于保障各类需求侧资源的可控性起到了关键作用。在需求侧资源的形成及其应用环节，政府给予了有力的政策保障并制定了大量配套的技术措施。随着电价机制日益成熟、电网技术不断发展，需求侧资源的响应性、可控性和规模性不断提高。在平衡系统供需、提供辅助服务方面发挥着越来越重要的作用。尤其在大规模间歇性可再生能源并网的今天，需求侧资源在电力系统运行中的价值愈发凸显。

5. 实行可再生能源配额制，以提升可再生能源在能源消费总量中的比重

作为电力改革的重要组成部分，美国从20 世纪90 年代开始实施可再生能源配额制度。配额制政策首先设定一个可再生能源增长目标，将这一目标分配给各电力供应商，要求供电商提供电力的一定比例来自可再生能源；政策对可再生能源种类做出详细规定，为了促进可再生能源的多样性发展，配额制可以规定某些特定可再生能源种类需达到的目标。供电商可以自己拥有可再生能源发电设施，也可以选择从别的可再生能源发电商处购买发电量以完成配额指标。有些州建立了可再生能源配额证书体系，发电商可以将可再生能源电力和配额分别销售。配额的价格完全由市场供需关系决定，成为可自由交易的商品。年末供电商向配额制管理委员会出示相应的配额达成指标完成任务。未完成预定配额指标的供应商，将以缴纳罚款或选择“替代性付款”方式受到处罚。配额制的核心是以市场分配手段降低成本，实现更有效率的可再生能源发展模式。截至2010年，美国有30个州实行了强制配额制政策，并有5各州设立了可再生能源发展目标。

虽然美国至今没有通过国家层面的配额制，但大量联邦议案与强制性的配额制有关。各州配额制的政策目标、实施对象、信用交易方式均有所不同，但总体来看，大部分实施了配额制的州可再生能源利用量都大幅增长。预计到2025年，配额制将促使美国的可再生能源电力增加76750MW，相当于1997年的5.7倍（不包括水电）①。

---

① 谢旭轩、王田、任东明：“美国可再生能源配额制最新进展及对我国的启示”，《中国能源》，2012年第3期，第33~37、46页。

第4章　“十三五”时期：开启能源革命与全面建设生态文明发展新阶段

“十三五”时期，是全面建成小康社会、实现“两个一百年”奋斗目标的第一个百年奋斗目标的决胜时期，也是能源革命发力提速的关键时期。党的十八大以来，党中央针对性地提出了新时期我国能源发展“建设绿色、低碳、安全、高效的现代能源体系”的总体目标、“推动能源生产和消费革命”的能源发展国策和“四个革命、一个合作”的战略思想。这一系列决策部署，深刻地揭示了我国经济和能源发展的大逻辑、大规律，是指导新时期经济和能源发展的理论基础和思想指南。

4.1　“十三五”时期国际能源形势特征

“十三五”及今后一段时期，世界能源格局和供求关系将继续深刻变化，我国经济发展进入新常态，能源发展面临许多新情况。从国际看，能源发展主要呈现能源供需持续宽松、能源结构清洁低碳化、能源供需格局多极化、能源生产和消费智能化四个特征。

1. 能源供需持续宽松

金融危机以来，世界经济缓慢复苏，能源需求增长减速。得益于油价下跌、持续宽松的货币政策等，美国经济正在温和复苏，欧元区经济明显好转，通货膨胀趋于缓和，日本经济前景仍不乐观，以中国为代表的发展中国家增速总体趋缓。在过去较长时间内，以中国为代表的发展中国家保持经济高速增长，有力地带动了世界经济发展和较高的能源需求。但是“十三五”时期这些国家将遭受不同程度的挑战：外部需求萎缩或变化，内部需求增长动力不足，产业结构较为单一，产能严重过剩等。预计今后几年世界能源需求不会大幅回升，供需宽松格局仍将延续。

2. 能源结构清洁低碳化

世界一次能源消费结构向清洁、低碳和多元化，并且转型速度快于之前的预期。全球可再生能源、核电利用迅速增长。BP 认为，天然气和电力将满足未来工业领域能源增量，2040 年成为工业部门主要能源。经合组织（OECD）国家天然气占一次能源消费的比重已经超过 30%，到 2030 年天然气有可能成为这些国家的第一能源。IEA 表示，在全世界各种能源的终端用途中，电力是一股崛起的力量，到 2040 年，电力会占到最终能源消费增量的 40%——这是石油在过去 25 年能源消费增长中的占比。能源结构转型最典型的国家是中国。ETRI 在能源展望中指出，中国能源消费已经进入新旧动能转换期。未来，随着中国工业化进入后期，城市化稳步推进，对能源需求的重心将由生产用能逐步转向生活用能，工业用能占终端用能比重将逐步回落，交通和建筑用能则将稳步提升。同时，中国经济结构中服务业占比提高，能源结构中清洁能源占比增加。

3. 能源供需格局多极化

天然气产业进入黄金时代。美国非常规油气革命打破了中东地区油气供应一家独大的传统格局，正在形成中东、中亚－俄罗斯、非洲、美洲多极发展的新格局。同时，世界能源消费重心加速东移，发展中国家已成为全球能源消费增长的主要推动力。2017 年，全球天然气消费量增长 2.2%，主要消费市场重回增长轨道，亚洲增速达 10 年来最高，欧洲也从负增长变为快速增长。此外，天然气大量替代煤炭用于发电，在传统领域继续保持增长。由于亚洲地区工业增长，越来越多地将天然气作为能源以及原料进行加工，未来 10 年，工业部门将超越电力部门，成为天然气需求的主要驱动力。在北美和中东，化工领域的发展也促进了天然气的需求增长。预计 2015 ~ 2035 年，由于工业、居民以及发电对天然气需求快速增长，中国天然气消费增速有望接近 6%。

4. 能源生产和消费智能化

随着产业结构的深度调整，能源生产和消费也更加依赖于信息、服务、新技术和知识等“软要素”。一是能源生产领域劳动密集型产业所占比重逐渐下降，知识密集型和技术密集型产业占比不断上升，从而形成产业结构高度化和高新技术产业化的新趋势。二是信息技术等高新技术在能源产业中广泛应用，为传统能源产业提供新的发展机遇和空间。同时，信息技术加快了各类技术相互融合和渗透的步伐，提高了能源利用信息化、能源生产和消费数字化和智能化水平，极大地促进了生产力的提高和生产方式的转变，成为新时期全球能源结构调整的重要驱动力。三是节能环保金融、信息、咨询服务等现代服务业逐渐成为拉动能源领域经济增长的主导产业，在经济社会发展中的作用越来越突出。互联网、大数据、云计算等信息技术与能源技术深度融合，分布式能源、智能电网、新能源汽车开始步入产业化发展阶段，大量工业园区、城镇小区、公用建筑乃至私人住宅已经拥有了分布式供能系统，“人人消费能源、人人生产能源”的生产消费新形态正在形成。智慧能源代表了未来能源变革的方向，能源互联网将彻底改变人类能源生产和利用方式，对整体经济社会发展具有革命性影响。

4.2 “十三五”时期国内能源形势特征

“十三五”时期，我国能源发展步入新常态的特征也非常明显，能源消费增速将呈现先回落、后微增的趋势。一方面煤炭行业产能过剩矛盾亟待化解，另一方面全国能源消费总量需求仍然很大，特别是建筑、交通和居民生活领域增长较快，天然气、油品对外依存度持续增加。煤炭消费在大多数地区仍然占主导地位，煤炭“减量替代”任重道远。能源利用效率虽然有所提高，但是与发达国家相比仍然存在较大差距，能源结构和产业结构亟待进一步调整优化，淘汰落后产能工作仍需常抓不懈。新零售模式带来的居民生活消费的变革，汽车产业的持续发展使得交通运输成为节能减排和应对气候变化重点关注的焦点。预计“十三五”时期，煤炭消费比重将进一步下降，天然气和非化石能源将继续较快增长。发展动力开始转换。拉动能源消费增长的主要动力正在从高耗能产业向新兴产业、服务业和生活用能转变。同时，分布式能源、智能电网、新能源汽车等新业态、新产业加快发展，将推动能源生产利用方式发生前所未有的深刻变革。随着世界经济形势的复苏，我国“十三五”中后期能源消费增速将伴随着经济的增长而有微幅增长。与此同时，与发达国家相比，除我国的能源效率总体仍然处于较低水平，节能技术潜力空间较大。

1. 能源消费刚性需求仍将持续增长，建筑、交通、居民生活能源消费增速不容小觑

虽然中国能源需求环境有所改善，但能源需求形势依然较为严峻。2010 年，中国终端能源消费量达到 1578. 9 百万吨标准油，超过美国 4. 4%，在世界能源消费总量的比重达到 18. 0%，成为世界第一大能源消费国，之后能源消费总量和在世界能源消费总量中的占比一直呈上升趋势。2015 年，中国终端能源消费量为 1905. 7 百万吨标准油，占世界能源消费量的比重达到 20. 3%，比 2010 年增加了 2. 3 个百分点，短短 5 年时间中国终端能源消费总量已经超过美国 25.4%[①]。尽管 2015 年全年能源消费总量仅比上年增长 0.96%，是 1998 年以来最低增速，但是由于能源消费总量基数大，导致增量依然较大。

当前，中国仍处于城市化迅猛发展进程中，基础设施建设任务依然繁重。特别是党的十九大提出实施乡村振兴战略，出台了《乡村振兴战略规划（2018－2022 年）》，为中小城市、乡镇、农村的发展带来巨大的机遇和空间，城乡居民生活消费水平和生活环境将得到显著改善。与 2010 年相比，2015 年我国能源消费总量累计增长了 19.2%，年均增长率为 3.6%，其中建筑业能源消费累计增长 39.1%，交通运输业累计增长 41.4%，居民生活能源消费累计增长 37.4%，三者合计能源消费量年均增速接近 7.0%，远远超过全国能源消费总量年均增速。预计“十三五”时期，建筑、交通和居民生活领域仍是驱动能源消费刚性增长的重要因素。

2. 能源结构调整虽有一定成效，煤炭消费主导地位仍将持续

2010 年，我国煤炭消费量在全国能源消费总量的比重为 69.2%（发电煤耗计算法），到 2015 年下降至 63.7%，累计下降了 5.5 个百分点，显示能源结构调整取得了一定成效。但是由于中国独特的资源禀赋，在经济快速增长阶段，快速增长的能源需求迫使煤炭利用大幅度增长，在能源消费中，煤炭一直占据绝对主导地位，虽然近年来能源结构调整取得一定成效，但是煤炭消费比重仍然超过 60%。同时，煤炭产能过剩问题突出，供求关系严重失衡。国家统计局数据显示，在全国 30 个省、直辖市、自治区中（不含西藏），2015 年仅北京、上海、青海 3 个省市的煤炭消费量占该地区能源消费总量的比重低于 30%，占全国省区数量的比重不到 10%，河北、山西等 15 个省区的煤炭消费量占比超过该省区总量的 60%，占全国 30 个省区数量的 50%，有 6 个省区煤炭消费量占该地区能源消费总量的比重甚至超过 90%，说明在全国各地区之间能源消费结构是极其不均衡的。

随着中国经济增速放缓，能源需求增速的降低，在各地加强节能减排、环境保护和应对气候变化的大环境下，具备了进行能源结构调整和“去煤化”的基本条件，我国清洁能源和可再生能源的发展将继续提速。但是，可再生能源的发展面临着经济发展不平衡、以及很多技术和体制的制约，煤炭“减量替代”工作任重道远。

3. 能源利用效率整体偏低，节能技术潜力空间仍然巨大

在世界范围内，中国能源利用效率水平整体依然处于较低水平。如图 4－1 所示，

---

① 国家统计局能源司：《中国能源统计年鉴 2017》。

根据世界银行的数据，按照2011年不变价购买力平价计算，2013年中国能源利用效率为5.30美元/千克油当量，比世界平均水平低30.5%。同时，由能源带来的环境问题还相当突出，完成减排目标仍面临压力。

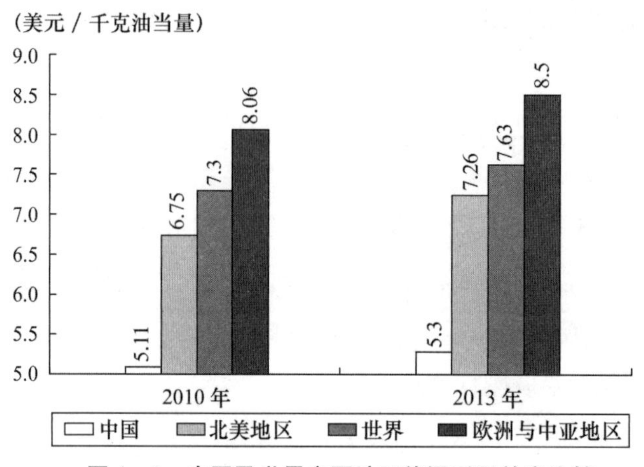

图4-1　中国及世界主要地区能源利用效率比较

中国能源利用效率整体偏低既是经济长期粗放式发展的结果，又受到产业结构“偏重”的影响。在工业领域内部，能源消费的行业集中度也相当高。2015年以来，在工业终端能源消耗中，制造业的比重持续维持在87%以上。石油、化工、水泥、钢铁、有色金属、热电生产和供应等典型的高耗能行业，在工业终端能耗中占据主导地位。2015年，上述行业占据工业终端能耗比重达到74.4%，同比增加1.06个百分点，分别比2000年、2005年、2010年提高8.4、2.9和1.9个百分点。特别是钢铁行业，虽然能耗占工业终端能源消费比重有所下降，但还是超过1/5，2015年达到21.88%。六大高耗能行业规模以上企业增加值同比增加6.3%，比规模以上工业增加值高0.2个百分点，占规模以上工业增加值的比重为27.8%。正是由于上述特征，这些行业成为中国工业节能降耗的主要领域。

高耗能重工业快速发展既是经济发展规律的内在要求，也有单纯追求经济增长速度、盲目投资、低水平重复建设的因素。目前，中国钢铁、电解铝、水泥、乙烯、合成氨等多种重化工产品产量在世界各国中均位列前茅。面对日益严重的资源环境问题，积极调整产业结构，遏制低水平重复建设仍将是“十三五”节能减排工作的重要抓手，将在“十三五”时期工业节能中发挥重要作用。因此，2015年底，中央经济工作会议将“去产能”“去库存”的供给侧结构性改革列为未来一段时期经济工作的重点；国家“十三五”规划也将“去产能”“去库存”纳入发展主线。

在产能过剩的同时，这些高耗能行业的单位产品综合能耗也与国际先进水平有着较大的差距。表4－1反映了中国部分高耗能产品单位综合能耗与世界先进水平的比较情况。可以看出，经过十余年坚持淘汰落后产能，部分行业能源利用效率得到大幅提高，供电、钢铁、电解铝等行业产品综合能耗与国际先进水平的差距已经不大，但是水泥、乙烯、合成氨、纸和纸板等行业的能源利用效率与国际先进水平仍有较大差距。

从表4－1还可以看出，"十二五"时期，鼓励创新驱动发展，大力推广节能技术、产品在工业领域的应用，也是不断提高行业及整体能源利用效率的重要途径。以乙烯为例，2016年，我国乙烯产品产量为1781.14万吨。根据国内乙烯产品单位综合能耗842千克标准煤/吨估算，当年需要消费生产能源1500万吨标准煤，如果技术水平达到国际先进水平能效指标，则生产等量的乙烯产品仅需消耗1120万吨标准煤，单位产品能源利用效率的提高可直接节约能源消费380万吨标准煤。初步估算，2015～2030年，钢铁行业通过节能技术改造措施可实现的累计节能潜力为2.5亿～5亿吨标准煤，炼铁和轧钢工艺流程贡献最大，累计贡献接近80%。对钢铁、有色金属、水泥、乙烯、合成氨、纸板制造等六大高耗能行业产品对标分析，如果行业平均能效水平达到2014年国际先进水平，合计可实现约2000万吨标准煤的年节能潜力。

表4－1　　中国部分高耗能产品单位综合能耗与国际先进水平的比较

指标名称	单位	2014年国际先进值	2016年中国	
			指标值	与先进值比较（%）
火电厂供电煤耗	克标准煤/千瓦时	298（日本）	312	高4.7%
钢可比能耗	千克标准煤/吨	615（日本）	640	高4.1%
电解铝交流电耗	千瓦时/吨	12900（国际）	13599	高5.4%
水泥综合能耗	千克标准煤/吨	111（日本）	135	高21.6%
乙烯综合能耗	千克标准煤/吨	629（国际）	842	高33.9%
合成氨综合能耗	千克标准煤/吨	990（美国）	1486	高50.1%
纸和纸板综合能耗	千克标准煤/吨	506（日本）	580	高14.6%

资料来源：国家能源局：《中国能源统计年鉴2017》。

4. 新零售模式带来居民生活消费方式的变革，以及汽车产业的持续发展使得道路运输成为能源资源消耗增长和排放关注的焦点

"新零售"，即企业以互联网为依托，通过运用大数据、人工智能等先进技术手段，对商品生产、流通与销售过程进行升级改造，进而重塑业态结构与生态圈，并对线上服务、线下体验以及现代物流进行深度融合的零售新模式。近年来，以电商、物流及现代信息技术相融合为特征的“新零售”模式迅猛发展，实现了价格消费时代向价值消费时代的全面转型。2018 年，天猫“双 11”物流订单达到 10.42 亿个，创下了 2135 亿元的历史新高销售额，同时也宣告智能物流骨干网正式进入 10 亿时代，产生了巨大的货运和快递包裹需求。在不断升级的互联网信息技术和智慧物流运输组织保障下，送达 1 亿个包裹的时间却越来越快，比 2017 年提速约 5 小时，比 5 年前更是大幅提速近 2 天，如图 4－2 所示。

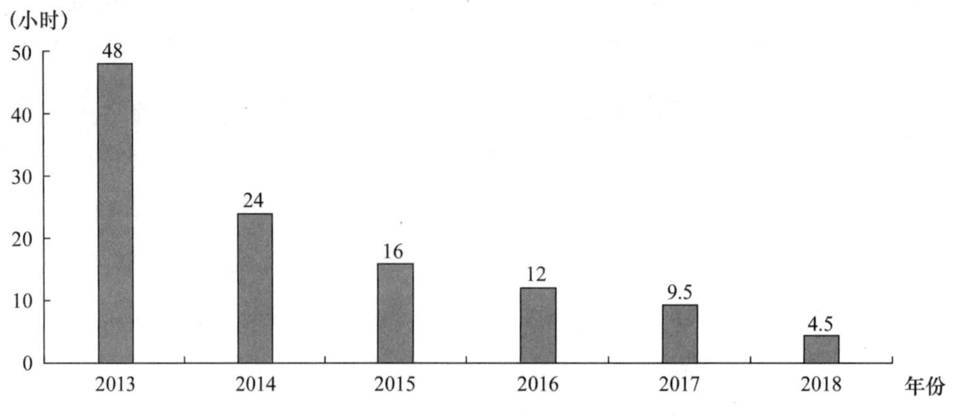

图 4－2　天猫“双 11”当天包裹发货量破亿时间（2013～2018 年）

新零售模式成为我国快递和道路货物运输快速发展的主要驱动力。图 4－3 显示了近 5 年来我国快递总量（获得快递业务经营许可的快递服务企业业务量）的增速情况。可以看出，2017 年我国的快递量超过 400 亿件，快递业务收入达到 4957 亿元，相当于全国每年人均收发近 30 个快递。与 2013 年相比，快递量增长了 4.4 倍，快递业务收入增长了 3.4 倍。

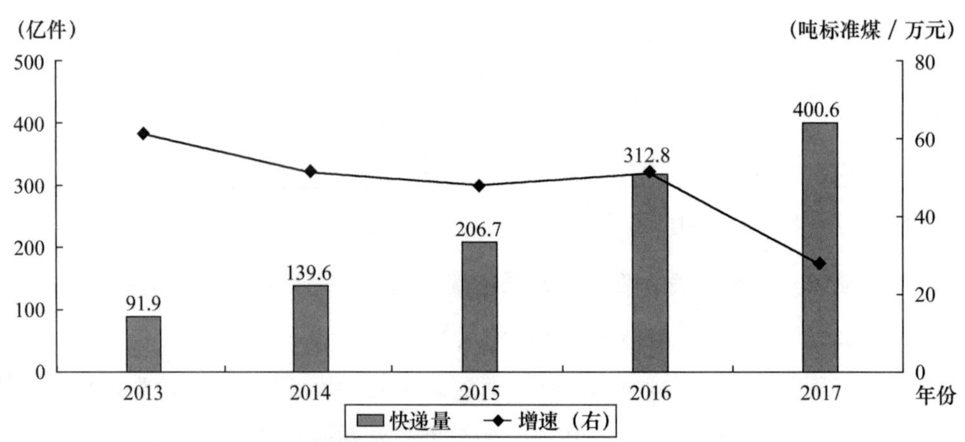

图 4－3　全国快递量及增速变化情况（2013～2017 年）

电商快递的中短途物流运输与“最后一公里”点到点货物交付方式，催生了汽油、纸箱、塑料胶带等能源资源的大量需求，给生态环境带来极大的影响。2017 年，我国机制纸及纸板产品总量为 1.25 亿吨，比 2013 年增长了 10.8%。按照国内 580 千克标准煤/吨（2015 年纸和纸箱综合能效水平）的纸板产品单位能耗水平，仅此一项 5 年累计能源消费量就增加了近 800 万吨标准煤。

道路货运和私人汽车的快速发展同时带来了汽车燃油消费和尾气排放的快速增长。从公路货运发展情况看，2017 年全国公路货运量为 367.8 亿吨，公路货运周转量为 66771.5 亿吨公里，均比 2013 年增长了近 20%，占全国货运总量的 76.7%，占全国货运周转总量的 33.8%。

从机动车保有量看，20 世纪 90 年代以前，我国的民用汽车保有量非常低，尚不足 600 万辆，其中私人汽车仅 81.6 万辆，占比不到 15%。近 20 年来，随着社会经济和汽车产业的高速发展，汽车开始走进千家万户，中国逐步成为世界第一大汽车销售市场。如图 4-4 所示，截至 2017 年底，全国民用汽车保有量达到 20907 万辆，其中私人汽车 18515 万辆，占比接近 90%，与 2000 年相比，民用汽车总保有量累计增长了 13 倍，年均增长率为 16.3%；其中私人汽车累计增长了近 30 倍，年均增长率达到 22%。截至 2017 年底，中国千人汽车保有量约 150 辆，接近世界平均水平，但是与欧美国家大于 500 辆/千人的水平尚有相当大的差距，发展潜力依然很大。

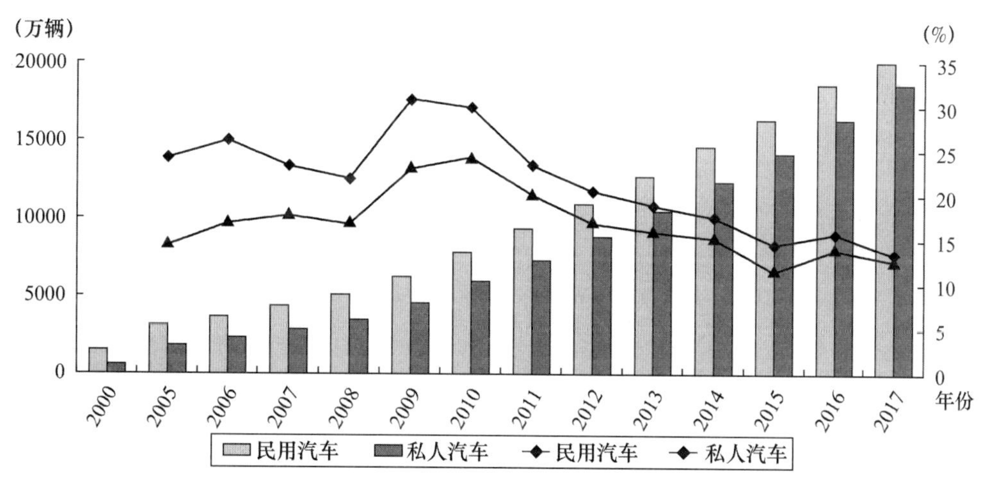

图 4-4　中国民用汽车与私人汽车总量及增速变化情况（2000～2017 年）

以互联网信息技术和电商物流相融合带来的消费升级，以及城乡居民经济水平提高带来的私人汽车保有量迅猛增长成为我国成品油需求持续上涨的重要推手。2017 年，中国原油表观消费量为 5.91 亿吨，比 2000 年增长了 2.6 倍。汽（柴油）消费的持续增长也带来了巨大的尾气排放问题，使得交通运输业成为节能减排和应对气候变化关注的焦点领域。一方面提高燃油经济性则成为传统机动车节能降耗的重要途径和抓手，另一方面清洁能源车替代燃油汽车也成为汽车工业可持续发展的必然趋势。

4.3 "十三五"我国能源发展与节能目标实现展望

4.3.1 "十三五"能源发展目标和要求

根据我国《能源发展"十三五"规划》（发改能源〔2016〕2744 号），"十三五"能源发展的总体目标要求是：增强能源供给能力，满足经济社会发展需要，保障国家能源安全；关键技术装备研发取得新突破，科技创新能力进一步增强；大幅度增加非化石能源消费比重，逐步提高天然气消费比重，绿色低碳发展取得新进展；化石能源清洁利用取得新突破，煤炭深加工和综合利用水平进一步提高；能源发展更加开放，国际合作更加广泛深入；用能条件大幅改善，普遍服务显著提高，城乡居民人均生活用电水平差距显著缩小；重点领域改革深入推进，适应新常态的体制机制更加完善。到 2020 年，能源消费总量控制在 50 亿吨标准煤以内，煤炭消费总量控制在 41 亿吨以内。保持能源供应稳步增长，国内一次能源生产量约 40 亿吨标准煤，其中煤炭 39 亿吨，原油 2 亿吨，天然气 2200 亿立方米，非化石能源 7.5 亿吨标准煤，发电装机 20 亿千瓦左右。能源自给率保持在 80% 以上。非化石能源占一次能源消费总量的比重提高到 15% 以上，天然气消费比重力争达到 10%，煤炭消费比重降低到 58% 以下。发电用煤占煤炭消费比重提高到 55% 以上。单位国内生产总值能耗比 2015 年下降 15%，煤电平均供电煤耗下降到每千瓦时 310 克标准煤以下，电网线损率控制在 6.5% 以内。单位国内生产总值二氧化碳排放比 2015 年下降 18%。能源行业环保水平显著提高，燃煤电厂污染物排放显著降低，具备改造条件的煤电机组全部实现超低排放。单位国内生产总值二氧化碳排放量比 2005 年下降 40% ~45%。表 4 -2 列出了"十三五"时期能源发展规划的主要指标。

为确保"十三五"能源发展目标的全面落实，需要注重以下"七个坚持"。

一是坚持系统优化，提高能源协调发展水平。系统优化是能源行业落实协调发展理念的客观要求，是解决能源布局不合理、能源系统效率不高问题的重要举措。要结合区域战略的实施，优化高耗能产业和能源开发布局，西部地区提高能源就地消纳比

表 4-2　　“十三五”时期能源发展主要指标

类别	指　标	单　位	2015 年	2020 年	年均增长	属性
能源总量	一次能源生产量	亿吨标准煤	36.2	40	2.0%	预期性
	电力装机总量	亿千瓦	15.3	20	5.5%	预期性
	能源消费总量	亿吨标准煤	43	<50	<3%	预期性
	煤炭消费总量	亿吨原煤	39.6	41	0.7%	预期性
	全社会用电量	万亿千瓦时	5.69	6.8~7.2	3.6~4.8%	预期性
能源安全	能源自给率	%	84	>80		预期性
能源结构	非化石能源装机比重	%	35	39	〔4%〕	预期性
	非化石能源发电量比重	%	27	31	〔4%〕	预期性
	非化石能源消费比重	%	12	15	〔3%〕	约束性
	天然气消费比重	%	5.9	10	〔4.1%〕	预期性
	煤炭消费比重	%	64	58	〔-6.0%〕	约束性
	电煤占煤炭消费比重	%	49	55	〔6.0%〕	预期性
能源效率	单位国内生产总值能耗降低	%	—	—	〔15%〕	约束性
	煤电机组供电煤耗	克标准煤/千瓦时	318	<310		约束性
	电网线损率	%	6.64	<6.5		预期性
能源环保	单位国内生产总值二氧化碳排放降低	%	—	—	〔18%〕	约束性

注：〔　〕内为 5 年累计值。

例，东中部地区加快高耗能产业转移，降低对远距离能源输送的依赖。推动能源协同发展和互补利用，大幅减少弃水弃风弃光限电问题的发生，提高能源系统的智能化水平和运行效率。

二是坚持绿色低碳，推动能源消费革命。我国能源消费以煤炭为主，这是能源资源禀赋特征和生产力发展水平共同决定的，煤炭作为主体能源在相当长时间内不会改变。但是，大规模、不合理、粗放利用煤炭是破坏生态环境的重要原因之一。在应对全球气候变化的背景下，必须把提高能源利用效率和优化能源结构放在突出重要的位置。要着力实施严格的能源消费总量和能源强度约束目标双控制，落实节能优先战略，严格控制煤炭消费，推进重点地区煤炭减量替代，加快重点领域用能变革，提高天然气和非化石能源消费比重。大力推进能源清洁高效利用，提高能源资源综合利用水平，减少污染物排放。

三是坚持多元发展，推动能源供给革命。推动能源多元发展，要着力优化能源供应结构，大力提高清洁能源供应比例。既要规模化发展非化石能源——在确保安全的前提下，有序推进沿海核电建设，加快西南水电基地建设，稳步建设西部地区风电、太阳能基地，大力发展中东部地区分布式可再生能源，提高非化石能源比重；也要优化开发化石能源——推进煤炭安全清洁高效开发，科学调控煤炭产能，加快淘汰落后产能，加强常规油气勘探开发，积极突破非常规油气勘探开发。

四是坚持创新驱动，推动能源技术革命。科技创新是产业变革的先导，能源是目前全球科技创新最活跃的领域之一。推动创新驱动，要认真研判世界能源科技创新和产业变革大势，立足我国基本国情，加大重大能源科技研发力度，聚焦推动能源重大变革的技术，积聚优势力量，超前部署加大科技攻关，提高自主创新能力。依托重大科技示范工程，加快先进成熟技术的产业化推广应用，分类推进技术创新、产业创新和商业模式创新，推动形成能源发展新业态。

五是坚持公平效率，推动能源体制革命。推动和深化能源体制改革，提高效率、保障公平，是落实创新发展理念、化解能源发展矛盾的有力举措。要坚持社会主义市场经济改革方向，加快重点领域和关键环节改革步伐，落实电力体制改革指导意见，尽快出台和实施油气体制改革方案，切实放开电力、油气领域的竞争性环节，把电网、油气管网打造成公平服务于上下游产业、优化资源配置的公共平台，推动形成更加开放、更具活力、更有效率的运行机制。进一步优化市场组织结构，完善价格形成机制，完善能源管理市场化调节机制，提高能源配置效率，更好地促进实体经济发展。

六是坚持扩大开放，全方位加强能源国际合作。要落实“一带一路”倡议，深化周边和沿线国家能源国际合作，扩大海外油气等能源生产基地，推进核电、水电、火电及特高压输电“走出去”，通过能源产业带动相关装备、技术与服务贸易“走出去”，参与全球产业分工。积极参与全球能源治理，参与相关国际标准的制定加强能源信息统计能力建设，构建双多边协调机制，提升我国在国际能源市场的影响力和话语权。

七是坚持惠民利民，提升能源普遍服务水平。要加快能源基础设施建设，增强能源民生保障能力，不断满足人民群众用能需要。把能源发展和脱贫攻坚有机结合起来，完善贫困地区能源资源开发收益分配机制，重大能源工程项目优先向贫困地区倾斜。

4.3.2 “十三五”能源可持续发展和节能目标实现展望

展望未来挑战与机遇同在，推动能源体制革命和消费革命，坚持创新驱动，优化调整能源结构，压减煤炭消费，发展可再生能源，提高能源效率，深化市场化机制是我国能源可持续发展的必由之路。

国际能源署在《世界能源展望 2016》中指出："中国煤炭消费可能已在 2013 年达到峰值。在中国政府不断密集的节能政策和机制创新引领下，各行业领域不断以较快速度向天然气、水电、核能和可再生能源等多种能源转型，中国的煤电依赖度将从 2015 年的 64% 降至 2040 年的 43%。中国建成的燃煤电站已有 2000 亿瓦产能搁浅，规划新建的 1850 亿瓦产能也面临资产搁浅。全球因为中国煤炭消费量的大幅度降低而将出现煤炭结构性衰退。预计到 2040 年，中国煤电消费将降低 15%，电煤进口将减少 85%，为保护国内就业，中国很可能抓住时机转变为净电煤出口国。"

在可再生能源领域，国际可再生能源机构（IRENA）调查结果显示，全球可再生能源规模不断扩大，2017 年全球相关产业就业人口首次突破 1000 万人大关，达到 1034 万人，较上年增长 5.3%。其中我国 419.2 万人，占 41%，获益最大。非化石能源中，太阳能增长最快，我国已超越德国与美国，成为世界上最大的太阳能发电国。

2015 年 11 月 30 日，国家主席习近平在巴黎出席气候变化大会，发表题为《携手构建合作共赢、公平合理的气候变化治理机制》的重要讲话。习近平在讲话中重申了此前做出的承诺，即我国将于 2030 年左右使二氧化碳排放达到峰值并争取尽早实现，2030 年单位国内生产总值二氧化碳排放比 2005 年下降 60% ~65%，非化石能源占一次能源消费比重达到 20% 左右，森林蓄积量比 2005 年增加 45 亿立方米左右。截至 2016 年底，我国非化石能源占一次能源消费的比重仅为 13.3%，因此，要实现在巴黎大会上的承诺，任务相当艰巨。

《巴黎协定》是继 1992 年《联合国气候变化框架公约》、1997 年《京都议定书》之后，应对气候变化的第三个里程碑式的国际法律文本，形成 2020 年后的全球气候治理格局。是由全球 195 个国家于 2015 年 12 月 12 日举行的联合国气候峰会中通过的气候协议。该协议于 2016 年 4 月 22 日在纽约签署，旨在通过减少燃烧化石燃料产生的二氧化碳和其他排放物来限制全球变暖。

《巴黎协定》为世界各国定下了一个"硬指标"：以工业化之前的世界气温为基准，把全球平均温度升幅控制在 2℃以内，或者更进一步，将气温升幅控制在 1.5℃以内。2030 年，全球温室气体排放下降到 400 亿吨，尽快实现全球温室气体排放达到峰值，再不上升。缔约国将以"自主贡献"的方式参与全球应对气候变化行动。发达国家将继续带头减排，且发达国家每年筹资 1000 亿美元支援发展中国家，帮助后者减缓和适应气候变化。

2017 年 6 月 2 日，美国总统特朗普宣布退出《巴黎协定》，美国成为全球唯一明确拒绝加入对抗气候变化阵营的国家。作为全球第二大碳排放国，美国的举动引起了国际社会的广泛关注，联合国、欧盟等纷纷表明立场。联合国秘书长古特雷斯通过发言人发表声明说，“气候变化是不可否认的”“美国宣布退出《巴黎协定》是一件令人极其失望的事”。意大利、法国、德国三国领导人发布联合声明回复特朗普：我们认为 2015 年达成的《巴黎协定》，其引领的趋势是不可逆转的，《巴黎协定》条约也不可修改，因为这是我们星球、社会、经济的重要工具。我国政府表示，《巴黎协定》所倡导的全球绿色、低碳、可持续发展的大趋势与我国生态文明的概念是相符的，无论其他国家的立场发生了什么样的变化，我国都将继续贯彻创新、协调、绿色、开放、共享的发展理念，立足自身可持续发展的内在需求，采取切实措施，加强国内应对气候变化的行动，认真履行《巴黎协定》。总体而言，美国的退出对其他国家落实《巴黎协定》的影响不会太大，国际社会上对于气候变化带来的影响基本达成一致，但是，由于应对气候变化需要减少二氧化碳排放量，将需要进行能源结构调整，带来生产、生活方式的改变，短期内或许会出现“阵痛期”。

展望未来，我国的在能源转型与全球能源市场中充满了挑战，也伴随着强劲的发展机遇。同时，美国退出《巴黎协定》，使我国不仅面临着一次经济机遇，同时还是一次引领世界气候变化的领袖机遇。积极应对气候变化，不仅体现我国承担国际责任，也是转变发展方式的重大机遇。随着全球气候治理领域领导力的更迭，国际社会对治理模式变革及我国引领未来进程充满期待。《巴黎协定》所倡导的绿色、低碳、可持续发展的大趋势与我国生态文明建设理念相符，我国完全可以为全球提供更多公共产品，特别是在新兴的绿色发展领域，与世界共同分享低碳转型红利。

但是，在可持续发展的征程中，我国也面临着巨大的能源转型压力和挑战。

研究显示①，未来 5 年全球能源发展将进入新的转型期，全球能源消费增速放缓，能源消费多元化和清洁化程度不断提高。到 2020 年，全球能源消费总量将达 137 亿吨油当量，年均增长 1.5% 左右。其中，煤炭年均增速 0.2%，石油 1.4%，天然气 1.5%，核能 1.8%，水能 1.3%，其他可再生能源 9.6%。2020 年，全球清洁能源消费比重将达到 41.3%，比 2016 年上升 1.7%。其中，天然气比重上升 0.5%，核能基本

① 中国石油集团经济技术研究院：《2016 年国内外油气行业发展报告》，2017 年 1 月。

保持不变，水能比重下降 0.1%，其他可再生能源比重上升 1.3%。

国家统计局《中国能源统计年鉴 2017》数据显示，2016 年，我国能源消费总量为 43.6 亿吨标准煤。其中煤炭消费 37.8 亿吨、占比 62.0%，原油消费 5.6 亿吨、占比 18.5%，天然气消费 2032 亿立方米、占比 6.2%，一次电力及其他能源消费 47163 亿千瓦时、占比 13.3%。不同发展阶段我国分品种能源消费年均增长率的变化情况如表 4－3所示。

表 4－3　我国分阶段不同能源品种消费年均增长速度

年均增长率（%） 发展阶段	能源消费总量	煤炭	原油	天然气	一次电力及其他能源
近 38 年：1978～2016 年	5.5	5.12	5.0	7.4	9.3
近十年：2006～2016 年	4.3	2.65	5.2	8.7	10.3
近五年：2012～2016 年	2.4	－0.16	4.7	9.0	11.8
近三年：2014～2016 年	1.5	－1.40	5.1	7.4	10.0

近五年来，我国煤炭消费总量年均出现了负增长，特别是自 2014 年起，能源领域供给侧结构性改革逐渐发力。首先表现在煤炭消费量的大幅减少，2013～2016 年以年均 1.4% 的负增长率不断回落，从而带动能源消费总量的年均增速也低于近五年平均水平。从图 4－5 可以直观地看出近三年来除了煤炭消费增速在预期的方向有较大的变化，原油、天然气、一次电力及其他能源的增速水平低于近五年平均水平。受全球经济形势低迷和市场环境不景气影响，近三年天然气、一次电力及其他能源的消费量也增长乏力，增速低于近五年平均水平。只有原油增长率超过了近五年平均水平，与历史总体水平接近，这是因为我国利用近几年全球油价回落的机会提升石油储备，加大

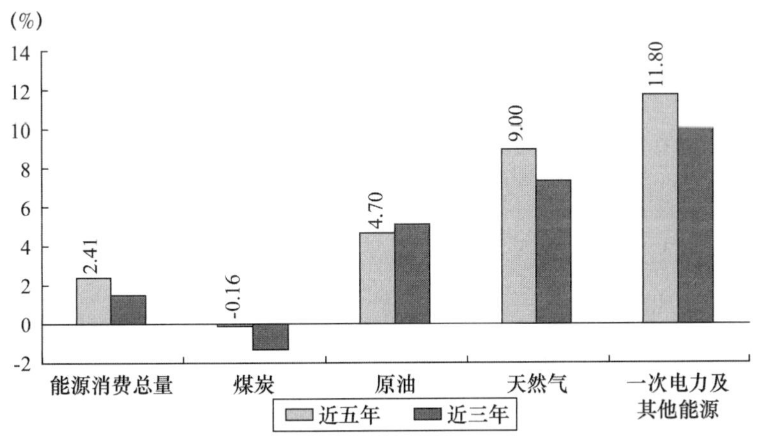

图 4－5　我国近五年和近三年分品种能源消费增速情况比较

了原油进口的缘故。根据表 4－3 所示的不同阶段能源消费年均增速水平，可知从压减煤炭消费、提高清洁能源和可再生能源消费比重的角度看，只有近五年的分品种能源消费量年均增速水平是较有利于持续优化调整我国能源消费结构的，其他的几个阶段性平均水平，则存在要么煤炭消费增速高、要么天然气和可再生能源增速水平回落的现象，并不利于优化能源消费结构的方向。

根据近五年的分品种能源消费年均增速，以 2016 年实际能源消费量作为基数，以回归分析法对近、远期能源消费情况做初步预测，得到我国近、远期分品种能源消费量及能源消费总量结果如表 4－4 所示。

表 4－4　　我国近、远期分品种能源消费量预测

名称	单位	2016 年（实际）		2020 年（预测）		2030 年（预测）	
		消费量	占比（%）	消费量	占比（%）	消费量	占比（%）
能源消费总量	亿吨标准煤	43.6	100	50.0	100	77.1	100
煤炭	亿吨	37.8	62.0	38.6	55.2	38.0	35.2
石油	亿吨	5.6	18.5	7.5	21.5	11.9	22.1
天然气	亿立方米	2032	6.2	2632	7.0	6231	10.7
一次电力及其他能源	亿千瓦时	47163	13.3	65908	16.2	201074	32.1

根据表 4－4 可知，在保持近五年分品种能源消费量年均增速一致的假设下，预计到 2020 年，我国能源消费总量可控制在 50 亿吨标准煤左右，其中煤炭消费量约 38.6 亿吨、占比 55.2%，原油消费量约 7.5 亿吨、占比 21.5%，天然气消费量 2632 亿立方米、占比 7.0%，一次电力及其他能源消费 65908 亿千瓦时、占比 16.2%。

根据国家发展改革委公布的《能源发展“十三五”规划》，到 2020 年国内能源消费总量控制在 50 亿吨标准煤以内，煤炭消费总量控制在 41 亿吨以内。非化石能源消费比重提高到 15% 以上，天然气消费比重力争达到 10%，煤炭消费比重降低到 58% 以下。单位国内生产总值能耗比 2015 年下降 15%。预计能够顺利实现规划目标。

根据国家发展改革委公布的《煤炭发展“十三五”规划》，到 2020 年我国煤炭消费量的规划目标是 41 亿吨，年均增速为 0.7%。由于近五年来煤炭实际年均消费为负增长，按照 －0.16% 的实际年均增速估计，到 2020 年煤炭消费量为 38.6 亿吨，比规划目标减少 5.8 个百分点，能够顺利实现规划目标。

根据国家发展改革委公布的《天然气发展“十三五”规划》，到 2020 年我国天然气占一次能源消费的规划目标比例是 8.3% ~10%，比表 4－4 的预测值高出 1.3 ~3.0

个百分点。可见根据近五年来的天然气9.0%的年均增速估计，到2020年是无法实现天然气消费规划目标的。如果2020年能源消费总量控制在50亿吨标准煤以内，以2016年天然气实际消费量为基准，则到2020年天然气消费量应增长至3120亿~3760亿立方米，年均增速达到11.3%~16.6%，才有可能实现规划目标。

根据国家发展改革委公布的《石油发展"十三五"规划》，到2020年我国石油目标表观消费量为5.9亿吨，年均增长率为1.52%。从表4-3可知，近5年来原油消费年均增速为4.7%，是历史最低水平。在此增速下预测2020年原油消费量为7.5亿吨，比2020年规划目标量高出27.1%。如果以2016年石油实际消费量5.6亿吨为基准，到2020年石油消费量目标为5.9亿吨，则年均增速不能超过1.31%，才有望达成"十三五"目标。可见在石油消费领域，过去的能源消费和发展模式是不可持续的，只有通过突破性的供给侧结构性改革，才有可能实现预期的目标。例如，在以石油消费为主要能源品种的交通运输领域，则面临极大的挑战。2014年，全国私人汽车拥有量为1.23亿辆，人均汽车拥有量为9辆/百人，几乎平均每10人就拥有一辆车；而北京市这种出于国内经济发展前列的特大城市，私人汽车拥有量为435.8辆，人均汽车拥有量已超过20辆/百人，平均每5人就有一辆车。随着城镇化、工业化、现代化的发展进程，我国的机动车拥有量还有巨大的增长空间，由此带来的石油消费需求的增长也是不容忽视的，要按照"十三五"规划的预期增长率来控制石油消费增长，面临的形势非常严峻，同时也为汽车制造工业领域的转型发展和能源消费结构性改革指明了方向。

根据国家发展改革委公布的《可再生能源发展"十三五"规划》，到2020年和2030年我国可再生能源分别占一次能源消费的目标比重是15%和20%。从表4-3可以看出，近十年来，我国可再生能源一直以超过10%的年均增速迅猛发展，近五年来达到11.8%的年均增速峰值。如果按照这个增长率持续发展，到2020年和2030年可再生能源分别占一次能源消费的比重可达到16.2%和32.1%，是能够顺利实现预期规划目标的。

表4-5反映了分品种能源在近五年实际消费水平下的预测发展值与"十三五"规划目标之间的比较情况。可以看出，保持近五年能源消费增速水平一致的前提下，到2020年煤炭和一次电力及其他能源实现"十三五"规划目标的可能性较大，原油和天然气则面临着较大的困难。由于原油和天然气是我国能源供应环节对外依存度最高的两类能源品种，必须从需求侧和供给侧同时进行深度变革，既要防止对石油和天然气的需求量增长带来的"油荒""气荒"等能源供应战略安全隐患，平稳有序安排煤改

气项目，又要切实加快供给侧结构性改革的步伐，理顺能源价格机制，建设足够的调峰能力，从而减少石油、煤炭等化石能源消耗，增加可再生能源开发利用比重来解决现实问题。

表4-5　　我国分品种能源消费量实际预测值与“十三五”规划目标值比较

名称	单位	年均增长率（%）		2020年		目标实现
		近五年	规划年	预测值	目标值	偏差率（%）
能源消费总量	亿吨标准煤	2.4	<3.0	50.0	<50	0
煤炭	亿吨	-0.16	0.7	38.6	41	-5.8
原油	亿吨	4.7	1.52	7.5	5.9	2.7
天然气	亿立方米	9.0	—	2632	占比8.3%~10%	-（1.3~3.0）
一次电力及其他能源	亿千瓦时	11.8	—	65908	占比15%	1.2

若以各能源品种2020年的规划目标值为约束值，2016年实际能源消费量为基数值，对“十三五”后四年的能源消费年均增速和2020年消费量进行预测，在满足规划目标实现的条件下，可得到各分品种能源的理想发展增长速度和总量控制目标，如表4-6所示。

表4-6　　实现“十三五”规划目标需要保持的分品种能源消费量及比重理想值

名称	单位	年均增长率（%）		2020年	
		理想值	规划年	理想值	占比（%）
能源消费总量	亿吨标准煤	2.31~2.63	<3.0	47.5~48.4	100
煤炭	亿吨	≤0.7	0.7	38.9	58.4~57.4
原油	亿吨	≤1.33	1.52	5.9	17.7~17.4
天然气	亿立方米	9.9~15.6	—	2964~3629	8.3~10.0
一次电力及其他能源	亿千瓦时	≥6.0	—	59542	占比>15%

综上所述，能源消费结构的调整和目标制定是一个复杂的系统工程，涉及各分类能源品种的生产与供应、进口与出口、消费与储存的个个环节，决定着国家的能源战略安全、人民的生活稳定、各个行业的生产发展，能源总体规划与分品种能源规划所确定的具体目标，都不能独立看待，必须紧密联系国内外能源形势和不同历史阶段的发展实际，在总体目标最优的前提下统筹实现，对于在目标制定中存在的难以解决的缺陷和问题，在能源供给侧结构性改革过程中与需求侧之间的衔接不平衡，要尽可能及时跟踪调整，实现动态管理，增强能源应急能力建设。

第5章　“十三五”时期的主要政策及建议

改革开放40年来，能源支撑了我国经济社会的快速、稳定发展，但也带来了巨大资源环境代价，影响了经济社会的可持续发展。为此，党中央、国务院提出了一系列治国理政新理念、新思想，特别是“十八大”报告将“生态文明建设”列入“五位一体”的总布局，明确提出建设美丽中国的战略任务。在党的十八届五中全会上提出“创新、协调、绿色、开放、共享”五大发展理念，并强调要用五大发展理念进一步推进生态文明建设，打造美丽中国的现代化新格局。2015年，中共中央、国务院出台首个部署生态文明建设的专题文件——《关于加快推进生态文明建设的意见》，成为“十三五”时期全面推动我国生态文明建设的最重要纲领性文件。

当前，我国经济发展进入新常态，产业结构优化明显加快，能源消费增速放缓，资源性、高耗能、高排放产业发展逐渐衰减。但是，我国能源需求将持续增长，资源环境问题仍是制约我国经济社会发展的瓶颈之一。从发展阶段看，我国工业部门的能源需求趋于稳定，而随着城镇化的快速发展和城乡居民生活质量的不断提升，未来建筑、交通部门和居民生活消费将成为拉动能源消费增长的主要驱动因素。从国际比较看，当前我国经济发展水平和人均能耗水平与发达国家仍有较大差距。2017年，我国人均GDP为8827美元，是世界平均水平的82.4%，不足美国、新加坡等发达国家人均水平的1/5；千人汽车保有量尚不到发达国家的1/4；城市化率不足60%，比发达国家低20个百分点；年人均一次能源消费为3.22吨标准煤，不到美国的1/3，是OECD国家平均水平的一半。由此可见，要实现2020年全面建成小康社会和2050年达到中等发达国家水平两个“百年目标”，仍然任重道远。一方面，以大量消耗煤炭等化石能源来换取经济发展的传统方式难以为继。但是，受限于经济发展水平，地方政府及企业的“政绩观”“利益观”以及所在地区基础设施、资源条件、体制机制等因素，这种传统方式仍有较大惯性。另一方面，油气等清洁能源的发展则因国内资源不足、受国际价格波动影响较大，核电等可再生能源的开发利用受制于核心技术瓶颈等问题，发展道路困难重重。“十三五”乃至今后较长一段时期能源系统仍将处于新旧发展动能并行的状态，节能减排依然形势严峻，并且直接影响着生态文明建设的成败。

在推进生态文明建设过程中，节能和提高能源利用效率是关键。必须坚持落实节能优先方针，把节能贯穿于经济社会发展全过程和各领域，通过重塑生产生活方式、调整经济结构、优化产业布局、增加清洁高效能源比重、提高能源利用效率等措施，增强产业竞争力，构建高效的现代能源体系，支撑“两个一百年”奋斗目标的实现。

5.1 规划引领、目标导向，精心谋划“十三五”工作

2016年3月17日，中央发布了《“十三五”规划纲要》（以下简称《纲要》），成为统领新时期我国经济社会发展的总纲领。围绕《纲要》，我国出台了《“十三五”节能减排综合工作方案》及一系列重要配套文件。在生态环境建设方面，《纲要》明确提出“实现生态环境质量总体改善”的目标。在建设现代能源体系方面，《纲要》要求深入推进能源革命，着力推动能源生产利用方式变革，通过推动能源结构优化升级、构建现代能源储运网络、积极构建智慧能源系统。

与《纲要》重点任务相呼应，7月27日，国家发展改革委印发了《关于加快推进国家“十三五”规划〈纲要〉重大工程项目实施工作的意见》，指出《纲要》23个专栏中明确的165项重大工程项目是推进相关领域工作的有力抓手，是确保规划目标任务顺利完成的重要支撑，并就重大工程项目中明确实施责任、加大推进力度、强化保障支撑、加强监督评估、加大宣传力度等五个方面提出了详细要求。为切实推进重大工程项目的实施，2017年4月8日，国家发展改革委再次印发《关于统筹推进“十三五”165项重大工程项目实施工作的意见》，要求各有关单位要按照职能和分工要求，细化实施责任和目标任务，建立实施工作台账和跟踪机制，强化统筹协调和支撑保障，着力破除体制机制障碍和实施参与门槛。说明了国家对《纲要》提出的实施重大工程项目的高度重视和坚决贯彻落实的决心。

《纲要》指出，要开展对“十三五”规划实施情况动态监测和评估工作，把监测评估结果作为改进政府工作和绩效考核的重要依据，并接受人大监督。为此，国家发展改革委于2016年9月16日印发了《关于组织开展2016年度“十三五”规划实施情况监测工作的通知》（本段简称《通知》）。这是我国首次以年度为时间节点对社会经

济发展规划实施情况进行监测评估。《通知》明确年度监测要紧扣国家“十三五”规划重点内容，聚焦规划所提出的发展理念、发展主线、主要目标、重点任务和重大工程项目，尤其是政府职责范围内的事项。监测内容主要是：创新、协调、绿色、开放、共享发展理念的落实情况，供给侧结构性改革的进展形势，经济发展、创新驱动、民生福祉、资源环境四个方面25个主要指标的实现趋势，创新驱动发展战略、新体制构建、产业体系优化、全方位双向开放、城乡区域协调、生态环境改善、脱贫攻坚、民生保障、社会治理等任务的推进情况，重大改革、重大工程、重大项目特别是23个专栏中165个重大工程项目的工作进度。《通知》同时对有关组织落实工作进行了部署。

此后，国务院又相继出台了《“十三五”节能减排综合工作方案》《“十三五”国家战略性新兴产业发展规划》《“十三五”生态环境保护规划》，国家发展改革委会同相关部门组织编制了《能源生产和消费革命战略（2016－2030）》《能源技术革命创新行动计划（2016－2030年）》《能源发展“十三五”规划》等配套政策及规划，成为新时期指导节能减排工作，推进产业升级、推动能源生产、消费和科技革命，开展全民节能行动的重要纲领性文件，标志着我国进入能源革命和全面建设生态文明的新阶段。各个专业能源品种领域也纷纷出台了“十三五”规划，如《可再生能源发展“十三五”规划》《煤炭工业发展“十三五”规划》《石油天然气发展“十三五”规划》《地热能开发利用“十三五”规划》《全国农村沼气发展“十三五”规划》《煤炭工业发展“十三五”规划》《电力发展“十三五”规划（2016－2020年）》《节水型社会建设“十三五”规划》《全国资源型城市可持续发展规划（2013－2020年）》《“十三五”全民节能行动计划》等。

5.1.1 《“十三五”节能减排综合工作方案》解读

2016年12月20日，国务院印发了《“十三五”节能减排综合工作方案》（本节简称《方案》）。《方案》指出，“十三五”时期，节能减排作为优化经济结构、提高能源利用效率和改善生态环境质量、推进供给侧结构性改革和实施创新驱动发展战略、加快生态文明建设的重要抓手和突破口，必须予以高度重视。实现《方案》确定的“十三五”节能减排约束性目标，将为促进经济转型升级，实现经济发展与环境改善双赢，建设生态文明提供有力支撑。

1.《方案》的主要目标

《方案》提出，到2020年，全国万元国内生产总值能耗比2015年下降15%，能源消费总量控制在50亿吨标准煤以内。全国化学需氧量、氨氮、二氧化硫、氮氧化物排放总量分别控制在2001万吨、207万吨、1580万吨、1574万吨以内，比2015年分别下降10%、10%、15%和15%。全国挥发性有机物排放总量比2015年下降10%以上。具体目标见表5-1、表5-2、表5-3。

表5-1　“十三五”各地区能耗总量和强度“双控”目标

地　区	“十三五”能耗强度降低目标（%）	2015年能源消费总量（万吨标准煤）	“十三五”能耗增量控制目标（万吨标准煤）
北　京	17	6853	800
天　津	17	8260	1040
河　北	17	29395	3390
山　西	15	19384	3010
内蒙古	14	18927	3570
辽　宁	15	21667	3550
吉　林	15	8142	1360
黑龙江	15	12126	1880
上　海	17	11387	970
江　苏	17	30235	3480
浙　江	17	19610	2380
安　徽	16	12332	1870
福　建	16	12180	2320
江　西	16	8440	1510
山　东	17	37945	4070
河　南	16	23161	3540
湖　北	16	16404	2500
湖　南	16	15469	2380
广　东	17	30145	3650
广　西	14	9761	1840
海　南	10	1938	660
重　庆	16	8934	1660
四　川	16	19888	3020
贵　州	14	9948	1850
云　南	14	10357	1940
西　藏	10	—	—
陕　西	15	11716	2170
甘　肃	14	7523	1430

续表

地　区	“十三五”能耗强度降低目标（%）	2015年能源消费总量（万吨标准煤）	“十三五”能耗增量控制目标（万吨标准煤）
青　海	10	4134	1120
宁　夏	14	5405	1500
新　疆	10	15651	3540
合　计	—	447317	68000

注：西藏地区数据暂缺。

表5-2　“十三五”主要行业和部门节能指标

指　标	单　位	2015年实际值	2020年	
			目标值	变化幅度/变化率
工　业				
单位工业增加值（规模以上能）				［-18%］
火电供电煤耗	克标准煤/千瓦时	315	306	-9
吨钢综合能耗	千克标准煤	572	560	-12
水泥熟料综合能耗	千克标准煤/吨	112	105	-7
电解铝液交流电耗	千瓦时/吨	13350	13200	-150
炼油综合能耗	千克标准油/吨	65	63	-2
乙烯综合能耗	千克标准煤/吨	816	790	-26
合成氨综合能耗	千克标准煤/吨	1331	1300	-31
纸及纸板综合能耗	千克标准煤/吨	530	480	-50
建　筑				
城镇既有居住建筑节能改造累计面积	亿平方米	12.5	17.5	+5
城镇公共建筑节能改造累计面积	亿平方米	1	2	+1
城镇新建绿色建筑标准执行率	%	20	50	+30
交通运输				
铁路单位运输工作量综合能耗	吨标准煤/百万换算吨公里	4.71	4.47	［-5%］
营运车辆单位运输周转量能耗下降率	%			［-6.5%］
营运船舶单位运输周转量能耗下降率	%			［-6%］
民航业单位运输周转量能耗	千克标准煤/公里	0.433	<0.415	>［-4%］
新生产乘用车平均油耗	升/百公里	6.9	5	-1.9
公共机构				
公共机构单位建筑面积能耗	千克标准煤/平方米	20.6	18.5	［-10%］
公共机构人均能耗	千克标准煤/人	370.7	330.0	［-11%］

续表

指　标		单　位	2015年实际值	2020年	
				目标值	变化幅度/变化率
公共机构					
终端用能设备					
燃煤工业锅炉（运行）效率		%	70	75	+5
电动机系统效率		%	70	75	+5
一级能效容积式空气压缩机市场占有率	小于55kW	%	15	30	+15
	55kW至220kW	%	8	13	+5
	大于220kW	%	5	8	+3
一级能效电力变压器市场占有率		%	0.1	10	+9.9
二级以上能效房间空调器市场占有率		%	22.6	50	+27.4
二级以上能效电冰箱市场占有率		%	98.3	99	+0.7
二级以上能效家用燃气热水器市场占有率		%	93.7	98	+4.3

注：[　] 内为变化率。

2.《方案》的重点任务

《方案》从11个方面明确了推进节能减排工作的46项具体措施。一是优化产业和能源结构，促进传统产业转型升级，加快发展新兴产业，降低煤炭消费比重；二是加强重点领域节能，提升工业、建筑、交通、商贸、农村、公共机构和重点用能单位能效水平；三是深化主要污染物减排，改变单纯按行政区域为单元分解控制总量指标的方式，通过实施排污许可制，建立健全企事业单位总量控制制度，控制重点流域和工业、农业、生活、移动源污染物排放；四是大力发展循环经济，推动园区循环化改造，加强城市废弃物处理和大宗固体废弃物综合利用；五是实施节能、循环经济、主要大气污染物和主要水污染物减排等重点工程；六是强化节能减排技术支撑和服务体系建设，推进区域、城镇、园区、用能单位等系统用能和节能；七是完善支持节能减排的价格收费、财税激励、绿色金融等政策；八是建立和完善节能减排市场化机制，推行合同能源管理、绿色标识认证、环境污染第三方治理、电力需求侧管理；九是落实节能减排目标责任，强化评价考核；十是健全节能环保法律法规标准，严格监督检查，提高管理服务水平；十一是动员全社会参与节能减排，推行绿色消费，强化社会监督。

3.《方案》的三大亮点

《方案》具有三大亮点：一是“实”。《方案》是具体的行动方案，具有很强的实

表 5－3　“十三五”各地区污染物及重点地区挥发性有机物排放总量控制计划

地　区	化学需氧量			氨氮			二氧化硫			氮氧化物			重点地区挥发性有机物		
	2015 年排放量（万吨）	2020 年减排比例（%）	2020 年重点工程减排量（万吨）	2015 年排放量（万吨）	2020 年减排比例（%）	2020 年重点工程减排量（万吨）	2015 年排放量（万吨）	2020 年减排比例（%）	2020 年重点工程减排量（万吨）	2015 年排放量（万吨）	2020 年减排比例（%）	2020 年重点工程减排量（万吨）	2015 年排放量（万吨）	2020 年减排比例（%）	2020 年重点工程减排量（万吨）
北　京	16.2	14.4	2.33	1.6	16.1	0.24	7.1	35	1.8	13.8	25	0.7	23.4	25	3.5
天　津	20.9	14.4	2.47	2.4	16.1	0.38	18.6	25	2.8	24.7	25	3.5	33.9	20	4.6
河　北	120.8	19.0	16.14	9.7	20.0	1.59	110.8	28	18.4	135.1	28	19.9	154.6	20	19.5
山　西	40.5	17.6	4.75	5.0	18.0	0.61	112.1	20	22.4	93.1	20	16.3	—	—	—
内蒙古	83.6	7.1	5.19	4.7	7.0	0.28	123.1	11	13.5	113.9	11	12.5	—	—	—
辽　宁	116.7	13.4	8.41	9.6	8.8	0.85	96.9	20	14.4	82.8	20	14.9	105.4	10	10.5
吉　林	72.4	4.8	2.32	5.1	6.4	0.20	36.3	18	5.2	50.2	18	9.0	—	—	—
黑龙江	139.3	6.0	7.33	8.1	7.0	0.48	45.6	11	4.3	64.5	11	7.1	—	—	—
上　海	19.9	14.5	2.72	4.3	13.4	0.53	17.1	20	3.4	30.1	20	5.2	42.1	20	8.4
江　苏	105.5	13.5	10.39	13.8	13.4	1.25	83.5	20	13.3	106.8	20	18.7	187.0	20	31.2
浙　江	68.3	19.2	7.64	9.8	17.6	0.85	53.8	17	9.1	60.7	17	10.3	139.2	20	25.5
安　徽	87.1	9.9	7.70	9.7	14.3	1.07	48.0	16	5.2	72.1	16	9.0	95.9	10	9.2
福　建	60.9	4.1	2.14	8.5	3.5	0.30	33.8	—	3.5	37.9	—	4.6	—	—	—
江　西	71.6	4.3	2.73	8.5	3.8	0.32	52.8	12	6.3	49.3	12	5.9	—	—	—
山　东	175.8	11.7	13.30	15.3	13.4	1.49	152.6	27	35.0	142.4	27	31.0	192.1	20	38.4
河　南	128.7	18.4	16.98	13.4	16.6	1.93	114.4	28	20.5	126.2	28	15.8	167.5	10	16.6
湖　北	98.6	9.9	8.25	11.4	10.2	1.02	55.1	20	10.9	51.5	20	5.9	98.7	10	9.9
湖　南	120.8	10.1	10.49	15.1	10.1	1.41	59.6	21	8.5	49.7	15	6.3	98.3	10	7.9

续表

地区	化学需氧量			氨氮			二氧化硫			氮氧化物			重点地区挥发性有机物		
	2015年排放量（万吨）	2020年减排比例（%）	2020年重点工程减排量（万吨）	2015年排放量（万吨）	2020年减排比例（%）	2020年重点工程减排量（万吨）	2015年排放量（万吨）	2020年减排比例（%）	2020年重点工程减排量（万吨）	2015年排放量（万吨）	2020年减排比例（%）	2020年重点工程减排量（万吨）	2015年排放量（万吨）	2020年减排比例（%）	2020年重点工程减排量（万吨）
广东	160.7	10.4	11.06	20.0	11.3	1.54	67.8	3	2.0	99.7	3	3.0	137.8	18	20.7
广西	71.1	1.0	0.35	7.7	1.0	0.08	42.1	13	4.5	37.3	13	3.3	—	—	—
海南	18.8	1.2	0.16	2.1	1.9	0.04	3.2	—	0.4	9.0	—	1.2	—	—	—
重庆	38.0	7.4	2.36	5.0	6.3	0.32	49.6	18	8.1	32.1	18	2.8	40.2	10	4.0
四川	118.6	12.8	14.09	13.1	13.9	1.74	71.8	16	11.2	53.4	16	3.7	111.3	5	5.6
贵州	31.8	8.5	2.77	3.6	11.2	0.41	85.3	7	6.0	41.9	7	2.9	—	—	—
云南	51.0	14.1	5.85	5.5	12.9	0.67	58.4	1	0.6	44.9	1	0.4	—	—	—
西藏	2.9	—	—	0.3	—	—	0.5	—	—	5.3	—	—	—	—	—
陕西	48.9	10.0	2.63	5.6	10.0	0.38	73.5	15	11.0	62.7	15	9.4	67.5	5	3.4
甘肃	36.6	8.2	2.40	3.7	8.0	0.28	57.1	8	4.6	38.7	8	3.1	—	—	—
青海	10.4	1.1	0.07	1.0	1.4	0.01	15.1	6	0.9	11.8	6	0.7	—	—	—
宁夏	21.1	1.2	0.10	1.6	0.7	0.01	35.8	12	4.3	36.8	12	4.4	—	—	—
新疆	56.0	1.6	0.71	4.0	2.8	0.09	66.8	3	2.0	63.7	3	1.9	—	—	—
新疆生产建设兵团	10.0	1.6	0.04	0.5	2.8	—	11.0	13	0.9	9.9	13	1.3	—	—	—
合计	2223.5	—	173.87	229.7	—	20.37	1869.2	—	255	1852	—	234.7	1694.9	—	218.9

注：2020年减排比例根据各地区空气质量改善任务确定，重点工程减排量根据“十三五”规划纲要、《大气污染防治行动计划》及相关规划提出的环境治理保护重点工程确定。“十三五”期间主要推进石化、化工、包装印刷和工业涂装等重点行业挥发性有机物减排，相关指标根据重点行业减排潜力、环境质量改善需求等因素分解落实到各有关省份。

操性，明确要求措施落地，责任细化到各个行业主管部门。二是“全”。《方案》内容很全面，基本上对节能减排工作的所有领域和主要环节都涉及到了，解决问题的途径和方法也比较全面。三是“新”。针对最近几年出现的新问题有一些新的举措，同时推进节能减排的措施也有不少新亮点，如在落实节能减排目标责任环节，引入监测和预警机制，对“十三五”节能目标完成情况开展中期评估，对统计、评价、考核、奖惩等都做出了系统安排和部署。

5.1.2 《“十三五”国家战略性新兴产业发展规划》解读

2016 年 11 月 29 日，国务院印发《“十三五”国家战略性新兴产业发展规划》（本节简称《规划》）。战略性新兴产业代表新一轮科技革命和产业变革的方向，是培育发展新动能、获取未来竞争新优势的关键领域。未来 5 ~ 10 年是全球新一轮科技革命和产业变革从蓄势待发到群体迸发的关键时期，创新驱动的新兴产业将逐渐成为推动全球经济复苏和增长的主要动力。在全社会的共同努力下，创新驱动发展战略深入实施，战略性新兴产业发展日新月异，发挥出越来越大的引领带动作用。

1. 《规划》的发展目标

《规划》提出，到 2020 年，战略性新兴产业规模持续壮大，成为经济社会发展的新动力。产业增加值占国内生产总值比重达到 15%，形成新一代绿色低碳（新能源汽车、新能源、节能环保产业）、信息技术、高端制造、生物、数字创意等 5 个产值规模 10 万亿元级的新支柱，并在更广领域形成大批跨界融合的新增长点，平均每年带动新增就业 100 万人以上。创新能力和竞争力明显提高，形成全球产业发展新高地。发展的三大政策取向包括：促进战略性新兴产业集聚发展，构建协调发展新格局；推进战略性新兴产业开放发展，构建合作新路径；完善体制机制和政策体系，营造发展新生态。

《规划》还明确了实施新能源汽车动力电池提升、新能源高比例发展、节能技术装备发展、绿色低碳技术综合创新示范、资源循环替代体系示范等 21 项重点工程。为加快引导社会投资进入战略性新兴产业，2017 年 1 月 15 日，国家发展改革委发布了《战略性新兴产业重点产品和服务指导目录》2016 版，目录涉及战略性新兴产业 5 大领域 8 个产业（相关服务业单独列出）、40 个重点方向下的 174 个子方向，近 4000 项细分产品和服务。

新能源汽车动力电池提升工程包括：完善动力电池研发体系，加快动力电池创新中心建设，突破高安全性、长寿命、高能量密度锂离子电池等技术瓶颈。在关键电池材料、关键生产设备等领域构建若干技术创新中心，突破高容量正负极材料、高安全性隔膜和功能性电解液技术。加大生产、控制和检测设备创新，推进全产业链工程技术能力建设。开展燃料电池、全固态锂离子电池、金属空气电池、锂硫电池等领域新技术研究开发。

新能源高比例发展工程包括：为实现新能源灵活友好并网和充分消纳，加快安全高效的输电网、可靠灵活的主动配电网以及多种分布式电源广泛接入互动的微电网建设，示范应用智能化大规模储能系统及柔性直流输电工程，建立适应分布式电源、电动汽车、储能等多元化负荷接入需求的智能化供需互动用电系统，建成适应新能源高比例发展的新型电网体系。选择适宜区域开展分布式光电、分散式风电、生物质能供气供热、地热能、海洋能等多能互补的新能源综合开发，融合应用大容量储能、微网技术，构建分布式能源综合利用系统，引领能源供应方式变革。

节能技术装备发展工程包括：组织实施节能关键共性技术提升工程、节能装备制造工程。鼓励研发高性能建筑保温材料、光伏一体化建筑用玻璃幕墙、紧凑型户用空气源热泵装置、大功率半导体照明芯片与器件、先进高效燃气轮机发电设备、煤炭清洁高效利用技术装备、浅层地热能利用装置、蓄热式高温空气燃烧装置等一批高效节能设备（产品）及其关键零部件。实施燃煤锅炉节能环保综合提升工程、供热管网系统能效综合提升工程、电机拖动系统能效提升工程，推进燃煤电厂节能与超低排放改造、电机系统节能、能量系统优化、余热余压利用等重大关键节能技术与产品规模化应用示范。组织实施城市、园区和企业节能示范工程，推广高效节能技术集成示范应用。

绿色低碳技术综合创新示范工程包括：对接绿色低碳试点示范项目，在具备条件的区域，以绿色低碳技术综合应用为核心，以互联网为纽带，建设新能源、新能源汽车与智慧交通系统、低碳社区、碳捕集和富碳农业、绿色智能工厂等综合应用设施，先行先试相关改革措施，促进绿色低碳技术、新一代信息技术与城镇化建设、生产生活的融合创新，广泛开展国际合作，打造相关技术综合应用示范区域。

资源循环替代体系示范工程包括：实施循环发展引领行动，推动太阳能光伏电池、废弃电子产品稀贵金属多组分分离提取和电动汽车动力蓄电池、废液晶等新品种废弃物的回收利用，开展基于“互联网 +”的废弃物回收利用体系示范。推进城市低值废弃物协同处置和大宗固体废弃物综合利用加快发展。建立以售后维修体系为核心的旧件回收体系，在商贸物流、金融保险、维修销售等环节和煤炭、石油等采掘企业推广应用再制造产品。鼓励专业化再制造服务公司提供整体解决方案和专项服务。

2.《规划》的布局思路

与“十二五”相比，《规划》布局上的新变化主要有五点。

一是软硬结合布局。在重点产业领域中新增加数字创意产业，包括数字文化创意装备、数字文化内容、设计服务等方向。相对于工业和硬实力，这是着眼于增加软实力的布局，是既满足物质需求又满足精神需求的举措。同时，数字创意产业具有高增值性和低能耗低污染等特征，也符合战略性新兴产业的定位。

二是前瞻性布局。依据《纲要》增加了战略性产业的内容。主要考虑是，空天海洋、信息网络、生物和核技术等领域是关系人类未来发展、拓展发展空间的核心领域，促进这些领域形成新产业是培育新动能和塑造产业竞争新优势的必然选择。

三是融合性布局。将战略性新兴产业八大产业归并为五大产业领域，从而体现新兴产业融合创新的发展特征。例如，“一代材料一代装备”，新型材料的发展不断推动着器件和整机装备的创新，而装备的创新不断对材料提出更高的要求，两者融合共同发展。新能源汽车与新能源也有交叉，相关产业领域整合有利于融合创新，培育跨界融合的新增长点。

四是全区域布局。《规划》对国内战略性新兴产业集聚区发展和国际化拓展进行了全面布局。根据国内不同地区的资源禀赋、产业基础、发展阶段的不同，分三个层次进行分类指导。

五是市场化布局。《规划》将市场化取向的改革要求贯穿于各项工作，例如，在绿色低碳领域，要求完善电动汽车生产准入政策，研究实施新能源汽车积分管理制度。在政策保障部分，提出了完善管理方式、加强知识产权保护、深入推进军民融合等 6 方面措施，以及推动减少事前准入限制、进行审慎监管，落实公平竞争审查制度等方面的改革。此外，《规划》还要求国家发展改革委会同科技部、工业和信息化部、财政部等部门，发挥好战略性新兴产业发展部际联席会议的牵头作用，加强宏观指导、统筹协调和督促推动，确保《规划》顺利实施。

3.《规划》的主要特点

当前，我国战略性新兴产业体发展总体呈现出“快、活、高、优”的特点。

“快”是指产业规模增长快。截至 2015 年末，节能环保、新能源、新能源汽车等七大战略性新兴产业增加值占我国 GDP 比重约 8%，这一比重在 2010 年仅为 4% 左右。

战略性新兴产业重点监测的 27 个行业营收增速 5 年年均超过 15%，其中的工业行业 2015 年增速比工业总体增速高 8. 7 个百分点。战略性新兴产业服务业行业 5 年年均增速超过 20%，也好于服务业整体水平。战略性新兴产业已成为支撑我国经济增长的重要力量，有力填补了传统制造业的下滑空缺。

“活”是指创新活跃。在创新驱动发展战略指引下，大众创业万众创新深入发展，战略性新兴产业新技术、新产业、新业态、新模式不断涌现，与各行各业广泛融合，加速推动传统产业转型升级，引发生产、生活方式的深刻变革。在制造领域，定制化、智能化生产模式方兴未艾，无人机、机器人等新产品快速上市。IT、生物和新能源等技术加速相互渗透，涌现出可穿戴电子医疗设备、生物芯片、能源互联网等融合型创新。在服务领域，个性化、多样化和专业化新模式不断涌现，以网络租约车、基因诊断等为代表的新模式向生活服务全面渗透，研发外包和工业设计等生产性服务规模迅速增长。战略性新兴产业领域创业投资已占到我国创业投资的 80%。

“高”是指产业水平迈向中高端。若干关键领域实现了群体性突破，部分重点产业已具备较强国际竞争力，如华为公司已成为全球收入第一的通信设备企业，阿里巴巴公司云计算能力居全球前列，高速铁路和特高压技术达世界领先水平。一些关键领域取得具有里程碑意义的成果，如自主研发的全球首个治疗晚期胃癌的靶向药物阿帕替尼、自主设计的大飞机 C919 和支线飞机 ARJ21 飞机等产品相继问世，国产钻井平台首次实现深海海上气田成功开发，一大批航空航天、核电高端装备均取得突破。

“优”是指整体效益优。战略性新兴产业由于知识、技术、人才密集，创造的经济价值大、产品附加值高。截至 2016 年 10 月，27 个战略性新兴产业重点行业利润达 10499. 7 亿，同比增长 15. 3%，其中工业部分 26 个行业同比增长达 13. 3%，比同期工业整体增速高出 4. 7 个百分点。从上市公司数据看，过去五年中战略性新兴产业上市公司盈利水平始终高于传统产业，如 2016 年上半年，战略性新兴产业上市公司利润率达 10. 5%，比上市公司总体（扣除金融业）高出 3. 4 个百分点。

目前，部分地方和区域已成为加快发展战略性新兴产业的“标杆”。东部地区，深圳市 2016 年上半年战略性新兴产业对整体经济增长贡献率超过 50%，成为名副其实的“主引擎”。同期，江苏省战略性新兴产业产值占工业比重接近 30%，浙江、山东等多个省份战略性新兴产业产值突破万亿元大关。一些中、西部和东北地区，结合当地特点大力发展战略性新兴产业，如湖北的集成电路、安徽的新型显示、湖南的轨道交通装备、江西的航空装备、吉林的生物医药等，战略性新兴产业已成为带动区域经济转型升级的重要力量。

战略性新兴产业发展虽然取得了可喜成绩，但总体上还处于培育时期，存在诸多问题和困难，主要表现为两个方面：一是我国战略性新兴产业整体创新水平还不够高，一些领域核心技术受制于人的情况仍然存在；二是一些改革举措和政策措施落实不到位，新兴产业监管方式创新和法规体系建设相对滞后，还不能适应新旧动能接续转换、产业结构加速升级的要求。

出台《规划》，有利于加快落实供给侧结构性改革，培育壮大新动能，引导全社会资源支持发展新兴产业。《规划》指出战略性新兴产业的发展原则要做到“五个坚持”，即坚持供给创新、坚持需求引领、坚持产业集聚、坚持人才兴业、坚持开放融合。

5.1.3 《能源生产和消费革命战略（2016－2030）》解读

2016 年 12 月 29 日，国家发展改革委、能源局联合印发《能源生产和消费革命战略（2016－2030）》（本节简称《战略》）。《战略》把握世界能源发展的大势，明确了今后 15 年我国能源革命的战略目标、重点任务和行动计划，将有力推动我国经济发展方式向绿色低碳转型，促进生态文明建设和可持续发展，具有重要的现实意义和长远意义。

1. 《战略》的意义和方向

《战略》顺应世界能源变革潮流，明确了能源革命的重大意义和战略取向。自工业革命以来，日益增长的能源消费给地球资源和环境带来越来越大的威胁，也引发了气候变化的全球生态危机。传统的以化石能源为支柱的能源体系和经济发展模式已难以为继，世界范围内已开始了能源体系的革命性变革。其一是大力节能，提高能源效率，减缓能源消费的增长；其二是大力发展新能源和可再生能源，改善能源结构，降低化石能源的比例。其目标是建立以新能源和可再生能源为主体的高效、清洁、低碳的新型能源体系，取代当前以化石能源为主体的高排放和高碳能源体系，从而实现经济社会与资源环境的协调和可持续发展。

我国当前经济社会发展面临日趋强化的资源环境制约，随着经济的发展，能源消费持续增长，不仅使石油天然气进口依存度持续增加，能源安全面临新的挑战，煤炭、石油等化石能源消费过程中所产生的二氧化硫、氮氧化物、烟尘等常规污染物排放也已严重超出环境的承载能力和自净化能力，造成资源紧缺、环境污染、生态恶化的严峻形势，成为雾霾天气的主要诱因。当前要促进大气、水资源、土壤等环境质量全面好转，除严格排放标准和加强治理措施外，更重要的是控制和减少化石能源消费，从源头上减少污染物排放。因此，推动能源生产和消费革命，节能，改善能源结构，建立高效、安全、清洁、低碳的能源供应体系和消费体系，既是国内节约资源、保护环境的内在需求，也是应对气候变化及减少各种污染物排放减排的关键对策，两者具有显著的协同效应，是实现国内可持续发展与保护地球生态安全相协调统一的战略选择。

《战略》以积极紧迫的能源革命目标为导向，推动经济发展方式的绿色低碳转型。推动能源生产和消费革命，是推进生态文明建设最重要的领域和关键着力点，是以积极紧迫的能源革命目标为导向，促进经济社会发展方式的绿色低碳转型。

2. 能源消费革命的主要目标

推动能源消费革命的主要目标是节能，提高能源利用的技术效率和经济产出效益。《战略》把推动能源消费革命概括为“开创节约高效新局面”。从“十一五”到“十三五”规划纲要中，都制定了单位 GDP 能耗强度下降的约束性目标，并将其分解到各个省市，强化各级政府的目标责任制。在《战略》中提出要强化约束性指标管理，实施能源消费“强度”和“总量”的双控机制，到 2020 年，能源消费总量控制在 50 亿吨标准煤以内，非化石能源占比 15%；单位国内生产总值二氧化碳排放比 2015 年下降 18%；单位国内生产总值能耗比 2015 年下降 15%，能源自给能力保持在 80% 以上，基本形成比较完善的能源安全保障体系。到 2030 年，能源消费总量控制在 60 亿吨标准煤以内，非化石能源占能源消费总量比重达到 20% 左右，天然气占比达到 15% 左右。新增能源需求主要依靠清洁能源满足；单位国内生产总值二氧化碳排放比 2005 年下降 60% ~65%，二氧化碳排放 2030 年左右达到峰值并争取尽早达峰；单位国内生产总值能耗（现价）达到目前世界平均水平，初步构建现代能源体系。这将进一步严格控制能源消费总量的增长，从根本上抑制不合理消费，大幅度提高能源利用效率，促进经济结构的调整和产业升级。

3. 能源生产革命的核心

建立清洁低碳的能源供应体系是能源生产革命的核心。《战略》把能源供给革命概括为“构建清洁低碳新体系”。

一是要推动煤炭清洁高效开发、集中利用。明确实现煤炭转型发展是我国能源转型发展的立足点和首要任务。以多种优质能源替代民用散煤，推广煤改气、煤改电工程。建设高效、超低排放煤电机组，实现燃煤电厂污染物排放达到燃气电厂水平，防止煤电出现新的产能过剩。我国未来新增能源需求将主要依靠增加清洁能源供应满足，而煤炭消费量则趋于饱和甚至开始下降，煤炭在总能源消费中的比例将持续下降。由于煤炭长期以来占总能耗比例在70%左右，2015年已下降到64.4%，到2030年将下降到50%以下，但在今后相当长时期内仍将占据主体能源的地位，因此煤炭高效清洁利用仍是能源革命的一项重要任务。要努力提高煤炭利用效率，引领世界清洁煤技术发展水平和方向，不断降低供电煤耗，2020年新建机组供电煤耗低于300克标准煤/千瓦时，2030年超低污染物排放煤电机组占全国80%以上。控制和减少散煤利用，降低煤炭在终端能源利用中的比例。

二是要大力提高新能源和可再生能源的比例，促进能源体系的低碳化。推动可再生能源高比例发展，提高水能、风能、太阳能并网率，降低发电成本。因地制宜开发多种形式的生物质能、地热能、海洋能。采用最新安全标准，安全高效发展核电，加强核电全产业链的协调配套发展。积极推动天然气（含非常规天然气）倍增发展，推动分布式天然气和分布式可再生能源成为重要的能源利用方式。从2005~2015年，我国非化石能源年均增长10.3%，在总能源消费中占比从7.4%提高到12%，其间可再生能源增长量占世界总增量的40%，呈现快速发展趋势。《战略》中提出到2020年和2030年，非化石能源占比分别提高到15%和20%，天然气比例也将提升到约10%和15%。在能源需求总量仍在持续增长的同时，不断扩大清洁能源的比例，即意味着其必须保持远高于煤炭、石油等高碳能源的增速。我国未来新能源和可再生能源的发展速度、投资规模、新增容量都是其他国家难以比拟的，这也将成为我国重要的新兴科技产业和新的经济增长点。

《战略》中重申我国在《巴黎协定》框架下提出的到2030年单位GDP的二氧化碳强度比2005年下降60%~65%，2030年左右二氧化碳排放达到峰值并努力早日达峰的目标，把应对气候变化的国际承诺目标纳入国内能源革命战略。我国在2009年哥本哈根气候大会曾经提出到2020年GDP的二氧化碳排放强度比2005年下降40%~45%，到2015年已下降38.3%，“十三五”再实现下降18%的预期目标，到2020年可比2005年下降约50%，超额实现国际承诺目标。到2030年再实现下降60%~65%的目标，需比实现2020年目标做出更大努力，年下降率需达4%以上，而预期全球GDP的二氧化碳排放强度下降速度只有约2%，欧、美、日等发达国家也都低于4%的水平，我国在提高单位能耗和单位二氧化碳排放的经济产出效益方面的努力，在世界范围内令人瞩目。

我国2030年左右二氧化碳排放达到峰值，将是我国经济发展方式转变的重要转折点，这意味着经济持续增长而化石能源消费不再增长甚至下降，也意味着国内生态环境的根本性改善。实现二氧化碳排放达峰的必要条件是GDP的二氧化碳排放强度年下降率大于GDP年增长率，我国二氧化碳排放达峰时间将早于发达国家二氧化碳排放达峰时的发展阶段，届时GDP增速也将高于发达国家达峰时的增速，需保持比发达国家达峰时更高的GDP的二氧化碳排放强度下降速度，届时新能源和可再生能源发展和能源替代仍需保持强劲势头。我国控制能源消费总量的增长，并制定非化石能源比例2030年达20%、2050年达50%的目标，可为我国二氧化碳排放达峰提供保障，并为21世纪下半叶实现净零排放、走上气候适宜型低碳经济发展路径奠定基础。

4.《战略》的政策措施

《战略》明确要强化推动能源革命的政策措施，推动新常态下经济转型与产业升级。

一是要推进能源供给侧管理。新常态下加强供给侧结构性改革，一方面要着眼于破除体制机制障碍，提高质量和效益，优化资源配置，提高全要素生产率。另一方面要优化能源生产布局，科学确定能源重点开发基地，统筹能源生产与输送，合理布局能源生产供应。加快能源输送网络转型，减少网络冗余，提高系统运行效率，扩大可再生能源有效利用，推动能源输送网络运营调度升级提效。供给侧结构性改革将使企业生产模式由资源和要素投入驱动的“加工型”向知识和技术创新驱动的“价值型”转变，从而促进产业升级，带动技术改造和革新，提高能源利用效率，降低产品能耗。新常态下GDP增速放缓，产业结构调整加速，钢铁、水泥等高耗能产品需求趋于饱和并开始下降，高耗能产业比例下降，高新科技产业和现代服务业比例上升，都将促进单位GDP能耗加速下降。2013～2016年能源总需求平均增长率已由2005～2013年间的6.0%下降到1.5%，而非化石能源和天然气等清洁能源的年均增速则高达9.7%，在能源总消费中占比3年内提高4.2个百分点，煤炭的消费量则下降11%，在一次能源消费构成占比下降6个百分点。新常态下新增能源需求将主要依靠增加清洁能源供应满足，未来二氧化碳排放将呈增长缓慢并逐渐趋于稳定的态势，为实现二氧化碳排放早日达峰创造了条件。当前经济新常态下新的发展理念和发展趋势，为加快推进能源革命和经济低碳转型提供了良好的发展环境。而积极落实推动能源革命的各项政策措施，加快能源革命的步伐，也是促进新常态下经济转型和产业升级的关键着力点和重要抓手。

二是要加强技术创新，大力推广先进高效节能技术和先进能源技术，将技术优势转化为产业优势和经济优势。在未来高比例可再生能源上网的发展过程中，要研发和推广智慧能源技术，全面建设“互联网+”智慧能源网络，促进能源与现代信息技术深度融合。推动能源互联网与分布式能源技术、智能电网技术、储能技术的深度融合，并加强对氢能、核聚变等前沿技术的研发和示范，占领能源科技的制高点，打造国家的竞争优势，顺应并引领全球能源技术创新和发展的进程。推动能源生产管理和营销模式变革，重塑产业链、供应链、价值链，增强发展新动力。推进能源生产智能化，建设分布式能源网络，发展基于能源互联网的新业态。构建基于大数据、云计算、物联网等技术的能源监测、管理、调度信息平台、服务体系和产业体系。

三是要进一步深化改革，推动能源体制革命，并将其作为生态文明制度建设的重要内容。切实转变各级领导政绩观的导向和考核标准，强化节能和减排二氧化碳的目标责任制；创新能源宏观调控机制，建立健全能源法制体系，改革和完善促进低碳发展的财税金融政策体系、能源产品价格形成机制和资源环境税费制度；加强能源市场机制改革，加快形成统一开放、竞争有序的能源市场体系；倡导低碳生活方式和消费方式，探索中国特色的低碳城镇化道路。

5.1.4 《能源技术革命创新行动计划（2016－2030）》解读

2016年4月7日，国家发展改革委、能源局联合印发《能源技术革命创新行动计划（2016－2030年）》（本节简称《能源技术行动计划》）。《能源技术行动计划》为我国“十三五”及今后较长一段时期内能源技术革命指明了方向。

1. 我国能源技术的战略需求

《能源技术行动计划》指出我国能源技术革命应以国家战略需求为导向。一方面为解决资源保障、结构调整、污染排放、能源利用效率、应急调峰能力等重大问题提供技术手段和解决方案。另一方面为实现经济社会发展、应对气候变化、环境质量等多重国家目标提供技术支撑和持续动力。重点围绕“两个一百年”奋斗目标提供能源安全技术支撑、围绕环境质量改善目标提供清洁能源技术支撑、围绕二氧化碳峰值目标提供低碳能源技术支撑、围绕能源效率提升目标提供智慧能源技术支撑、围绕能源技术发展目标提供关键材料装备支撑。

2. 《能源技术行动计划》的总体目标

《能源技术行动计划》明确了我国能源技术革命的总体目标。到2020年，能源自主创新能力大幅提升，一批关键技术取得重大突破，能源技术装备、关键部件及材料对外依存度显著降低，我国能源产业国际竞争力明显提升，能源技术创新体系初步形成；到2030年，建成与国情相适应的完善的能源技术创新体系，能源自主创新能力全面提升，能源技术水平整体达到国际先进水平，支撑我国能源产业与生态环境协调可持续发展，进入世界能源技术强国行列。

3.《能源技术行动计划》的重点任务

《能源技术行动计划》提出了15个方面的重点技术创新任务，包括：煤炭无害化开采及清洁高效利用、非常规油气和深层、深海油气开发、二氧化碳捕集、利用与封存、先进核能、乏燃料后处理与高放废物安全处理处置、高效太阳能、大型风电、生物质、海洋、地热能等新能源利用、先进储能、氢能与燃料电池、高效燃气轮机、现代电网关键技术、能源互联网、节能与能效提升技术创新等。

《能源技术行动计划》将各项重点任务分解为若干具体技术创新行动及路线图。在技术创新政策保障环节，着力从完善能源技术创新环境、激发企业技术创新活力、夯实能源技术创新基础、完善技术创新投融资机制、创新税收价格保险支持机制、深化能源科技国际合作交流等方面予以支持保障。

5.1.5　《清洁能源消纳行动计划（2018－2020年）》解读

2018年10月30日，国家发展改革委、能源局印发了《清洁能源消纳行动计划（2018－2020年）》（本节简称《清洁能源行动计划》）。《清洁能源行动计划》为我国建立清洁能源消纳长效机制，以及“十三五”后三年的清洁能源消纳提出了明确的行动目标和具体措施。

1.《清洁能源行动计划》的工作目标

《清洁能源行动计划》提出工作目标是：到2018年，清洁能源消纳取得显著成效；到2020年，基本解决清洁能源消纳问题。

各年度具体指标为：2018年，确保全国平均风电利用率高于88%（力争达到90%以上），弃风率低于12%（力争控制在10%以内）；光伏发电利用率高于95%，弃光率低于5%，确保弃风、弃光电量比2017年进一步下降。全国水能利用率95%以上。全国大部分核电实现安全保障性消纳。

2019年，确保全国平均风电利用率高于90%（力争达到92%左右），弃风率低于10%（力争控制在8%左右）；光伏发电利用率高于95%，弃光率低于5%。全国水能利用率 95% 以上。全国核电基本实现安全保障性消纳。

2020 年，确保全国平均风电利用率达到国际先进水平（力争达到 95% 左右），弃风率控制在合理水平（力争控制在 5% 左右）；光伏发电利用率高于 95%，弃光率低于 5%。全国水能利用率 95% 以上。全国核电实现安全保障性消纳。

此外，《清洁能源行动计划》还给出了新疆、甘肃等重点省份的年度目标。

2.《清洁能源行动计划》的工作措施

《清洁能源行动计划》提出了七个方面的工作措施。一是优化电源布局，合理控制电源开发节奏。科学调整清洁能源发展规划，有序安排清洁能源投产进度，积极促进煤电有序清洁发展。二是加快电力市场化改革，发挥市场调节功能。完善电力中长期交易机制，扩大清洁能源跨省区市场交易，统筹推进电力现货市场建设，全面推进辅助服务补偿（市场）机制建设。三是加强宏观政策引导，形成有利于清洁能源消纳的体制机制。研究实施可再生能源电力配额制度，完善非水可再生能源电价政策，落实清洁能源优先发电制度，启动《可再生能源法》修订工作。四是深挖电源侧调峰潜力，全面提升电力系统调节能力。实施火电灵活性改造，核定火电最小技术出力率和最小开机方式，通过市场和行政手段引导燃煤自备电厂调峰消纳清洁能源，提升可再生能源功率预测水平。五是完善电网基础设施，充分发挥电网资源配置平台作用。提升电网汇集和外送清洁能源能力，提高存量跨省区输电通道可再生能源输送比例，实施城乡配电网建设和智能化升级，研究探索多种能源联合调度，加强电力系统运行安全管理与风险管控。六是促进源网荷储互动，积极推进电力消费方式变革。推行优先利用清洁能源的绿色消费模式，推动可再生能源就近高效利用，优化储能技术发展方式，推进北方地区冬季清洁取暖，推动电力需求侧响应规模化发展。七是落实责任主体，提高消纳考核及监管水平。强化清洁能源消纳目标考核，建立清洁能源消纳信息公开和报送机制，加强清洁能源消纳监管督查。

5.2 优化产业和能源结构

5.2.1 促进传统产业转型升级

1. 深入实施中国制造 2025 促进制造业高端化、绿色化、智能化

2016 年 6 月 12 日，国家发展改革委等三部门联合出台了《中国制造 2025——能源装备实施方案》（本节简称《实施方案》）。《实施方案》与中国制造2025总体工作部署统筹衔接，是能源领域贯彻落实中国制造2025的具体举措。

《实施方案》按照“创新驱动、升级产业，面向需求、突出重点，统筹协调、有序推进，依托工程、形成合力”的原则，瞄准制约能源产业发展的重大核心技术装备问题，注重关键技术和工艺的创新，重点突破一批关键材料、核心零部件和重大装备，并将之作为提升能源装备制造业水平的当务之急。

《实施方案》围绕确保能源安全供应、推动清洁能源发展和化石能源清洁高效利用三个方面确定了15个领域的重点任务，包括煤炭绿色智能采掘洗选、深水和非常规油气勘探开发、油气储运和输送、清洁高效燃煤发电、先进核电、水电、风电、太阳能发电、燃料电池、地热能、海洋能、燃气轮机、储能、先进电网、煤炭深加工装备等，主攻当前能源产业发展亟须的三代核电、模块化小型堆、先进燃料等先进核电装备，页岩气、深水油气等油气勘探开发装备，燃气轮机、智能电网和能源互联网等先进电力装备等。

《实施方案》的目标是，到2020年前，我国将突破一批能源清洁低碳和安全高效发展的关键技术装备并开展示范应用，制约性或瓶颈性装备和零部件实现批量化生产和应用。2025年前，能源装备制造业形成具有比较优势的较完善产业体系，总体具有较强国际竞争力。能源装备形成产学研用有机结合的自主创新体系，实现引领装备制造业转型升级。《实施方案》还提出了相关保障措施建议。

2. 加强分类指导，支持老工业城市和资源型城市产业转型发展新动能

2016年9月13日，国家发展改革委等五部门联合印发《关于支持老工业城市和资源型城市产业转型升级的实施意见》（本节简称《实施意见》）。《实施意见》明确了推动全国老工业城市和资源型城市产业转型升级的总体思路、实施路径、重点任务和配套政策措施。

根据《实施意见》，推进老工业城市和资源型城市产业转型升级的总体思路是要全力推进供给侧结构性改革，以深化改革开放，优化发展环境，激发创新活力为重点，着力优化产业结构，改造提升“老字号”，深度开发“原字号”，培育壮大“新字号”，力争用10年左右时间，建立健全支撑产业转型升级的内生动力机制、平台支撑体系，构建特色鲜明的现代产业集群，再造产业竞争新优势。

《实施意见》提出，支持老工业城市和资源型城市探索各具特色的产业转型升级路径，鼓励通过传统优势产业改造、培育新技术新产业新模式新业态、承接产业转移和产业合作、推进制造业与服务业融合发展、工业化和信息化融合发展等，积极探索符合本地实际的产业转型升级路径和模式。

《实施意见》从完善体制机制，壮大企业主体、鼓励创新创业等方面明确了相关重点任务。同时，提出要开展试点示范，在老工业城市和资源型城市建设产业转型升级示范区和示范园区，鼓励先行先试，探索一批可复制可推广的经验。

《实施意见》从产业、创新、投资、金融、土地等方面提出了一系列具体支持政策，重点支持产业转型升级示范区和示范园区改革创新，形成政策合力。国家发展改革委会同有关部门建立定期会商制度，协调推进相关工作，同时对产业转型升级示范区和示范园区定期开展监督检查和评估，建立动态调整、有进有出的评价管理体系。《实施意见》还要求有关地方要抓好组织实施，建立示范区建设管理推进工作机制，积极出台配套政策措施，组织编制示范区建设方案。

为引导资源型城市逐步摆脱传统发展模式依赖，培育发展新动能，2017 年 1 月 6 日，国家发展改革委印发《关于加强分类引导培育资源型城市转型发展新动能的指导意见》（本节简称《指导意见》）。《指导意见》提出要坚持分类指导、特色发展，努力推动资源型城市在经济发展新常态下发展新经济、培育新动能，加快实现转型升级，力争到 2020 年，成长型城市资源开发模式更加科学，城市发展和资源开发的协调机制初步建立；成熟型城市多元产业体系更加健全，内生发展动力显著增强；衰退型城市历史遗留问题得到基本解决，转型发展基础更加牢固；再生型城市新旧动能转换取得明显进展，经济社会发展步入良性轨道。

《指导意见》明确了四方面重点任务。一是探索新模式，通过强化绿色高效的资源开发方式、发展高水平的资源精深加工产业、促进资源开发和城市发展相协调促进成长型城市有序发展。二是激发新活力，通过深化供给侧结构性改革、构建多元化产业体系、构建新型营商环境推动成熟型城市跨越发展。三是拓展新路径，通过促进资源枯竭城市全面转型、大力实施独立工矿区改造搬迁、推动采煤沉陷区综合治理支持衰退型城市转型发展。四是聚集新要素，通过推动经济提质增效、鼓励创业创新、塑造良好人居环境引导再生型城市创新发展。

《指导意见》要求要建立健全新机制推动转型升级顺利实现。一是强化开发秩序约束机制，严格执行矿产资源勘查开发准入和分区管理制度，研究制定资源开发与城市可持续发展协调评价办法，以成长型和成熟型城市为重点，加强可持续发展预警与调控。二是健全资源性产品价格形成机制，研究完善矿业权使用费征收和分配政策，使资源性产品价格灵活反映市场供求关系、资源稀缺程度和环境损害成本。三是研究建立资源型企业可持续发展准备金制度，健全资源开发补偿机制和利益分配共享机制，监督资源开发主体承担资源补偿、生态建设和环境整治等方面的责任和义务，优化资源收益分配关系，促进资源开发收益向资源型城市倾斜，支持改善资源产地居民生产生活条件，共享资源开发成果。四是进一步落实接续替代产业扶持机制，加强政策引导，充分发挥市场机制作用，调动社会力量，推动接续替代产业发展。《指导意见》还对组织实施工作提出了要求。

3. 狠抓煤炭、钢铁行业化解过剩产能，规范生产经营秩序，推进行业转型升级

（1）强化煤炭、钢铁行业监管，规范生产秩序，推动化解过剩产能。

2016 年 2 月 5 日，国务院印发《关于煤炭行业化解过剩产能实现脱困发展的意见》（本段简称《意见》）。《意见》着眼于推动煤炭行业供给侧结构性改革，按照市场倒逼与政府支持相结合、化解产能与转型升级相结合、整体推进与重点突破相结合的原则，对推进结构性改革，进一步化解煤炭行业过剩产能，推进煤炭企业实现脱困发展做出了部署。《意见》要求，要严格控制煤炭新增产能，加快淘汰落后产能和其他不符合产业政策的产能，推进企业改革重组，促进行业调整转型，严格治理不安全生产、控制超能力生产、治理违法违规建设、限制劣质煤使用。力争从 2016 年开始，用 3 ~5 年的时间，再退出产能 5 亿吨左右、减量重组 5 亿吨左右煤炭产能，使煤炭行业转型升级取得实质性进展。

3 月 21 日，国家发展改革委印发了《关于进一步规范和改善煤炭生产经营秩序的通知》。强调了规范和改善煤炭生产经营秩序的重要性，提出了引导煤炭企业减量生产、自觉规范生产经营行为、恪守行业自律等主要措施，以及加强监督管理的要求。

6 月上旬，国家发展改革委会同有关部门下发了《关于开展煤炭行业能耗情况专项检查的通知》《关于开展钢铁行业能耗情况专项检查的通知》。对全国各省（直辖市、自治区）煤炭、钢铁行业能源消耗状况及单位产品能耗限额标准落实情况开展执法专项行动。通过执法检查全面了解全国煤炭、钢铁行业能源消耗状况，查处违法违规用能行为，促进化解煤炭、钢铁过剩产能，推动行业脱困发展。8 月 23 日，又对山西、内蒙古、河南、陕西、宁夏、新疆等重点地区开展了第二轮煤炭行业能耗情况专项检查。

6 月 28 日，国家发展改革委办公厅代表钢铁煤炭行业化解过剩产能和脱困发展工作部际联席会议办公室印发了《关于进一步贯彻落实煤矿节日停产放假和落实减量化生产的通知》。通报了对全国部分煤矿“五一”期间停产放假和276个工作日制度的落实情况，指出部分煤矿企业存在思想认识不到位、在停产放假理解上有偏差、弹性工作日制度有待完善、执行规定不到位等情况。要求煤矿企业进一步提高对减量化生产措施重要性的认识，切实加强监督检查和问题整改，科学实行弹性工作日制度，加强煤矿安全管理。明确将继续加大督查力度，特别是对存在执行煤矿节日停产放假和落实减量化生产不到位的地区以及存在突出问题的地区进行重点督查，确保煤炭减量化工作取得实效。

11月30日，国家发展改革委、国资委印发《关于加强市场监管和公共服务保障煤炭中长期合同履行的意见》（本段简称《意见》）。煤炭中长期购销合同是指买卖双方约定期限在一年及以上的单笔数量在20万吨以上的厂矿企业签订的合同。《意见》要求，要充分认识煤炭中长期购销合同的重大意义，遵循市场经济规律，尊重企业市场主体地位；完善合同条款和履约保障机制，提高中长期合同比重；完善价格形成机制，促进价格平稳有序；严格履行企业主体责任，提高合同履约率；建立健全合同履约考核评价；强化激励和保障，营造有利于合同履行的良好环境，如优先保障资源和运力、优先安排释放先进产能。同等条件下优先参与市场交易。协调保障非常态情形下的合同履行等。依法实施价格监管。加强主体信用建设，实施守信联合激励和失信联合惩戒。强化经营业绩考核。充分发挥行业协会协调服务和行业自律作用。进一步完善社会监督机制。2017年11月10日，国家发改委印发《关于推进2018年煤炭中长期合同签订履行工作的通知》。要求充分认识煤炭中长期合同的重要作用，进一步创新方式，推动建立长期稳定合作关系，加强事中事后监管，提高合同履行水平，加强密切配合，保障工作顺利进行。

2016年12月5日，国家发展改革委等5部门联合印发《关于坚决遏制钢铁煤炭违规新增产能打击“地条钢”规范建设生产经营秩序的通知》。要求各地严禁新增钢铁产能，迅速开展违规新建项目核查，严防已关闭退出产能死灰复燃，加快淘汰落后产能，加强动态监管和联合惩戒，及时报告核查结果及处理意见。12月26日，相关部委再次联合印发补充通知，对核查工作提出了更为详细的要求。

12月30日，国家发展改革委、工信部印发了《关于运用价格手段促进钢铁行业供给侧结构性改革有关事项的通知》。对列入《产业结构调整指导目录（2011年本）（修正）》钢铁行业限制类、淘汰类装置所属企业生产用电继续执行差别电价，在现行目录销售电价或市场交易电价基础上实行加价政策，同时推进阶梯电价政策。并加强分工协作，严格管理和规范使用加价电费资金。

2017年4月17日，国家发展改革委等23部门联合印发《关于做好2017年钢铁煤炭行业化解过剩产能实现脱困发展工作的意见》（本段简称《意见》）。《意见》指出，2016年，我国钢铁煤炭行业化解过剩产能实现脱困发展各项工作虽然取得积极进展，但是2017年任务仍然很重，要全面落实政府工作报告部署，坚持稳中求进工作总基调，牢固树立新发展理念，处理好政府和市场、短期和长期、减法和加法、供给和需求的关系，推动去产能工作不断深化。《意见》还同时发布了《2017年钢铁去产能实施方案》和《2017年煤炭去产能实施方案》。明确提出了钢铁行业2017年6月30日前"地条钢"产能依法彻底退出，全年退出粗钢产能5000万吨左右、煤炭产能1.5亿吨以上的目标及重点工作任务。

10月23日，国家发展改革委办公厅印发《关于做好迎峰度冬期间煤炭市场价格监管的通知》。决定组织开展煤炭市场价格巡查，严厉打击煤炭行业哄抬价格和价格垄断行为，切实提高检查的威慑力，提升监管效果。

12月19日，国家发展改革委等12部门联合印发《关于进一步推进煤炭企业兼并重组转型升级的意见》（本段简称《意见》）。《意见》要求把提高供给体系质量作为主攻方向，通过市场机制、经济手段、法治办法，促进煤炭企业加快兼并重组和上下游深度融合发展，大幅提高煤矿规模化、集约化、现代化水平，实现煤炭行业转型升级。到2020年底，争取在全国形成若干个具有较强国际竞争力的亿吨级特大型煤炭企业集团，发展和培育一批现代化煤炭企业集团。主要做法包括：大力推进不同规模、不同区域、不同所有制、不同煤种的煤炭企业实施兼并重组，支持煤炭、电力企业通过实施兼并重组；鼓励煤炭与煤化工企业根据市场需要出发实施兼并重组；鼓励具备实力的钢铁企业、铁路、港航运输企业结合资源需求，与煤炭企业实施兼并重组；鼓励通过兼并重组加快淘汰落后产能和其他不符合产业政策的产能，引导规模小、安全差、效率低的煤矿主动退出；鼓励通过兼并重组推进技术进步和升级，通过兼并重组实现煤炭资源优化配置、提高煤矿安全生产保障水平、加快"僵尸企业"处置、实现煤炭产业的优化布局。

《意见》提出了较为具体的政策保障措施，包括：支持土地矿产处置，完善煤矿新建项目核准审批条件，严格安全标准、环保法规标准、质量标准、规模技术标准约束，强化煤炭企业诚实守信政策引导，实行兼并重组重点对象企业和主体企业名录管理。支持兼并重组企业市场融资和资产债务重组，对不具备长期发展条件、列入兼并重组重点对象的煤炭企业实行审慎的信贷政策、关联产业政策并加强债券风险防范等。

2018 年 4 月 9 日，国家发展改革委等 6 部门联合印发《关于做好 2018 年重点领域化解过剩产能工作的通知》（本段简称《通知》）。《通知》指出，2016 年以来，我国累计退出粗钢产能超过 1.2 亿吨、煤炭产能超过 5 亿吨，分流安置职工 110 余万人。2017 年淘汰停建缓建煤电产能 6500 万千瓦，供给质量和效率大幅提升，行业运行状况明显好转，推进钢铁煤炭化解过剩产能和防范化解煤电产能过剩风险工作取得显著成效。2018 年要更好地适应去产能进入新阶段后的新形势、新变化、新要求，把处置“僵尸企业”作为重要抓手，把提高供给体系质量作为主攻方向，重点在“破”“立”“降”上下功夫，持续深入推进钢铁去产能，不断提高煤炭供给体系质量，积极稳妥化解煤电过剩产能。钢铁方面：2018 年退出粗钢产能 3000 万吨左右，基本完成“十三五”期间压减粗钢产能 1.5 亿吨的上限目标任务。煤炭方面：力争化解过剩产能 1.5 亿吨左右，确保 8 亿吨左右煤炭去产能目标实现三年“大头落地”。煤电方面：淘汰关停不达标的 30 万千瓦以下煤电机组。在工作方法方面，《通知》明确要求，要稳妥做好职工安置工作，加快处置资产债务，大力推动转型升级，进一步优化产业布局，科学把握去产能力度和节奏，构建促进行业健康发展的长效机制，深化国企改革和产业融合，更好发挥奖补资金对去产能的支持作用，进一步压实各方责任，加强经验推广和舆论引导。通知还分类给出了钢铁、煤炭和煤电三个行业化解过剩产能的工作要点。

（2）建立健全煤炭最低库存和最高库存制度。

2016 年 11 月 28 日，国家发展改革委、能源局印发了《关于建立健全煤炭最低库存和最高库存制度的指导意见（试行）》（本节简称《指导意见》）及《煤炭最低库存和最高库存制度考核办法（试行）》（本节简称《考核办法》）。

《指导意见》对煤炭生产、经营、消费各环节以及重点燃煤电厂的最低库存和最高库存都做出了具体规定。对于煤炭生产企业而言，煤矿地面生产系统中的储煤能力应达到 3 ~7 天的矿井设计产量，储煤能力包括储煤场和贮煤装车仓总能力。同时，设有储煤厂的煤矿，当动力煤价格处于绿色区域时，应保持不低于 5 天设计产量的最低储煤量；当动力煤价格出现大幅下跌超出绿色区域下限时，煤矿应保持不低于 7 天设计产量的最低储煤量；当动力煤价格出现大幅上涨超出绿色区域上限时，煤矿储煤量可不高于 3 天设计产量。不设储煤厂的煤矿，应保持装车仓最大设计储煤量。

对于从事原煤、配煤及洗选、型煤加工产品经销等活动的煤炭经营企业而言，最低库存原则上不低于上一年度 3 天的日常经营量。当市场供不应求、动力煤价格出现大幅上涨超出绿色区域上限时，煤炭经营企业最高库存原则上不超过上一年度月均经营量。

对于煤炭主要用户而言，电力、建材、冶金、化工等重点耗煤行业的相关企业，日常生产经营过程中煤炭最低库存原则上不应低于近三年企业储煤平均水平；在市场供不应求、价格连续快速上涨时，其存煤量不应高于最高库存，最高库存原则上不超过两倍的最低库存量。

为进一步规范库存界定范围，《指导意见》还明确，煤炭生产企业的库存包括场存煤、站存煤，不包括发运到港口、集运站或分销基地的存煤。主要用户的库存指厂存煤，不包括在途煤。

《指导意见》专门对重点燃煤电厂的煤炭最低库存和最高库存进行了规范。由于目前我国电煤消费占煤炭消费的一半左右，比例最高，数量最大，保障电煤供应是实现电力稳定生产运行的关键。《指导意见》要求，对于最低库存，一是主要考虑各地煤炭消费量和自给率等因素，结合近年来各区域电煤库存平均可用天数，将各地最低库存标准分为两档。山西、陕西、内蒙古等煤炭主产区的燃煤电厂，库存量原则上不少于15 天耗煤量；其他地区的燃煤电厂，库存量原则上不少于20 天耗煤量。二是综合考虑运输方式、运输距离、资源矿点、煤种类型等因素，明确具体电厂存煤标准。同时规定，常态下燃煤电厂的最低库存，选取区域存煤与电厂存煤标准的低值。对于运输条件较好的煤电联营项目，可适当调低最低库存标准。三是为确保迎峰度夏度冬及重大活动用煤需要，有关电力企业要提前做好煤炭收储工作，确保在用煤高峰到来前，将最低库存水平在常态基础上再提高 5 ~ 10 天，其中燃烧褐煤的电厂的最低库存水平在常态基础上提高 5 天。对于最高库存，当市场供不应求、价格连续快速上涨时，燃煤电厂库存量原则上不超过该电厂两倍的最低库存量，迎峰度夏度冬及重大活动期间，最高库存量可再适当上浮 10 ~ 20 天。《指导意见》还进一步规范了各地用于计算库存天数的日煤耗基准值的测算标准。

在制度设计方面，《指导意见》从三个方面保障煤炭最低库存和最高库存制度有效实施。一是兼顾了原则性和灵活性，做出的规定方便操作落地，不搞“一刀切”。二是建立了明确的考核机制，制定了配套的《考核办法》，保证了制度的有效执行。三是提出了相应的激励约束措施，通过强化正向激励、强化违规惩戒、强化信用约束，引导企业主动履行社会责任。

4. 促进有色金属工业、石化产业结构转型增效发展

2016年6月5日，国务院印发了《关于营造良好市场环境促进有色金属工业调结构促转型增效益的指导意见》（本节简称《意见一》）。《意见一》指出，有色金属工业是我国六大重点高耗能行业之一。近年来，随着世界经济深度调整和我国经济发展进入“新常态”，有色金属市场需求低迷，我国有色金属工业长期积累的结构性产能过剩、市场供求失衡等深层次矛盾和问题逐步显现。2014年以来，主要有色金属产品价格持续下跌，铝价一度跌破万元，铜、铅、锌、镍价格比金融危机前的高点分别下跌60%、50%、40%和80%左右，部分品种已跌破平均生产成本线。2015年有色金属工业规模以上企业主营业务收入零增长，利润总额同比下降13.2%，亏损企业数及亏损额大幅增加，大部分企业陷入生产经营困难局面。《意见一》的出台，就是为推进供给侧结构性改革，解决有色金属工业长期积累的结构性产能过剩、市场供求失衡等深层次矛盾和问题，推动有色金属工业持续健康发展。

《意见一》指出了有色金属工业供给侧结构性改革的方向、主要目标、重点任务和政策措施，是促进有色金属工业调结构、促转型、增效益的行动纲领和指南。化解产能过剩是推进有色金属行业供给侧结构性改革的重要方向，《意见一》提出了争取电解铝产能利用率保持在80%以上等具体目标。为营造良好市场环境，《意见一》强调，一是要切实发挥市场在资源配置中的决定性作用，由企业自主经营决策，吸引生产要素向有前景的领域聚集；二是明确更好发挥政府作用，突出简政放权、放管结合、优化服务，防止越位、主动补位，健全激励约束机制，保障公平竞争，维护市场秩序，弥补市场失灵；三是明确了严控新增产能、加快退出过剩产能、加强技术创新、扩大市场应用、健全储备体系等重点任务；四是提出了用电、土地、财税、金融、职工安置等保障政策。

《意见一》要求要通过着力弥补行业发展短板，力争重点工艺技术装备取得突破，促进有色工业转型升级。一是积极推动智能制造。引导在重点领域开展数字化矿山、智能制造示范工厂试点，提升企业研发、生产和服务的智能化水平，提高产品性能稳定性和质量一致性。二是积极发展精深加工。着力发展高性能轻合金材料、有色电子材料、有色新能源材料、稀有金属深加工材料等，进一步满足我国先进装备、新一代信息技术、船舶及海洋工程、航空航天、国防科技等领域的需求。

《意见一》还提出积极推进国际合作，不是简单停留在资源开发层面，而是要进一步落实“一带一路”倡议，提升层次和水平，在有色金属冶炼、加工等方面开展合作交流，充分发挥我国先进技术和装备优势，带动装备、产品、技术、标准、服务的全产业链输出，与“一带一路”沿线国家实现互利共赢。

2016 年 7 月 23 日，国务院办公厅印发了《关于石化产业调结构转型增效益的指导意见》（本节简称《意见二》)。《意见二》提出了石化产业结构调整和转型升级的总体要求、重点任务、保障措施，强调推进供给侧结构性改革，推动石化产业提质增效、转型升级和健康发展。

石化产业调结构、促转型、增效益意义重大。石化产业是国民经济重要的支柱产业，产品覆盖面广，资金技术密集，产业关联度高，对稳定经济增长、改善人民生活、保障国防安全具有重要作用。目前，我国已成为世界石油和化工生产消费第二大国，仅次于美国，化学工业总产值更超越美国，位居世界第一。根据国家统计局数据，截至 2017 年底石油和化工行业规模以上企业 25156 家，当年全行业主营业务收入 12.22 万亿元，利润总额 8046 亿元，资产总计 10.47 万亿元，分别占全国规模工业主营收入、利润总额、总资产的 10.8%、10.7%、9.3%，进出口贸易总额 2225.5 亿美元，占全国进出口贸易总额的 5.4%。我国是贸易顺差大国，但石化行业是我国少数贸易逆差行业之一，与贸易顺差行业相比，我国石化产业补短板和做优增量的任务更为繁重。石化产业严重依赖进口的产品主要是化工新材料和基础石化原料。2017 年我国化工新材料（按先进高分子材料加电子化学品口径统计）的国内自给率不足 70%（按重量计），进口化工新材料价格较高，按销售额计的化工新材料国内自给率仅为一半左右。同时基础石化原料也严重依赖进口，2017 年我国乙烯当量自给率为 50% 左右。化工新材料和基础石化原料既是目前我国石化产业的主要短板，也是未来石化产业做优增量的主要方向。为此，《意见二》及时提出了“着力去产能、降消耗、减排放，补短板、调布局、促安全，推动石化产业提质增效、转型升级和健康发展”，“坚持调整存量与做优增量相结合”的原则，要求在“改造提升传统产业，推动企业兼并重组，巩固现有竞争优势”的同时，“大力发展化工新材料，发展专用装备制造和相关生产性服务业，培育新的经济增长点”。“十三五”期间，石化产业必须从发展理念、产业结构、安全环保、资源节约、技术创新等方面进行全方位变革和深度调整，走出一条资源消耗少、技术含量高、质量效益好的新型工业化之路，实现石油化工大国向强国的新跨越。

化解结构性过剩产能、提升化工新材料质量和规模是首要任务。石油与化工行业的产能过剩主要表现为结构性过剩。一方面，传统石化化工产品产能过剩，市场供大于求。根据石化联合会发布的《石化行业产能预警报告》，2015 年我国 PTA、电石、聚氯乙烯、氢氟酸、有机硅甲基单体、丁苯橡胶、顺丁橡胶产能利用率分别为64.1%、58.9%、68.5%、44%、55.5%、54.5%、45.1%，均严重过剩。烧碱、TDI过剩程度较轻，产能利用率分别为78.2%和70.3%。另一方面，资源类产品、高端石化产品、化工新材料短缺，大量依赖进口。2015年我国原油、天然气进口依存度为60.8%和31.5%，合成树脂总体为25.9%，其中聚乙烯树脂为40.9%，ABS树脂为34%，合成橡胶、合成纤维单体进口依存度为26.4%和29.6%。化工新材料方面，茂金属聚烯烃、辛烯共聚聚乙烯等自给率不足10%，聚碳酸酯、碳纤维、特种工程塑料（聚砜、聚酰亚胺等）自给率不足30%，聚酰胺工程塑料、己烯共聚聚乙烯、尼龙66切片等不足50%。化工新材料是新材料产业的主要门类之一，不仅本身是重要的战略性新兴产业，而且也是其他战略性新兴产业发展和传统产业升级的重要支撑。化工新材料不同于通用型基础化学品，产品质量高度差异化，目前我国已能生产大多数化工新材料但主要生产中低端牌号的产品，造成化工新材料行业的“双低”局面即自给率低与开工率低并存，提升产品质量和规模是我国化工新材料行业的主要任务。同时，受战略性新兴产业发展和传统产业升级的共同拉动，化工新材料的需求增长快于基础化工产品，特别是随着战略性新兴产业的发展，部分化工新材料迎来了跨越式发展的历史机遇。例如，新能源汽车的发展有望使动力锂电池用电子化学品10～15年内形成万亿元级的产业规模，成为石化产业主要增长点之一。

为化解结构性过剩产能，提升化工新材料和基础石化原料质量和规模，《意见二》要求，一是严控新增产能。不得新建未纳入《石化产业规划布局方案》的炼化项目，不得违规审批尿素、磷铵、电石、烧碱、聚氯乙烯、纯碱、黄磷等过剩行业上马建设新增产能项目，技改项目要坚持产能等量或减量置换原则。二是加快淘汰落后产能。制定产能置换方案，利用安全、环保、节能、价格等措施推动落后和低效产能退出，为先进产能腾出空间。三是重点发展高性能树脂、特种合成橡胶、高性能纤维、功能性膜材料等化工新材料，推进石化产业基地及重大项目建设，增强烯烃、芳烃等基础产品保障能力，满足下游产业需求。四是加强国际产能合作。充分发挥传统石化产业比较优势，结合“一带一路”倡议，积极推动炼油、烯烃、甲醇、轮胎、化肥、农药、染料、氯碱、无机盐等优势产业开展国际产能合作，带动相关技术装备与工程服务“走出去”。

优化创新石油化工发展模式，提升基础石化原料保障能力。目前炼油工业以生产汽柴油为主，联产石脑油等产品作为乙烯和芳烃的原料。要提升我国乙烯和对二甲苯等基础石化原料的保障能力，但传统的石油化工发展模式面临成品油需求不足和烯烃、芳烃供给不足的结构性矛盾，石油化工的发展模式需要优化创新。未来需要创新炼油工艺技术，优化炼化一体化项目的整体配置方案，提高原料型产品比例，降低燃料型产品比例，解决成品油需求不足和烯烃、芳烃供给不足的结构性矛盾，努力实现《意见二》提出的“烯烃、芳烃等基础原料的保障能力显著增强”的目标。

安全绿色生产任务紧迫。当前，石化产业面临的资源环境约束持续加大。2016 年，全行业能源消费总量为 5.57 亿吨标准煤，位居工业部门第二，“三废”排放量也位居工业行业前列。原油、天然气、天然橡胶、钾肥等需求持续增长，进口依存度居高不下。合成氨、甲醇、乙烯等重点产品能效水平与国际先进普遍存在 10% ~30% 差距。石化企业数量多、工艺复杂、管理水平参差不齐，部分企业存在管理责任不到位、污染治理不到位、隐患排查不到位的问题，也有个别企业存在违规生产、存储、运输危险化学品，违规排放“三废”的情况，导致泄露、爆炸、污染重大事故时有发生，造成人员伤亡和财产损失，造成了很不好的社会影响。为此，《意见二》指出要强化安全生产责任制，探索高风险危险化学品全程追溯，实施危化品生产企业安全环保搬迁改造；完善化工园区监控、消防、应急等系统平台，不符合要求的化工园区、化工品储存项目要关闭退出，危化品生产企业搬迁改造及新建化工项目必须进入规范化工园区；加快清洁生产技术开发应用，加大重点污染物防治力度，提高“三废”利用水平；实施能效领跑者制度，完善节能标准体系。

科技创新成为重要支撑。科学技术是推动石化产业结构调整的根本保障和绿色可持续发展的持久动力。为加快提升创新能力，《意见二》提出石化产业要健全以企业为主体的产学研用协同创新体系，组建一批技术创新战略联盟。整合技术中心、重点实验室等研发平台，加大人才培养和引进力度，加快科技研发及成果转化。扩大智能制造试点范围，鼓励炼化、轮胎、化肥、氯碱等行业开展智能工厂、数字化车间试点，建设能源管理信息系统。成立若干新材料产业联盟，增强新材料保障能力。

《意见二》对优化产业布局、改造传统产业、企业兼并重组也做出明确要求，如有序推进沿海七大石化产业基地和现代煤化工产业建设；加强化工园区规划建设，开展智慧化工园区试点；拓展传统化工产品应用领域，提高产品质量，降低消耗和排放；营造公平的市场环境，重点推动传统化工企业兼并重组，优化资金、技术、人才等要素配置，形成一批具有国际竞争力的大型企业集团等内容。

在保障措施方面，《意见二》也从修订完善相关产业政策、加大财政金融支持力度、强化监督检查管理等方面提出了多项有力举措。

为稳步推动石化产业绿色发展，合理规划产业布局，完善产业结构，提升行业创新能力，持续完善绿色标准，2017 年 12 月 5 日，国家发展改革委、工信部联合印发了《关于促进石化产业绿色发展的指导意见》（本节简称《意见三》)。《意见三》的制定和出台，对推动石化产业转型升级，实现产业发展和生态环境保护协同共进，将产生十分积极的作用。

《意见三》明确了石化产业实现绿色发展目标与重点任务。针对制约石化产业实现绿色发展的主要因素，《意见三》明确要深入推进石化产业供给侧结构性改革，以“布局合理化、产品高端化、资源节约化、生产清洁化”为目标，优化产业布局，调整产业结构，加强科技创新，完善行业绿色标准，建立绿色发展长效机制，推动石化产业绿色可持续发展。

《意见三》提出了三项重点任务：一是优化产业布局、规范园区发展。按照资源环境承载能力，依据全国主体功能区规划、城乡规划和生态环境保护规划，优化石化产业布局，促进区域协调发展，统筹各化工园区发展定位，逐步完善化工园区产业升级与退出机制，优化调整化工园区布局。二是加快升级改造，大力发展绿色产品。依法依规淘汰落后工艺、技术和装备，实施从基础设计至生产运营阶段全流程工艺、技术和装备不断升级进步，从源头上减少三废产生。围绕下游关系民生的重点领域，大力发展清洁油品、环保溶剂油、高效低毒农药、水溶性肥料和水性涂料等绿色石化产品及高性能化工新材料。三是提升科技支撑能力，健全行业绿色标准。健全以企业为主体的产学研用协同创新体系，构建市场导向的绿色技术创新体系，突破一批绿色制备、末端治理、能量系统优化等技术。健全石化产业绿色发展标准体系，加快绿色产品、绿色工厂、绿色园区标准制定与实施，适时将石化产业绿色产品评价标准纳入绿色产品评价标准清单。

加强技术进步，实现生产绿色化是石化产业绿色发展的关键。《意见三》明确提出，要加快行业升级改造。实施清洁生产改造，从基础设计至生产运营阶段，全流程推动工艺、技术和装备不断升级进步，加强企业生产工艺、生产过程的清洁化、绿色化，从源头上减少三废产生，实现末端治理向源头减排转变。同时，行业要加大绿色生产工艺、技术和装备的研发和推广，使产品生产过程产生的“三废”尽可能少，实现“本质”绿色、环保。

加强政府监管，创造公平环境是实现绿色发展的保障。《意见三》指出，在推进石化产业绿色发展中，政府应充分发挥引导者和监管者的角色，让市场主体遵守相关产业政策和标准，合法合规经营，对违法违规行为进行严厉制裁。将严重违反产业政策和污染排放标准的企业纳入失信企业“黑名单”，实施失信联合惩戒，将相关信息纳入全国信用信息共享平台并在“信用中国”网站公开。严格安全、环保要求，加强事中事后监管，创造公平竞争的市场环境，使企业站在相同的起跑线上进行竞争，通过市场机制实现优胜劣汰，让优秀的企业茁壮成长，让落后的企业自然地退出市场，最终使资金、人才、土地等资源流向具有竞争力的行业和企业，实现产能与需求的协调发展，减少结构性产能过剩带来的资源浪费，有效推进石化产业绿色发展。

加强政策引导，是促进石化产业绿色发展的指南。《意见三》提出，要加大政策执行力度，严格贯彻落实《石化产业规划布局方案》《现代煤化工产业创新发展布局方案》，确保产业布局科学合理。严格执行《产业结构调整指导目录（2011 年本）（修正）》，对应淘汰的落后工艺、技术和装备，依法依规予以取缔和关停。推动企业兼并重组，优化资金、技术、人才等要素配置，提升产业集中度和绿色发展水平。强化财政金融支持，对符合条件的危化品生产企业搬迁、行业绿色升级改造、绿色产品发展、技术创新平台、创新战略联盟、创新示范基地给予支持。加大对绿色产品、绿色工厂、绿色园区的支持力度，在项目核准、土地审批等方面依法依规建立绿色通道。落实企业主体责任，增强企业绿色发展主体责任意识，牢固树立安全环保的红线意识，认真履行社会责任，加强行业自律，自觉遵守各项法律法规，加大“责任关怀”力度，形成产业发展与民生改善相得益彰、和谐共荣的格局。

5. 加强重点领域、重点用能单位、重点用能设备节能，推动产业结构全面升级

加强重点领域节能。《“十三五”节能减排综合工作方案》提出，要加强工业、建筑、交通运输、商贸流通、农业农村、公共机构等领域节能。一是实施工业能效赶超行动，到 2020 年规模以上工业企业单位增加值能耗比 2015 年降低 18% 以上，电力、钢铁、有色、建材、石油石化、化工等重点耗能行业能源利用效率达到或接近世界先进水平。二是编制绿色建筑建设标准，到 2020 年城镇绿色建筑面积占新建建筑面积比重提高到 50%，强化既有居住建筑节能改造，实施 5 亿平方米以上改造面积，2020 年前基本完成北方采暖地区有改造价值城镇居住建筑节能改造。三是推进综合交通运输体系建设；推动零售、批发、餐饮、住宿、物流等企业建设能源管理体系；推进农业农村节能；加强公共机构节能，2020 年公共机构单位建筑面积能耗和人均能耗比 2015 年降低 10% 和 11%。

强化重点用能单位及重点用能设备节能管理。一是开展重点用能单位“百千万”行动和节能自愿承诺活动。2017 年 11 月 1 日，国家发展改革委印发《关于开展重点用能单位“百千万”行动有关事项的通知》；5 月 27 日，印发《关于组织开展节能自愿承诺活动的通知》；12 月 29 日，印发《关于发布节能自愿承诺用能单位名单的通知》。围绕能耗总量控制和能效目标，对重点用能单位用能实行年度预算管理，严格执行能源统计、能源利用状况报告、能源管理岗位和能源管理负责人等制度。二是加强高耗能特种设备节能审查和监管，构建安全、节能、环保“三位一体”的监管体系，“十三五”期间燃煤工业锅炉实际运行效率提高 5 个百分点，到 2020 年新生产燃煤锅炉效率不低于 80%，燃气锅炉效率不低于 92%。鼓励永磁同步电机、变频调速、能量反馈等节能技术的集成应用，加快高效电机、配电变压器等用能设备开发和推广应用，淘汰低效电机、变压器、风机、水泵、压缩机等用能设备，全面提升重点用能设备能效水平。

5.2.2 推动能源结构优化

1. 强化煤炭减量替代工作监督管理，积极推进电能替代

（1）加强煤炭减量替代工作考核与监管。

根据《重点地区煤炭消费减量替代管理暂行办法》（发改环资〔2014〕2984 号）和《加强大气污染治理重点城市煤炭消费总量控制工作方案》（发改环资〔2015〕1015 号）关于控制煤炭消费总量的相关部署，2016 年 7 月 11 日，国家发展改革委等六部门印发了《关于做好 2016 年度煤炭消费减量替代有关工作的通知》。要求各重点地区切实重视煤炭消费减量替代工作，完善工作方案，严控高耗煤项目新增产能，加快推进煤炭消费减量工程和措施。同时做好 2015 年度煤炭消费减量替代工作的监督考核，加强形势分析和预警调控，坚决防止煤炭消费减量工作前松后紧、年底突击“控煤限煤”的现象。

8 月 12 日，国家发展改革委印发了《关于开展 2015 年度煤炭消费减量替代工作检查的通知》，对重点地区开展专项检查。12 月 31 日，国家发展改革委第 31 号公告发布了对京津冀鲁、长三角、珠三角等重点地区 2015 年度煤炭消费减量替代目标完成情况和工作措施落实情况进行现场检查的结果：2015 年，北京市、天津市、河北省、上海市、江苏省、浙江省、广东省煤炭消费量分别为 1165 万吨、4539 万吨、28943 万吨、4728 万吨、27209 万吨、13826 万吨、16587 万吨，比 2012 年分别减少 1105 万吨、759

万吨、2416万吨、975万吨、553万吨、548万吨、1047万吨，珠三角地区2015年煤炭消费量比2012年减少1227万吨。山东省2015年煤炭消费量40927万吨，比2012年增加694万吨。总体来看，上海市、江苏省、浙江省和珠三角地区提前完成煤炭消费减量目标任务，北京市、天津市、河北省达到煤炭消费减量时间进度要求。

（2）积极推动电能替代。

5月16日，国家发展改革委等8部门联合印发了《关于推进电能替代的指导意见》（本节简称《指导意见》），从推进电能替代的重要意义、总体要求、重点任务和保障措施四个方面提出了指导性意见，为全面推进电能替代提供了政策依据。

《指导意见》指出，当前，我国大气污染形势严峻，大量散烧煤、燃油消费是造成严重雾霾的主要因素之一。我国每年散烧煤消费7亿~8亿吨，主要用于采暖小锅炉、工业小锅炉（窑炉）、农村生产生活等领域，约占煤炭消费总量20%，远高于欧盟、美国不到5%的水平。大量散烧煤未经洁净处理就直接用于燃烧，致使大量大气污染物排放。此外，汽车、飞机辅助动力装置（APU）、靠港船舶使用燃油也是大气污染排放的重要源头。电能具有清洁、安全、便捷等优势，实施电能替代对于推动能源消费革命、落实国家能源战略、促进能源清洁化发展意义重大。电能替代的电量主要来自可再生能源发电，以及部分超低排放煤电机组，无论是可再生能源对煤炭的替代，还是超低排放煤电机组集中燃煤对分散燃煤的替代，都将对提高清洁能源消费比重、减少大气污染物排放做出重要贡献。

稳步推进电能替代，还有利于提升我国电气化水平，提高人民生活质量，让人们享受更加舒适、便捷、智能的电能服务；有利于部分工业行业提升产品附加值，促进产业升级。此外，电能替代将进一步扩大电力消费，缓解我国部分地区当前面临的电力消纳与系统调峰困难，特别是个别地区的严重“窝电”问题。

电能替代的总体目标。“十三五”期间，按照“改革创新、规划引领、市场运作、有序推进”的基本工作原则，全面推进居民供暖、生产制造、交通运输、电力供应与消费四个领域的电能替代，实现能源终端消费环节替代散烧煤、燃油消费约1.3亿吨标煤，带动电煤占煤炭消费比重提高约1.9%，带动电能占终端能源消费比重提高约1.5%，促进电能消费比重达到约27%。预计可新增电量消费约4500亿千瓦时，减排烟尘、二氧化硫、氮氧化物约30万吨、210万吨、70万吨。

电能替代的重点任务。一是北方居民采暖领域，主要针对使用散烧煤进行取暖的，使用蓄热式电锅炉、蓄热式电暖器、电热膜等多种电采暖设施替代分散燃煤设施。二是生产制造领域，要结合产业特点进行，有条件地区可根据大气污染防治与产业升级需要，在工农业生产中推广电锅炉、电窑炉、电灌溉等。三是交通运输领域，主要针对各类车辆、靠港船舶、机场桥载设备等，使用电能替代燃油。四是电力供应与消费领域，主要是满足电力系统运行本身的需要，如储能设备可提高系统调峰调频能力，促进电力负荷移峰填谷。

电能替代的支持政策可归纳为三个主要方面。在配电网建设改造方面，将合理配电网建设改造投资纳入相应配电网企业有效资产，将合理运营成本计入输配电准许成本，科学核定分用户类别、分电压等级输配电价。国家从“十三五”配电网改造资金中拿出一部分用于电能替代配套电网改造，配电网企业也要安排专项资金用于红线外供配电设施的投资建设，并建立提前介入、主动服务、高效运转的“绿色通道”，按照客户需求做好布点布线、电网接入等服务工作。在设备投资方面，鼓励各地利用大气污染防治专项资金等资金渠道，支持电能替代。鼓励电能替代项目单位积极申请企业债、低息贷款，采用 PPP 模式，解决融资问题。在项目运行方面，扩大峰谷电价价差，合理设定低谷时段，降低低谷用电成本。鼓励电能替代企业与风电等各类发电企业开展双边协商或集中竞价的直接交易。创新辅助服务机制，电、热生产企业和用户投资建设蓄热式电锅炉，提供调峰服务的，将获得合理补偿收益。

2. 出台煤电联营指导意见，促进煤电高效清洁有序发展

“十三五”以来，受经济进入新常态和结构调整等因素影响，我国用电量增速趋缓，电力供需总体宽松。煤电行业面临利用小时数逐年下降、规划建设规模较电力需求偏大等问题。为促进煤电行业健康发展，国家发展改革委、能源局于 2016 年 3 月 17 日印发了《关于促进我国煤电有序发展的通知》。要求建立煤电规划建设风险预警机制，结合风险预警适时调整相关措施。强化规划引领的约束作用，严控煤电总量规模，按需推进煤电基地建设，加大淘汰落后产能力度。有序推进煤电建设，取消一批不具备核准条件的煤电项目，缓核、缓建一批电力盈余省份的煤电项目，严格按程序核准建设煤电项目。加大监督管理处理力度，强化事中事后纵横协调监管，加强专项监督检查，严厉查处违规建设。

4 月 17 日，国家发展改革委印发了《关于发展煤电联营的指导意见》（本节简称《意见》）。《意见》明确了发展煤电联营应遵循“市场为主、企业自愿，统筹规划、流向合理，调整存量、严控增量，互惠互利、风险共担，联营合作、专业经营”的基本原则。上述原则明确了政府和企业的定位，强调发挥市场机制和政府规划引导作用。

在尊重市场规则的基础上，鼓励煤、电双方通过协商自愿形成联营模式。同时，为避免市场失灵和无序竞争，煤电联营还应符合国家能源发展战略统筹规划，服从煤炭和电力发展规划。通过联营合作，发挥煤、电行业各自优势，延伸产业链，提高风险对冲能力，实现煤电联营提质增效。

受电力项目类型、煤矿和电站布局、煤炭和电力市场以及企业资源配置等因素的影响，煤电联营发展存在多种各有优劣的模式。为此，《意见》明确了发展煤电联营最适合的三种模式：一是大型煤电基地坑口电站优先采取煤电一体化模式。二是低热值煤等资源综合利用电厂适合煤电一体化模式。三是不具备一体化条件的，鼓励采取大比例交叉持股模式。对于形成一定规模、实力比较强的大型企业，可以采取专业化公司模式。

《意见》在优先消纳存量项目，严格控制新增项目的基础上，进一步明确了科学推进存量煤电联营的重点发展方向，鼓励有条件的煤炭和电力企业突破行业壁垒，发展混合所有制，实现产权多元化，通过资本注入、股权置换、兼并重组、股权划拨等方式形成在役煤矿和电站的联营合作。同时，还明确了新建煤矿必须同时符合减量置换要求。为化解煤炭企业办电积极性高但电力企业办煤积极性低的矛盾，《意见》还提出了鼓励发展煤电联营的相应支持政策。

2017 年 7 月 26 日，国家发展改革委等 16 部门联合印发《关于推进供给侧结构性改革　防范化解煤电产能过剩风险的意见》。提出要积极推动煤电行业供给侧结构性改革，按照“完善机制、科学调控，企业为主、保障安全，淘汰落后、严控增量，优化存量、转型升级”的原则，正确处理需求与供应、存量与增量、上游与下游的关系，有力有序防范化解煤电产能过剩风险，实现煤电高效清洁有序发展。目标是“十三五”期间，全国停建和缓建煤电产能 1. 5 亿千瓦，淘汰落后产能 0. 2 亿千瓦以上，实施煤电超低排放改造 4. 2 亿千瓦、节能改造 3. 4 亿千瓦、灵活性改造 2. 2 亿千瓦。到 2020 年，全国煤电装机规模控制在 11 亿千瓦以内，具备条件的煤电机组完成超低排放改造，煤电平均供电煤耗降至 310 克/千瓦时。

3. 鼓励热电联产，因地制宜发展可再生能源，推进多种清洁能源方式协同发展

（1）出台热电联产管理办法。

2016 年 3 月 22 日，国家发展改革委等 5 部门联合出台了《热电联产管理办法》（本节简称《办法》）。《办法》从规划建设、机组选型、网源协调、环境保护、政策措施、监督管理等方面对发展热电联产做出了若干规定，对推进大气污染防治、提高能源利用效率、促进热电产业健康发展具有重要的指导意义和作用。

《办法》出台背景。目前，我国城市和工业园区供热已基本形成“以燃煤热电联产和大型锅炉房集中供热为主、分散燃煤锅炉和其他清洁（或可再生）能源供热为辅”的供热格局。热电联产集中供热具有能源综合利用效率高、节能环保等优势，是解决城市和工业园区集中供热主要热源和供热方式之一，是解决我国城市和工业园区存在供热热源结构不合理、热电供需矛盾突出、供热热源能效低污染重等问题的主要途径之一。

适用范围和原则。《办法》适用于全国范围内热电联产项目（含企业自备热电联产项目）的规划建设及相关监督管理。规划建设热电联产项目应遵循“统一规划、以热定电、立足存量、结构优化、提高能效、环保优先”的基本原则，统筹协调城市或工业园区的相关规划，科学合理确定热负荷和供热方式，合理控制调峰锅炉投运时间。项目规划建设应与燃煤锅炉治理以及落后的热电机组替代关停同步推进。

《办法》明确，在机组选型时按照“以最小装机容量满足供热需求”的原则，优先采用背压式热电机组，严格控制规划建设大型燃煤抽凝式热电机组。背压热电机组严格遵循“以热定电”原则，具有以下突出特点和优势：一是可以大幅提高能源利用效率。与抽凝式热电机组（或常规燃煤发电机组）相比，其设计供电标煤耗低约 70（或 110）克/千瓦时甚至更多，其设计全厂热效率高约 20% 或 35%。二是可以显著降低污染物排放。以 1 台 5 万千瓦的背压热电机组替代 26 台 10 蒸吨/小时燃煤锅炉估算，每年可减排烟尘 60 吨、二氧化硫 352 吨、氮氧化物 334 吨，污染物排放量可减少 85% 以上。与抽凝式热电机组相比，在相同供热量和环保排放标准条件下，背压热电联产机组污染物排放总量也远低于大型抽凝机组，可减少 30% 以上。三是可以明显缓和区域电力供需矛盾。2 台 5 万千瓦背压机组的采暖供热能力可与 1 台 35 万千瓦抽凝式机组相当，而装机容量仅为 28% 左右，真正体现“以最小装机容量满足热力需求”，最大限度地减少电力冗余装机规模，可有效地缓解热力供需矛盾、电力系统调峰压力等。四是有利于引进社会资本采用多种投融资模式建设。2 台 5 万千瓦背压热电机组投资一般 10 亿元左右，其投资仅为 1 台 35 万千瓦抽凝式热电机组的 65% 左右，投资小更适合吸收社会资本进行建设。《意见》指出，对于采暖型背压热电机组项目应给予相应的电价支持、补贴支持、发电优先上网、电量优先收购、机组装机容量不受限制、鼓励社会资本参与投融资建设等鼓励支持政策。

（2）推进北方采暖地区清洁供暖替代燃煤。

2017 年 9 月 6 日，住建部等 4 部门联合印发《关于推进北方采暖地区城镇清洁供暖的指导意见》（本节简称《指导意见》）。《指导意见》指出，经过多年发展，我国北方采暖地区城镇已基本形成以集中供暖为主，多种供暖方式为补充的格局，但还存在热源供给不足、清洁热源比重偏低、供暖能耗偏高等问题，不利于保障群众的采暖需求和减少污染物排放。

《指导意见》要求根据“企业为主、政府推动、居民可承受”的方针，以满足群众取暖需求为导向，按照规划引领、重点推进、因地制宜、企业为主的原则，推进供暖供给侧改革，大力推进清洁能源利用，加快推进北方采暖地区城镇清洁供暖工作。

《指导意见》明确了九项重点任务，一是编制清洁供暖专项规划，建立供暖设施建设项目库。二是加快推进燃煤热源清洁化。三是因地制宜推进天然气和电供暖。四是大力发展可再生能源供暖。五是有效利用工业余热资源。六是全面取消散煤取暖，采用清洁热源供暖。七是对尚未进行改造或暂不具备改造条件的地区，鼓励以“清洁型煤＋环保炉具”替代散煤。八是加快供暖老旧管网设施改造。九是大力提高热用户端能效。

（3）因地制宜发展可再生能源和清洁能源。

2017 年 12 月 28 日，国家发展改革委办公厅、农业部办公厅、能源局综合司联合印发了《关于开展秸秆气化清洁能源利用工程建设的指导意见》（本段简称《指导意见》）。《指导意见》指出，实施秸秆气化清洁能源利用工程是提高秸秆综合利用率的重要抓手，是农村清洁能源供给的重要方式，也是解决突出环境问题的有效手段。要按照区域统筹、因地制宜，突出重点、集中建设，政府推动、市场运作，科技创新、强化支撑的原则，积极推动开展农村秸秆气化清洁能源利用工程。目标是到 2020 年，建成若干秸秆气化清洁能源利用实施县，实施区域内秸秆综合利用率达到 85% 以上，有效替代农村散煤，为农户以及乡镇学校、医院、养老院等公共设施供应炊事取暖清洁燃气。《指导意见》明确了重点任务，包括根据资源禀赋，科学规划布局；合理选择技术工艺，确保终端产品全量利用；严格执行标准，确保工程质量；创新运营机制，推动产业化发展；依托新型经营主体，健全收储运体系等。在保障措施方面，《指导意见》要求各地加强组织领导，加大支持力度，抓好安全生产，做好总结推广应用。

12 月 29 日，国家发展改革委印发了《关于加快浅层地热能开发利用促进北方采暖地区燃煤减量替代的通知》。明确以京津冀及周边地区等北方采暖地区为重点，统筹推进浅层地热能开发利用，加强政策保障和监督管理，到 2020 年，浅层地热能应用水平得到较大提升，在替代民用散煤供热（冷）方面发挥积极作用。

（4）推进并网型微电网建设，引导分布式和可再生能源就地消纳。

国家发展改革委、能源局于2017年7月17日印发了《推进并网型微电网建设试行办法》（本段简称《办法》）。《办法》所称“微电网”，是指由分布式电源、用电负荷、配电设施、监控和保护装置等组成的小型发配用电系统，分为并网型和独立型，可实现自我控制和自治管理，具备微型、清洁、自治、友好的特征，能够较好地适应新能源、分布式电源和电动汽车等快速发展，满足多元化接入与个性化需求，有利于结合城市、新型城镇及新农村等发展需要，鼓励利用当地资源，进行融合创新，培育能源生产和消费新业态。

为推进能源供给侧结构性改革，促进并规范微电网健康发展，引导分布式电源和可再生能源的就地消纳，建立多元融合、供需互动、高效配置的能源生产与消费模式，推动清洁低碳、安全高效的现代能源体系建设，《办法》对微电网规划建设、并网管理、运行维护、市场交易、政策支持等方面做出了详细规定。

5.2.3 加快新兴产业发展

《“十三五”节能减排综合工作方案》提出，到2020年，战略性新兴产业增加值和服务业增加值占国内生产总值比重分别提高到15%和56%，节能环保、新能源装备、新能源汽车等绿色低碳产业总产值突破10万亿元，成为支柱产业。

1. 促进汽车动力电池产业发展

（1）发布《电池汽车动力蓄电池回收利用技术政策（2015版）》。

动力电池是电动汽车的心脏，是新能源汽车产业发展的关键。为加快提升我国汽车动力电池产业发展能力和水平，推动新能源汽车产业健康可持续发展，国家发展改革委等5部门于2016年1月5日发布了《电池汽车动力蓄电池回收利用技术政策（2015年版）》（本节简称《技术政策》）。《技术政策》分为总则、动力电池的设计和生产、废旧动力电池回收、废旧动力电池利用、促进措施、监督管理和附则等七部分内容，对电动汽车动力电池设计生产、回收、梯次利用、再生利用等方面均做出了规定。

《技术政策》的出台背景和目的。当前，我国新能源汽车产业蓬勃发展，推广应用工作有序推进。在可预见的将来，电动汽车动力蓄电池将大规模退役并进入回收利用环节。对动力蓄电池回收利用进行及时规范和引导，有助于培育良好的再利用体系，防止走其他废弃物治理走过的“先乱后治”的老路。因此，要加强动力电池梯级利用和回收管理，引导动力电池生产企业加强对废旧动力电池的回收利用，鼓励发展专业化的回收利用企业；明确动力电池收集、存储、运输、处理、再生利用及最终处置等各环节的技术标准和管理要求；加强监管，督促相关企业提高技术水平，严格落实各项环保规定，严防重金属污染。《技术政策》出台的主要目的就是加强对电动汽车动力电池回收利用工作的技术指导和规范，明确动力电池回收利用的责任主体，指导相关企业建立上下游企业联动的动力电池回收利用体系，防止行业无序发展。为达到上述目的，《技术政策》确定了以落实生产者责任延伸制度为主要原则，推动废旧动力电池有序回收，安全、环保和资源化利用，优先鼓励再利用，明晰相关主体责任义务。

《技术政策》的主要内容。包括四个方面：一是明确了管理方式和范围。二是明确了动力电池回收利用工作的责任主体。三是明确建立动力电池编码制度，建立可追溯体系。四是鼓励进行废旧动力电池梯级利用。

《技术政策》就促进动力蓄电池回收利用提出了具体的政策措施。在制度上，国家鼓励企业对动力电池采用收取押金、回购、以旧换新等措施，提高消费者交回废旧动力蓄电池的积极性。国家将探索把废旧动力蓄电池纳入“废弃电器电子产品回收处理基金”征收范围。在激励措施上，国家将在现有资金渠道内对梯级利用企业和再生利用企业的技术研发、设备进口等方面给予支持，鼓励企业不断提升技术水平，节约资源、保护环境。在技术研发方面，国家支持动力蓄电池相关回收利用技术和装备的研发，鼓励废旧动力蓄电池回收企业、梯级利用企业、再生利用企业不断开发和推广新技术。在国际合作方面，国家将鼓励开展电动汽车动力蓄电池回收利用领域的国际交流与合作，支持国家标准的共同制定和协调统一，支持开展具有国际先进水平的示范项目建设。

（2）出台促进汽车动力电池产业发展行动方案。

2017 年 2 月 20 日，工业和信息化部等 4 部门联合印发了《促进汽车动力电池产业发展行动方案》（以下简称《行动方案》）。结合国际上对动力电池产业发展趋势的判断，《行动方案》提出分三个阶段推进我国动力电池发展：2018 年，提升现有产品性价比，保障高品质电池供应；2020 年，基于现有技术改进的新一代锂离子动力电池实现大规模应用；2025 年，采用新化学原理的新体系电池力争实现技术变革和开发测试。具体提出 5 个方面的发展目标：一是产品性能大幅提升，2020 年动力电池系统比能量力争较现有水平提高一倍达到 260 瓦时/公斤，成本降至 1 元/瓦时以下，2025 年动力电池单体比能量达500瓦时/公斤。二是产品安全性满足大规模使用需求，实现全生命周期的安全生产和使用。三是产业规模合理有序发展，2020年行业总产能1000亿瓦时、形成产销规模400亿瓦时以上的龙头企业。四是关键材料及零部件取得重大突破，2020年形成具有核心竞争力的创新型骨干企业。五是高端装备支撑产业发展，2020年实现装备智能化发展、制造成本大幅降低。

为实现未来产业发展目标，《行动方案》提出了建设动力电池创新中心、实施动力电池提升工程、加强新体系动力电池研究、推进全产业链协同发展、提升产品质量安全水平、加快建设完善标准体系、加强测试分析和评价能力建设、建立完善安全监管体系、加快关键装备研发与产业化等九项重点任务，以及加大政策支持力度、完善产业发展环境、发挥产业联盟作用、加快人才培养和引进、加强国际合作与交流等5个方面的保障措施，并明确了重点任务和保障措施的落实部门。

2. 推进燃气轮机创新发展

2017年5月12日，国家发展改革委、能源局出台了《依托能源工程推进燃气轮机创新发展的若干意见》（本段简称《意见》）。《意见》指出，加快发展燃气轮机是落实能源技术革命、推动能源装备制造升级的重要任务，也是进一步提升我国工业基础和能源装备制造水平的重要抓手。我国发展燃气轮机的目标包括两个方面：一是到2020年，突破重型燃气轮机设计技术、高温部件制造技术和运行维护技术瓶颈，基本形成完整的重型燃气轮机产业体系。二是各类中小型燃气轮机装备初步实现自给自足和自主持续发展的能力，能够有效保障能源各领域对燃气轮机需求。

《意见》明确了五方面重点任务：一是通过加快发展重型燃机、全面掌握设计技术、自主制造关键部件、完善试验验证能力、研究先进重型燃机技术来重点推动重型燃机发展。二是通过完善驱动用燃机产业体系、发展分布式能源用系列燃机来发展中小系列燃气轮机。三是通过加快突破关键部件材料、涂层材料及其他材料来加快突破燃机关键材料技术。四是通过培育自主运行维护服务体系、发展第三方运维服务来掌握燃机运行维护服务技术。五是加快培育和发展燃气轮机应用市场。

《意见》还就加强项目监管、支持能力建设、组织示范工程、完善支持政策、严格招标采购等方面提出了保障措施建议。

3. 推动发展节能环保服务产业

2016年7月27日，国家发展改革委、水利部、税务总局联合印发《关于推行合同节水管理促进节水服务产业发展的意见》（本段简称《意见》）。合同节水管理是指节水服务企业与用水户以合同形式，为用水户募集资本、集成先进技术，提供节水改造和管理等服务，以分享节水效益方式收回投资、获取收益的节水服务机制。推行合同节水管理，有利于降低用水户节水改造风险，提高节水积极性；有利于促进节水服务产业发展，培育新的经济增长点；有利于节水减污，提高用水效率，推动绿色发展。

《意见》指出，要按照市场主导、政策引导、创新驱动、自律发展的原则，大力促进节水服务产业发展。到2020年，合同节水管理成为公共机构、企业等用水户实施节水改造的重要方式之一，培育一批具有专业技术、融资能力强的节水服务企业，一大批先进适用的节水技术、工艺、装备和产品得到推广应用，形成科学有效的合同节水管理政策制度体系，节水服务市场竞争有序，发展环境进一步优化，用水效率和效益逐步提高，节水服务产业快速健康发展。推行合同节水管理的重点领域包括公共机构、公共建筑、高耗水工业、高耗水服务业等。典型模式包括节水效益分享型、节水效果保证型、用水付费托管型，《意见》鼓励节水服务企业与用水户创新发展合同节水管理商业模式。在加快推进制度创新方面，《意见》指出要强化节水监管制度、完善水价和水权制度、加强行业自律机制建设、健全标准和计量体系。在培育发展节水服务市场方面，《意见》提出培育壮大节水服务企业、创新技术集成与推广应用、改善融资环境、加强财税政策支持、组织试点示范等措施建议。

4. 促进储能技术产业发展

2017 年 9 月 22 日，国家发展改革委等 5 部门联合印发《关于促进储能技术与产业发展的指导意见》（本节简称《指导意见》）。《指导意见》明确了促进我国储能技术与产业发展的重要意义、总体要求、重点任务和保障措施。

储能是智能电网、可再生能源高占比能源系统、“互联网 +”智慧能源的重要组成部分和关键支撑技术。储能能够为电网运行提供调峰、调频、备用、黑启动、需求响应支撑等多种服务，是提升传统电力系统灵活性、经济性和安全性的重要手段；储能能够显著提高风、光等可再生能源的消纳水平，支撑分布式电力及微网，是推动主体能源由化石能源向可再生能源更替的关键技术；储能能够促进能源生产消费开放共享和灵活交易、实现多能协同，是构建能源互联网，推动电力体制改革和促进能源新业态发展的核心基础。加快储能技术与产业发展，对于构建“清洁低碳、安全高效”的现代能源产业体系，推进我国能源行业供给侧改革、推动能源生产和利用方式变革具有重要战略意义，同时还将带动从材料制备到系统集成全产业链发展，成为提升产业发展水平、推动经济社会发展的新动能。

近年来，我国储能呈现多元发展的良好态势，总体上已经初步具备了产业化的基础。《指导意见》指出，要着眼能源产业全局和长远发展需求，紧密围绕改革创新，以机制突破为重点、以技术创新为基础、以应用示范为手段，大力发展“互联网+”智慧能源，促进储能技术和产业发展。储能未来十年分两个阶段推进：第一阶段即“十三五”期间，实现储能由研发示范向商业化初期过渡；第二阶段即“十四五”期间，实现商业化初期向规模化发展转变。

《指导意见》强调，要着力推进储能技术装备研发示范、储能提升可再生能源利用水平应用示范、储能提升能源电力系统灵活性稳定性应用示范、储能提升用能智能化水平应用示范、储能多元化应用支撑能源互联网应用示范等重点任务，为构建“清洁低碳、安全高效”的现代能源产业体系，推进我国能源行业供给侧结构性改革、推动能源生产和利用方式变革做出新贡献，同时带动从材料制备到系统集成全产业链发展，为提升产业发展水平、推动经济社会发展提供新动能。

《指导意见》要求，要按照“政府引导，企业参与”“创新引领，示范先行”“市场主导，改革助推”“统筹规划，协调发展”的基本原则，通过加强组织领导、完善政策法规、开展试点示范、建立补偿机制、引导社会投资、推动市场改革等措施切实推动储能技术与产业的发展。“十三五”期间，建成一批不同技术类型、不同应用场景的试点示范项目，研发一批重大关键技术与核心装备，形成一批重点储能技术规范和标准，探索一批可推广的商业模式，培育一批有竞争力的市场主体，推动储能产业发展进入商业化初期，储能对于能源体系转型的关键作用初步显现。“十四五”期间，形成较为完整的产业体系，全面掌握国际领先的储能关键技术和核心装备，形成较为完善的技术和标准体系，基于电力与能源市场的多种储能商业模式蓬勃发展，形成一批有国际竞争力的市场主体，储能产业规模化发展，储能在推动能源变革和能源互联网发展中的作用全面展现。

5.2.4 积极推进“互联网+”相关融合发展

1. 推进“互联网+”智慧能源发展

（1）出台推进“互联网+”智慧能源发展的指导意见。

2016年2月24日，国家发展改革委印发了《关于推进“互联网+”智慧能源发展的指导意见》（本节简称《指导意见》）。“互联网+”智慧能源也称能源互联网，是一种互联网与能源生产、传输、存储、消费以及能源市场深度融合的能源产业发展新形态，具有设备智能、多能协同、信息对称、供需分散、系统扁平、交易开放等主要特征。在全球新一轮科技革命和产业变革中，互联网理念、先进信息技术与能源产业深度融合，正在推动能源互联网新技术、新模式和新业态的兴起。能源互联网是推动我国能源革命的重要战略支撑，能够显著促进能源清洁高效利用，特别是可再生能源分布利用，对提高可再生能源比重，提升能源综合效率，推动能源技术、装备本身智能化、集成化，能源市场开放和产业升级，形成新的经济增长点，提升能源国际合作水平具有重要意义。

《指导意见》提出能源互联网发展目标分以下两步走。第一阶段（2016～2018年），着力推进试点示范工作。鼓励各类应用探索，积累可推广的新技术、新模式、新业态，基本完成各种类型能源互联网模式和业态的工程示范。第二阶段（2019～2025年），着力推进能源互联网多元化、规模化发展。在总结前期试点示范经验的基础上，对一些成熟可靠的技术和模式进行推广应用，初步建成较为完善的能源互联网产业体系、市场机制和市场体系。

发展能源互联网的重点任务包括以下10个方面。一是通过推动可再生能源生产智能化、化石能源生产清洁高效智能化、集中式与分布式储能协同发展、能源消费智能化来推动建设智能化能源生产消费基础设施。二是通过推进综合能源网络基础设施建设、能源接入转化与协同调控设施建设来加强多能协同综合能源网络建设。三是通过促进智能终端及接入设施的普及应用，加强支撑能源互联网的信息通信设施建设，推进信息系统与物理系统的高效集成与智能化调控，加强信息通信安全保障能力建设来推动能源与信息通信基础设施深度融合。四是通过构建能源互联网的开放共享体系和市场交易体系，促进能源互联网的商业模式创新，建立能源互联网国际合作机制来营造开放共享的能源互联网生态体系。五是通过发展储能网络化管理运营模式、车网协同的智能充放电模式、新能源+电动汽车运行新模式来发展储能和电动汽车应用新模式。六是通过培育用户侧智慧用能新模式，构建用户自主的能源服务新模式，拓展智慧用能增值服务新模式来发展智慧用能新模式。七是通过建设基于互联网的绿色能源灵活交易平台，构建可再生能源实时补贴机制，发展绿色能源的证书交易体系来培育绿色能源灵活交易市场模式。八是通过实现能源大数据的集成和安全共享，创新能源大数据的业务服务体系，建立基于能源大数据的行业管理与监管体系来发展能源大数据服务应用。九是通过支持能源互联网的核心设备研发，支持信息物理系统关键技术研发，支持系统运营交易关键技术研发来推动能源互联网的关键技术攻关。十是通过制定能源互联网通用技术标准和建设能源互联网质量认证体系来建设国际领先的能源互联网标准体系。

（2）推进多能互补集成优化示范工程建设。

7 月 4 日，国家发展改革委，国家能源局联合印发《关于推进多能互补集成优化示范工程建设的实施意见》（本节简称《实施意见》）。《实施意见》指出，建设多能互补集成优化示范工程是构建“互联网 +”智慧能源系统的重要任务之一，有利于提高能源供需协调能力，推动能源清洁生产和就近消纳，减少弃风、弃光、弃水限电，促进可再生能源消纳，是提高能源系统综合效率的重要抓手，对于建设清洁低碳、安全高效现代能源体系具有重要的现实意义和深远的战略意义。

多能互补集成优化示范工程主要有以下两种模式。一是面向终端用户电、热、冷、气等多种用能需求，因地制宜、统筹开发、互补利用传统能源和新能源，优化布局建设一体化集成供能基础设施，通过天然气热电冷三联供、分布式可再生能源和能源智能微网等方式，实现多能协同供应和能源综合梯级利用；二是利用大型综合能源基地风能、太阳能、水能、煤炭、天然气等资源组合优势，推进风光水火储多能互补系统建设运行。

开展本次示范工程建设的主要任务有两个方面：一是建设终端一体化集成供能系统，二是建设风光水火储多能互补系统。建设目标分是：2016 年，启动第一批示范工程建设。“十三五”期间，建成国家级终端一体化集成供能示范工程 20 项以上，国家级风光水火储多能互补示范工程 3 项以上。到 2020 年，各省（区、市）新建产业园区采用终端一体化集成供能系统的比例达到 50% 左右，既有产业园区实施能源综合梯级利用改造的比例达到 30% 左右。国家级风光水火储多能互补示范工程弃风率控制在 5% 以内，弃光率控制在 3% 以内。

《实施意见》还明确了建设原则及方式、政策措施、实施机制等。

2. 推进“互联网 +”绿色生态行动

为贯彻落实国务院《关于积极推进“互联网 +”行动的指导意见》（国发〔2015〕40 号），确保“互联网 +”绿色生态各项任务落到实处，2016 年 1 月 11 日，国家发展改革委办公厅印发了《“互联网 +”绿色生态三年行动实施方案》（本段简称《实施方案》）。《实施方案》的出台，旨在推动互联网与生态文明建设深度融合，完善污染物监测及信息发布系统，形成覆盖主要生态要素的资源环境承载能力动态监测网络，实现生态环境数据的互联互通和开放共享。充分发挥互联网在逆向物流回收体系中的平台作用，提高再生资源交易利用的便捷化、互动化、透明化，促进生产生活方式绿色化。主要任务包括加强资源环境动态监测、大力发展智慧环保、完善废旧资源回收利用和在线交易体系，并进行了细化和部际责任分解。

5.3 落实和完善节能减排支持政策

5.3.1 落实惩罚性电价和差别电价政策

2016 年 1 月 14 日，国家发展改革委、工信部印发了《关于水泥企业用电实行阶梯电价政策有关问题的通知》，决定对水泥生产企业生产用电实行基于可比熟料（水泥）综合电耗水平标准的阶梯电价政策。

8 月 29 日，国家发展改革委印发《关于太阳能热发电标杆上网电价政策的通知》。明确核定全国统一的太阳能热发电（含 4 小时以上储热功能）标杆上网电价为每千瓦时 1.15 元（含税）。上述电价仅适用于纳入国家能源局 2016 年组织实施的太阳能热发电示范范围的项目。2018 年 12 月 31 日以前全部投运的太阳能热发电项目执行上述标杆上网电价。鼓励地方相关部门对太阳能热发电企业采取税费减免、财政补贴、绿色信贷、土地优惠等措施，多措并举促进太阳能热发电产业发展。2019 年以后国家将根据太阳能热发电产业发展状况、发电成本降低情况，适时完善太阳能热发电价格政策，逐步降低新建太阳能热发电价格水平。

为落实《能源发展战略行动计划（2014－2020）》关于风电、光伏电价 2020 年实现平价上网的目标要求，合理引导新能源投资，促进光伏发电和风力发电产业健康有序发展，12 月 26 日，国家发展改革委印发了《关于调整光伏发电陆上风电标杆上网电价的通知》（本节简称《通知》），自 2017 年 1 月 1 日起执行。

《通知》要求，一是降低光伏发电和陆上风电标杆上网电价。降低 2017 年 1 月 1 日之后新建光伏发电和 2018 年 1 月 1 日之后新核准建设的陆上风电标杆上网电价，2018 年前如果新建陆上风电项目工程造价发生重大变化，国家可根据实际情况调整上述标杆电价。之前发布的上述年份新建陆上风电标杆上网电价政策不再执行。光伏发电、陆上风电上网电价在当地燃煤机组标杆上网电价（含脱硫、脱硝、除尘电价）以内的部分，由当地省级电网结算；高出部分通过国家可再生能源发展基金予以补贴。二是明确海上风电标杆上网电价。对非招标的海上风电项目，区分近海风电和潮间带风电两种类型确定上网电价。近海风电项目标杆上网电价为每千瓦时0.85元，潮间带风电项目标杆上网电价为每千瓦时0.75元。海上风电上网电价在当地燃煤机组标杆上网电价（含脱硫、脱硝、除尘电价）以内的部分，由当地省级电网结算；高出部分通过国家可再生能源发展基金予以补贴。三是鼓励通过招标等市场化方式确定新能源电价。国家鼓励各地通过招标等市场竞争方式确定光伏发电、陆上风电、海上风电等新能源项目业主和上网电价，但通过市场竞争方式形成的价格不得高于国家规定的同类资源区光伏发电、陆上风电、海上风电标杆上网电价。实行招标等市场竞争方式确定的价格，在当地燃煤机组标杆上网电价（含脱硫、脱硝、除尘电价）以内的部分，由当地省级电网结算；高出部分由国家可再生能源发展基金予以补贴。四是建立相关发电项目上网交易电量、价格和补贴金额等台账监督检查制度。

5.3.2 继续推进天然气价格改革，强化天然气用气保障

1. 持续推进天然气价格改革，出台两个《办法》，及时解决改革中出现的问题

（1）开展摸底调查。

自2014年启动天然气价格改革以来，各地积极采取多种措施，降低省内管道运输和配气价格，减轻用气企业负担，取得了一定成效。但一些地方仍然存在天然气供气环节过多、加价水平过高等问题，为加强天然气输配价格监管，降低下游企业用气成本，促进天然气行业持续健康发展，2016年8月26日，国家发展改革委印发了《关于加强地方天然气输配价格监管降低企业用气成本的通知》。要求各地全面梳理天然气各环节价格，厘清气源价格（购进价格）、省内管道运输价格、配气价格和销售价格。降低过高的省内管道运输价格和配气价格。积极推进体制机制改革，减少供气中间环节。整顿规范收费行为，凡不是依法依规设立的收费项目，一律取消。建立健全监管长效机制，规范定价行为，建立健全成本监审程序，逐步推行成本信息公开制度，强化社会监督。

（2）出台两个《办法》。

为加强和完善天然气管道运输价格管理，规范定价成本监审行为，10月9日，国家发展改革委印发《天然气管道运输价格管理办法（试行）》和《天然气管道运输定价成本监审办法（试行）》（以下简称两个《办法》）。制定出台两个《办法》，是落实党中央国务院关于深化价格改革、健全政府定价制度的重要举措，是新常态下优化价格监管方式、推进价格工作职能创新的积极探索，也是适应天然气管道发展形势的客

观需要。

天然气价格改革的目标是“放开两头，管住中间”，即放开气源和销售价格由市场形成，政府只对属于网络型自然垄断环节的管网输配价格进行监管。目前我国在天然气管道运输价格管理方面还没有系统的制度规定，定价透明度有待提高。而且，现行天然气管道运输价格多数实行“一线一价”，这种定价方法是在“单气源、单管道”的供气方式下确立的。随着管道建设速度加快和供气安全要求提高，越来越多的管道连接成网，现行定价方法已不能适应形势发展需要。在总结天然气管道运输价格管理实践经验、借鉴市场经济成熟国家通常做法的基础上，改革管道运输价格形成机制，并形成两个《办法》。

与现行管道运输价格机制相比，改革后的管道运输价格机制的核心变化在于：一是定价方法的变化。由原来运用建设项目财务评价原理监管管道运输价格为主的定价方法，调整为按照“准许成本加合理收益”的原则定价。即在核定准许成本的基础上，通过监管管道运输企业的准许收益，确定年度准许总收入，进而核定管道运输价格。二是价格监管对象的变化。不再以单条管道为监管对象，对每条管道单独定价，而是以管道运输企业为监管对象，区分不同企业定价。三是价格公布方式的变化。由国家公布具体价格水平改为国家核定管道运价率（元/立方米·千公里），企业测算并公布进气口到出气口的具体价格水平。

两个《办法》的制定坚持问题导向，对症下药，监管、激励、监督并重，并通过制度建设构建长效机制，亮点颇多：一是推行独立核算制度。两个《办法》明确要求经营天然气管道运输业务的企业原则上应将管道运输业务与其他业务分离，暂不能实现业务分离的，应当实现管道运输业务财务独立核算。二是建立成本约束机制。要求对天然气管道运输业务成本单独归集，对构成定价成本的主要指标如职工薪酬、管理费用、销售费用等明确了具体核定标准，对不得计入定价成本的八种情形作了界定。三是建立激励机制。规定管道运输价格以三年为一个监管周期，如果管道运输企业在监管周期内通过优化运行提高管道负荷率，使实际负荷率高于定价负荷率，或加强管理、节约成本，使企业实际成本低于定价成本，可以获得超过准许收益率的回报。四是建立信息公开机制。实行双公开，不仅要求管道企业主动公开成本信息，强化社会监督，约束企业投资造价和运行成本、避免投资浪费和不合理支出，也要求定价部门公开成本监审结论，提高价格监管的科学性、规范性和透明度。

两个《办法》中将天然气管道运输的准许收益率明确为税后全投资收益率8%，

是综合考虑我国天然气管道发展现状、未来管道投资建设需要，以及下游用户承受能力后确定的。一方面，目前我国天然气管道处于快速发展阶段，主支干线管道总长度为6万公里左右（不含省内管道），远不能满足今后发展需要。准许收益率定为8%，高于长期国债利率3~4个百分点，有利于调动各方面投资天然气管道建设的积极性，促进天然气产业发展。另一方面，由于下游用户承受能力有限，准许收益率也不宜过高。需要说明的是，8%的收益率是在管道负荷率达到75%时才能取得，在其他因素不变的情况下，如果负荷率低于75%，收益率将低于8%。

两个《办法》的出台，是落实供给侧结构性改革要求的具体体现，有利于激发市场活力，补足短板，将对国内天然气市场建设和相关行业发展产生深远影响。一是有利于激发社会资本投资建设管道积极性。两个《办法》对投资天然气管道给出了明确的回报预期，特别是适当高于一般工业行业的投资回报率，将对鼓励社会资本投资建设管道、促进管道发展起到积极作用。二是有利于促进管道向第三方开放。两个《办法》要求企业获得8%准许收益率对应的管道负荷率为75%，意味着如果管道运输企业实际负荷率低于75%，则实际收益率可能达不到8%甚至更低，只有加大向第三方开放力度、提高负荷率，才能获得准许收益甚至更高的收益水平。三是有利于推进天然气价格市场化改革。两个《办法》实施后，天然气管道每一个入口到出口的运输价格清晰明了，为管道向第三方开放创造了条件，同时，有利于天然气气源回归商品属性，促进气气竞争，进而实现气源和销售价格市场化的改革目标。

两个《办法》和《关于加强地方天然气管网输配价格监管降低企业用气成本的通知》（发改价格〔2016〕1859号）的出台，共同构建起天然气产业链从长输管道到省内短途运输管道，再到城市配气管网的全流程价格监管体系。这些政策实施，将有效激发天然气市场的蓬勃生机和活力，促进天然气行业取得长足发展，同时也为加强网络型自然垄断环节价格监管积累丰富经验，为进一步创新价格监管方式奠定坚实基础。

2. 明确储气设施相关价格政策

随着天然气消费量迅速增长，储气设施建设速度偏慢、调峰能力不足的矛盾日益突出。为鼓励投资建设储气设施，增强天然气供应保障能力，10月15日，国家发展改革委印发《关于明确储气设施相关价格政策的通知》。明确储气服务价格由供需双方协商确定，储气设施天然气购销价格由市场竞争形成，鼓励城镇燃气企业投资建设储气设施。

3. 加强天然气保供管理

受国内经济增速放缓、替代能源价格偏低等因素影响，2015 年以来非高峰时段主要用气行业需求低迷。但由于用户基数不断增加、非居民用气比例下降等原因，冬季供暖开始后，峰谷差会进一步扩大，气温变化对供需平衡的影响会愈加明显。与此同时，国内资源增产困难，进口资源特别是中亚管道气存在不确定性，加之储气调峰能力依然不足，预计 2016 年冬明春天然气供应仍会呈现南松北紧局面，京津冀地区矛盾较为集中，如遇持续低温天气，保供形势将十分严峻。为此，2016 年 10 月 20 日，国家发展改革委、能源局印发《关于做好 2016 年天然气迎峰度冬工作的通知》。要求各地准确把握天然气供需形势，明确保供任务，落实责任追究制度，多方施策，努力增供资源。消除输配气管网瓶颈，加强需求侧管理，提高保障能力，确保民生用气需求。加强安全生产管理、信用监管和舆论引导，确保管网安全、平稳运行。

5.3.3 完善财政税收价格激励政策

1. 出台企业节能节水所得税优惠政策

2017 年 9 月 6 日，财政部、税务总局等 5 部门出台了《关于印发节能节水和环境保护专用设备企业所得税优惠目录（2017 年版）的通知》（本段简称《通知》），于 2017 年 1 月 1 日起施行。《通知》明确，按照国务院关于简化行政审批的要求，进一步优化企业所得税优惠管理机制，实行企业自行申报并直接享受优惠、税务部门强化后续管理的机制。建立部门协调配合机制，切实落实节能节水和环境保护专用设备税收抵免优惠政策。税务部门在执行税收优惠政策过程中，不能准确判定企业购置的专用设备是否符合相关技术指标等税收优惠政策规定条件的，可提请地市级（含）以上发展改革、工业和信息化、环境保护等部门，由其委托专业机构出具技术鉴定意见，相关部门应积极配合。对不符合税收优惠政策规定条件的，由税务机关按《税收征管法》及有关规定进行相应处理。《节能节水专用设备企业所得税优惠目录（2008 年版）》和《环境保护专用设备企业所得税优惠目录（2008 年版）》自 2017 年 10 月 1 日起废止，企业在 2017 年 1 月 1 日至 2017 年 9 月 30 日购置的专用设备符合 2008 年版优惠目录规定的，也可享受税收优惠。

2. 出台创新和完善促进绿色发展价格机制意见

2018 年 6 月 21 日，国家发展改革委印发《关于创新和完善促进绿色发展价格机制的意见》（本节简称《意见》）。《意见》指出，党的十八大以来，在以习近平同志为核心的党中央坚强领导下，各级价格主管部门认真落实党中央、国务院决策部署，积极推进资源环境价格改革。出台支持燃煤机组超低排放改造、北方地区清洁供暖价格政策，对高耗能、高污染、产能严重过剩行业用电实行差别化电价政策，全面推行居民用电、用水、用气阶梯价格制度，完善水资源费、污水处理费、垃圾处理费政策，出台奖惩结合的环保电价和收费政策，为加强生态环境保护做出了积极贡献。但与生态文明建设的时代要求和打好污染防治攻坚战的迫切需要相比，还存在价格机制不够完善、政策体系不够系统、部分地区落实不到位等问题，资源稀缺程度、生态价值和环境损害成本没有充分体现，激励与约束相结合的价格机制没有真正建立。需要通过进一步深化价格改革、创新和完善价格机制加以解决。

当前，我国生态文明建设正处于压力叠加、负重前行的关键期，已进入提供更多优质生态产品以满足人民日益增长的优美生态环境需要的攻坚期，也到了有条件有能力解决生态环境突出问题的窗口期。面对新时代生态文明建设和生态环境保护的新形势、新要求，要充分运用市场化手段，推进生态环境保护市场化进程，不断完善资源环境价格机制，更好发挥价格杠杆引导资源优化配置、实现生态环境成本内部化、促进全社会节约、加快绿色环保产业发展的积极作用，进而激发全社会力量、共同促进绿色发展和生态文明建设。

《意见》要求，按照“坚持问题导向、坚持污染者付费、坚持激励约束并重、坚持因地分类施策”的基本原则，创新和完善促进绿色发展价格机制，到2020年，基本形成有利于绿色发展的价格机制、价格政策体系，促进资源节约和生态环境成本内部化的作用明显增强；到2025年，适应绿色发展要求的价格机制更加完善，并落实到全社会各方面各环节。

《意见》明确，一是通过建立城镇污水处理费动态调整机制、企业污水排放差别化收费机制、与污水处理标准相协调的收费机制、探索建立污水处理农户付费制度、健全城镇污水处理服务费市场化形成机制来完善污水处理收费政策。加快构建覆盖污水处理和污泥处置成本并合理盈利的价格机制，推进污水处理服务费形成市场化，逐步实现城镇污水处理费基本覆盖服务费用。二是通过建立健全城镇生活垃圾处理收费机制、完善城镇生活垃圾分类和减量化激励机制、探索建立农村垃圾处理收费制度、完善危险废物处置收费机制来健全固体废物处理收费机制。全面建立覆盖成本并合理盈利的固体废物处理收费机制，加快建立有利于促进垃圾分类和减量化、资源化、无害化处理的激励约束机制。三是通过深入推进农业水价综合改革、完善城镇供水价格形成机制、全面推行城镇非居民用水超定额累进加价制度、建立有利于再生水利用的价格政策来建立有利于节约用水的价格机制。建立健全补偿成本、合理盈利、激励提升供水质量、促进节约用水的价格形成和动态调整机制，保障供水工程和设施良性运行，促进节水减排和水资源可持续利用。四是通过完善差别化电价政策、完善峰谷电价形成机制、完善部分环保行业用电支持政策来健全促进节能环保的电价机制。充分发挥电力价格的杠杆作用，推动高耗能行业节能减排、淘汰落后，引导电力资源优化配置，促进产业结构、能源结构优化升级。

在推进上述改革任务的同时，鼓励各地积极探索生态产品价格形成机制、碳排放权交易、可再生能源强制配额和绿证交易制度等绿色价格政策，对影响面大、制约因素复杂的政策措施可先行试点，摸索经验，逐步推广。

《意见》强调，创新和完善促进绿色发展价格机制，是当前和今后一个时期价格工作的一项重要任务，各地要加强组织领导，采取有力措施，确保各项政策落地生根。要通过强化政策落实、加强部门协作、兜住民生底线、注重宣传引导来狠抓政策落地。

5.4 建立和推动节能减排市场化机制

5.4.1 积极推进电力体制改革，不断完善电力市场化机制

为贯彻落实《中共中央　国务院关于进一步深化电力体制改革的若干意见》（中发〔2015〕9 号）及相关配套文件工作要求，加快推进电力市场建设，提升电力系统调峰能力，有效缓解弃水、弃风、弃光，促进可再生能源消纳，规范各地电力中长期交易行为，建立规则明晰、水平合理、监管有力、科学透明的输配电价市场化机制和公平交易机制，有序向社会资本开放配售电业务，2016 年，国家发展改革委、能源局先后印发了《可再生能源发电全额保障性收购管理办法》《可再生能源调峰机组优先发电试行办法》《省级电网输配电价定价办法（试行）》《电力中长期交易基本规则（暂行）》《售电公司准入与退出管理办法》《有序放开配电网业务管理办法》等系列改革配套文件。

1. 积极推进输配电价市场化机制和改革试点

2016 年 9 月 19 日，国家发展改革委印发《关于全面推进输配电改革试点有关事项的通知》（本段简称《通知》）。《通知》要求，一是全面推进输配电价改革试点。在目

前已开展18个省级电网输配电价改革试点基础上，进一步提速输配电价改革试点工作，2016年9月在蒙东、辽宁、吉林、黑龙江、上海、江苏、浙江、福建、山东、河南、海南、甘肃、青海、新疆等14个省级电网启动输配电价改革试点，2017年在西藏电网，华东、华中、东北、西北等区域电网开展输配电价改革试点。二是加强输配电价重大问题研究。结合各地电力体制改革试点进展情况，加快建立独立输配电价体系，重点就电网投资、电量增长与输配电价关系，分电压等级、分用户类别归集核算输配电成本，妥善处理政策性交叉补贴，保障电力普遍服务，建立健全电网企业监管长效机制，建立电网企业投资后评估制度等重大问题开展研究，为建立科学合理的输配电价管理办法，引导电网科学、有序发展打下坚实基础。三是有序推进电价市场化改革。结合电力体制改革进程特别是电力交易市场建设、有序放开发用电计划的进程，逐步扩大市场形成上网电价、销售电价的范围，研究建立电力市场价格行为规则和监管办法，探索建立市场电价监测预警办法，促进电力行业健康发展。四是电网公司做好配合工作。五是确保工作进度。

2017年12月29日，国家发展改革委发布了《区域电网输电价格定价办法（试行）》《跨省跨区专项工程输电价格定价办法（试行）》和《关于制定地方电网和增量配电网配电价格的指导意见》。

电力价格改革的基本方向是“放开两头、管住中间”，即根据电力体制改革和电力市场建设进程，放开竞争性环节电价，由市场形成电能交易价格；同时，对属于网络型自然垄断环节的电网企业，建立规则明晰、水平合理、监管有力、科学透明的独立输配电价体系。政府定价范围主要限定在重要公用事业、公益性服务和网络型自然垄断环节。

电网输配电是典型的网络型自然垄断环节，制定独立的输配电价，是电力供给侧结构性改革的重要内容，有利于深入推进电力体制改革和价格机制的市场化改革。2015年，国家发展改革委决定在深圳、蒙西电网试点基础上，在湖北、宁夏、安徽、云南、贵州5个省级电网开展输配电价改革试点，并指导各省制定了详细的工作方案。各省按照工作方案开展了大量认真细致的工作，按照“准许成本加合理收益”原则，依据相应的定价模型报送了输配电准许收入和输配电价测算结果。根据测算结果，5省（区）输配电价降价空间合计55.6亿元，全部用于下调终端用户用电价格，相应降低了企业用电成本。

输配电价改革是供给侧结构性改革的重要内容，重在制度建设。2014年以来，国家发展改革委先后印发了《关于推进输配电价改革的实施意见》，出台了《输配电价定价成本监审办法》，印发《关于电网企业配合做好输配电价改革工作的通知》，批复了试点省份输配电价试点工作方案，取得了明显成效。一是实现电网监管模式的转变。过去，国家对电网企业的价格监管是核定购电、售电价格，电网企业获得差价收入的间接监管。通过输配电价改革，将转变为以电网有效资产为基础对输配电收入、成本和价格全方位直接监管，对电网企业的成本价格监管更加科学、更加规范、更加透明。二是强化了对电网企业成本约束。通过对5省（区）电网企业严格成本监审，严格核减与输配电业务的不相关资产、不合理成本，5省区电网输配电定价成本平均核减比例达到16.3%。建立电网经营和电价相关信息定期报告制度，推动建立健全成本归集体系，加强对电网企业日常监管。三是建立了激励与约束相结合的机制。为了激励电网企业加强管理、提高效率，采取了“激励性管制”的办法，即规定电网企业在准许成本基础上节约的成本按一定比例在电网企业和用户之间分享，提高企业降低成本积极性。规定价格主管部门会同有关部门考核电网企业运行效率和服务质量，超出规定目标的，予以奖励；达不到目标的，予以惩罚。四是促进了电力市场化改革。制定输配电价后，电网企业只能获得准许的输配电价收入，在电力市场交易中利益是中性的。这将有利于电网无歧视向所有用户开放，促进发电侧与销售侧电力市场建设和直接交易，为未来进一步扩大市场形成电价的范围，减少政府对发售电价格的干预创造有利条件，进而提高电力市场效率，将更大程度激发市场活力，促进电力供应和需求的总量平衡、结构优化，提高电力供应的质量和效率。

输配电价改革是电力体制改革和价格机制改革的重大创新，技术性强、工作量大，需要研究和解决的问题很多。经过试点中的摸索和创新，积累了一些经验，为扩大试点范围打下了基础。一是建立输配电成本监审制度。根据成本监审的一般技术规范和深圳、蒙西电网试点经验，研究制定了《输配电定价成本监审办法（试行）》，明确规定了哪些成本费用可以计入定价成本、哪些费用不能计入定价成本；对于可以计入定价成本的项目如折旧费、运行维护费，规定了可以计入定价成本具体比例；对于不同业务发生的共用成本，规定了成本分摊的原则。二是探索成本监审方式方法。对本地监审、上级监审、交叉监审这三种方式都做了试点。三是不断完善输配电价测算办法。规定了可计提收益的有效资产是电网企业投资形成的、可获取投资收益的有效资产，用户或地方政府无偿移交的资产不得计提收益，与输配电业务无关的资产不得计入有效资产。明确了权益资本收益率、债务资本收益率的测算办法。四是设立平衡账户。

由于输配电价采取了事前监管模式，有效资产、准许收入、准入收益依赖于对监管期内投资、电量的预测，当实际情况与预测存在偏差时，通过平衡账户进行调节，不频繁调整输配电价水平。五是研究建立常态化监管办法。电网企业建立健全输配电成本归集体系，准确记录和合理归集输配电成本费用数据，做好电网规划、投资、财务、人员管理方式与输配电价机制的衔接。建立电网经营企业和电价信息定期报告制度，按月、按年报送输配电价执行情况和企业经营情况信息。国家发展改革委根据对上述信息的监测监管，建立健全常态化的监管办法，着力构建科学、规范、透明的输配电价监管长效机制。

在输配电价改革试点的基础上，认真总结经验，不断把改革向纵深推进。首先，进一步扩大试点范围。2016 年，将北京、天津、冀南、冀北、山西、陕西、江西、湖南、四川、重庆、广东、广西等 12 个省市级电网，以及国家电力体制改革综合试点省份的电网和华北区域电网列入扩大试点范围，并力争 2017 年将输配电价改革试点覆盖全部省级电网。其次，研究解决输配电价改革中的重大问题。通过课题研究、借助外脑等多种形式，对输配电价改革中遇到的重大问题开展研究。输配电价改革完成的地方，还将结合电力体制改革特别是电力市场建设进程，推动电力市场化交易，完善市场交易规则，逐步扩大市场形成电价的范围，“电力市场建设到哪里、电价就放开到哪里”，使电力交易价格更加灵敏地反映发电成本和电力市场供求变化。

2. 积极开展增量配电业务改革试点

根据《有序放开配电网业务管理办法》的有关规定，在各地推荐基础上，国家发展改革委、能源局于 2016 年 11 月 27 日印发《关于规范开展增量配电业务改革试点的通知》（本段简称《通知》）。《通知》明确要求规范试点条件，搞好项目核准。增量配电网试点原则上指 110 千伏及以下电压等级电网和 220（330）千伏及以下电压等级工业园区（经济开发区）等局域电网，不涉及 220 千伏及以上输电网建设。《通知》确定延庆智能配电网等 105 个项目为第一批增量配电业务改革试点项目。

2017 年 11 月 3 日，国家发展改革委、能源局召开电力体制改革专题会，确定秦皇岛经济技术开发区试点项目等 89 个项目开展第二批试点（会后印发《关于规范开展第二批增量配电业务改革试点的通知》）。同年 11 月 30 日印发《关于加快推进增量配电业务改革试点的通知》，对加快推进增量配电业务改革试点做出了部署。

在前两批增量配电业务改革试点的实践基础上，通过大量的调查研究和试点经验积累，2018 年 3 月 13 日，国家发展改革委、能源局出台了《增量配电业务配电区域划分实施办法（试行）》。

2018 年 4 月 18 日，印发《关于规范开展第三批增量配电业务改革试点的通知》，确定沧东经济开发区增量配电业务改革试点等 97 个项目为第三批增量配电业务改革试点。同年 6 月 25 日，又印发《关于规范开展第三批增量配电业务改革试点的补充通知》，确定哈尔滨综合保税区增量配电业务试点等 28 个项目为第三批增量配电业务改革试点。

3. 积极启动电力现货建设试点工作

为加快建设完善电力市场体系，根据《关于推进电力市场建设的实施意见》，2017 年 8 月 28 日，国家发展改革委、能源局印发了《关于开展电力现货市场建设试点工作的通知》（本段简称《通知》）。《通知》指出，加快构建有效竞争的市场结构和市场体系，是我国深化电力体制改革的核心目标。随着电力体制改革全面深化，电力中长期交易规模不断扩大，亟待加快探索建立电力现货交易机制，改变计划调度方式，发现电力商品价格，形成市场化的电力电量平衡机制，逐步构建中长期交易与现货交易相结合的电力市场体系，充分发挥市场在电力资源配置中的决定性作用，进一步释放改革红利。本次试点根据地方政府意愿和前期工作进展，结合各地电力供需形势、网源结构和市场化程度等条件，选择南方（以广东起步）、蒙西、浙江、山西、山东、福建、四川、甘肃等 8 个地区作为第一批试点，加快组织推动电力现货市场建设工作。电力现货市场建设试点原则上按现有电力调度控制区（考虑跨省跨区送受电）组织开展，具备条件的地区可积极探索合并调度控制区。电力现货市场建设试点成熟一个，启动一个。《通知》还明确提出了有关试点工作要求。

4. 大力推进电力市场机制化改革与发展

根据《可再生能源发电全额保障性收购管理办法》，2016 年 5 月 27 日，国家发展改革委、能源局进一步就促进和保障风电、光伏发电的持续健康发展，印发《关于做好风电、光伏发电全额保障性收购管理工作的通知》。

为落实优先发电权、优先购电权制度，保障电力安全稳定运行，国家发展改革委还于 2016 年 11 月 27 日印发了《关于做好 2017 年电力供需平衡预测和制定优先发电权优先购电权计划的通知》。并于 2017 年 11 月 22 日印发了《关于做好 2018 年电力供需平衡预测和制定优先发电优先购电计划的通知》。

2017 年 3 月 29 日，国家发展改革委、能源局印发《关于有序放开发用电计划的通知》，明确要求：加快组织发电企业与购电主体签订发购电协议（合同）；逐年减少既有燃煤发电企业计划电量；新核准发电机组积极参与市场交易；规范和完善市场化交易电量价格调整机制；有序放开跨省跨区送受电计划；认真制定优先发电计划；允许优先发电计划指标有条件市场化转让；在保障无议价能力用户正常用电基础上引导其他购电主体参与市场交易；参与市场交易的电力用户不再执行目录电价；采取切实措施落实优先发电、优先购电制度。

7 月 16 日，国家发展改革委、能源局印发《关于积极推进电力市场化交易进一步完善交易机制的通知》（本段简称《通知》）。该《通知》要求，2018 年要加快电力市场建设，大幅提高市场化交易比重，加快要素价格市场化改革。具体任务包括：提高市场化交易电量规模；推进各类发电企业进入市场；放开符合条件的用户进入市场；积极培育售电市场主体；完善市场主体注册、公示、承诺、备案制度；规范市场主体交易行为；完善市场化交易电量价格形成机制；加强事中事后监管；加快推进电力市场主体信用建设等。《通知》还同时印发了《全面放开部分重点行业电力用户发用电计划实施方案》。

8 月 28 日，国家发展改革委、能源局共同印发了《关于推进电力交易机构规范化建设的通知》（本段简称《通知》）。该《通知》指出，中发 9 号文件印发后，北京、广州电力交易中心和各省（区、市）电力交易中心相继成立，在电力市场化交易中发挥了重要作用。但是，目前只有广州电力交易中心和山西、湖北、重庆、广东、广西、云南、贵州、海南等 8 省（区、市）电力交易中心为股份制公司，其他电力交易中心仍为电网企业全资子公司，尚未实现电力交易机构相对独立和规范运行。为进一步深化电力体制改革，推进电力交易机构规范化建设，为各类市场主体提供规范公开透明的电力交易服务，《通知》要求，推进电力交易机构股份制改造，充分发挥市场管理委员会作用，进一步规范电力交易机构运行。

5. 出台提升电力系统调节能力指导意见

2018 年 2 月 28 日，国家发展改革委、国家能源局联合印发《关于提升电力系统调节能力的指导意见》（本节简称《意见》）。《意见》指出，2017 年中央经济工作会议提出，要增加清洁电力供应，促进节能环保、清洁生产、清洁能源等绿色产业发展。当前，我国电力系统调节灵活性欠缺、电网调度运行方式较为僵化等现实造成了系统难以完全适应新形势要求，大型机组难以发挥节能高效的优势，部分地区出现了较为严重的弃风、弃光和弃水问题，区域用电用热矛盾突出。为实现我国提出的 2020 年、2030 年非化石能源消费比重分别达到 15%、20% 的目标，保障电力安全供应和民生用热需求，需着力提高电力系统的调节能力及运行效率，从负荷侧、电源侧、电网侧多措并举，重点增强系统灵活性、适应性，破解新能源消纳难题，推进绿色发展。

《意见》明确当前提升电力系统调节能力建设的几个方面及重点任务。

在加快推进电源侧调节能力提升方面，一是实施火电灵活性提升工程。“十三五”期间，力争完成2.2亿千瓦火电机组灵活性改造（含燃料灵活性改造），提升电力系统调节能力4600万千瓦。优先提升30万千瓦级煤电机组的深度调峰能力。改造后的纯凝机组最小技术出力达到30%～40%额定容量，热电联产机组最小技术出力达到40%～50%额定容量；部分电厂达到国际先进水平，机组不投油稳燃时纯凝工况最小技术出力达到20%～30%。二是推进各类灵活调节电源建设。“十三五”期间，开工建设6000万千瓦抽水蓄能电站和金沙江中游龙头水库电站。到2020年，抽水蓄能电站装机规模达到4000万千瓦（其中“三北”地区1140万千瓦）；新增调峰气电规模500万千瓦；提升电力系统调节能力500万千瓦；太阳能热发电装机力争达到500万千瓦，提升电力系统调节能力400万千瓦。三是推动新型储能技术发展及应用。在调峰调频需求较大、弃风弃光突出的地区，结合电力系统辅助服务市场建设进度，建设一批装机容量1万千瓦以上的集中式新型储能电站，在“三北”地区部署5个百兆瓦级电化学储能电站示范工程。开展在风电、光伏发电项目配套建设储能设施的试点工作。鼓励分布式储能应用。到2020年，建成一批不同技术类型、不同应用场景的试点示范项目。

在科学优化电网建设方面，一是加强电源与电网协调发展。合理安排电源及配套电网项目的核准建设进度，确保同步规划同步实施同步投产，避免投资浪费。二是加强电网建设。加强新能源开发重点地区电网建设，解决送出受限问题。“十三五”期间，跨省跨区通道新增19条，新增输电能力1.3亿千瓦，消纳新能源和可再生能源约7000万千瓦。开展配电网建设改造，推动智能电网建设，满足分布式电源接入需要，全面构建现代配电系统。三是增强受端电网适应性。开展专项技术攻关，发展微电网等可中断负荷，解决远距离、大容量跨区直流输电闭锁故障影响受端安全稳定运行问题，提升受端电网适应能力，满足受端电网供电可靠性。

在提升电力用户侧灵活性方面，一是发展各类灵活性用电负荷。全面推进电能替代，到2020年，电能替代电量达到4500亿千瓦时，电能占终端能源消费的比重上升至27%。在新能源富集地区，重点发展热泵技术供热、蓄热式电锅炉等灵活用电负荷，鼓励可中断式电制氢、电转气等相关技术的推广和应用。二是提高电动汽车充电基础设施智能化水平。加强充电基础设施与新能源、电网等技术融合，通过“互联网＋充电基础设施”，同步构建充电智能服务平台，积极推进电动汽车与智能电网间的能量和信息双向互动，提升充电服务化水平。

在加强电网调度的灵活性方面，一是提高电网调度智能水平，二是发挥区域电网调节作用，三是提高跨区通道输送新能源比重。力争“十三五”期间，“三北”地区可再生能源跨区消纳4000万千瓦以上。

在提升电力系统调节能力关键技术水平方面，一是提高高效智能装备水平，二是升级能源装备产业体系，三是加强创新推动新技术应用。

在建立健全支撑体系方面，一是完善电力辅助服务补偿（市场）机制，二是鼓励社会资本参与电力系统调节能力提升工程，三是加快推进电力市场建设，四是建立电力系统调节能力提升标准体系。

《意见》对职责分工、组织实施也做出了具体部署。

5.4.2 用能领域探索建立有偿使用和市场化交易机制

1. 探索开展用能权有偿使用和交易试点

用能权，是指用能单位在一年内经确认可消费各类能源量的权利，也就是一年内按规定可以消费的能源总量。“用能权”概念提出的背景，是能源消费总量控制。中共中央、国务院在《生态文明体制改革总体方案》中提出：“推行用能权和碳排放权交易制度。结合重点用能单位节能行动和新建项目能评审查，开展项目节能量交易，并逐步改为基于能源消费总量管理下的用能权交易。建立用能权交易系统、测量与核准体系。”党的十八届五中全会公报也提出：“建立健全用能权、用水权、排污权交易、碳排放权初始分配制度。”《“十三五”节能减排综合工作方案》则进一步要求，“健全用能权、排污权、碳排放权交易机制，创新有偿使用、预算管理、投融资等机制，培育和发展交易市场。推进碳排放权交易，2017年启动全国碳排放权交易市场。建立用能权有偿使用和交易制度，选择若干地区开展用能权交易试点。加快实施排污许可制，建立企事业单位污染物排放总量控制制度，继续推进排污权交易试点，试点地区到2017年底基本建立排污权交易制度，研究扩大试点范围，发展跨区域排污权交易市场。”

2016年，为落实党的十八届五中全会和“十三五”规划《纲要》关于建立健全用能权初始分配制度，创新有偿使用，培育和发展交易市场的要求，发挥市场配置能源资源的决定性作用，以较低成本实现“十三五”能耗总量和强度“双控”目标任务，国家发展改革委决定在浙江省、福建省、河南省、四川省开展用能权有偿使用和交易试点，并于7月28日出台了《用能权有偿使用和交易制度试点方案》（本节简称《试点方案》）。根据《试点方案》，试点内容包括科学合理确定用能权指标，推进用能权有偿使用，建立能源消费报告、审核和核查制度，明确交易要素，完善交易系统，构建公平有序的市场环境，落实履约机制。

用能权有偿使用的前提是用能权配额制定公平合理。不同的用能企业，不同用能行业，配额既要根据原历史上用多少，也要根据技术进步的可能性来定。对此，《试点方案》要求，设计用能权有偿使用制度应兼顾公平和效益，平衡现有产能和新增产能的利益，既有利于鼓励先进，推进结构调整，推动能源要素高效配置，又不大幅增加现有企业负担。配额内的用能权以免费为主，超限额用能有偿使用。制定科学的初始用能权确权方法，区分产能过剩行业和其他行业、高耗能行业和非高耗能行业、重点用能单位和非重点用能单位、现有产能和新增产能，实施分类指导。产能严重过剩行业、高耗能行业可采用基准法，即结合近几年产量、行业能效“领跑者”水平以及化解过剩产能目标任务，确定初始用能权。

《试点方案》明确，结合节能评估审查制度，从严确定新增产能的初始用能权，这也就要求企业新增产能时须采取先进的能源技术。鼓励可再生能源生产和使用，用能单位自产自用可再生能源不计入其综合能源消费量。

《试点方案》还明确，在推进用能权有偿使用的同时，交易主体可以将所持有的用能权指标在交易市场中进行交易。交易标的为用能权指标，以吨标准煤为单位。交易实施登记注册制，交易主体需在交易所开设交易账户。不断完善交易活动所需的登记、交易和结算系统和软硬件设施，确保交易活动安全、可靠、便捷。用能权指标每年清算一次，卖出的用能权从当年或上一年度用能权指标中扣除，但不影响下一年度的用能权指标；买入的用能权计入当年或上一年度用能权指标，但不计入下一年度；剩余的用能权指标不计入下一年度。

在价格方面，《试点方案》明确要完善价格形成机制，用能权初始交易价格由试点地区确定，伴随市场发展，逐步过渡到由交易方集合竞价方式形成交易价格。探索研究设立交易调节基金，用于引导市场预期，交易初期驱动市场，平抑市场价格异常波动，维护市场秩序。

值得注意的是，对于未能履约的企业，《试点方案》中要求，试点地区要建立奖惩机制，确保责任主体及时完成履约义务。公布用能单位履约情况，树立履约单位履行社会责任的良好形象，曝光拒不履约单位名单。加大处罚力度，将拒不履约的单位纳入失信企业黑名单，纳入当地信用信息共享平台，并与全国信用信息共享平台对接。探索对严重失信主体实施跨部门联合惩戒，维护制度的权威性和公信力。

2. 在能源领域推广 PPP 模式

2016 年 3 月 31 日，国家能源局印发《关于在能源领域积极推广政府和社会资本合作模式的通知》（本段简称《通知》）。《通知》指出，能源领域推广政府和社会资本合作模式（Public-Private Partnership，PPP）是一件新生事物。在能源领域推广 PPP 模式，有利于打破社会资本进入能源基础设施和公共服务领域的不合理限制，引入社会资本创新机制，提高供给效率；有利于理顺政府与市场关系，深化行政体制改革，切实转变政府职能，充分发挥市场配置资源的决定性作用；有利于改善地区能源公共服务水平，让人民群众更多享受到能源改革和发展的成果。各级能源主管部门要积极探索、大胆尝试，做好政策扶持，优化服务，鼓励社会资本投资能源 PPP 项目。通过运用政府和社会资本合作模式，改革创新能源领域公共服务供给机制，拓宽投融资渠道，充分调动社会资本参与能源领域项目建设的积极性，有效提高能源领域公共服务水平，满足人民群众对能源安全、可靠、清洁供应的要求。能源领域推广 PPP 主要适用于政府负有提供责任又适宜市场化运作的公共服务、基础设施类项目，包括但不限于：电力及新能源项目、石油和天然气项目、煤炭类项目等。此外，《通知》还就丰富项目储备、规范有序推进项目、制定政策保障措施、进行示范推广和总结提高等方面做出了部署。

3. 开展发电行业全国碳排放权交易市场建设

为贯彻落实党中央、国务院关于建立全国碳排放权交易市场的决策部署，稳步推进全国碳排放权交易市场建设，2017 年 12 月 18 日，国家发展改革委印发了《全国碳排放权交易市场建设方案（发电行业）》（本节简称《方案》）。

《方案》指出，建立碳排放权交易市场，是利用市场机制控制温室气体排放的重大举措，也是深化生态文明体制改革的迫切需要，有利于降低全社会减排成本，推动经济向绿色低碳转型升级。

《方案》提出以发电行业为突破口率先启动全国碳排放交易体系，培育市场主体，完善市场监管，逐步扩大市场覆盖范围，丰富交易品种和交易方式。逐步建立起归属清晰、保护严格、流转顺畅、监管有效、公开透明、具有国际影响力的碳市场。具体分三阶段推进碳市场建设工作。

第一阶段：基础建设期。用一年左右的时间，完成全国统一的数据报送系统、注册登记系统和交易系统建设。深入开展能力建设，提升各类主体参与能力和管理水平。开展碳市场管理制度建设。

第二阶段：模拟运行期。用一年左右的时间，开展发电行业配额模拟交易，全面检验市场各要素环节的有效性和可靠性，强化市场风险预警与防控机制，完善碳市场管理制度和支撑体系。

第三阶段：深化完善期。在发电行业交易主体间开展配额现货交易。交易仅以履约（履行减排义务）为目的，履约部分的配额予以注销，剩余配额可跨履约期转让、交易。在发电行业碳市场稳定运行的前提下，逐步扩大市场覆盖范围，丰富交易品种和交易方式。创造条件，尽早将国家核证自愿减排量纳入全国碳市场。

碳排放交易的市场要素包括交易主体、交易产品、交易平台。参与主体包括重点排放单位、监管机构、核查机构。制度建设内容包括碳排放监测、报告与核查制度、重点排放单位配额管理制度、市场交易相关制度等。发电行业配额管理包括配额分配和配额清缴。支撑系统包括重点排放单位碳排放数据报送系统、碳排放权注册登记系统、碳排放权交易系统、碳排放权交易结算系统等。《方案》明确推进区域碳交易试点向全国市场过渡。2011 年以来开展区域碳交易试点的地区将符合条件的重点排放单位逐步纳入全国碳市场，实行统一管理。区域碳交易试点地区继续发挥现有作用，在条件成熟后逐步向全国碳市场过渡。保障措施包括加强组织领导、强化责任落实、推进能力建设、做好宣传引导等。

5.4.3. 开展“领跑者”行动，健全绿色标识认证体系

1. 开展“领跑者”引领行动

2016 年 4 月 21 日，国家发展改革委、水利部等 6 部门联合印发了《水效领跑者引领行动实施方案》（本段简称《方案》）。《方案》明确，本次水效领跑者引领行动综合考虑产品的市场规模、节水潜力、技术发展趋势以及相关标准规范、检测能力等情况，首先选择坐便器、水嘴、洗衣机、净水机等生活领域用水产品开展，逐步扩大到工业、农业和商用等领域用水产品。《方案》对用水产品水效领跑者的基本要求、水效领跑者的遴选和发布、激励等做出了明确说明。

5 月 24 日，国家发展改革委等 3 部门公告发布了 2016 年度家用电冰箱、平板电视、转速可控型房间空气调节器能效“领跑者”产品目录，同时发布了各能效“领跑

者”产品标识样式和规格。

7月18日，工信部等3部门联合公告发布了2016年度能效“领跑者”名单。从乙烯、合成氨、水泥、平板玻璃、电解铝行业开展能效“领跑者”遴选工作，遴选出了达到行业能效领先水平的“领跑者”企业16家，以及达到能耗限额国家标准先进值要求的入围企业20家。

2017年12月1日，国家发展改革委印发了《关于印发电动洗衣机、照明产品等五类产品能效“领跑者”制度实施细则暨能效“领跑者”产品遴选工作的通知》，发布了电动洗衣机、照明产品、家用电冰箱、平板电视、转速可控型房间空气调节器等5种产品的能效“领跑者”实施细则，并启动开展能效“领跑者”产品评选工作。

2018年1月26日，国家发展改革委、水利部、质检总局和国家认监委公告发布了《中华人民共和国实行水效标识的产品目录（第一批）》《坐便器水效标识实施规则》，并于2018年8月1日起施行。

2. 继续发布节能低碳技术推广目录，提高能源利用效率

2016年12月30日，国家发展改革委公告发布了《国家重点节能低碳技术推广目录（2016年本，节能部分）》，涉及煤炭、电力、钢铁、有色、石油石化、化工、建材、机械、轻工、纺织、建筑、交通、通信等13个行业，共296项重点节能技术。

2017年3月17日，国家发展改革委公告发布了《国家重点节能低碳技术推广目录》（2017年本，低碳部分），涵盖非化石能源、燃料及原材料替代、工艺过程等非二氧化碳减排、碳捕集利用与封存、碳汇等领域，共27项国家重点推广的低碳技术。

2018年1月13日，国家发展改革委公告发布了《国家重点节能低碳技术推广目录（2017年本，节能部分）》，涉及煤炭、电力、钢铁、有色、石油石化、化工、建材等13个行业，共260项重点节能技术。

3. 试行可再生能源绿色电力证书核发和自愿认购交易制度

2017年1月18日，国家发展改革委等3部门联合印发《关于试行可再生能源绿色电力证书核发及自愿认购交易制度的通知》（本段简称《通知》）及《绿色电力证书核发及自愿认购规则（试行）》。

该《通知》明确，一是建立可再生能源绿色电力证书自愿认购体系。鼓励各级政府机关、企事业单位、社会机构和个人在全国绿色电力证书核发和认购平台上自愿认购绿色电力证书，作为消费绿色电力的证明。根据市场认购情况，自2018年起适时启动可再生能源电力配额考核和绿色电力证书强制约束交易。

二是试行可再生能源绿色电力证书的核发工作。绿色电力证书是国家对发电企业每兆瓦时非水可再生能源上网电量颁发的具有独特标识代码的电子证书，是非水可再生能源发电量的确认和属性证明以及消费绿色电力的唯一凭证。自通知发布之日起，将依托可再生能源发电项目信息管理系统，试行为陆上风电、光伏发电企业（不含分布式光伏发电）所生产的可再生能源发电量发放绿色电力证书。

三是完善绿色电力证书的自愿认购规则。绿色电力证书自 2017 年 7 月 1 日起正式开展认购工作，认购价格按照不高于证书对应电量的可再生能源电价附加资金补贴金额，由买卖双方自行协商或者通过竞价确定认购价格。风电、光伏发电企业出售可再生能源绿色电力证书后，相应的电量不再享受国家可再生能源电价附加资金的补贴。绿色电力证书经认购后不得再次出售。

四是做好绿色电力证书自愿认购责任分工。国家可再生能源信息管理中心依托可再生能源发电项目信息管理系统，建设和管理全国绿色电力证书核发和认购平台，做好风电、光伏发电企业的绿色电力证书核发工作，并组织开展全国绿色电力证书认购工作。国家可再生能源信息管理中心定期统计并向全社会发布风电、光伏发电企业绿色电力证书的售卖信息。

5.5 加强节能管理，强化节能目标责任考核

5.5.1 健全节能相关法律法规标准体系

1. 修改《节能法》

1998 年，我国《节能法》正式实施，成为节能管理领域第一部综合性的法律，确定了节能的基本原则和相关制度基础。2007 年 10 月 28 日第十届全国人民代表大会常务委员会第三十次会议对《节能法》进行了修订并与 2008 年 4 月 1 日施行。2016 年 7 月 2 日第十二届全国人民代表大会常务委员会第 21 次会议对《节能法》进行了修改，自 2016 年 9 月 1 日起施行。与 2008 年 4 月 1 日修订的《节能法》相比，2016 年新修改《节能法》新增了对政府投资项目审批建设的相关规定，其他内容基本不变。

2. 颁布《节能监察办法》

2016 年 1 月 15 日，国家发展改革委第 33 号令颁布《节能监察办法》，自 2016 年 3 月 1 日起施行。《节能监察办法》分总则、节能监察机构职责、节能监察实施、法律责

任、附则5章共27条。此次颁布的《节能监察办法》有两个新亮点：一是整改不合格单位将纳入社会信用记录，二是节能监察不得向被监察单位收费。该办法还规定，节能监察机构在同一年度内对被监察单位的同一监察内容不得重复监察，但督促被监察单位整改落实、受理举报投诉和由上一级节能监察机构组织的抽查除外。对于节能监察的情况，规定要求建立节能监察情况公布制度，节能监察机构应当向社会公布节能监察结果。

3. 修订并颁布《能源效率标识管理办法》

2016年2月29日，国家发展改革委、质检总局令第35号颁布《能源效率标识管理办法》（本节简称《能效标识办法》），自2016年6月1日起施行。2004年8月13日国家发展改革委、质检总局令第17号发布的《能源效率标识管理办法》同时废止。

能效标识制度是我国针对终端用能产品能效水平提升的一项重要的市场化节能管理制度。2004年8月，国家发展改革委、质检总局印发了《能源效率标识管理办法》，正式建立了能效标识管理制度。该制度自2005年3月1日正式实施以来，共发布12批产品目录，涉及家用电器、办公及电子设备、工业设备、照明设备、商用设备共5大领域的33类产品，已通过能效标识备案的企业9000多家，产品型号61万多个，累计节约4000多亿度电，为我国节能减排工作做出了积极贡献。在能效标识制度的推动下，我国高效节能产品得到规模化推广，公众节能意识及对节能产品的认知度不断提高；节能技术不断升级，产品结构持续优化调整。

新版《能效标识办法》本着持续提高能效标识制度的实施成效，坚持维护消费者利益的原则，适应终端用能产品销售市场新形势，提高能效标识信息化水平等原则，在补缺监管对象、明确违法主体、增加市场新主体等方面强化了要求，相应的鼓励和罚则更加全面、更加具体。同时将“能效信息码”（二维信息码）引入能效标识。新版《能效标识办法》强化了对应标未标、标识不规范行为的监管，对虚标能效的监管，及对能效检测检验机构的监管，补充了规范网络销售能效产品的相关内容，丰富了能效标识信息内容，与能效“领跑者”制度衔接配合。

随着网络商品销售快速增长和现代信息技术的发展，政府执法机构及消费者对能效标识提出了新的服务需求。新版《能效标识办法》明确将网络商品交易市场作为新主体，明确要求网络商品交易销售者还应在产品信息展示主页面醒目位置展示相应的能效标识。依据《产品质量法》第33条规定，重点明确销售者（含网络商品经营者）、第三方交易平台（场所）在销售环节保障产品能效符合性方面，以及接受国家产品质量监督部门监督方面应尽的义务和职责，更好的保障消费者权益，实现线上线下同一标准、统一要求。

新版《能效标识办法》充分考虑了进口企业需求实际，新增了豁免条款，有利于统一执法监管。明确了科研测试所需产品、工厂生产线成套生产线配套所需的设备和部件、直接为最终用户维修目的的所需产品等多个豁免条款，符合条款就可以免于标注能效标识及备案。其中“工厂生产线成套生产线配套所需的设备和部件、直接为最终用户维修目的的所需产品”这两个条款是以往进口企业诉求最多，矛盾最突出的情形，这些豁免条款将极大便利企业的生产经营活动。新版《能效标识办法》豁免条款出台后，之前由于老版《能效标识办法》对相应的特殊情况没有充分考虑而造成的各地检验检疫部门存在做法不尽一致的情况将得到有效改善，更具可操作性，有利于各地检验检疫部门统一执法监管。

明确法律责任，强化惩罚力度。新版《能效标识办法》对生产者、进口商、第三方检验检测机构、销售者（含网络商品经营者）、第三方交易平台（场所）经营者等监管对象明确了法律责任；对不同的违法行为进行了区分，并明确了相应的法律和处罚条款；相应的处罚上限和惩罚力度也有比较明显的提升，部分引用的处罚条款中甚至有吊销营业执照的惩罚。另外，新形势下新版《能效标识办法》对网络商品经营者提出了新的要求：一是要求网络交易场景下，应当在能效产品信息展示主页醒目位置展示相应能效标识；二是应当建立并执行能效产品进货检查验收制度；三是第三方交易平台经营者应当对通过平台销售的能效产品建立能效标识检查监控制度，并对违规行为进行制止。这需要进口跨境电商、网络交易平台等新型企业形态予以高度重视。

4. 修订并颁布《清洁生产审核办法》

2016 年 5 月 16 日，国家发展改革委、环境保护部令第 38 号颁布《清洁生产审核办法》（本节简称《办法》），于 2016 年 7 月 1 日起正式实施。2004 年 8 月 16 日颁布的《清洁生产审核暂行办法》（国家发展和改革委员会、原国家环境保护总局第 16 号令）同时废止。《办法》分总则、清洁生产审核范围、清洁生产审核的实施、清洁生产审核的组织和管理、奖励和处罚、附则 6 章共 40 条，对清洁生产审核的范围、实施、组织管理、奖励和惩罚等方面做出了具体规定。

《办法》明确，清洁生产审核分为自愿性审核和强制性审核。国家鼓励企业自愿开展清洁生产审核。有下列三种情形之一的企业，应当实施强制性清洁生产审核：一是污染物排放超过国家或者地方规定的排放标准，或者虽未超过国家或者地方规定的排放标准，但超过重点污染物排放总量控制指标的；二是超过单位产品能源消耗限额标准构成高耗能的；三是使用有毒有害原料进行生产或者在生产中排放有毒有害物质的。列入实施强制性清洁生产审核名单的企业应当在名单公布后两个月内开展清洁生产审核。

与旧版的《清洁生产审核暂行办法》相比，新版的《办法》对必须实施强制性清洁生产审核的企业提出了更严格的要求。例如，超过单位产品能源消耗限额标准的企业，必须实施强制性清洁生产审核。

《办法》还明确了奖励和处罚措施。如，排污费资金可以用于支持企业实施清洁生产。对符合《排污费征收使用管理条例》规定的清洁生产项目，各级财政部门、环境保护部门在排污费使用上优先给予安排。对违反相关规定的，将依法进行处罚。

5. 修订并颁布《固定资产投资项目节能审查办法》

2016 年 11 月 27 日，国家发改委令第 44 号颁布了《固定资产投资项目节能审查办法》（本节简称《节能审查办法》），自 2017 年 1 月 1 日起施行。2010 年 9 月 17 日颁布的《固定资产投资项目节能评估和审查暂行办法》（国家发展和改革委员会令第 6 号）同时废止。

能评制度自 2010 年实施以来，在提高新上项目能效水平，从源头控制不合理能源消费，促进完成能耗“双控”目标等方面发挥了积极作用。为推进简政放权，做好节能审查“放管服”工作，落实新修订的《节约能源法》，《节能审查办法》对原 6 号令进行了五个方面的修订：一是取消国家发展改革委节能评估和审查，原规定由国家发展改革委核报国务院审批、核准或国家发展改革委审批、核准的固定资产投资项目，其节能审查交由地方负责。二是企业投资项目节能审查由项目核准的前置条件，改为开工前完成即可。三是提高需开展节能审查的项目用能量门槛，国家发改委制定并公布免于节能审查的行业目录，大幅减少节能审查的项目数量。四是强化事中事后监管。利用投资项目在线审批监管平台，实现全国节能审查信息动态监管；利用全国信用信息共享平台，实施违法违规信息信用管理；对地方实施节能审查情况进行定期巡查，对重大项目节能审查意见落实情况进行不定期抽查；开展节能审查意见落实情况的验收，形成节能审查闭环管理。五是明确把能耗“双控”管理要求等作为节能审查的主要内容之一，发挥节能审查从源头上遏制不合理的能源消费，促进实现国家和地方能耗“双控”目标任务的作用。

为进一步深化“放管服”改革，根据《中华人民共和国节约能源法》《固定资产投资项目节能审查办法》（国家发展改革委2016年第44号令），国家发展改革委于2017年11月15日印发了《不单独进行节能审查的行业目录》，里面所列的风电站、光伏电站（光热）、生物质能、地热能、核电站、水电站、抽水蓄能电站、电网工程、输油管网、输气管网、水利、铁路（含独立铁路桥梁、隧道）、公路、城市道路、内河航运、信息（通信）网络（不含数据中心）、电子政务、卫星地面系统等项目，年综合能源消费量不满1000吨标准煤，且年电力消费量不满500万千瓦时的固定资产投资项目，以及涉及国家秘密的项目，建设单位可不编制单独的节能报告，可在项目可行性研究报告或项目申请报告中对项目能源利用情况、节能措施情况和能效水平进行分析。节能审查机关对本目录中的项目不再单独进行节能审查，不再出具节能审查意见。

6. 修订并颁布《重点用能单位节能管理办法》

2018年2月22日，为加强重点用能单位节能管理，提高能源利用效率，国家发展改革委等7部门对《重点用能单位节能管理办法》（本节简称《办法》）进行了修订并予以发布，自2018年5月1日起施行。1999年3月10日原国家经贸委发布的《重点用能单位节能管理办法》（中华人民共和国国家经济贸易委员会令第7号）同时废止。新修订《办法》共有37条，比原办法增加了13条，修改幅度较大。

新修订《办法》所称重点用能单位条件与原办法基本相同，均指年综合能源消费量10000吨标准煤及以上的用能单位或国务院有关部门或者省、自治区、直辖市人民政府管理节能工作的部门指定的年综合能源消费量5000吨及以上不满10000吨标准煤的用能单位。

新修订《办法》明确要求，对重点用能单位实行节能目标责任制和节能考核评价制度。地市级以上人民政府管理节能工作的部门会同有关部门，将能耗总量控制和节能目标分解到重点用能单位，对重点用能单位分级开展节能目标责任评价考核，主要考核重点用能单位能耗总量控制和节能目标完成情况、能源利用效率及节能措施落实情况，逐级报送考核结果，并将考核结果向社会进行公布。

新修订《办法》提出建立完善守信联合激励和失信联合惩戒制度，加快推进社会诚信建设，明确由省级以上人民政府管理节能工作的部门对因在节能工作中取得显著成绩获得表彰和奖励的重点用能单位和个人，联合有关部门给予守信激励。由国家发改委对违反本办法规定的行为建立信用记录，纳入全国信用信息共享平台，在“信用中国”网站向社会公开，对严重失信主体实施联合惩戒措施。

新修订《办法》明确，实行有利于节能的价格政策，鼓励重点用能单位开展电力需求侧管理、合同能源管理、节能自愿承诺等。对高耗能行业的重点用能单位，结合其能耗指标等情况分别实行差别电价和阶梯电价政策。

新修订《办法》还明确，对入围能效“领跑者”名单的重点用能单位，各级管理节能工作的部门会同有关部门优先支持其开展节能技术改造、能源管理信息化建设等能效提升工作，广泛宣传推广先进经验，带动行业能效水平整体提升。

新修订《办法》在法律责任上有10条，其中9条针对重点用能单位。有对节能考核结果为未完成等级的重点用能单位，拒不落实管理节能工作的部门要求实施能源审计、报送能源审计报告、提出整改措施并限期整改的，由管理节能工作的部门处1万元以上3万元以下罚款。

7. 制定《节能标准体系建设方案》

2017年1月11日，国家发展改革委、国家标准委联合印发《节能标准体系建设方案》（本节简称《方案》）。《方案》指出，节能标准是国家节能制度的基础，是提升经济质量效益、推动绿色低碳循环发展、建设生态文明的重要手段，是化解产能过剩、加强节能减排工作的有效支撑。“十二五”以来，国家标准委、国家发展改革委联合启动了两期“百项能效标准推进工程”，共批准发布了206项能效、能耗限额和节能基础国家标准。截至2016年底，国家已发布实施能效强制性标准73项、能耗限额强制性标准104项、节能推荐性国家标准150余项，对化解产能过剩、优化产业结构、实现节能目标发挥了重要作用。但是，与当前化解过剩产能、促进产业结构调整优化、推进生态文明建设的迫切需求相比，节能标准体系还不健全，实施基础仍显薄弱，管理机制还不完善，一些重要的节能标准缺失，部分标准技术水平落后、更新不及时，标准体系需要进一步完善，特别是用能产品能效、高耗能行业能耗限额、建筑物能效等标准亟须更新。

《方案》要求，按照“科学系统、功能明确，统筹协调、运行高效，动态开放、国际接轨”的原则，健全节能标准体系，创新节能标准化管理机制，强化节能标准实施与监督，有效支撑国家节能减排和产业结构升级，夯实生态文明建设标准基础。到2020年，节能国家标准、行业标准、地方标准、团体标准体系结构更加优化，政府主导制定的节能标准与市场自主制定的节能标准协同发展、协调配套，建成指标先进、符合国情的节能标准体系，形成有效的节能标准研究、制修订、宣贯、监督检查、评估等工作机制。主要高耗能行业和终端用能产品实现节能标准全覆盖，80%以上的能效指标达到国际先进水平，重点领域、行业节能标准指标更加先进，新发布的节能强制性标准开展质量及效益评估的比例达到50%以上。

《方案》明确提出，一是通过系统规划节能标准体系框架、开展节能强制性标准整合精简、建立能效“领跑者”指标与节能标准衔接机制、加强重点领域节能标准制修订工作、增加节能标准的市场供给、推进节能标准国际化来优化标准体系建设。二是通过进一步明确工作职责、建立节能标准更新机制、开展节能标准监督检查、实行节能强制性国家标准实施效果统计分析报告制度来健全管理机制。三是通过加强节能标准化科技创新、加强能源统计计量、加强节能检测认证和监督监测能力建设、加强节能标准化信息平台建设、实施节能标准化示范工程、完善节能标准化服务来夯实节能标准化基础。四是通过落实用能单位主体责任、强化节能标准与相关政策有效衔接、加大节能标准经费支持力度、建立节能标准化工作奖惩制度、加强节能标准化人才培养来为节能标准体系建设提供保障。

5.5.2 开展“十三五”规划实施情况年度监测和中期评估

1. 开展“十三五”规划实施情况年度监测工作

《“十三五”规划纲要》明确规定，要开展规划实施情况动态监测和评估工作，把监测评估结果作为改进政府工作和绩效考核的重要依据，并自觉接受人大监督。按此要求，国家发展改革委于2016年9月16日印发了《关于组织开展2016年度“十三五”规划实施情况监测工作的通知》（本节简称《通知》）。

《通知》指出，年度监测工作是推动规划顺利实施的有力有效抓手，通过开展此项工作，分析规划实施的突出成效和薄弱环节，研究遇到的新情况新问题，对实施好“十三五”规划、落实好新发展理念和供给侧结构性改革，有正面促进作用。此外，国家“十三五”规划是依法经由全国人大审议批准的纲领性文件，应当通过开展年度监测工作，将所提出发展理念、发展主线、主要目标、重点任务和重大工程项目的实施进展情况报告全国人大。年度监测的内容要紧扣国家“十三五”规划重点内容，聚焦规划所提出的发展理念、发展主线、主要目标、重点任务和重大工程项目，尤其是政府职责范围内的事项。

年度监测的内容主要包括：创新、协调、绿色、开放、共享发展理念的落实情况，供给侧结构性改革的进展形势，经济发展、创新驱动、民生福祉、资源环境4个方面25个主要指标的实现趋势，创新驱动发展战略、新体制构建、产业体系优化、全方位双向开放、城乡区域协调、生态环境改善、脱贫攻坚、民生保障、社会治理等任务的推进情况，重大改革、重大工程、重大项目特别是23个专栏中165个重大工程项目的工作进度。《通知》还对组织分工和时间安排进行了部署。

2. 开展“十三五”规划实施情况中期评估工作

2018年2月3日，国家发展改革委印发《关于开展“十三五”规划实施情况中期评估工作的通知》（本节简称《中期评估通知》）。《中期评估通知》指出，2018年是深入贯彻十九大精神的开局之年，是改革开放40周年，要按照“系统全面、突出重点、远近结合、科学严谨、实事求是”的原则，对“十三五”规划实施情况进行中期评估。要在学懂弄通做实党的十九大精神的基础上，立足更好满足人民日益增长的美好生活需要，按照高质量发展的要求，聚焦发展理念转变、发展质量提升、体制机制创新和人民获得感、幸福感、安全感增强等重点、难点和关键点，总结经验、查找短板、分析原因、提出对策，注重挖掘深层次矛盾和风险隐患，及时发现新情况新问题，明确规划实施后半程的重点任务和要求。

中期评估主要包括七个方面的评估重点：一是全面建成小康社会主要目标实现情况。全面检查国家《“十三五”规划纲要》7个方面的主要目标和25个主要指标，特别是13个约束性指标和体现高质量发展的指标实现情况。二是新发展理念贯彻落实情况。重点评估端正发展理念、转变发展方式的进展情况，特别是新发展理念作为具有内在联系的集合体的统一贯彻落实情况。三是供给侧结构性改革和重大改革任务推进情况。四是重大战略任务推进情况。五是三大攻坚战推进落实情况。六是重大工程项目进展情况。七是是否需要对相关内容进行调整修订。

《中期评估通知》还对评估方式方法、分工安排、地方配合、时间安排及评估结果的报送做出了具体部署。

部分省区也对本地区的“十三五”规划实施情况开展了中期评估工作。例如北京市，不仅对地区“十三五”规划实施情况进行了中期评估，还对注册地在北京市的年综合能耗在1万吨标准煤及以上的近50家重点用能单位开展了“十三五”节能目标完成情况中期评估工作。

5.5.3 完善生态文明考核评价机制，落实节能目标责任

1. 出台生态文明建设目标考核目标体系及考核办法，开展年度考评

（1）出台“一个办法、两个体系”。

为贯彻落实党的十八大和十八届三中、四中、五中、六中全会精神，加快绿色发

展，推进生态文明建设，规范生态文明建设目标评价考核工作，2016 年 12 月 12 日，国家发展改革委等 4 部门联合印发了《绿色发展指标体系》和《生态文明建设考核目标体系》，作为生态文明建设评价考核的依据。中共中央办公厅、国务院办公厅于 2016 年 12 月 22 日印发了《生态文明建设目标评价考核办法》（本节简称《办法》），自 2016 年 12 月 2 日起施行。

生态文明体制改革是一场涉及生产方式、生活方式、思维方式和价值观念的重大变革。习近平总书记指出：只有实行最严格的制度、最严密的法治，才能为生态文明建设提供可靠保障。要牢固树立社会主义生态文明观，摒弃“唯 GDP 论英雄”的发展观、政绩观，更加注重经济社会发展与自然资源环境协调统一，建设人与自然和谐共生的现代化。要完善经济社会发展考核评价体系，使之成为推进生态文明建设的重要导向和约束。

“一个办法、两个体系”的出台，有利于加快构建经济社会发展评价体系，把资源消耗、环境损害、生态效益等指标的情况如实反映出来，更加全面地衡量发展的质量和效益，特别是发展的绿色化水平。有利于引导地方各级党委和政府形成正确的政绩观，进一步引导和督促地方各级党委和政府自觉推进生态文明建设，坚持“绿水青山就是金山银山”，在发展中保护、在保护中发展，改变“重发展、轻保护”或把发展与保护对立起来的倾向和现象。有利于加快推动绿色发展和生态文明建设，使之成为推进生态文明建设的重要约束和导向，为确保实现 2020 年生态文明建设的战略目标提供重要制度保障。

《办法》主要是对生态文明建设目标评价考核进行制度规范，在指标设置上突出人民群众获得感，在结果应用上体现严格要求，具体包括四个方面：一是围绕落实党中央、国务院部署要求，对生态文明建设目标评价考核的方式、主体、对象、内容、时间及结果应用、组织协调、能力保障等进行制度规范，做出 6 个方面、共 21 条具体规定，发挥评价考核“指挥棒”作用，落实地方党委和政府领导班子成员生态文明建设责任。二是采取评价与考核相结合的方式，考核重在约束、评价重在引导，可以各有侧重地推动地方党委和政府落实生态文明建设重点目标任务。三是坚持以人民为中心的发展思想，突出问题导向、目标导向，在指标设计中提高了生态环境质量、公众满意程度等反映人民群众获得感指标的权重，引导地方党委和政府把绿色惠民作为生态文明建设的出发点和落脚点。四是强化结果应用，将考核结果作为省级党政领导班子和领导干部综合考核评价、干部奖惩任免的重要依据，体现“奖惩并举”。

《办法》规定，生态文明建设目标评价考核实行党政同责，采取年度评价和五年考核相结合的方式，在节能减排、大气污染防治、最严格耕地保护等现有专项考核的基础上综合开展。年度评价按照《绿色发展指标体系》实施，主要评估各地区生态文明建设进展的总体情况，引导各地区落实生态文明建设相关工作，每年开展一次。五年考核按照《生态文明建设考核目标体系》实施，主要考核国民经济和社会发展规划纲要确定的资源环境约束性指标，以及党中央、国务院部署的生态文明建设重大目标任务完成情况，强化省级党委和政府生态文明建设的主体责任，每个五年规划期结束后开展一次。

年度评价按照《绿色发展指标体系》实施，从资源利用、环境治理、环境质量、生态保护、增长质量、绿色生活、公众满意程度等 7 个方面评估各地区上一年度生态文明建设进展总体情况，引导各地区落实生态文明建设相关工作。包括两部分工作内容：一是计算绿色发展指数（依据国家统计局发布的《绿色发展指数计算方法（试行)》计算)；二是开展公众生态环境满意度调查（依据国家统计局制定的《公众生态环境满意度调查方案》开展调查)。

绿色发展指数是客观评价结果，依据各部门提供的统计数据来评估各地区上一年度生态文明建设进展总体情况；公众满意程度为主观调查指标，通过国家统计局组织的抽样调查来反映公众对生态环境的满意程度。两者反映的侧重点不同。绿色发展指数侧重于从资源、环境、生态、经济等方面多维度、多层面地综合反映生态文明建设总体进展；公众满意程度侧重于调查公众对生态环境质量的满意程度。绿色发展指数包括 6 个方面 55 项指标，涉及生态文明建设领域的各个方面，而公众对反映当地空气、水、居住周边环境等环境质量状况相关指标的主观感受相对更加深刻，在年度评价结果中也体现出“公众满意程度”与“环境质量指数”排名具有较为显著的相关性。

“环境治理指数”重点反映主要污染物、危险废物、生活垃圾和污水的治理以及污染治理投资等情况，主要是地方政府在污染防治和环境治理方面开展的工作。“环境质量指数”重点反映大气、水、土壤和海洋的环境质量状况，既与当地的环境治理工作进展情况有关，也与当地的气候、自然条件、产业结构等因素有关。同时，环境质量的恶化不是一朝一夕造成的，环境质量的改善也需要一个长期的治理和扭转过程，必须从调整经济结构、加大环境治理投入、严控环境污染等多角度共同发力，不断推进，逐步提高环境质量。

根据《办法》要求，生态文明建设目标评价考核工作采取评价和考核相结合的方式，年度评价、五年考核。五年考核重在约束，年度评价重在引导。年度评价通过衡量过去一年各地区生态文明建设的年度进展总体情况，引导各地区加快推动绿色发展，落实生态文明建设相关工作，同时也为五年考核打下好的基础。五年考核主要考查各地区生态文明建设重点目标任务完成情况，强化省级党委和政府生态文明建设的主体责任，督促各地区自觉推进生态文明建设。

《绿色发展指标体系》，包含考核目标体系中的主要目标，增加有关措施性、过程性的指标，包括资源利用、环境治理、环境质量、生态保护、增长质量、绿色生活、公众满意程度等7个方面，共56项评价指标，采用综合指数法测算绿色发展指数，衡量地方每年生态文明建设的动态进展，侧重于工作引导。同时五年规划期内年度评价的综合结果也将纳入生态文明建设目标考核。

《生态文明建设考核目标体系》以《“十三五”规划纲要》确定的资源环境约束性目标为主，避免目标泛化，使考核工作更加聚焦。在目标设计上，按照涵盖重点领域和目标不重复、可分解、有数据支撑的原则，包括资源利用、生态环境保护、年度评价结果、公众满意程度、生态环境事件等5个方面，共23项考核指标；在目标赋分上，对环境质量等体现人民获得感的目标赋予较高的分值，对约束性、部署性等目标依据其重要程度，分别赋予相应的分值；在目标得分上，体现“奖罚分明”“适度偏严”，对超额完成目标的地区按照超额比例进行加分，对3项约束性目标未完成的地区考核等级直接确定为不合格。

“两个体系”考核评价指标主要是针对“十三五”时期制定，今后将根据经济社会发展五年规划及生态文明建设进展情况适时进行调整。生态文明建设目标评价考核，在现有专项考核的基础上综合开展，目前不替代专项考核。

《办法》在强调各地区落实中央生态文明建设总体要求的同时，也对差异化考核进行了考虑，主要体现在两个方面：一是在目标分解上，《办法》要求有关部门要结合各地区经济社会发展水平、资源环境禀赋等因素，将考核目标科学合理分解到各省、区、市；二是在结果应用上，将考核结果纳入地方党政领导班子和领导干部综合考核评价时，会充分考虑各地区的区位特点和发展定位，予以差别对待。

（2）开展年度考核评价。

为落实党中央、国务院推进生态文明建设的决策部署要求，国家统计局、国家发展改革委、环境保护部、中央组织部先后对2016年、2017年各省（区、市）生态文明建设情况进行了年度评价，于2017年12月26日联合发布了《2016年生态文明建设年度评价结果公报》，2017 年生态文明建设年度评价结果尚未公布。各省（区、市）2016 年各省市生态文明建设年度评价结果见表 5－4。

年度考核结果显示，北京市、福建省、浙江省的绿色发展指数位列全国各省区前三名。在 6 项具体绿色发展指标中，北京市的环境治理指数、增长质量指数和绿色生活指数均排名第一。福建省的资源利用指数排名第一。海南省的环境质量指数排名第一。重庆市的生态保护指数排名第一。此外，西藏、贵州、海南三省的公众满意度位列全国前三。

表 5－4　“十三五”各地区污染物及重点地区挥发性有机物排放总量控制计划

地　区	绿色发展指数	资源利用指数	环境治理指数	环境质量指数	生态保护指数	增长质量指数	绿色生活指数	公众满意度（%）
北　京	83.71	82.92	98.36	78.75	70.86	93.91	83.15	67.82
天　津	76.54	84.40	83.10	67.13	64.81	81.96	75.02	70.58
河　北	78.69	83.34	87.49	77.31	72.48	70.45	70.28	62.50
山　西	76.78	78.87	80.55	77.51	70.66	71.18	78.34	73.16
内蒙古	77.90	79.99	78.99	84.60	72.35	70.87	72.52	77.53
辽　宁	76.58	76.69	81.11	85.01	71.46	68.37	67.79	70.96
吉　林	79.60	86.13	76.10	85.05	73.44	71.20	73.05	79.03
黑龙江	78.20	81.30	74.43	86.51	73.21	72.04	72.79	74.25
上　海	81.83	84.98	86.87	81.28	66.22	93.20	80.52	76.51
江　苏	80.41	86.89	81.64	84.04	62.84	82.10	79.71	80.31
浙　江	82.61	85.87	84.84	87.23	72.19	82.33	77.48	83.78
安　徽	79.02	83.19	81.13	84.25	70.46	76.03	69.29	78.09
福　建	83.58	90.32	80.12	92.84	74.78	74.55	73.65	87.14
江　西	79.28	82.95	74.51	88.09	74.61	72.93	72.43	81.96
山　东	79.11	82.66	84.36	82.35	68.23	75.68	74.47	81.14
河　南	78.10	83.87	80.83	79.60	69.34	72.18	73.22	74.17
湖　北	80.71	86.07	82.28	86.86	71.97	73.48	70.73	78.22
湖　南	80.48	83.70	80.84	88.27	73.33	77.38	69.10	85.91
广　东	79.57	84.72	77.38	86.38	67.23	79.38	75.19	75.44
广　西	79.58	85.25	73.73	91.90	72.94	68.31	69.36	81.79
海　南	80.85	84.07	76.94	94.95	72.45	72.24	71.71	87.16
重　庆	81.67	84.49	79.95	89.31	77.68	78.49	70.05	86.25

续表

地　区	绿色发展指数	资源利用指数	环境治理指数	环境质量指数	生态保护指数	增长质量指数	绿色生活指数	公众满意度（%）
四　川	79.40	84.40	75.87	86.25	75.48	72.97	68.92	85.62
贵　州	79.15	80.64	77.10	90.96	74.57	71.67	69.05	87.82
云　南	80.28	85.32	74.43	91.64	75.79	70.45	68.74	81.81
西　藏	75.36	75.43	62.91	94.39	75.22	70.08	63.16	88.14
陕　西	77.94	82.84	78.69	82.41	69.95	74.41	69.50	79.18
甘　肃	79.22	85.74	75.38	90.27	68.83	70.65	69.29	82.18
青　海	76.90	82.32	67.90	91.42	70.65	68.23	65.18	85.92
宁　夏	76.00	83.37	74.09	79.48	66.13	70.91	71.43	82.61
新　疆	75.20	80.27	68.85	80.34	73.27	67.71	70.63	81.99

根据《办法》要求，年度评价采用相同的标准来客观衡量各地区生态文明建设的进展和成效，可以引导各地区有的放矢地落实生态文明建设相关工作。绿色发展指数是一项综合评价指标，可以利用资源利用指数、环境治理指数、环境质量指数、生态保护指数、增长质量指数、绿色生活指数 6 个分类指数来比较各地区在生态文明建设各个重点领域中取得的成绩和存在的问题。对于具有优势的领域巩固和保持，对于需要改进和提高的领域深入总结、分析研究，提出有针对性的解决措施并加以落实，从而补齐绿色发展短板，从资源、环境、生态、增长质量、生活方式等全方位共同发力，实现全面协调发展。通过持续的努力使本地区在生态文明建设的各个领域共同进步，向实现绿色发展不断迈进。

2. 强化节能目标责任评价考核

党的十八届五中全会提出实行能源消耗总量和强度“双控”行动，是推进生态文明建设，解决资源约束趋紧、环境污染严重的一项重要措施，既能节约能源资源，从源头上减少污染物和温室气体排放，也能倒逼经济发展方式转变，提高我国经济发展绿色水平。

国家“十一五”规划把单位 GDP 能耗降低作为约束性指标，“十二五”规划在把单位 GDP 能耗下降率作为约束性指标的同时，提出合理控制能源消费总量的要求。“十三五”时期，在“十一五”“十二五”节能工作基础上，实施能耗总量和强度“双控”行动，明确要求到 2020 年单位 GDP 能耗比 2015 年降低 15%，能源消费总量控制在50亿吨标准煤以内。国务院将全国“双控”目标分解到了各地区，对“双控”工作进行了全面部署。

《“十三五”节能减排工作方案》强调，实施能源消耗总量和强度双控行动，改革完善主要污染物总量减排制度，强化约束性指标管理，加强目标责任评价考核。按照国务院要求，每年组织开展省级人民政府节能减排目标责任评价考核，将考核结果作为领导班子和领导干部考核的重要内容，开展领导干部自然资源资产离任审计试点。对未完成强度降低目标的省级人民政府实行问责，对未完成国家下达能耗总量控制目标任务的予以通报批评和约谈，实行高耗能项目缓批限批。对环境质量、总量减排目标均未完成的省（区、市），采取约谈、暂停新增排放重点污染物的建设项目环评审批，暂停或减少中央财政资金支持等措施，必要时列入环境保护督查范围。对重点单位节能减排考核结果进行公告并纳入社会信用记录系统，对未完成目标任务的暂停审批或核准新建扩建高耗能项目。落实国有企业节能减排目标责任制，将节能减排指标完成情况作为企业绩效和负责人业绩考核的重要内容。对节能减排贡献突出的地区、单位和个人以适当方式给予表彰奖励。

实行能耗总量和强度“双控”行动，主要目的是提高能源利用效率，引导各地区处理好能耗“双控”与经济社会发展的关系，倒逼经济发展方式转变，促进产业结构不断优化升级，实现高质量的发展。

2016年，全国单位GDP能耗同比下降5%，超额完成降低3.4%以上的年度目标，全国能源消费总量43.6亿吨标准煤，同比增长约1.4%，低于“十三五”时期年均约3%的能耗总量增速控制目标。

2017年12月7日，发展改革委第22号公告发布了对各省（区、市）2016年度能源消耗总量和强度“双控”目标完成情况、措施落实情况的考核评价结果。公告显示，北京、天津、河北、吉林、安徽、河南、重庆7个省（市）考核结果为超额完成等级；山西、内蒙古、黑龙江、上海、江苏、浙江、福建、江西、山东、湖北、湖南、广东、广西、海南、四川、贵州、云南、西藏、陕西、甘肃、青海、宁夏、新疆23个省（区、市）考核结果为完成等级；辽宁省考核结果为未完成等级。对考核结果为超额完成等级的北京、天津、河北、吉林、安徽、河南、重庆7个省（市）予以通报表扬。

2018年7月19日，国家统计局、国家发展改革委和国家能源局联合发布《2017年分省（区、市）万元地区生产总值能耗降低率等指标公报》，指出全国单位GDP能耗降低3.7%，全国能源消费总量44.9亿吨标准煤，同比增长2.9%。30个地区中，除宁夏上升7.65%外，其他地区生产总值能耗均出现不同程度的下降。其中，河南生产总值能耗下降最明显，幅度达7.9%，北京、天津、河北三地区生产总值能耗下降幅度分别为3.99%、6.24%、4.42%。

总的来看，“十三五”前两年能耗总量和强度“双控”工作完成较好，2016～2017年全国“双控”目标完成情况超过了进度目标要求，以年均约2.2%的能耗增速支持了GDP年均6.7%的增长，两年年均能源消费弹性系数为0.32，相比“十一五”时期的0.57和“十二五”时期的0.43有明显降低。这表明，国家实行能耗总量和强度“双控”行动，进一步提高了我国能源利用的效率，有效降低了我国经济增长对能源消耗增长的依赖程度，促进了经济高质量发展。

值得注意的是，与2016年相比，2017年全国单位GDP能耗降幅有所收窄，能耗总量增速明显增大，随着今后经济形势进一步好转，以及人民群众生活用能需求进一步提升等，能耗总量增速可能会进一步提升。部分地区完成“双控”目标难度较大。同时，一些地区近年来为稳增长新上了一批高耗能项目，一些地区对“双控”重视不够，工作措施有所弱化，“十三五”期间能耗将快速增长，要完成“十三五”本地区“双控”目标特别是能耗总量控制目标还面临不少压力。

5.5.4 加强电力需求侧管理

1. 继续开展电力需求侧管理目标责任考核

2016年是电网企业实施电力需求侧管理目标责任考核的第四年。2016～2018年，国家发展改革委连续三年会同有关部门对国家电网公司、南方电网公司上年度电力需求侧管理目标责任完成情况进行了评价考核，并分别于2016年8月10日、2017年8月1日、2018年8月23日公告发布考核结果。

各年度公告显示，2015年，国家电网公司、南方电网公司等以深化电力体制改革为契机，继续推进电力需求侧管理，引导用户节约电力电量，创新平台应用，探索需求响应，大力实施电能替代，有力保障电力供需平衡和促进资源优化配置。根据各地对省级电网企业的考核结果，以及交叉检查、专家组抽查的情况，2015年国家电网公司、南方电网公司均完成电力需求侧管理目标任务，共节约电量142.7亿千瓦时，节约电力327.3万千瓦。对社会节电比重较高和措施得力的河北、上海、江苏、湖北、广东、贵州，以及首次参加考核的西藏等省（区、市）予以了通报表扬。

2016年，国家电网公司、南方电网公司均完成电力需求侧管理目标任务，共节约电量147.4亿千瓦时，节约电力367.7万千瓦。对社会节电比重较高和措施得力的吉林、河北、江苏、湖南、新疆、云南等省（区、市）予以了通报表扬。

2017年，国家电网公司、南方电网公司均完成电力需求侧管理目标任务，共节约电量149.9亿千瓦时，节约电力376.8万千瓦。对社会节电比重较高和措施得力的河北、吉林、江苏、福建、山东、河南6省予以了通报表扬。

2. 深入推进供给侧改革，修订《电力需求侧管理办法》

2017年9月20日，国家发展改革委印发《关于深入推进供给侧结构性改革做好新形势下电力需求侧管理工作的通知》（本节简称《通知》）以及《电力需求侧管理办法（修订版）》。

《通知》指出，2010年《电力需求侧管理办法》印发以来，各有关部门和企业按照科学用电、节约用电、有序用电的理念，积极推进电力需求侧管理工作，在促进电力供需平衡和保障重点用户用电等方面发挥了重要作用，取得了积极成效。一是有序用电不断规范，成为保障电力供需平衡的重要手段。通过强化政策引领、健全工作体系、科学精准实施，电力迎峰度夏期间，通过有序用电转移高峰负荷最大达到1600万千瓦，切实保障了电力供需平衡和社会稳定。二是积极引导节约用电成为节能减排的有效措施。电网企业积极履行社会责任，完成各年度电力需求侧管理目标责任考核任务。2012~2016年，累计节约电量553亿千瓦时，节约电力1268万千瓦，比目标任务分别超额完成131亿千瓦时和359万千瓦。城市综合试点进一步探索了电力需求侧管理的先进经验和模式。北京、苏州、唐山、佛山4个综合试点城市，分别结合自身负荷特点和工作基础，积极发挥财政资金的撬动作用，不断探索电力需求侧管理的技术创新和制度创新，通过能效电厂、需求响应等一系列综合措施，在2013~2015年累计削减高峰负荷283万千瓦以上。电能服务产业健康发展。通过财政支持、价格激励、市场化模式探索等多种方式，电能服务产业发展迅速，节能服务产业广泛竞争的局面基本形成，为售电侧改革奠定了坚实基础。三是科学用电持续推进，成为经济运行的重要组成部分。信息化平台布局初步建成。国家电力需求侧管理平台成功上线运行，省级电力需求侧管理平台基本实现全覆盖，企业级电能服务管理平台快速发展，国家－省级－企业信息化平台架构基本建成，协同效应充分发挥，在线监测、宏观经济分析等工作实现了数字化、网络化、可视化。需求响应工作逐步深入。上海市在2014年开展电网、负荷集成商、工业用户共同参与的市场化需求响应试点基础上，将实施范围拓展到商业建筑领域。江苏省2015年在全国率先实现全省范围内实施需求响应，2016

年最大响应负荷达到 345 万千瓦。

随着我国经济发展进入新常态，“十三五”时期用电量低速增长，电力供应能力充足，电力供需由总体偏紧、局地供需矛盾紧张转变为总体宽松、局地供应富余，形势已发生深刻变化。同时，生态文明建设、能源消费革命、新一轮电力体制改革的推进，都为电力需求侧管理提供了新的发展机遇，也提出了新的工作要求。电力需求侧管理面临的外部形势和内涵发生了较大变化，工作方向和重心需要及时调整。

一是面临新形势，电力供需总体供大于求，可再生能源消纳矛盾越发突出。近年来，随着经济发展进入新常态，全社会用电增速逐步放缓，“十二五”时期年均增长 5.7%，与此同时电力装机增长迅速，“十二五”时期年均增长 9.3%，截至 2016 年底，全国电力装机容量已达 16.5 亿千瓦，供大于求形势越发明显。随着用电增速放缓和可再生能源装机迅猛增长，弃水弃风弃光矛盾越发突出。2016 年，全国弃水电量 500 亿千瓦时，同比增长 85.2%；弃风电量 497 亿千瓦时，同比增长 46.6%；弃光电量 74 亿千瓦时，同比增长 57.4%。

二是面临新机遇，《“十三五”节能减排综合工作方案》要求强化电力需求侧管理，新一轮电力体制改革也对电力需求侧管理提出了新的要求。2016 年 12 月国务院印发的《“十三五”节能减排综合工作方案》中，明确要求加强电力需求侧管理，建设电力需求侧管理平台，推广电能服务，总结试点经验，鼓励用户积极采用节能技术产品，优化用电方式。中发 9 号文件明确提出，积极开展需求侧管理和能效管理，通过运用现代信息技术、培育电能服务、实施需求响应等，促进供需平衡和节能减排。

三是拓展新内涵，电力需求侧管理是供给侧结构性改革的重要内容，是推进“放管服”改革的有效抓手，是促进可再生能源消纳的关键手段。电力的需求侧即是用户的供给侧。供给侧结构性改革的深入推进，客观上要求切实利用好需求侧管理的重要工具，与供给侧相互配合、协调推进，紧扣供给侧结构性改革的新任务和新问题，实现新突破。深化简政放权、放管结合、优化服务改革，需大力提升与群众生活密切相关的公用事业服务质量和效率。通过电力需求侧管理不断强化居民等重点用户的供电服务，促进电网企业保障电力供应、提高电能可靠性、优化电能服务，是落实“放管服”改革要求的重要途径。可再生能源发电的间歇性、随机性、不可控性，对需求侧用电负荷曲线柔性度的要求越来越高，通过深化推进电力需求侧管理，积极发展储能和电能替代等关键技术，促进供应侧与用户侧大规模友好互动，是促进可再生能源多发满发的重要手段。

《通知》明确，新的形势下，电力需求侧管理除继续做好电力电量节约，促进节能减排工作以外，还要重点做好推进电力体制改革、实施电能替代、促进可再生能源消纳、提高智能用电水平等工作。

《通知》还同时发布了《电力需求侧管理办法》（修订版）。2011 年 1 月 1 日发布的《电力需求侧管理办法》同时废止。

5.5.5 动员全社会积极参与节能减排

1. 推行绿色消费

新消费引领培育新动能，带动产业结构转型升级。推行绿色消费，倡导绿色生活，旨在推动全民在衣、食、住、行等方面更加勤俭节约、绿色低碳、文明健康，坚决抵制和反对各种形式的奢侈浪费。

2016 年 2 月 17 日，国家发展改革委等 10 部门联合印发《关于促进绿色消费的指导意见》（本节简称《意见》）。《意见》指出，绿色消费，是指以节约资源和保护环境为特征的消费行为，主要表现为崇尚勤俭节约，减少损失浪费，选择高效、环保的产品和服务，降低消费过程中的资源消耗和污染排放。促进绿色消费，既是传承中华民族勤俭节约传统美德、弘扬社会主义核心价值观的重要体现，也是顺应消费升级趋势、推动供给侧改革、培育新的经济增长点的重要手段，更是缓解资源环境压力、建设生态文明的现实需要。

《意见》明确，到 2020 年，我国绿色消费理念成为社会共识，长效机制基本建立，奢侈浪费行为得到有效遏制，绿色产品市场占有率大幅提高，勤俭节约、绿色低碳、文明健康的生活方式和消费模式基本形成。

《意见》要求，要通过深入开展全民教育、广泛推进主题宣传来培育绿色消费理念；通过倡导绿色生活方式、鼓励绿色产品消费、扩大绿色消费市场来引导居民践行绿色生活方式和消费模式；通过全面推行绿色办公、完善绿色采购制度来推进公共机构带头绿色消费；通过积极实施创新驱动、强化企业社会责任来大力推动企业增加绿色产品和服务供给；通过开展反过度包装、反食品浪费、反过度消费行动来深入开展全社会反对浪费行动；通过健全法律法规、完善标准体系、健全标识认证体系、完善经济政策、加强金融扶持来建立健全绿色消费长效机制。

2016 年 4 月 15 日，国家发展改革委等 24 部门联合印发了《关于促进消费带动转型升级的行动方案》。方案围绕十个主攻方向，提出实施绿色消费壮大行动、城镇商品销售畅通行动、农村消费升级行动等“十大扩消费行动”。在绿色消费壮大行动中，明确在尽快落实加大对绿色环保产品信贷等政策支持力度的同时，进一步出台一批促进绿色消费的政策措施，主要政策方向包括：实施家用电器能效领跑者计划；增加家用绿色净化器具的供给；推广绿色建材应用；促进居民生活用能清洁改造等。

2016 年 7 月 13 日，国家发展改革委印发《关于推动积极发挥新消费引领作用加快培育形成新供给新动力重点任务落实的工作方案》，共提出了 50 条具体工作任务，并落实到以发展改革委为主的各牵头及参加单位。方案要求各地区、各部门要高度重视并主动顺应消费升级大趋势，积极发挥新消费引领作用，加快培育形成新供给新动力，推动经济实现有质量、有效益、可持续发展。

为推进和规范节能产品政府采购，支持公共机构率先开展绿色消费，2016 年 1 月 28 日和 7 月 29 日，财政部、国家发展改革委先后发布了第十九期、第二十期节能产品政府采购清单。节能清单中的计算机设备（台式计算机、便携式计算机和平板式微型计算机）、输入输出设备（激光打印机、针式打印机、液晶显示器）、制冷空调设备、镇流器、生活用电器（空调机、电热水器）、照明设备（普通照明用自镇流荧光灯、普通照明用双端荧光灯）、电视设备等品目为政府强制采购的节能产品。其他品目为政府优先采购的节能产品。

2. 倡导全社会参与

推动全社会树立节能是“第一能源”、节约就是增加资源的理念，深入开展全民节约行动和节能“进机关、进单位、进企业、进军营、进商超、进宾馆、进学校、进家庭、进社区、进农村”等“十进”活动。制播节能减排公益广告，创建一批节能减排宣传教育示范基地，形成人人、事事、时时参与节能减排的社会氛围。

3. 强化社会监督

充分发挥各种媒体作用，报道先进典型、经验和做法，曝光违规用能和各种浪费行为。完善公众参与制度，及时准确披露各类环境信息，扩大公开范围，保障公众知情权，维护公众环境权益。依法实施环境公益诉讼制度，对污染环境、破坏生态的行为可依法提起公益诉讼。

5.6 实现“十三五”节能目标的措施建议

建设生态文明、打造美丽中国，必须要实现能源生产和消费方式的变革，减轻经济增长对能源消费的依赖程度，节能和提高能效是必由之路。按照《能源生产和消费革命战略（2016－2030）》的目标要求，到2020年，我国能源消费总量控制在50亿吨标准煤以内，非化石能源占比15%；到2030年，能源消费总量控制在60亿吨标准煤以内，非化石能源占能源消费总量比重达到20%左右，天然气占比达到15%左右，新增能源需求主要依靠清洁能源满足。如果不注重节能和能源利用效率的提高，沿用近20年历史趋同的发展趋势，2030年能源消费总量将超过65亿吨标煤，甚至超过70亿吨标煤，届时能源总量控制目标、能源转型目标、生态文明建设和美丽中国梦都将难以实现。

我国能源供给侧结构性改革和能源消费革命的发展导向是实现节能与转变能源消费方式相结合，将节能贯穿于经济社会及能源发展的全过程，同时提高能源利用效率。从近期目标来看，重点是实现控制能源消费总量的增长和能源强度的下降。从中长期发展来看，则是以生态文明建设为主导，积极推进绿色生产和生活方式的转变，同时大力开展能源科技创新，攻克能源领域及重点用能领域关键技术，积极开发利用可再生能源，全面构建新型能源消费和利用体系，大幅提升能源利用效率，实现能源消费方式根本性转变。

5.6.1 优化调整传统工业结构，建立淘汰落后产能长效机制，加快发展现代服务业

改革开放以来，随着工业化的迅猛发展，我国经济持续高速增长，生产要素逐渐向工业领域流动，工业能源消耗大幅增加。目前，我国工业领域的消费占能源消费总量的比重仍然接近70%，远远高于西方发达国家。因此，积极推进工业领域特别是煤炭、化工等六大高耗能行业的节能降耗仍然是现阶段我国能源消费战略的主要内容。要通过淘汰落后产能、加快传统产业升级改造和培育新动能，提高能源效率。

纵观“十五”以来近20年，中央政府反复发文强调对高耗能产业的控制，可以发现政府调控意愿与市场需求之间存在着尖锐的矛盾冲突，淘汰高耗能行业一直是中央政府制定节能减排政策的重要抓手，也是地方政府在体现发展理念和政绩观方面执行中央政策的一面镜子。高耗能产业往往也是能够拉动地方经济指标增长的行业。重视生态文明建设和可持续发展的地方政府，往往在淘汰高耗能产业方面能够拿出“壮士断腕”的魄力，坚决关停并转那些中央政策明确指出需要淘汰的高耗能产业。如，北京市就于2012年果断关停了年产值高达200多亿元的首钢总公司。进入“十三五”，

北京市依然坚持不懈地狠抓淘汰高耗能产业，每年关停300家以上制造业和污染企业。相反，也有个别地区，一味追求经济发展，唯GDP政绩观占上风，对于淘汰高耗能产业的中央政策采取迂回战术，特别是在经济低迷时期，为了地方经济增长不惜放松监管，使得高耗能行业频频“死灰复燃”。在中央政府多次开展强化淘汰高耗能行业监管、整治的政策通知中，可以发现淘汰高耗能产业是一个坚苦卓绝的过程，不仅取决于中央政府的政策引导，还取决于地方政府的发展观、政绩观及经济发展水平，必须持续强化监管力度，建立健全常抓不懈的淘汰机制，才能有效地得到长期贯彻落实。

在我国目前的体制下，由于监管力度不足，以及地方、部门利益等问题没有得到很好的处理，淘汰高耗能产业并不容易取得一蹴而就的效果，还有很长的路要走；由于资源价格等问题，经济激励的手段除了财政补贴或奖励外，市场机制和手段尚不完善。因此，在政府主导下的节能必然会强调行政权力的力量。但是，从法律、经济、行政手段发挥作用的长期效应看，行政手段并不是节能降耗的长效机制。例如，政府控制高耗能产业发展的意愿通过一纸政令难以有效实施，多次颁发限制发展高耗能产业的文件，监督管理成本很高，却见效甚微。一旦高耗能产品有市场或者经济复苏，这些产业的能耗就明显反弹，而外部经济环境不景气时，一些企业则会因为产能过剩，对能源产品开展促销活动而忽视节能。也有一些地方政府为保经济增长，对落后企业予以保护。因此，控制高耗能产业总是处于中央政府和地方政府、企业博弈的状态，完善淘汰落后产能的长效机制，对于节能减排和促进产业结构调整，具有战略性意义。

在政策制订环节，对高耗能产业的发展引导要以高附加值产品的增长来有效降低产业的单位GDP能耗，从数量控制走向质量控制，以科技创新带动企业技术设备的改造与产业链的延伸，满足国内需求的不足，减少资源型产品的出口。在高耗能产业的调控手段应用方面，法律手段是根本性手段，经济手段是操作性手段，而行政性手段是辅助性手段，即在法律和经济手段的基础上辅以适度的行政手段，建立行之有效的激励机制和科学合理的监督检查机制，淘汰落后产能工作才能收到良好的效果。

与工业领域相比，第三产业的发展普遍相对滞后，今后应加快发展现代服务业，特别是金融、信息、文化创意、节能环保、物流运输、社会服务等附加值相对较高的服务业行业，不断提高现代服务业的比例和产业精细化水平，引领生产要素不断流入第三产业，通过发展第三产业来推进三大产业结构比重优化调整，不断降低经济发展对能源消费的依赖强度。

5.6.2 严格技术标准，创新推广先进节能低碳技术的方法手段，鼓励科技创新，突破关键装备技术和新能源开发利用技术瓶颈

根据“十三五”规划的要求，要加快推进我国能源技术革命，实现从能源生产消费大国向能源科技装备强国的转变，以能源技术创新推进工业领域节能降耗。在积极推进先进技术和产品的同时，严格行业技术标准是推进技术进步的重要途径，也是淘汰落后产能的重要条件，有助于促进结构节能和技术节能的融合发展，特别是在能源价格普遍偏低的背景下，行业标准在节能的作用将更加突出。应加强重点行业能效管理，提高用能设备能效水平，严格钢铁、电解铝、水泥等高耗能行业产品能耗标准。

科技决定能源的未来，科技创造未来的能源。推进能源技术革命，必须大力倡导和鼓励科技创新。当前，全球能源技术创新进入高度活跃期，新兴能源技术正以前所未有的速度加快迭代，对世界能源格局和经济发展将产生重大而深远的影响。绿色低碳是能源技术创新的主要方向，集中在传统化石能源清洁高效利用、新能源大规模开发利用、核能安全利用、能源互联网和大规模储能以及先进能源装备及关键材料等重点领域。世界主要国家均把能源技术视为新一轮科技革命和产业革命的突破口，制定各种政策措施抢占发展制高点，增强国家竞争力和保持领先地位。

当前，我国在石油化工、节能环保、新材料、汽车制造、新能源等重点行业还存在核心技术缺乏，关键装备及材料依赖进口问题比较突出，可持续发展受到国外产品和技术制约及束缚的现象，必须大力推动和鼓励企业科技创新，完善促进节能减排的科技创新政策体系，建立产学研一体化新机制，加大对科研和技术成果转化的支持力度，重视科研人才队伍的培养和建设，强化知识产权保护和管理，建立有利于科技创新的环境氛围和激励机制，鼓励企业特别是行业龙头企业尽快突破技术瓶颈，带动实现产业的转型升级。

通过文件梳理发现，从2008年起，国家共发布了十一个批次重点推广的节能低碳技术目录，两个批次的战略性新兴产业重点产品和服务指导目录，以及“双十佳”最佳节能技术清单、部分家用电器产品的能效“领跑者”目录等，在引导推广节能低碳技术方面做了大量工作。但是在推广应用层面，国家发布的这些重点节能技术由于缺乏必要的技术力量及资金支持，很难被用能单位所了解、掌握并主动采纳投入到生产实践中。虽然国家节能中心也尝试搭建平台，专门组织专家到有关地区进行重点技术的推介和交流活动，但是目前国家重点节能低碳技术的推广仍然停留在发布目录阶段，

距离实践广泛应用，尚未形成长效有力的工作机制。因此，一方面要做好科技攻关，突破制约能源行业发展的关键技术；一方面还要充分发挥既有重点技术的推广应用，解决好重点节能低碳技术与用能单位的对接落地，都是亟待需要破解的难题。

5.6.3 重视和加强建筑、交通、公共机构等重点领域及重点用能单位节能管理，全面提升管理节能效果

虽然2008年修订《节能法》已经把建筑、交通、公共机构等行业及重点用能单位纳入了重点节能管理范畴，但是“十一五”时期，我国节能降耗的主要工作成效仍然来自工业领域淘汰高耗能产业及实施十大重点节能工程项目。从“十二五”起国家逐渐加大了对上述重点领域节能管理的工作力度和覆盖范围。从节能管理的重点看，建筑领域集中在建筑结构、材料的改进带来建筑能效的提高、既有建筑的节能改造和绿色建筑的推广。交通运输领域涉及范围较广，特别是同时涵盖移动源（交通运输工具）和固定源（机房、站房等办公建筑）具有较强的复杂性和系统性。在交通领域积极推进供给侧改革，优化交通运输结构，建立高效的绿色交通基础设施体系，推进交通信息化建设，大力推广节能高效的交通运输工具及相关产品和技术，严格能耗和排放标准，不断推进绿色低碳交通运营机制的建设和发展等，均取得了较好的成效。对于重点用能单位的管理，则从管理范围上不断拓展，管理力度不断增强，实现了从“十一五”时期的千家企业节能目标责任考核到“十二五”时期的万家企业节能低碳行动，再到“十三五”时期的开展重点用能单位“百千万”行动的三级跳。

值得注意的是，进入“十三五”后，对重点领域和重点用能单位的考核管理，基本沿用“十二五”时期的工作机制及方式方法，与生态文明建设关联度较小，由于经济的持续下行，个别重点用能行业及单位对节能目标进度管理趋于疲软，市场化手段应用不足，缺乏激励机制，并不能有效地调动各行业主管部门及所辖用能单位积极思考和践行节能降耗对生态文明建设的支撑作用。建议进一步强化各重点领域及重点用能单位“十三五”规划的落实情况，特别是涉及生态文明建设及节能低碳的相关量化指标，进行专门的中期评估，及早发现问题，提出解决方案，并对评估考核中发现的问题整改情况进行追踪评价。坚决杜绝个别领域或重点用能单位中存在的规划中只定目标、不重落实的现象。

5.6.4 尽快研究出台相对具体的、能见实效的重点节能措施

自2009年5月启动并一直贯彻“十二五”全程的“节能产品惠民工程”和十大重

大节能工程项目为推广节能产品、提高能源利用效率做出了显著贡献。在财税资金的支持下，节能产品的大规模推广应用为经济发展提供了新动能，成为促进经济社会转型升级、提升产业竞争力的重要抓手。重点节能工程的实施为整体推进重点用能领域和重点用能单位能源效率的提升、能源装备的升级，从而实现节能降耗的目标起到了关键性作用。研究表明，“十二五”时期我国能效投资总规模超过2万亿元，比“十一五”的增长1.4倍[①]，有效地带动了相关产业的发展。与此同时，重点节能工程项目本身也取得了良好的经济收益。

进入“十三五”以来，国家加大了电力体制改革、天然气价格改革等市场化机制的创新工作力度，工作着力点聚焦于全面推进生态文明建设，出台了《“十三五”节能减排综合性工作方案》《能源生产与消费革命战略（2016－2030）》《能源技术革命行动计划（2016－2030）》等一批具有前瞻性、纲领性的指导文件，修订了《节能法》《重点用能单位管理办法》等一批重要法律法规，强化了能源消费总量和能源强度“双控”目标评价考核责任机制，出台了生态文明建设考核目标体系及考核办法，从推进市场化机制、完善管理制度建设、目标导向和评价考核层面为“十三五”节能目标任务的实现和推进生态文明建设指明了方向和实践的依据。但是，应该看到，目前与“十二五”时期的实施的“节能产品惠民工程”、十大重点节能工程项目等相比照，在实际操作层面，缺乏具体的、可见实效的节能措施，建议“十三五”后三年尽快研究出台相关的政策措施，围绕国家发布的重点节能低碳技术目录，搭建有力平台，出台有效财税支持措施，加大节能降耗工程实施、节能产品及技术推广应用的力度和范围。

此外，不断创新思维，加强顶层设计，把节能和提高能效作为从源头上破解生态环境和气候变化约束的根本途径。大力推进电力体制、天然气等能源价格改革，健全和完善市场化的终端用户定价方法；健全和完善促进节能减排的投融资机制及财税政策，降低中小企业生产成本；大力推进战略性新兴产业和能源互联网、能源信息化平台建设，促进绿色消费带动转型升级等等，都是“十三五”期间应予以关注的政策领域，对于实现节能目标、推进生态文明建设将起到重要作用。

---

① 戴彦德、田智宇、朱跃中等：“重塑能源：面向2050年的中国能源消费和生产革命路线图”，《经济研究参考》，2016年第4期，第3～14页。

第6章 我国节能政策的制定与实践

——以能源管理师试点制度为例

我国自上而下形成的节能政策实践活动有很多，大部分取得了显著的政策效果。例如针对钢铁、水泥、电力等高耗能行业出台的一系列淘汰落后产能政策，中央政府对省（区）级政府开展的节能目标责任分解考核政策等。但是，管理和创新离不开地方政府的实践和努力，探索自下而上的政策实践活动，对于“十三五”节能减排事业的发展，促进生态文明建设，同样具有重要意义。本节以能源管理师制度为研究对象，探讨和回顾一种自下而上的节能政策制定过程及实践活动。

6.1 建立能源管理师制度的必要性

随着中国经济社会发展与能源资源供应矛盾的不断加剧，企业乃至全社会对能源管理专业化的要求越来越迫切。加强能源管理人员的专业培训，不断提高他们的专业化程度和技术知识水平，建立一支稳定的能源管理职能队伍，是能源管理的重要组成部分和必然趋势。与此同时，对能源管理师进行科学合理的职业定位，增强其在用能单位节能战略规划决策的影响力和能源管理系统的执行力，也是促进能源管理师制度建设的重要环节。

能源管理师作为一种职业，在一些发达国家已经有了较长的历史，建立起比较完善的能源管理师制度。日本1979年颁布实施了《节约能源法》，明确要求各能源管理指定工厂均需配备与之等级相应的能源管理师队伍。能源管理师需通过国家资格考试认定[①]。德国从20世纪70年代石油危机时代起，就建立起一系列能耗标准制度，同

① 杨春琳：“借鉴日本经验　完善中国节能体系”，《能源研究与利用》，2009年第3期，第38~39页。

时，政府还充分利用市场机制，将培训节能管理队伍放在重要位置扶持，把节能管理师誉为“能源领航员”①。美国早在20世纪80年代初就设置了“能源管理师”职业，实行注册能源管理师制度，是世界上实施注册能源管理师制度时间最长的国家，其颁发的证书已为多数欧美国家所认可。

我国原化学工业部虽然早在1984年就提出了实施能源管理师制度，但由于种种原因，一直未能落实。为实现“十一五”节能目标，我国部分高耗能行业、一些地区陆续提出要建立能源管理师制度，并积极开展试点。2008年，山东省人民政府节能办公室、煤炭工业节能办公室和山东节能协会开展的能源管理师制度研究及新职业申报工作，取得积极成果。2009年10月，亚洲开发银行通过技术援助项目支持山东省能源管理师制度研究和推广。2009年底，国家发展改革委环资司和国家节能中心确定在山东省和天津市进行能源管理师试点工作。截至2009年底，山东省各级节能主管部门已培训企业节能管理人员近7000人。天津市自2009年开展试点工作以来，已培训节能管理人员近400人。此外，欧洲能源管理师、美国能源管理师也在积极争取进入中国市场，进行能源管理师的培训。

2010年10月，国家发展改革委环资司和国家节能中心指出将在2011年继续在全国扩大能源管理师试点范围，积极探索建立我国的能源管理师制度。能源管理师制度的实施越来越具有时代紧迫性，以能源管理师为代表的能源管理专业人才必将成为我国落实资源能源节约基本国策的骨干队伍，具有广阔的发展前景，主要体现在以下几个方面。

6.1.1 经济和社会发展对能源管理师的需求越来越大

专职能源管理师具有良好的职业素养，具备相应的行业节能知识，掌握现代用能单位管理方法，精通现代能源消费统计、计算、监测和管理方法。能源管理师能明确用能单位能耗情况和流向，采用正确的方法对用能单位产品能耗进行统计，从而及时发现产品能耗的变化情况。能源管理师能够直接为用能单位提供节能专业的技术支持，提供能源咨询服务，参与节能技术服务等社会化专业中介服务机构建设，加强全社会节能新技术、新工艺、新装置的推广应用。没有一支专业化、高水平的节能管理队伍，

---

① 孙克放、王新、朱青：“政策让节能成为业主的主动需求——德国建筑节能证书的推广与欧洲能源管理师培训的启示”，《中国科技投资》，2007年第7期，第32~33页。

节能事业难以健康发展。全国人大代表张红指出："作为国民经济发展的基础，能源利用已渗透到国民经济的每一个角落和百姓生活的方方面面，我国迫切需要设置新的职业岗位——能源管理师。"

6.1.2 提高能源管理水平的决定性因素是人

建立高水平的能源管理师培养和认证体系，为用能单位输送高素质的能源管理人才，是经济和能源可持续发展的新举措。建立能源管理师制度，能够增强能源管理工作人员的职业归属感和社会荣誉感，有利于引导和鼓励从业人员主动积极参加能源管理师的学习和考试，有利于推动用能单位建立和完善内部人才培养和激励机制，充分激发能源管理人员的主观能动性和责任感，全面推动管理创新、技术创新、服务创新，从而从能源利用的各个环节提高能源利用效率，推动能源资源利用的可持续发展。

6.1.3 是建立统一、规范的能源管理师认定标准的必然要求

2007 年国务院发布的《节能减排综合性工作方案》中第 25 条要求"重点耗能企业建立能源管理师制度"，是我国中央政府第一次正式提出要实行能源管理师制度。随后国家发展改革委开始组织一些省市赴日本培训学习，参照日本能源管理师制度架构开展中国能源管理师试点。2009 年批复山东省和天津市作为第一批能源管理师试点省市，2010 年 11 月又增加北京市、河北省、陕西省作为第二批试点省市，旨在通过试点逐步积累经验，探索建立适合中国国情的能源管理师制度，同时在重点用能单位进一步完善内部节能管理体系，充分发挥能源管理师的作用，从而逐步形成适用于全国的能源管理师职业资格制度，并最终将"能源管理师"及相关制度纳入《节约能源法》的修订范畴。

时任国家节能中心主任李仰哲表示，"我们希望，通过逐步扩大试点，不断积累经验，在'十二五'末试点省市将超过 1/3，到'十三五'能源管理师制度能在全国初步建立。"随着能源管理师制度试点的深入，越来越多的人参加培训考试，进而成为用能单位的专职能源管理人员，大大规范了能源管理活动，降低了能源消耗，提高了能源利用效率，为经济社会的可持续发展发挥了重要作用。

但是，由于国家层面的能源管理师制度尚未建立，得到国家发改委批复的正规试

点省市只有北京、山东、天津、河北、陕西等5个省市。在利益的驱使下，社会各类培训机构打着“能源管理师”培训和发证的噱头，通过高额收费举办各种鱼龙混杂的能源管理师培训班，给参加培训的人员发放没有主管部门许可或认定的无效资质证书，极大地损害了能源管理人员参加培训学习的积极性，扰乱了能源管理师培训考试的规范性和统一性，给试点的有效推进和能源管理师证书的企业认可度带来较大的负面影响。因此，只有尽快建立全国统一的能源管理师制度，才能有效遏制社会培训机构的非法牟利行为，提高国家（当前是试点省市）颁发的能源管理师证书的社会认可度，激发通过正规培训考试途径取得能源管理师证书的从业人员的责任心和使命感，从制度上保证高素质、专业化、复合型能源管理师队伍的培养和建设。

6.2 国外能源管理师制度研究

6.2.1 日本能源管理师制度①

1. 能源管理指定工厂

日本于1979年开始实施《有关能源使用合理化的法律》（节能法），经过6次修订，最近一次于2010年4月1日生效。法律规定年用能300万升（换算成原油，大体相当我国4000吨标准煤）以上的用能单位为第一类能源管理指定工厂，150万~300万升的为第二类能源管理指定工厂。在最后一次修订中，将过去以单个工厂为用能核算单位改为以整个企业为用能核算单位，即一个拥有多家小企业的公司，只要公司总用能超过150万升的，也算做能源管理指定工厂。

第一类能源管理指定工厂中的制造业、矿业、供电业、供热业、燃气供给业企业（称为特定用能单位）需要选任能源管理者（需持有能源管理师证书），人数根据用能量为1~4人不等，其他第一类和全部第二类能源管理指定工厂需要选任1名能源管理员（可以是能源管理师，也可以经过一天培训取得资格）。具体配置见表6-1。

2. 能源管理者和能源管理员的职责

法律规定的职责是：负责能源消耗设备的维护，能源使用方法的改善及监督，节

① 齐佳、胡红：“国外能源管理师制度及启示”，《节能与环保》，2011年第8期，第52~55页。

表 6-1　　　　能源管理指定工厂能源管理师（员）配备人数

<table>
<tr><th></th><th colspan="3">年综合能耗</th><th>配备人数</th><th>备　注</th></tr>
<tr><td rowspan="8">能源管理
指定工厂</td><td colspan="3">1500KL ~ 3000KL</td><td>1</td><td>能源管理员</td></tr>
<tr><td rowspan="7">3000KL
以上</td><td rowspan="2">焦炭、供电、
燃气、供热</td><td>3000KL ~ 20000KL</td><td>1</td><td rowspan="6">能源管理师</td></tr>
<tr><td>100000KL 以上</td><td>2</td></tr>
<tr><td rowspan="4">其他制造业、
矿业</td><td>3000KL ~ 100000KL</td><td>1</td></tr>
<tr><td>20000KL ~ 50000KL</td><td>2</td></tr>
<tr><td>50000KL ~ 100000KL</td><td>3</td></tr>
<tr><td>100000KL 以上</td><td>4</td></tr>
<tr><td colspan="2">其他行业</td><td>1</td><td>能源管理员</td></tr>
</table>

能合理化的推进。具体包括以下几方面：一是参与制定内部有关节能方面的管理标准；二是为各部门设定节能目标，汇总各部门提出的节能项目；三是按年将企业的节能目标、节能项目实施计划分解到各部门，并进行进度管理；四是掌握各部门各类设备的能源消耗情况，并对其进行分析，发现问题，提出改进意见；五是负责起草每年向政府提供的定期报告。如果是 3000KL 以上的制造业、矿业、供电业、供热业、燃气供给业企业或是 1500KL 以上的连锁化用能单位（指旗下有连锁店、加盟店的企业），还需要负责起草中长期计划。

需要提交中长期计划的用能单位，要有董事级的人物担任能源管理统括者，全面推进节能工作，同时选任辅助其工作的能源管理计划推进者，推进者的任职资格与能源管理员相同。

在日本，能源管理者都是兼职，基本没有特殊的加薪待遇。例如小山工厂有 10 个能源管理师持证者，9 个能源管理员持证者，上报经产省备案的能源管理者只有 1 名，就职于总务部的环境节能组。

3. 能源管理师和能源管理员资格的取得

能源管理师资格证书可以通过两种渠道取得，一是参加考试合格，二是参加培训结业。能源管理师没有再教育制度。

（1）考试与培训。考试与培训均由日本经产省委托日本节能中心进行。考试于每年 8 月份举行，为期一天，共考四门，其中一门为能源综合管理及法规，另三门为专业课（可选热、电两个领域之一）。任何人员都可以参加考试。考试通过率为 25% ~ 30%。培训在每年 12 月份进行，六天培训，一天考试。培训内容也为能源综合管理及法规，专业课（可选热、电两个领域之一）。参加培训的人员必须有 3 年从事能源工作的经历。培训的通过率为 50% 左右。

专业课的深度大体相当于我国理工科大学相关专业的基础课水平。

（2）发证。考试或培训的合格者向日本经产省提出申请，但考试合格者必须要有一年的能源工作经历才能提出申请。经产省审核后颁发证书。

能源管理员只需要参加一天的培训即可获得结业证书。能源管理员有再教育制度。培训由日本节能中心负责，分为初次培训和提高课程培训。初次培训的内容为能源综合管理相关基础知识及法规、能源管理方法、能源管理实务，区分工厂和事业场（即写字楼等）分别安排。参加培训即可取得结业证，但以后需要每年参加提高课程的培训，不参加即失去资格。提高课程培训的内容为能源综合管理及法规、能源管理方法、能源管理实务。

4. 日本能源管理师履职的主要能源管理制度

（1）制定标准。经产省制定了企业在节能方面的判断基准，并随着技术进步不断修订。主要有：单位能耗平均每年降低 1%；按规定配置能源管理者、能源管理员；对企业在管理方面提出了严格要求；制定了使用锅炉、电机时应遵循的技术标准，如规定锅炉外表面温度标准等；制定了钢铁、水泥行业的单位能耗值标准。同时要求企业必须制定不低于判断基准的内部管理标准。

（2）定期报告制度。所有能源管理指定工厂每年要向政府提交定期报告书。主要内容是：各种类型能源的消耗总量；本年及过去 5 年的单位能耗。如果本年能耗没有降低或过去 5 年没有达到年均降低 1%，需要说明理由；能源消耗设备及节能设备的新设、改造情况；企业执行判断基准的情况；二氧化碳排放量。

长期计划书也要每年上报政府，内容主要是企业在节能方面准备采取的措施及预期效果。

（3）工厂总检查制度。经产省每年委托日本节能中心对能源管理指定工厂的节能状况进行抽查。检查的主要内容包括：企业内部管理标准的制定及执行情况，企业能耗情况，节能措施的制定及执行情况，能源管理者或能源管理员履行职务的环境等。日本节能中心根据企业上报的材料和实地考察进行打分，得分 80 分以上的合格；60 ~ 80 分的，企业要向经产省上报整改材料；得分低于 60 分的，经产省到工厂进行现场检查，督促整改。

5. 日本能源管理师制度的主要特点

第一，法律保障是日本能源管理师制度的基础。能源管理师是日本政府根据《节能法》确立并强制实施的、面向重点用能企业的能源管理和职业资格认证制度。日本《节能法》对于实施能源管理师制度做出了非常清晰且全面的表述，明确要求达到一定能耗水平的用能单位必须聘用能源管理师，同时对用能单位能源管理架构、方式及聘用能源管理师数量、岗位职责、职业资格管理、培训考试等内容都做了详细规定，使得整个制度的运行都建立在法律基础之上。不按要求聘用能源管理师的企业将按违法予以相应处罚。

第二，"人岗挂钩"是日本能源管理师制度有效实施的关键。日本能源管理师制度采用与企业高、中、低层能源管理岗位挂钩的方式，构建了企业多层级能源管理组织结构。《节能法》规定重点用能单位必须设置"高层能源管理统括者""能源管理计划推进者"和"能源管理者"职位，能源管理者可以兼职。这种清晰的定位和多层级管理格局既有利于能源管理师在岗位上发挥作用，也保证了能源管理信息和节能措施的上通下达、协调一致和有效推进。

第三，培训考试注重实操经验和较低的通过率，是日本能源管理师"含金量"高的核心。日本能源管理师制度属于"宽进严出"模式，对于参加培训考试的人员没有特别要求，但考试通过率较低，以考试方式作为筛选机制来提高和能源管理师的能力水平。培训和考试内容围绕能源系统管理，具有整体性和宏观性，旨在培养学生的综合管理能力。此外，无论是参加考试，还是研修培训，最终获得能源管理师的人必须有一定的实际操作经验——参加考试者需要 1 年以上，而参加研修者最少需要 3 年工作经验。从考试科目安排上看，也体现了注重解决实际问题的理念：无论热力还是电力领域，都有大量应用题，电力领域还专门设有"电力应用"科目，这些题目的特点是与实际生产的关联更为紧密，目的是培养能源管理师找出节能潜力的能力。能源管理师资格考试每年举办一次，考试难度较大，每年考试合格率一般不会超过 30%。从通过能源管理师考试的合格率可以看出，日本能源管理师更加注重实际工作能力，对于具有较长时间能源管理工作经验的人，获得资格的难度要大大降低，从而确保了能源管理师资格的"含金量"，提高了能源管理师在能源管理领域的权威性和影响力。

第四，开放性、统一性和流动性是日本能源管理师制度市场化的体现。日本能源管理师培训、考试及资格申请都是面向全社会展开的，对于参与者的要求不高，甚至外国人也可以参加，具有很好的开放性。能源管理师是一项国家级职业资格，全国各地参加的培训和考试，其内容、标准都基本相同，因此整个制度的推行具有统一性。政府还提供能源管理师网上信息搜索服务，搭建了用能单位和能源管理师之间相互对接的平台，用能单位可以输入需求条件搜寻适合的能源管理师，能源管理师可以在全国自由流动，不会形成区域分割。更重要的是，企业和能源管理师之间完全是市场化的契约关系，企业从社会上聘用能源管理师，相当于企业出资购买能源管理服务，雇佣成本则通过未来的节能效益来弥补，因此表现好、为企业找到更多节能计划的能源管理师可以继续被聘用，能力不够者则被市场淘汰，这样的机制也有利于能源管理师整体水平的提高。

第五，激励约束机制和信息服务是日本能源管理师制度的有效支撑。为了让能源管理师更好地履行职责，日本还建立了相应的激励约束机制。在市场经济条件下，让用能单位通过聘用能源管理师而获得实实在在的经济利益，是真正促进能源管理师发挥作用的关键所在。一方面，日本经产省为实施节能技术改造的用能单位提供总投资额 1/3 的节能补贴资金；另一方面，经产省要求重点用能单位每年能源利用效率比上年提高 1%，增加了企业提高能源效率的压力，也为能源管理师更好履职提供了目标。

目前日本已建立起以企业为主体、市场为主导、政府为支撑、节能激励政策为引导、能效提高目标为鞭策、建设企业能源管理组织架构为保障、政府提供信息服务为支持的能源管理师制度推进机制，这也是能源管理师成为日本节能的标杆制度的原因。

6.2.2 美国能源管理师制度

美国早在 20 世纪 80 年代初就设置了“能源管理师”职业，实行注册能源管理师制度，其颁发的证书已为多数欧美国家所认可。美国注册能源管理师的培训等具体工作主要由美国能源工程师协会承担。该协会是北美最知名的能源管理培训和认证机构之一，目前大约有会员 8500 人，几百家会员单位，70 多家分会。尽管美国的注册能源管理师制度实施时间较早，但目前能源管理师的规模并不大，远不及日本能源管理师的规模，其影响力也比日本能源管理师制度小得多。

1. 依靠行业协会的市场化运作方式开展培训、考试和认证工作

美国注册能源管理师完全采用市场化运作模式，依靠社会资源开展培训及认证等工作。目前美国能源工程师协会、暖通空调工程师协会、化工协会等多个制造业协会都开展了注册能源管理师培训、考试和资格认证工作。由于美国经济体制的市场化水平较高，由行业协会颁发的注册能源管理师资格具有很高的社会知名度。由于各行业协会更加了解本行业企业的用能情况和特点，因此基于行业协会开展的注册能源管理师制度能够更加贴近市场需求，这也是注册能源管理师制度能够成功的根本原因。

2. 政府激励政策是企业需求注册能源管理师的主要推动力

虽然美国注册能源管理师制度没有得到联邦法律的直接支持，但在许多联邦政府和州政府制定的能效项目和节能激励政策中规定了参与企业必须配备注册能源管理师，以此推动注册能源管理师制度的实施。例如，美国能源部“战略可持续绩效计划”要求主要设备操作人员必须获得能源管理师认证；佐治亚州环保局启动了能效和可持续能效竞争性资助项目，为在该州上岗履职的注册能源管理师提供奖学金；弗吉利亚州《48 号行政命令》要求年能源费用超过 100 万美元的机构，其能源管理人员都应获得注册能源管理师资格①。这些项目和政策有效地推动用能单位聘用注册能源管理师，为其培训、考试和认证创造了良好的市场需求环境。

3. 定位于高级能源管理人才

美国的注册能源管理师制度，主要定位于企业和政府高级能源管理人员，满足对高级能源管理人才的需求。注册能源管理师培训为参加者设置了较高的准入门槛，尤其是对工作经验的要求比较严格。培训内容覆盖范围较广，考试试题则按照培训内容分为法规标准、电和热系统、暖通空调、节能量计算、节能解决方案等若干模块，综合评测考生在能源管理方面的能力，侧重于全面性和实际操作能力。

6.2.3 欧洲能源管理师制度

欧洲能源管理师属于商会推进型。德国纽伦堡工商会于 1997 年首先发起并举办了能源管理师培训项目，命名为德国工商会能源管理师；2003 年扩展到葡萄牙、英国和奥地利，并命名为欧洲能源管理师；从 2006 年 12 月起扩展到欧洲 13 个国家：德国、英国、法国、意大利、西班牙、波兰、捷克、葡萄牙、奥地利、芬兰、希腊、斯洛文尼亚、爱沙尼亚，所覆盖的国家总人口超过 3 亿。作为这个培训的发起者和经验丰富的执行者，纽伦堡商会一直担任欧洲能源管理师的牵头机构。

欧洲能源管理师的职责：一是使企业和管理师了解如何高效地利用能源、节约能源以及如何进行能源管理；二是应用和引进先进技术，促进节能改造，提高节能水平；三是通过培训参与自身所在企业、地区技术或工程项目，直接促进本企业、地区能源使用效率的提高和为企业地区带来直接经济效益。

获得欧洲能源管理师证书不仅要具备一定时间的企业能源管理经验，通过相关知

---

① 符冠云、郁聪：“再看日、美能源管理师制度及对我国的启示”，《中国能源》，2014 年第 2 期，第 11 ~ 14 页。

识的培训和考试，还必须通过毕业设计环节，这是欧洲能源管理师的独特之处。纽伦堡工商会在对能源管理师学员进行培训期间，要求学员完成一项节能项目毕业设计，即项目实践作业。这一环节在学员所在单位进行，学员根据企业实际，应用所学到的节能知识提出可以进行节能改造的项目，在导师的指导下完成毕业设计。节能项目设计环节不仅使学员很快把新知识与生产现状结合起来，同时也为学员所在单位创造节能效益，学员所设计的多数节能项目都能够迅速为企业带来明显的投资回报。绝大多数学员在取得能源管理师证书后的 1 年内即将其节能项目设计付诸实施，其中实施的项目多数在 3 年之内即收回了改造投资，最快的甚至只用了 3 个月，几乎没有一个项目在经济上是亏损的①。

也正是因为欧洲能源管理师不仅使能源管理人员懂得如何管理好企业的能源，而且可以直接设计节能项目为企业创造明显的经济效益，所以欧洲能源管理师显示出很强的生命力，能够在更多的国家进行推广。

6.2.4 日本与欧美能源管理师培训制度比较

总体而言，与日本能源管理师制度相比，欧美等国家的能源管理师制度属于典型的“自下而上”的市场驱动型模式，政府的激励机制主要在能源管理师的应用层面，在培训、考试和认证阶段干预较少。表 6 –2 反映了在能源管理师的培训组织和实施等方面，日本与欧美等国家具体做法。

表 6 –2　　欧美与日本能源管理师培训制度比较

内容	日　本	欧　美
培训对象	在能源管理指定工厂的现场，为成功开展可持续性节能活动而配置的核心员工。参加培训的员工需要由企业推荐，并具备 3 年以上的能源管理经验	1. 大中型企业的能源管理经理——动力能源部门的负责人、运行工程师、房地产开发企业的技术负责人； 2. 各级政府负责节能和可再生能源管理工作的官员和专家； 3. 有关设计院和咨询公司的专家； 4. 物业管理部门的经理。 参加培训人员至少具备 3 年及以上工作经验

① 王文堂：“国内外能源管理师制度发展及建议”，《中国能源》，2008 年第 7 期，第 13 ~16 页。

续表

内容	日　本	欧　美
培训内容	包括基础篇、电分册、热分册三个单元。 基础篇包括：合理使用能源的法律和命令；能源形势、政策及能源概论；能源管理技术基础。 电分册包括：电气与电子理论；自动控制与信息处理；电气测量；工厂配电；电气设备；电动力应用；电气加热；电气化学；照明；空调。 热分册包括：热力学基础；流体工程学基础；传热工程学基础；燃烧及燃烧管理；燃烧计算；测量与控制；热利用设备	1. 能源技术知识； 2. 能源经济与法规； 3. 能源管理； 4. 项目管理与经济计算； 5. 建筑节能； 6. 供暖技术； 7. 空调与制冷； 8. 热电冷联供与余热利用； 9. 电能的使用。 在上述内容的范畴内，培训内容可根据行业特点进行有针对性的调整，以便取得立竿见影的效果
培训学时	包括 6 天培训和 1 天考试。	培训总课时为 200 学时，其中课堂培训 140 学时，毕业设计加网上咨询交流 60 学时
培训方式	由政府强制实施	实施社会培训、能源管理师注册制度，欧洲由纽伦堡工商会牵头组织实施，美国由美国能源工程师协会承担

6.3　山东省和北京市的能源管理师制度试点实践

自 2008 年《节约能源法》修订颁布以来，关于建立能源管理师制度体系的工作一直在积极探讨和推进之中。建立健全能源管理师培训、考试及聘任机制，既是节能工作的迫切需要，也是提高节能队伍素质的重要途径和提升节能管理水平的抓手，对于应对全球气候性变化、完成节能减排目标任务有着重要意义。

从 2009 年 11 月开始，由国家发改委委托国家节能中心开展能源管理师试点工作，第一批试点省（市）为山东省和天津市，2010 年 11 月国家发改委批复新增了北京市、河北省、陕西省作为第二批扩大试点省（市）。试点主要是通过学习借鉴日本节能管理经验，探索并建立能源管理师制度，促进我国经济的可持续发展。5 个试点省市中，北京市和山东省分别作为非工业主导和工业主导的典型试点省市，在各自的试点工作中取得了显著成效。然而，由于能源管理师资格制度的全国推行涉及国家人力资源和社会保障部的管理职能，在顶层制度设计层面，国家发展改革委和人力资源和社会保障部始终因为无上位法支持，而无法达成一致。这也从一个侧面说明我国的节能法律法规体系在节能人才培养和队伍建设方面亟待健全和完善。目前，能源管理师制度目前尚未在全国推行。

6.3.1 北京市能源管理师制度试点

北京市是第二批开展能源管理师的省市，也是5个试点省市中唯一一家第三产业增加值在GDP中的占比超过75%的试点省市，北京市能源管理师制度的研究和实践，对于探索在非工业领域培养专业化、高素质的能源管理人才队伍建设，强化“内涵促降”，具有重要意义。在学习和借鉴国外能源管理师制度以及山东、天津等首批开展试点的国内省市相关经验和做法的基础上，北京市探索了试点范围以非工业领域为重点兼顾工业领域、基本实现第三产业行业全覆盖，以制度协同促进能源管理师试点取得实效的试点实践。

1. 主要做法

（1）率先在非工业领域选取用能单位进行能源管理师试点。

北京是一个以第三产业为主的大都市，2010年，全市能源消费量为6945万吨标准煤，同比增长5.7%。北京市第三产业的能耗总量已超过第二产业，其增长率不仅超过其他产业，还远远超过了全行业能耗平均增长率。因此，将第三产业选定为全市实施能源管理师试点的一个重要领域。结合全市产业结构、能源消费结构的特点，在确定试点用能单位的时候，一是选择了不同行业的22家工业企业作为试点单位，二是还选择了包括商业、酒店、医院、学校、供暖、公交等29家非工业单位，范围涵盖了第三产业的各个方面。

根据北京市第三产业发达的产业结构和能源消耗特点，按照国家“在非工业企业建立能源管理师制度”的要求，兼顾工业和非工业领域，尽可能均衡行业和领域，优先考虑已经纳入北京市重点用能企业在线监测系统的单位的选择原则，在全市600家重点用能单位中选取了51家参加试点，见表6－3。

表6－3　　50家试点单位情况表

年综合能耗（吨标准煤）	本市重点用能单位（个）					
	工　业		非工业		合　计	
	合计	试点数量	合计	试点数量	合计	试点数量
5000（含）～10000	97	3	185	16	282	19
10000（含）～20000	70	5	113	7	183	12
20000及以上	67	14	68	6	135	20
总　计	234	22	366	29	600	51

（2）能源管理师的职责定位以 PDCA 循环模式的能效管理为基础。

在国家标准能源管理体系（GB/T 23331—2009）模式下，能源管理师主要完成计划、实施、检查纠正及处理改进四个阶段的工作，也就是基于著名的 PDCA 循环模式的能效管理①。在确定能源管理师的职责定位时，基于 PDCA 能效管理模式，确定了北京市能源管理师具有以下七项职责：

- 贯彻执行国家及本市节能法律、法规和标准；
- 参与制定本单位能源管理制度；
- 负责对本单位用能状况进行分析、评价，组织内部能源审计，编写能源利用状况报告和其他能源消耗报告；
- 参与编制本单位节能规划、计划，提出节能技改方案，参与本单位固定资产投资项目的节能评估审查；
- 负责本单位能源计量、能源统计管理工作；
- 负责组织开展节能宣传与培训；
- 法律法规规定的其他职责。

（3）能源管理师的设置充分体现行业用能特点。

我国在《重点用能管理办法》中明确规定了“重点用能单位”的范畴。结合重点用能单位节能管理，并参照日本能源管理指定工厂对能源管理师（员）的配置方法，对北京市年综合能耗 5000（含 5000）吨标准煤以上的重点用能单位，在能源管理岗位聘任能源管理师进行了试点配置，具体数量根据行业、用能总量，分级分类确定。按此计算，北京市市试点单位需配置能源管理师 132 名，见表 6－4。

（4）对能源管理师培训、考试、继续教育、聘任与备案等制定了相关制度。

培训。规定了培训对象的报名资格条件和相关从业要求。统一使用国家节能中心编著的能源管理师试点培训教材进行培训。

考试。根据国家规定的考试大纲命制考卷，分热能、电气两个类别，连续两年内通过任一类别的考试均可获得市节能行政主管部门颁发的能源管理师证书。

继续教育。能源管理师证书有效期为三年。在证书有效期内需参加一次继续教育。

---

① 胡红：“基于 PDCA 理论的能源管理执行力与能源管理师职责定位研究”，《节能与环保》，2010 年第 12 期，第 49～52 页。

表 6-4　　北京市能源管理师试点岗位设置及数量

年综合能耗（吨标准煤）		规定配置人数			本次试点
		部门负责人	一般工作人员	岗位合计	配置人数合计
商业服务业、文化艺术业、住宿业、银行业、教育、卫生，以及广播、电视、电影和音像业	5000（含5000）以上	—	1	1	13
除上述行业之外的其他所有行业	5000（含）~10000	1	1	2	20
	10000（含）~20000	1	2	3	27
	20000以上（含）	1	3	4	72
合　计		132			

聘任与备案。规定了用能单位要聘任能源管理师并向市节能行政主管部门备案。要求用能单位积极支持能源管理师依法履行职责，明确了奖励处罚要求。

2. 取得的成效及特点

北京市自2010年11月经国家发展改革委批复成为能源管理师制度建设与试点省市以来，经过大量调研论证，于2011年7月19日出台了《北京市发展改革委关于〈印发北京市能源管理师试点管理办法（试行）〉的通知》（京发改〔2011〕1124号），初步建立了能源管理师制度框架，并在此制度框架下选取代表性重点用能单位作为试点对象，配套了财政资金，制定了试点工作方案及“十二五”期间各年度工作计划，投入了大量的人力物力推进试点工作，受到重点用能单位的高度重视和积极响应。2011年8月举办了首批能源管理师培训班，136名能源管理人员通过参加培训、考试，于2011年底获得首批证书，被聘任上岗。截至2015年底，北京市累计培养能源管理师超过2000人，年综合能耗5000吨标准煤以上的重点用能单位培训覆盖率达到65%。通过考试获得能源管理师证书的人员占培训学员的40%。试点人员几乎覆盖全行业，相当一部分能源管理人员通过培训考试获取持证上岗资格后，业务素质和管理水平得到提升，部分企业建立了能源管理师岗位待遇激励机制，对于节能管理人才队伍建设起到了极大的促进作用。试点工作取得显著成效，制度设计科学、合理、可行，为国家全面推行能源管理师制度积累了宝贵经验。

2012年初，《北京市“十二五”时期人才发展规划》首次发布了以能源资源、航空航天、新一代信息技术、交通运输为主的17个重点领域紧缺专门人才开发目录。说明了能源资源技术和管理人才在新形势下的需求紧迫性，能源管理师试点工程的推进，成为培养和建立能源管理专业队伍的一个重要途径。

结合北京市的自身特点，试点在制度架构上做到了三个创新。

一是试点领域率先覆盖到第三产业的各个方面。与仅在工业领域开展能源管理师试点的省市不同，北京市率先把第三产业和工业同时确定为实施试点和制度研究的重要领域。在研究确定试点单位的时候，不仅选择了不同行业的 22 家工业企业作为试点单位，同时还选择了包括商业、酒店、医院、学校、供暖、公交等 29 家非工业单位，范围涵盖了第三产业的各个方面。

二是能源管理师的设置充分体现行业用能特点。对于第三产业中年综合能源消费总量大且单位 GDP 能耗远低于全行业平均水平的商业服务业、文化艺术业、住宿业等 8 类重点用能单位，只要求在能源管理的工作人员中聘任一名能源管理师。对于上述行业之外的其他各行业，则按照年综合能源消费总量的不同，采取分类分级、区别设置的方法，在一般工作人员和管理层分别设置能源管理师，各层级能源管理师的设置数量与各单位的年综合能源消费总量直接挂钩。

三是能源管理师的聘任首次纳入 GDP 能耗考核环节。在制度建设中，规定重点用能单位不依照相关规定聘任能源管理师，或者无法保障能源管理师履行职责的，相关行政主管部门将给予通报批评，对于情节严重的，在年度 GDP 能耗考核时予以扣分。通过制度保障能源管理师的顺利履职。

6.3.2 山东省能源管理师制度试点

山东省是我国各省（区）中能源消费总量最大的地区，也是高耗能行业较为集中的工业大省。自 2009 年被确定为首批开展能源管理师试点的省份以来，山东省一直把培养能源管理师工作作为加强节能人才队伍建设的系统工程来抓。立足山东，面向全国，以试点探索为基础，以钢铁、高耗能制造业等领域为重点，以培养一支高素质、专业化和稳定的节能管理人才为目的，采取走出去学、请进来教的方式，精心设计、周密组织，按照国家发展改革委制定的统一组织、统一教材、统一大纲、统一命题、统一考试、统一发证的“六统一”原则扎实推进。截至“十二五”末，共举办培训班 65 期，全省 10596 人参加能源管理师资格培训和考试，7307 人取得能源管理师资格，在 2607 家用能单位持证上岗履职，为其他省份和地区做出了表率和示范①。

---

① 崔宝坤、郭鹏、赵海涛：“能源管理师制度研究与实践”，《节能与环保》，2017 年第 5 期，第 52 ~ 54 页。

1. 主要做法

（1）开展能源管理师制度研究，进行制度设计，出台相关制度文件。

由山东省政府节能办牵头成立了 4 个专题组和 1 个咨询专家组，着重围绕能源管理师职业定位、配置范围和数量、应具备的知识和能力、培训考试制度、认定和聘用、继续教育等问题，广泛收集和研究国内外能源管理师制度的资料和经验，完成了《能源管理师制度研究报告》。在此基础上，结合我国现行节能法律法规和工作实际，研究制定试点工作方案，确定试点工作目标、工作重点和具体步骤。先后发布了《山东省能源管理师管理试行办法》（简称《试行办法》）、《山东省能源管理师资格培训和考试实施细则》（简称《实施细则》）和《山东省能源管理师制度研究和试点工作方案》（简称《工作方案》），作为开展试点工作的基本制度文件。

在《试行办法》中，对能源管理师的定义、如何获得能源管理师资格、申请者资质、能源管理师应当履行的职责等内容做出了详细的说明；对用能单位能源管理师的配置情况进行了明确的要求，同时对用能单位未按规定配置能源管理师或者能源管理师违反职业道德所面临的处罚做出了说明。

《实施细则》主要明确了能源管理师培训和考试等一系列制度规定。

《工作方案》则从组织领导、监督管理到报名、培训、考试、发证、聘任等具体实施各个环节进行规范和要求，明确实行统一组织、统一教材、统一大纲、统一命题、统一发证。

随着制度设计与试点实践的不断深入，又发布了《山东省能源管理师培训大纲》和《山东省能源管理师考试大纲》。对能源管理师资格取得渠道、报考条件、岗位职责、职业道德、培训、教学、考试等做了明确规定，这些制度文件的陆续出台，为开展能源管理师试点提供了制度保障和政策支持。

（2）组织节能相关领域专家，编写能源管理师培训教材，在试点实践中不断修正和完善教材。

教材是开展能源管理师培训和考试的基础，关系着能源管理师的职业素质和从业能力水平。山东广泛邀请来自节能监察机构、高等院校、科研院所、省人大专门委员会、省政府法制办和重点用能企业等单位共 105 位专家，采取分头编写、集中汇总的方式共同参与了培训教材的编写工作。为提高工作效率，确保教材编写质量，山东省参照有关规定制定了《能源管理师培训教材编写大纲》和《能源管理师培训教材编写规范》，并要求所有编写人员在此文件要求下开展工作。

整套教材由三个单元组成，分别是：《能源与节能管理基础》《节能技术》和《节能法制与政策制度》。《能源与节能管理基础》重点介绍能源管理的基础理论知识、能源管理技术方法和节能先进机制。包括：能源与能量、节能、热工、电工、燃料与燃烧基础知识；用能单位能源管理和节能管理；主要的节能工作机制。《节能技术》重点介绍通用节能技术和重点领域节能技术。通用节能技术包括热能、电能、新能源和可再生能源利用技术；重点领域节能技术包括工业领域、建筑领域、交通运输领域节能技术。《节能法制与政策制度》重点介绍节能相关法律、法规、规章、标准和政策。包括相关法理、政策、节能执法基础知识，解读节能法律、法规、规章、标准和政策有关规定，对节能法规的重点法条进行案例评析。

在教材编写过程中，根据确定的编写内容和规范要求，各小组定期召开教材编写工作座谈会，听取编写人员编写设想，统一编写思路，制定进展计划。各编写组按照教材编写大纲的章节架构和内容要求，分册开展编写工作。教材编写完成后，山东省邀请国家发展改革委环资司、国家节能中心等省内外26位专家对教材进行了审定。经过一年努力，长达245万字的能源管理师教材正式出版，成为试点地区能源管理师培训考试的主要学习资料。

经过几年的教、学、考、用实践，进一步深化了对能源管理师职责、能力要求和知识结构的认识。为总结能源管理师制度建设经验，吸收节能新成果，补充节能新知识，解读节能新法规、新政策，进一步完善教材知识结构，丰富教材内容和提升教材质量，山东省节能办又组织能源管理师研究团队对教材进行了修订完善并再版，并增加了能源管理师教材《学习题库》和《学习指导》两个辅助资料，以适应更大范围和更高要求使用。

（3）多措并举，推动能源管理师试点工作取得实效。

一是严格准入标准，选拔师资力量。山东对能源管理师资格培训和考试实行全省统一组织管理、分片区具体实施的模式。严格遴选师资力量进行培训，从全省16个节能监察机构、高等院校中优选42名熟练掌握能源管理相关专业知识的专家、教授担任培训授课教师，培训教师按教学内容分为7类，每个片区配备6～7名授课教师，同时成立由7名专家、教授组成的备用教师组，确保集中辅导工作不断档、不断层。为保证培训质量，还组织培训教师进行集中观摩教学，统一全省辅导课件和授课内容。采取自学为主、辅导老师集中辅导为辅的教学模式，年初即向申报的学员免费发放教材，由学员先进行自学，然后再由老师进行集中辅导，增强了学员对相关知识的消化能力。

能源管理师报名和考试，采取统一报名、分两个时间段进行考试、考前一个月进行集中辅导的方式。成立了独立于教学组的命题组，明确规定辅导教师不得兼任命题工作，实行严格的教考分离制度。

二是建立考试题库和设立教学辅导点。在编写教材的同时，山东省还制定了《试题编写方案》，编写了考试试题，试题类型分单选、多选、判断、简答、计算、案例分析等，建立了能源管理师考试题库。为方便全省开展能源管理师培训，在济南、青岛、临沂、潍坊设立了4个教学辅导点。制定了培训考试具体实施计划，从组织企业报名、师资备课试讲、编制培训课程到落实培训考试场地、组织培训考试等，都做出了详细安排和部署。

三是开发网上报送系统。实现了资格申报、准考确认、成绩查询和学员档案等管理信息化，提高了工作质量和效率。

四是严肃考试纪律。实行全省统一考试和教考分离，辅导教师不得参与命题工作，所有涉题人员均需签订保密协议，对考生作弊行为参照高考制度制定了严格规范，确保考试公平和质量。

五是组织持证人员上岗。对参加培训并考试合格者颁发能源管理师资格证书，组织在本单位上岗，并及时跟踪、了解这些人员的实际履职情况，实行动态管理。

六是开展跟踪监察。省、市节能监察机构每年对辖区内能源管理师在岗履职情况进行监督检查并及时通报，以此检验培训效果和试点成果。

2. 取得的成效及特点

经过几年不断探索，山东省已经建立起了相对完善的能源管理师机制体制，教材编写、培训、考试、资质认定、企业配置、岗位要求、监督管理等各个领域工作已基本实现了制度化、专业化和精细化。在山东省各级政府的推动下，各重点用能单位积极配备能源管理师，加强企业能源管理，能源管理师人才市场呈现“供需两旺”的态势。2010年，全省共有573人获得能源管理师资格，2011年更出现“井喷式”的增长，获得能源管理师资格的人数突破2000人。截至2015年底，山东省已培养近1万名能源管理师。

山东省能源管理师试点工作除了在政策设计方面有所创新、覆盖范围广泛、教材编写务实、考试安排严格之外，在细节方面还有以下两个特点：一是明确能源管理师职责。首先，山东省将能源管理师定位于综合型、复合型节能专业人才，需要掌握能源与节能的基础理论知识，熟悉节能法律法规、政策标准，熟悉节能的管理方法和机制，了解通用的节能技术和部分专业节能技术，了解国内外的节能形势。其次，明确和细化能源管理师职责，例如负责制订本单位节能计划和节能目标，制定合理用能方案并组织实施；负责制定和落实本单位能源管理制度；负责对本单位新建、改建、扩建项目用能情况进行评估，为项目决策提供节能依据；负责组织对本单位用能状况进行调查、分析、评价，组织编制本单位能源利用状况报告；负责组织对本单位用能设备能效情况进行测试，积极配合专业机构开展能源审计、能量平衡测试等工作；等等。二是以节能监察等日常工作作为检验能源管理师履职的手段。通过节能监察时能源管理师现场问答时的表现，以及能源利用状况报告填写质量来检验能源管理师履职情况和工作能力。

山东省能源管理师制度建设实施以来，在国内外产生积极影响。北京、天津、河南、陕西、云南、广西、宁波等多个省市多次到山东省学习借鉴能源管理师制度实施经验和做法。日本节能中心数次派专家考察交流，一些国际机构还将山东省的做法介绍到国外。山东省政府高度重视试点工作，把能源管理师培训考试列入山东省人才战略工程，旨在通过推进能源管理师制度试点和建设，紧紧围绕在全国全面建立能源管理师制度的最终目的，打造一支高素质、专业化、相对稳定的节能人才队伍持续发力，不断增强其上岗履职能力，使其成为企业节能管理的专家型人才，确保国家的节能法律法规和政策标准真正在企业得到有效贯彻实施、落地生根。

6.4 我国能源管理师制度试点启示

我国的能源管理师制度试点，在山东、北京等五省市的实践活动取得了显著的成效，但是，在试点工作不断推进的过程中，也出现了一些新问题和新挑战，主要包括以下几个方面。

一是能源管理师制度顶层设计还不完善。目前我国能源管理师尚无明确的法律依据，也没有专门的职业资质，导致各试点省市工作虽然取得了显著的成效，也积累了丰富的经验，但是无法在国家层面形成有法律保障的能源管理师制度。

二是促进能源管理师上岗履职的激励约束政策机制尚未全面建立，部分重点用能单位缺乏能源管理师岗位设置、上岗履职、绩效评估的导向性工作机制，“重培训，轻使用”情况仍然存在，对能源管理师自发积极参加培训考试的主观能动性调动不够。

三是市场化机制的良性效应未能充分发挥。由于社会和企业对能源管理师的重视不够，导致一些重要能源管理岗位对具有能源管理师资格的人员缺乏吸引力。民营企业人员流动尤其明显，每年大约有10%的能源管理师离职，造成能源人才资源的浪费。

四是培训教材和考试题库未能形成定期更新和修订的长效机制。由于教材修订需要较长时间，缺乏统一组织和必要的经费支持，很难及时补充和修订适应我国节能发展进程的相关法规、政策、技术、标准的调整，导致培训内容与时代脱节。

应该看到，完善能源管理师制度将为完成我国能源强度和总量“双控”任务、实现大气污染防治目标、应对气候变化、建设生态文明提供重要人才支撑。具有法律地位、严格资格认证、明确定位和职责是国外能源管理师制度建设的核心经验。明确能源管理师资格准入门槛、完善激励和约束机制是能源管理师制度长期运行的制度保障。在节能形势日趋复杂和严峻的背景下，需要在现有工作基础上进一步开阔视野、积极探索完善能源管理师制度的体制机制，更好地发挥能源管理师作用，并以能源管理人才队伍建设为核心，促进企业能源的精细化管理。

结合试点实践，对进一步推进能源管理师制度建设，深化试点成果提出以下建议。

1. 建立有法律依据的能源管理师制度

能源管理师制度要在全国层面开展，必须有法律作为基础。建议将能源管理师制度纳入我国《节能法》的修订计划，以法律形式确定下来，进一步明确企业能源管理架构、能源管理师职责与岗位、履职绩效考核和奖惩制度，并根据用能单位所在行业分布、用能特征及能源消费量进行分类管理，分类设定能源管理师配备数量和聘用要求。将能源管理师纳入政府管理的职业技术资格管理体系，实现薪资与资质挂钩，提高能源管理师社会影响力。

对于地方试点省市，则可从地方法规、制度保障、能力建设等方面入手，完善能源管理师试点制度。在国家节能法尚未修订前，可由地方政府先行制定《××省（市）能源管理师制度暂行条例》，以地方法规条例的方式，让能源管理师制度有法可依，具有强制执行力。同时建立和完善能源管理岗位责任制和绩效考核制度。

2. 统筹协调能源管理师与能源管理岗位关系，确保其履职上岗

能源管理师制度应结合用能企业所在行业，进行分类培养和设置能源管理岗位。对于非工业领域，能源管理师应提高起点，定位在综合型、高水平管理人才上；对于工业领域，则宜进行分级分类培养，不仅要有定位高、综合型、高水平的能源管理人才，类似于日本能源管理师制度中的“能源管理统括者”，也应在重点用能设备岗位，配备技术专精、实操能力强的专业技术型能源管理师。为保证具有资格的能源管理师在企业充分履职上岗，必须将“人”（能源管理师）与“岗”（能源管理岗位）统筹考虑，强化重点用能单位能源管理人才队伍建设，进一步完善能源管理师聘任和绩效管理工作机制，明确给予能源管理师相对优厚的职级待遇，充分发挥能源管理师的作用。要求重点用能单位必须在中层生产部门和高层决策层设立能源管理岗位，并由具有能源管理师资格的人履职上岗。进一步明确能源管理师在企业内部的能源管理和企业对外的上传下达职责，将制定用能单位节能规划、开展能源审计、执行节能标准、填报能源利用状况报告、节能量核算等工作落实到能源管理师担纲的部门或团队，由能源管理师作为直接责任人，以此提高能源管理师的责任感和归属感，避免用能单位对能源管理师“重培训、轻使用”的现象发生。

3. 依托行业协会，探索社会化的能源管理师资格认证模式

提高用能单位能源管理水平和能源利用效率，降低用能成本，是企业内在的必然需求。能源管理师所培养的人才如果能够满足企业这一内生需求，则必然受到用能单位的欢迎。换言之，如果学员通过参加能源管理师培训和考试所获得的知识技能与企业实际能源管理需求脱节，则其结果必然造成能源管理师不被重视，相关制度也难以推行。行业协会往往对于本行业企业发展变化情况、能效水平、前沿技术等信息掌握得更准确，因此，可尝试探索构建以政府为管理主体和牵头部门，行业协会负责组织实施，企业根据自身需求自愿参与的社会化能源管理师资格认证模式。同时，注重开放能源管理师的流动性，完善职责标准，促进不同试点地区能源管理师资格的互通互认，避免能源管理人才的流失。

附件一　参考法律法规、政策文件

序号	发布日期	文件名称	文号
1	1997-11-1	中华人民共和国节约能源法（第八届全国人大常委会第28次会议通过）	中华人民共和国主席令第90号
	2007-10-28	中华人民共和国节约能源法（修订）（第十届全国人大常委会第30次会议修订通过）	中华人民共和国主席令第77号
	2016-7-2	中华人民共和国节约能源法（第十二届全国人大常委会第21次会议修改通过）	中华人民共和国主席令第48号
2	1999-3-10	《重点用能单位节能管理办法》（已废止）	国家经贸委令第7号
	2018-2-22	《重点用能单位节能管理办法》（修订版）	国家发改委、科技部、中国人民银行、国资委、质检总局、统计局、证监会令第15号
3	2001-12-13	国务院办公厅转发国家经贸委等部门关于从严控制平板玻璃生产能力切实制止低水平重复建设意见的通知	国办发〔2001〕95号
4	2004-5-1	国务院办公厅转发发展改革委等部门关于对电石和铁合金行业进行清理整顿若干意见的通知	国办发明电〔2004〕22号
5	2004-5-1	国家发展改革委印发《节能中长期专项规划》	发改环资〔2004〕2505号
6	2004-5-27	国家发展改革委、电监会关于印发《加强电力需求侧管理工作的指导意见》的通知	发改能源〔2004〕939号
7	2004-5-27	国家发展改革委、财政部、商务部等九部门印发关于清理规范焦炭行业的若干意见的紧急通知	发改产业〔2004〕941号
8	2004-5-31	《清洁发展机制项目运行管理暂行办法》（已废止）	国家发改委、科技部、外交部令第10号
	2005-10-12	《清洁发展机制项目运行管理办法》（已废止）	国家发改委、科技部、外交部、财政部令第37号
	2011-8-3	《清洁发展机制项目运行管理办法》（修订）	国家发改委、科技部、外交部、财政部令第11号

续表

序号	发布日期	文件名称	文号
9	2004－8－13	《能源效率标识管理办法》（已废止）	国家发改委、质检总局令第17号
	2016－2－29	《能源效率标识管理办法》（修订版）	国家发改委、质检总局令第35号
10	2004－8－16	《清洁生产审核暂行办法》（已废止）	国家发改委、环保总局令第16号
	2016－5－16	《清洁生产审核办法》	国家发展改革委、环保部令第38号
11	2004－11－24	国家发展改革委关于坚决制止电站项目无序建设意见的紧急通知	国发〔2004〕32号
12	2004－12－20	国家发展改革委印发关于进一步巩固电石、铁合金、焦炭行业清理整顿成果规范其健康发展的有关意见的通知	发改产业〔2004〕2930号
13	2005－2－8	国家发展改革委关于加强煤炭基本建设项目管理有关问题的通知	发改能源〔2005〕2605号
14	2005－2－22	国务院办公厅关于电站项目清理及近期建设安排有关工作的通知	国办发〔2005〕8号
15	2005－6－6	国务院办公厅关于进一步推进墙体材料革新和推广节能建筑的通知	国办发〔2005〕33号
16	2005－6－7	国务院关于促进煤炭工业健康发展的若干意见	国发〔2005〕18号
17	2005－6－21	国家发展改革委关于规范煤矿生产能力核定和严格控制超能力生产的紧急通知	发改运行〔2005〕1091号
18	2005－6－27	国务院关于做好建设节约型社会近期重点工作的通知	国发〔2005〕21号
19	2005－8－22	国务院办公厅印发《关于坚决整顿关闭不具备安全生产条件和非法煤矿的紧急通知》	国办发明电〔2005〕21号
20	2005－9－10	国家发展改革委关于认真贯彻《国务院办公厅关于坚决整顿关闭不具备安全生产条件和非法煤矿的紧急通知》维护煤炭生产秩序的紧急通知	发改运行〔2005〕1692号
21	2005－11－1	国家发展改革委关于做好整顿关闭不具备安全生产条件和非法煤矿及信息发布工作的通知	发改运行〔2005〕2258号
22	2005－12－2	国务院关于发布实施《促进产业结构调整暂行规定》的决定	国发〔2005〕40号
23	2005－12－2	《产业结构调整目录》（2005年本）（已废止）	国家发改委令第40号
	2011－3－27	《产业结构调整目录》（2011年本）（已废止）	国家发改委令第9号

续表

序号	发布日期	文件名称	文号
	2013－2－16	关于修改《产业结构调整指导目录（2011年本）》有关条款的决定	国家发改委令第21号
24	2005－12－9	国家发展改革委、财政部、商务部等七部门印发关于控制部分高耗能、高污染、资源性产品出口有关措施的通知	发改经贸〔2005〕2595号
25	2005－12－25	国家发展改革委、建设部、公安部、财政部、监察部、环保总局关于鼓励发展节能环保型小排量汽车意见的通知	国办发〔2005〕61号
26	2006－2－24	国家发展改革委、国管局、财政部、中直管理局、总后勤部印发关于加强政府机构节约资源工作的通知	发改环资〔2006〕284号
27	2006－3－12	国务院关于加快推进产能过剩行业结构调整的通知	国发〔2006〕11号
28	2006－4－7	国家发展改革委、国家能源领导小组办公室、统计局、质检总局、国资委关于印发千家企业节能行动实施方案的通知	发改环资〔2006〕571号
29	2006－4－13	国家发展改革委、财政部等八部门印发关于加快水泥工业结构调整的若干意见的通知	发改运行〔2006〕609号
30	2006－5－30	财政部关于印发《可再生能源发展专项资金管理暂行办法》的通知（已废止）	财建〔2006〕237号
	2015－4－2	财政部关于印发《可再生能源发展专项资金管理暂行办法》的通知	财建〔2015〕87号
31	2006－6－14	国家发展改革委、商务部、国土资源部、环保总局、海关总署、质检总局、银监会、证监会关于钢铁工业控制总量淘汰落后加快结构调整的通知	发改运行〔2006〕1084号
32	2006－7－5	国家发展改革委关于防止高耗能行业重新盲目扩张的通知	发改运行〔2006〕1332号
33	2006 7 25	国家发展改革委、科技部、财政部、建设部、质检总局、环保总局、国管局关于印发“十一五”十大重点节能工程实施意见的通知	发改环资〔2006〕1457号
34	2006－8－6	国务院关于加强节能工作的决定	国发〔2006〕28号
35	2006－9－17	国务院关于“十一五”期间各地区单位生产总值能源消耗降低指标计划的批复	国函〔2006〕94号
36	2006－11－9	国家质检总局、国家发展改革委关于工业生产许可工作中严格执行国家产业政策有关问题的通知	国质检监联〔2006〕632号
37	2006－12－12	国家发展改革委关于加强固定资产投资项目节能评估和审查工作的通知	发改投资〔2006〕2787号

续表

序号	发布日期	文件名称	文号
38	2007-1-5	国家发展改革委关于印发《固定资产投资项目节能评估和审查指南（2006）》的通知	发改环资〔2007〕447号
39	2007-1-20	国务院批转发展改革委、能源办关于加快关停小火电机组若干意见的通知	国发〔2007〕2号
40	2007-2-18	国家发展改革委办公厅关于做好淘汰落后水泥生产能力有关工作的通知	发改办工业〔2007〕21号
41	2007-3-2	国家发展改革委关于编制小火电机组关停实施方案有关要求的通知	发改办能源〔2007〕490号
42	2007-4-26	国家发展改革委关于进一步做好2007年煤矿整顿关闭工作的通知	发改运行〔2007〕878号
43	2007-4-29	国家发展改革委关于加快推进产业结构调整遏制高耗能行业再度盲目扩张的紧急通知	发改运行〔2007〕933号
44	2007-5-8	国家发展改革委办公厅、中共中央宣传部办公厅、中国科协办公厅关于建设节约型社会科普巡回展览2007年度巡展工作的通知	发改办环资〔2007〕1008号
45	2007-5-23	国务院关于印发节能减排综合性工作方案的通知	国发〔2007〕15号
46	2007-6-1	国务院办公厅关于严格执行公共建筑空调温度控制标准的通知	国办发〔2007〕42号
47	2007-6-27	国家发展改革委办公厅关于请报送造纸、酒精、味精、柠檬酸行业淘汰落后产能分年度计划方案的通知	发改办运行〔2007〕1503号
48	2007-6-29	中国人民银行关于改进和加强节能环保领域金融服务工作的指导意见	银发〔2007〕215号
49	2007-7-3	国家发展改革委、环保总局关于印发煤炭工业节能减排工作意见的通知	发改能源〔2007〕456号
50	2007-7-30	国务院办公厅关于建立政府强制采购节能产品制度的通知	国办发〔2007〕51号
51	2007-8-2	国务院办公厅关于转发发展改革委等部门《节能发电调度办法（试行）》的通知	国办发〔2007〕53号
52	2007-8-14	国家发展改革委关于禁止落后炼铁高炉等淘汰设备转为它用有关问题的紧急通知	发改产业〔2007〕2047号
53	2007-8-28	国家发展改革委、中宣部等十七部门关于印发节能减排全民行动实施方案的通知	发改环资〔2007〕2132号
54	2007-8-31	国家发展改革委关于印发可再生能源中长期发展规划的通知	发改能源〔2007〕2174号

续表

序号	发布日期	文件名称	文号
55	2007－9－30	国家发展改革委、财政部、电监会关于进一步贯彻落实差别电价政策有关问题的通知	发改价格〔2007〕2655号
56	2007－10－22	国家发展改革委、环保总局关于做好淘汰落后造纸、酒精、味精、柠檬酸生产能力工作的通知	发改运行〔2007〕2775号
57	2007－10－23	国家发展改革委关于严格禁止落后生产能力转移流动的通知	发改产业〔2007〕2792号
58	2007－11－5	国家发展改革委办公厅、财政部办公厅关于请组织申报2007年生物质能综合利用示范项目的通知	发改办能源〔2007〕2807号
59	2007－11－17	国务院批转节能减排统计监测及考核实施方案和办法的通知	国发〔2007〕36号
60	2007－11－23	中国银监会关于印发《节能减排授信工作指导意见》的通知	银监发〔2007〕83号
61	2007－11－27	国家发展改革委关于做好中小企业节能减排工作的通知	发改企业〔2007〕3251号
62	2007－12－18	财政部、国家发展改革委关于印发《高效照明产品推广财政补贴资金管理暂行办法》的通知	财建〔2007〕1027号
63	2007－12－19	国家发展改革委、环保总局、电监会、国家能源领导小组办公室关于印发《节能发电调度试点工作方案和实施细则（试行）》的通知	发改企业〔2007〕3523号
64	2007－12－19	国家发展改革委、环保总局、电监会、国家能源办关于印发《节能发电调度试点工作方案和实施细则（试行）》的通知	发改能源〔2007〕3523号
65	2007－12－21	国家发展改革委、电监会关于取消电解铝等高耗能行业电价优惠有关问题的通知	发改价格〔2007〕3550号
66	2007－12－31	国务院办公厅关于限制生产销售使用塑料购物袋的通知	国办发〔2007〕72号
67	2008－3－3	国家发展改革委关于印发可再生能源发展“十一五”规划的通知	发改能源〔2008〕610号
68	2008－3－14	国家发展改革委、财政部关于印发《节能项目节能量审核指南》的通知	发改环资〔2008〕704号
69	2008－4－3	电监会、国家发展改革委、环保部关于印发《节能发电调度信息发布办法（试行）》的通知	电监市场〔2008〕13号
70	2008－5－9	国家发展改革委、财政部关于下达财政补贴高效照明产品推广任务（第一批）的通知	发改环资〔2008〕1127号
71	2008－6－6	国家发展改革委关于印发重点用能单位能源利用状况报告制度实施方案的通知	发改环资〔2008〕1390号

续表

序号	发布日期	文件名称	文号
72	2008－7－11	关于进一步做好贯彻落实《国务院办公厅关于限制生产销售使用塑料购物袋的通知》有关工作的通知	发改环资〔2008〕1554号
73	2008－8－1	民用建筑节能条例	国务院令第530号
74	2008－8－1	公共机构节能条例	国务院令第531号
75	2008－8－1	国务院关于进一步加强节油节电工作的通知	国发〔2008〕23号
76	2008－8－15	国家发展改革委、中宣部、商务部、工商总局、质检总局关于进一步规范月饼包装节约资源保护环境的通知	发改环资〔2008〕2125号
77	2008－8－25	国家发展改革委、科技部等11部门关于贯彻实施《中华人民共和国节约能源法》的通知	发改环资〔2008〕2306号
78	2009－2－5	国家能源局关于印发《能源领域行业标准化管理办法（试行）》及实施细则的通知	国能局科技〔2009〕52号
79	2009－2－25	废弃电器电子产品回收处理管理条例	国务院令第551号
80	2009－5－18	财政部、国家发展改革委关于开展"节能产品惠民工程"的通知	财建〔2009〕213号
81	2009－5－19	国务院批转发展改革委关于2009年深化经济体制改革工作意见的通知	国办发〔2009〕26号
82	2009－6－1	国务院办公厅关于转发发展改革委等部门促进扩大内需鼓励汽车家电以旧换新实施方案的通知	国办发〔2009〕44号
83	2009－9－26	国务院批转发展改革委等部门关于抑制部分行业产能过剩和重复建设引导产业健康发展若干意见的通知	国发〔2009〕38号
84	2009－11－10	国家发展改革委办公厅关于水泥、平板玻璃建设项目清理工作有关问题的通知	发改产业办〔2009〕2351号
85	2010－2－6	国务院关于进一步加强淘汰落后产能工作的通知	国发〔2010〕7号
86	2010－3－4	住房城乡建设部关于印发《民用建筑能耗和节能信息统计报表制度》的通知	建科〔2010〕31号
87	2010－3－26	中央企业节能减排监督管理暂行办法	国资委令第23号
88	2010－4－2	国务院办公厅转发发展改革委等部门关于加快推行合同能源管理促进节能服务产业发展意见的通知	国办发〔2010〕25号
89	2010－4－14	工信部关于进一步加强中小企业节能减排工作的指导意见	工信部办〔2010〕173号
90	2010－5－4	国务院关于进一步加大工作力度确保实现"十一五"节能减排目标的通知	国发〔2010〕12号

续表

序号	发布日期	文件名称	文号
91	2010－5－6	国家税务总局关于进一步做好税收促进节能减排工作的通知	国税函〔2010〕180号
92	2010－5－12	国家发展改革委、电监会、能源局关于清理对高耗能企业优惠电价等问题的通知	发改价格〔2010〕978号
93	2010－5－24	国家发展改革委、能源局、安监总局、煤矿安监局关于进一步淘汰落后产能推进煤矿整顿关闭工作的通知	发改能源〔2010〕1118号
94	2010－5－26	财政部、国家发展改革委关于印发“节能产品惠民工程”节能汽车（1.6升及以下乘用车）推广实施细则的通知	财建〔2010〕219号
95	2010－5－28	国家发展改革委关于发挥试点示范作用为实现“十一五”节能减排目标作贡献的通知	发改环资〔2010〕1158号
96	2010－5－31	国家财政部、科技部、工信部、发展改革委关于扩大公共服务领域节能与新能源汽车示范推广有关工作的通知	财建〔2010〕227号
97	2010－5－31	国家财政部、科技部、工信部、发展改革委关于开展私人购买新能源汽车补贴试点的通知	财建〔2010〕230号
98	2010－5－31	财政部、国家发展改革委关于印发《节能产品惠民工程高效电机推广实施细则》的通知	财建〔2010〕232号
99	2010－6－3	财政部、国家发展改革委关于印发《合同能源管理奖励资金管理暂行办法》的通知	财建〔2010〕249号
100	2010－6－4	国务院办公厅关于进一步加大节能减排力度加快钢铁工业结构调整的若干意见	国办发〔2010〕34号
101	2010－6－29	财政部办公厅、国家发展改革委办公厅关于合同能源管理财政奖励资金需求及节能服务公司审核备案有关事项的通知	财办建〔2010〕60号
102	2010－9－17	《固定资产投资项目节能评估和审查暂行办法》（已废止）	国家发改委令第6号
	2016－11－27	《固定资产投资项目节能审查办法》	国家发改委令第44号
103	2010－9－17	能源计量监督管理办法	国家质检总局第132号令
104	2010－10－10	国务院关于加快培育和发展战略性新兴产业的决定	国发〔2010〕32号
105	2010－10－19	国家发展改革委、财政部关于财政奖励合同能源管理项目有关事项的补充通知	发改办环资〔2010〕2528号
106	2010－10－29	国家发展改革委、国土资源部、环保部关于清理钢铁项目的通知	发改产业〔2010〕2600号

续表

序号	发布日期	文件名称	文号
107	2010-11-4	国家发展改革委、工信部、财政部、国资委、电监会、能源局关于印发《电力需求侧管理办法》的通知（已废止）	发改运行〔2010〕2643 号
	2017-9-20	国家发展改革委、工信部、财政部、住建部、国资委、能源局关于深入推进供给侧结构性改革做好新形势下电力需求侧管理工作的通知（附件：《电力需求侧管理办法》（修订版））	发改运行规〔2017〕1690 号
108	2010-12-30	财政部、国税总局关于促进节能服务产业发展增值税 营业税和企业所得税政策问题的通知	财税〔2010〕110 号
109	2011-6-20	国家发展改革委关于整顿规范电价秩序的通知	发改价检〔2011〕1311 号
110	2011-6-21	财政部、国家发展改革委关于印发《节能技术改造财政奖励资金管理办法》的通知	财建〔2011〕367 号
111	2011-7-6	国家发展改革委、工信部、环保部、商务部、工商总局、质检总局关于集中开展限制生产销售使用塑料购物袋专项行动的通知	发改环资〔2011〕1399 号
112	2011-7-20	国家发展改革委办公厅、财政部办公厅关于进一步加强合同能源管理项目监督检查工作的通知	发改办环资〔2011〕1755 号
113	2011-7-24	国家发展改革委关于完善太阳能光伏发电上网电价政策的通知	发改价格〔2011〕1594 号
114	2011-8-30	国务院机关事务管理局关于印发公共机构节能“十二五”规划的通知	国管节能〔2011〕433 号
115	2011-8-31	国务院关于印发“十二五”节能减排综合性工作方案的通知	国发〔2011〕26 号
116	2011-9-7	财政部、国家发展改革委、工信部关于调整节能汽车推广补贴政策的通知	财建〔2011〕754 号
117	2011-9-8	商务部、国家发展改革委等十部门关于促进战略性新兴产业国际化发展的指导意见	商产发〔2011〕310 号
118	2011-9-26	国家发展改革委、能源局、安监总局、煤监局联合印发《关于“十二五”期间进一步推进煤炭行业淘汰落后产能工作的通知》	发改能源〔2011〕2091 号
119	2011-9-28	国家发展改革委办公厅关于开展平板玻璃建设项目专项清理的通知	发改办产业〔2011〕2375 号
120	2011-10-9	国家发展改革委、财政部、住房城乡建设部、国家能源局关于发展天然气分布式能源的指导意见	发改能源〔2011〕2196 号
121	2011-11-9	国家发展改革委关于印发《电网企业实施电力需求侧管理目标责任考核方案（试行）》的通知	发改运行〔2011〕2407 号

续表

序号	发布日期	文件名称	文号
122	2011-12-1	国务院关于印发“十二五”控制温室气体排放工作方案的通知	国发〔2011〕41号
123	2011-12-1	住房和城乡建设部关于落实《国务院关于印发“十二五”节能减排综合性工作方案的通知》的实施方案的通知	建科〔2011〕194号
124	2011-12-7	国家发展改革委、教育部、工信部等十二部门关于印发万家企业节能低碳行动实施方案的通知	发改环资〔2011〕2873号
125	2012-1-4	工业和信息化部关于印发《工业节能“十二五”规划》的通知	工信部规〔2012〕3号
126	2012-1-31	国家发展改革委、中宣部等十七部门关于印发节能减排全民行动实施方案的通知	发改环资〔2012〕194号
127	2012-3-22	国家发展改革委办公厅关于定期发布节能目标完成情况“晴雨表”的通知	发改办环资〔2012〕676号
128	2012-5-9	住房和城乡建设部关于印发“十二五”建筑节能专项规划的通知	建科〔2012〕72号
129	2012-5-25	财政部、国家发展改革委、工信部关于印发《节能产品惠民工程高效节能平板电视推广实施细则》的通知	财建〔2012〕259号
130	2012-6-1	国家发展改革委、财政部、住建部、能源局关于下达首批国家天然气分布式能源示范项目的通知	发改能源〔2012〕1571号
131	2012-6-12	国家发展改革委、能源局、财政部关于开展燃煤电厂综合升级改造工作的通知	发改厅〔2012〕1662号
132	2012-6-16	国务院关于印发“十二五”节能环保产业发展规划的通知	国发〔2012〕19号
133	2012-6-28	国务院关于印发节能与新能源汽车产业发展规划（2012-2020年）的通知	国发〔2012〕22号
134	2012-7-5	国家发展改革委、财政部、国管局关于印发节约型公共机构示范单位创建工作方案的通知	发改环资〔2012〕1982号
135	2012-7-9	国务院关于印发“十二五”国家战略性新兴产业发展规划的通知	国发〔2012〕28号
136	2012-7-11	国家发展改革委办公厅关于印发万家企业节能目标责任考核实施方案的通知	发改办环资〔2012〕1923号
137	2012-8-6	国务院关于印发节能减排“十二五”规划的通知	国发〔2012〕40号
138	2012-8-14	国家发展改革委办公厅关于进一步加强万家企业能源利用状况报告工作的通知	发改办环资〔2012〕2251号

续表

序号	发布日期	文件名称	文号
139	2012-8-21	国家发展改革委办公厅关于开展"十二五"城市城区限制使用粘土制品 县城禁止使用实心粘土砖工作的通知	发改办环资〔2012〕2313号
140	2012-8-31	国家能源局、财政部关于印发燃煤电厂综合升级改造机组性能测试有关规定的通知	国能电力〔2012〕280号
141	2012-10-9	财政部、国家发展改革委、工信部关于认真做好节能家电推广工作的通知	财建〔2012〕779号
142	2012-10-14	天然气利用政策	国家发改委令 第15号
143	2012-11-28	国家发展改革委、认监委关于加强万家企业能源管理体系建设工作的通知	发改办环资〔2012〕3787号
144	2012-12-10	国家发展改革委、财政部、工信部关于做好节能产品惠民工程高效节能容积式空气压缩机、通风机、清水离心泵、配电变压器推广工作的通知	发改办环资〔2012〕3455号
145	2012-12-26	国家发展改革委关于保障当前天然气稳定供应的紧急通知	发改电〔2012〕244号
146	2013-1-30	国家发展改革委、科技部、工信部、财政部、住建部、质检总局关于印发半导体照明节能产业规划的通知	发改环资〔2013〕188号
147	2013-4-17	国家发展改革委、教育部等九部门关于深化限制生产销售使用塑料袋实施工作的通知	发改环资〔2013〕758号
148	2013-5-10	国家发展改革委、工信部关于坚决遏制产能严重过剩行业盲目扩张的通知	发改产业〔2013〕892号
149	2013-6-13	国家发展改革委关于进一步做好当前天然气供应保障工作的通知	发改电〔2013〕102号
150	2013-6-15	国家发展改革委关于完善核电上网电价机制有关问题的通知	发改价格〔2013〕1130号
151	2013-7-18	国家发展改革委关于印发《分布式发电管理暂行办法》的通知	发改能源〔2013〕1381号
152	2013-8-1	国务院关于加快发展节能环保产业的意见	国发〔2013〕30号
153	2013-8-16	国家发展改革委关于加大工作力度确保实现2013年节能减排目标任务的通知	发改环资〔2013〕1585号
154	2013-8-26	国家发展改革委关于发挥价格杠杆作用促进光伏产业健康发展的通知	发改价格〔2013〕1638号
155	2013-8-27	国家发展改革委关于调整可再生能源电价附加标准与环保电价有关事项的通知	发改价格〔2013〕1651号

续表

序号	发布日期	文件名称	文号
156	2013－9－10	国务院关于印发大气污染防治行动计划的通知	国发〔2013〕37 号
157	2013－9－13	财政部、科技部、工信部、发展改革委关于继续开展新能源汽车推广应用工作的通知	财建〔2013〕551 号
158	2013－9－17	环保部、国家发展改革委、工信部、财政部、住建部、能源局关于印发《京津冀及周边地区落实大气污染防治行动计划实施细则》的通知	环发〔2013〕104 号
159	2013－9－30	财政部、发展改革委、工信部关于开展 1．6 升及以下节能环保汽车推广工作的通知	财建〔2013〕644 号
160	2013－10－6	国务院关于化解产能严重过剩矛盾的指导意见	国发〔2013〕41 号
161	2013－10－12	国家发展改革委关于做好 2013 年天然气迎峰度冬工作的意见	发改运行〔2013〕2024 号
162	2013－11－2	国家发展改革委、能源局关于进一步做好 2013 年天然气迎峰度冬工作的补充通知	发改运行〔2013〕2166 号
163	2013－11－3	国家发展改革委、能源局关于切实落实气源和供气合同，确保“煤改气”有序实施的紧急通知	发改电〔2013〕224 号
164	2013－11－26	国家发展改革委办公厅、国家能源局综合司关于调查“煤改气”及天然气供需情况的通知	发改办运行〔2013〕2886 号
165	2013－12－2	国家发展改革委、财政部、国土资源部、水利部、农业部、国家林业局关于印发国家生态文明先行示范区建设方案（试行）的通知	发改环资〔2013〕2420 号
166	2013－12－13	国家发展改革委、工信部关于电解铝企业用电实行阶梯电价政策的通知	发改价格〔2013〕2530 号
167	2014－1－6	国家发展改革委关于印发《节能低碳技术推广管理暂行办法》的通知	发改环资〔2014〕19 号
168	2014－1－23	国家发展改革委、国家能源局关于切实加强需求侧管理 确保民生用气的紧急通知	发改电〔2014〕22 号
169	2014－2－26	国家发展改革委办公厅关于公布第二批禁止使用实心粘土砖县城和限制使用粘土制品城市名单的通知	发改环资〔2014〕438 号
170	2014－3－24	国家发展改革委、能源局、环保部关于印发能源行业加强大气污染防治工作方案的通知	发改能源〔2014〕506 号
171	2014－3－20	国家发展改革委关于建立健全居民生活用气阶梯价格制度的指导意见	发改价格〔2014〕467 号
172	2014－3－28	国家发展改革委、环保部关于印发《燃煤发电机组环保电价及环保设施运行监管办法》的通知	发改价格〔2014〕536 号
173	2014－4－8	国家发展改革委办公厅关于做好国家电力需求侧管理平台建设和应用工作的通知	发改价格〔2014〕734 号

续表

序号	发布日期	文件名称	文号
174	2014-4-14	国务院办公厅关于建立保障天然气稳定供应长效机制若干意见的通知	国办发〔2014〕16号
175	2014-5-5	国家发展改革委、工信部、质检总局关于运用价格手段促进水泥行业产业结构调整有关事项的通知	发改价格〔2014〕880号
176	2014-5-15	国务院办公厅关于印发2014-2015年节能减排低碳发展行动方案的通知	国办发〔2014〕23号
177	2014-5-18	国家发展和改革委关于加强和改进发电运行调节管理的指导意见	发改运行〔2014〕985号
178	2014-6-5	国家发展改革委关于海上风电上网电价政策的通知	发改价格〔2014〕1216号
179	2014-6-7	国务院办公厅关于印发能源发展战略行动计划2014-2020年的通知	国办发〔2014〕31号
180	2014-7-14	国务院办公厅关于加快新能源汽车推广应用的指导意见	国办发〔2014〕35号
181	2014-8-10	国家发展改革委关于调整非居民用存量天然气价格的通知	发改价格〔2014〕1835号
182	2014-8-20	国家发展改革委关于进一步疏导环保电价矛盾的通知	发改价格〔2014〕1908号
183	2014-9-12	国家发展改革委、环保部、能源局关于印发《煤电节能减排升级与改造行动计划（2014-2020年）》的通知	发改能源〔2014〕2093号
184	2014-10-24	国家发展改革委、环保部等十二部门关于印发加强“车油路”统筹加快推进机动车污染综合防治方案的通知	发改环资〔2014〕2368号
185	2014-10-29	国家发展改革委、环保部、财政部、质检总局、工信部、国管局、能源局关于印发燃煤锅炉节能环保综合提升工程实施方案的通知	发改环资〔2014〕2451号
186	2014-11-1	国家发展改革委关于促进抽水蓄能电站健康有序发展有关问题的意见	发改能源〔2014〕2482号
187	2014-11-6	国家发展改革委、能源局、煤矿安监局关于全面清查和坚决制止煤矿违法违规建设生产的紧急通知	发改运行〔2014〕2546号
188	2014-12-9	国家发展改革委办公厅关于加强和规范生物质发电项目管理有关要求的通知	发改办能源〔2014〕3003号
189	2014-12-27	国务院办公厅关于推行环境污染第三方治理的意见	国办发〔2014〕69号
190	2014-12-29	国家发展改革委、工信部、财政部、环保部、统计局、能源局关于印发《重点地区煤炭消费减量替代管理暂行办法》的通知	发改环资〔2014〕2984号

续表

序号	发布日期	文件名称	文号
191	2014－12－31	国家发展改革委、财政部、工信部、国管局、能源局、质检总局、国家标准委关于印发《能效“领跑者”制度实施方案》的通知	发改环资〔2014〕3001号
192	2014－12－31	国家发展改革委关于适当调整陆上风电标杆上网电价的通知	发改价格〔2014〕3008号
193	2014－12－31	国家发展改革委关于规范天然气发电上网电价管理有关问题的通知	发改价格〔2014〕3009号
194	2015－1－13	中国银监会、国家发展改革委关于印发能效信贷指引的通知	银监发〔2015〕2号
195	2015－1－13	国家发展改革委、能源局关于实行保证民生用气责任制的通知	发改运行〔2015〕59号
196	2015－1－14	国家发展改革委、工信部关于水泥企业用电实行阶梯电价政策有关问题的通知	发改价格〔2015〕75号
197	2015－2－26	国家发展改革委关于理顺非居民用天然气价格的通知	发改价格〔2015〕351号
198	2015－3－15	中共中央、国务院关于进一步深化电力体制改革的若干意见	中发〔2015〕9号
199	2015－3－20	国家发展改革委、能源局关于改善电力运行促进清洁能源多发满发的指导意见	发改运行〔2015〕518号
200	2015－4－2	国家发展改革委办公厅、国土资源部办公厅、环保部办公厅等六部门关于开展煤矿违法违规建设生产情况核查工作的通知	发改办运行〔2015〕784号
201	2015－4－7	国家发展改革委、财政部关于完善应急机制做好电力需求侧管理城市综合试点工作的通知	发改运行〔2015〕703号
202	2015－4－13	国家发展改革委关于贯彻中发〔2015〕9号文件精神加快推进输配电价改革的通知	发改价格〔2015〕742号
203	2015－5－5	国家发展改革委关于跨省电能交易价格形成机制有关问题的通知	发改价格〔2015〕962号
204	2015－5－6	中共中央、国务院关于加快推进生态文明建设的意见	中发〔2015〕12号
205	2015－5－13	国家发展改革委、环保部、能源局关于印发《加强大气污染治理重点城市煤炭消费总量控制工作方案》的通知	发改环资〔2015〕1015号
206	2015－5－26	国家发展改革委、能源局、煤矿安监局关于落实违反违规煤矿煤炭相关治理措施的通知	发改运行〔2015〕1136号

续表

序号	发布日期	文件名称	文号
207	2015－6－9	国家发展改革委、能源局关于印发《输配电价定价成本监审办法（试行）》的通知	发改运行〔2015〕1347号
208	2015－7－1	国务院关于积极推进“互联网＋”行动的指导意见	国发〔2015〕40号
209	2015－7－6	国家发展改革委、能源局关于促进智能电网发展的指导意见	发改运行〔2015〕1518号
210	2015－7－15	国家发展改革委、公安部、国土资源部等等十二部门关于对违法违规建设生产煤矿实施联合惩戒的通知	发改运行〔2015〕1631号
211	2015－9－1	国家发展改革委关于从严控制新建煤矿项目有关问题的通知	发改能源〔2015〕2003号
212	2015－9－6	国家发展改革委关于严格治理违法违规建设煤矿有关问题的通知	发改能源〔2015〕2002号
213	2015－9－17	《节能低碳产品认证管理办法》	质检总局、国家发改委令168号
214	2015－9－21	中共中央、国务院印发《生态文明体制改革总体方案》	中发〔2015〕28号
215	2015－10－8	国家发展改革委办公厅关于开展可再生能源就近消纳试点的通知	发改办运行〔2015〕2554号
216	2015－10－29	国家发展改革委、住建部关于印发《余热暖民工程实施方案》的通知	发改环资〔2015〕2491号
217	2015－11－18	国家发展改革委关于降低非居民用天然气门站价格并进一步推进价格市场化改革的通知	发改价格〔2015〕2688号
218	2015－11－19	国务院关于积极发挥新消费引领作用加快培育形成新供给新动力的指导意见	国发〔2015〕66号
219	2015－12－2	国家发展改革委、环保部、能源局关于实行燃煤电厂超低排放电价支持政策有关问题的通知	发改价格〔2015〕2835号
220	2015－12－7	国家发展改革委关于做好2015年天然气迎峰度冬工作的通知	发改运行〔2015〕2877号
221	2015－12－22	国家发展改革委关于切实加强需求侧管理确保民生用气的通知	发改电〔2015〕819号
222	2015－12－22	国家发展改革委关于完善陆上风电光伏发电上网标杆电价政策的通知	发改价格〔2015〕3044号
223	2015－12－27	国家发展改革委关于降低燃煤发电上网电价和工商业用电价格的通知	发改价格〔2015〕3105号
224	2015－12－31	公共机构能源审计管理暂行办法	国家发改委、国管局令第32号

续表

序号	发布日期	文件名称	文号
225	2015－12－31	国家发展改革委、环保部、能源局关于在燃煤电厂推行环境污染第三方治理的指导意见	发改环资〔2015〕3191号
226	2015－12－31	国家发展改革委办公厅关于印发《绿色债券发行指引》的通知	发改办财经〔2015〕3504号
227	2016－1－11	国家发展改革委办公厅关于印发《“互联网＋”绿色生态三年行动实施方案》的通知	发改办环资〔2016〕70号
228	2016－1－15	节能监察办法	国家发改委令第33号
229	2016－2－1	国务院关于煤炭行业化解过剩产能实现脱困发展的意见	国发〔2016〕7号
230	2016－2－17	国家发展改革委、中宣部、科技部等十部门印发关于促进绿色消费的指导意见的通知	发改环资〔2016〕353号
231	2016－2－24	国家发展改革委、能源局、工信部关于推进“互联网＋”智慧能源发展的指导意见	发改能源〔2016〕392号
232	2016－3－17	国家发展改革委、能源局关于促进我国煤电有序发展的通知	发改能源〔2016〕565号
233	2016－3－21	国家发展改革委、人力资源社会保障部、能源局、煤矿安监局关于进一步规范和改善煤炭生产经营秩序的通知	发改运行〔2016〕593号
234	2016－3－22	国家发展改革委、能源局、财政部、住建部、环保部关于印发《热电联产管理办法》的通知	发改能源〔2016〕617号
235	2016－3－24	国家发展改革委关于印发《可再生能源发电全额保障性收购管理办法》的通知	发改能源〔2016〕625号
236	2016－3－31	国家能源局关于在能源领域积极推广政府和社会资本合作模式的通知	国能法改〔2016〕96号
237	2016－4－7	国家发展改革委、能源局关于印发《能源技术革命创新行动计划（2016－2030年）》的通知	发改能源〔2016〕513号
238	2016－4－15	国家发展改革委、教育部、工信部等二十四部门关于印发促进消费带动转型升级的行动方案的通知	发改综合〔2016〕832号
239	2016－4－17	国家发展改革委印发《关于发展煤电联营的指导意见》的通知	发改能源〔2016〕857号
240	2016－4－21	国家发展改革委、水利部、工信部、住建部、质检总局、能源局关于印发《水效领跑者引领行动实施方案》的通知	发改能源〔2016〕876号
241	2016－5－16	国家发展改革委、能源局、财政部等八部门关于推进电能替代的指导意见	发改能源〔2016〕1054号

续表

序号	发布日期	文件名称	文号
242	2016－5－27	国家发展改革委、能源局关于做好风电、光伏发电全额保障性收购管理工作的通知	发改能源〔2016〕1150号
243	2016－6－1	工信部办公厅、国家发展改革委办公厅关于开展钢铁行业能耗情况专项检查的通知	工信厅联节函〔2016〕386号
244	2016－6－5	国务院办公厅关于营造良好市场环境促进有色金属工业调结构促转型增效益的指导意见	国办发〔2016〕42号
245	2016－6－12	国家发展改革委、工信部、能源局关于印发《中国制造2025－能源装备实施方案》的通知	发改能源〔2016〕1274号
246	2016－6－14	国家发展改革委办公厅、国家能源局综合司关于开展煤炭行业能耗情况专项检查的通知	发改办环资〔2016〕1478号
247	2016－6－28	国家发展改革委办公厅关于进一步贯彻落实煤矿节日停产放假和落实减量化生产的通知	发改办运行〔2016〕1556号
248	2016－7－4	国家发展改革委、能源局关于推进多能互补集成优化示范工程建设的实施意见	发改能源〔2016〕1430号
249	2016－7－11	国家发展改革委办公厅、工信部办公厅等六部门关于做好2016年度煤炭消费减量替代有关工作的通知	发改办环资〔2016〕1623号
250	2016－7－13	国家发展改革委印发《关于推动积极发挥新消费引领作用加快培育形成新供给新动力重点任务落实的工作方案》的通知	发改运行〔2016〕1553号
251	2016－7－14	国家发展改革委、能源局关于印发《可再生能源调峰机组优先发电试行办法》的通知	发改运行〔2016〕1558号
252	2016－7－23	国务院办公厅关于石化产业调结构转型增效益的指导意见	国办发〔2016〕57号
253	2016－7－27	国家发展改革委印发《关于加快推进国家“十三五”规划〈纲要〉重大工程项目实施工作的意见》的通知	发改规划〔2016〕1641号
254	2016－7－27	关于推行合同节水管理促进节水服务产业发展的意见	发改环资〔2016〕1629号
255	2016－7－28	国家发展改革委关于开展用能权有偿使用和交易试点工作的函	发改环资〔2016〕1659号
256	2016－8－12	国家发展改革委办公厅关于开展2015年度煤炭消费减量替代工作检查的通知	发改办环资〔2016〕18340号
257	2016－8－26	国家发展改革委关于加强地方天然气输配价格监管降低企业用气成本的通知	发改价格〔2016〕1859号

续表

序号	发布日期	文件名称	文号
258	2016－8－29	国家发展改革委关于太阳能热发电标杆上网电价政策的通知	发改价格〔2016〕1881号
259	2016－9－13	国家发展改革委、科技部、工信部、国土资源部、国家开发银行关于支持老工业城市和资源型城市产业转型升级的实施意见	发改振兴〔2016〕1966号
260	2016－9－16	国家发展改革委关于组织开展2016年度“十三五”规划实施监测工作的通知	发改规划〔2016〕1995号
261	2016－9－19	国家发展改革委关于全面推进输配电改革试点有关事项的通知	发改价格〔2016〕2018号
262	2016－10－8	国家发展改革委、能源局关于印发《售电公司准入与退出管理办法》和《有序放开配电网业务管理办法》的通知	发改经体〔2016〕2120号
263	2016－10－9	国家发展改革委关于印发《天然气管道运输价格管理办法（试行）》和《天然气管道运输定价成本监审办法（试行）》的通知	发改价格规〔2016〕2142号
264	2016－10－15	国家发展改革委关于明确储气设施相关价格政策的通知	发改价格规〔2016〕2176号
265	2016－10－20	国家发展改革委、能源局关于做好2016年天然气迎峰度冬工作的通知	发改运行〔2016〕2198号
266	2016－11－24	国务院关于印发“十三五”生态环境保护规划的通知	国发〔2016〕65号
267	2016－11－27	国家发展改革委、能源局关于规范开展增量配电业务改革试点的通知	发改经体〔2016〕2480号
268	2016－11－27	国家发展改革委关于做好2017年电力供需平衡预测和制定优先发电权优先购电权计划的通知	发改运行〔2016〕2487号
269	2016－11－29	国务院关于印发《“十三五”国家战略性新兴产业发展规划》的通知	国发〔2016〕67号
270	2016－11－30	国家发展改革委、国资委关于加强市场监管和公共服务保障煤炭中长期合同履行的意见	发改运行〔2016〕2502号
271	2016－12－5	国家发展改革委等五部门关于坚决遏制钢铁煤炭违规新增产能打击“地条钢”规范建设生产经营秩序的通知	发改运行〔2016〕2547号
272	2016－12－12	国家发展改革委、统计局、环保部、中组部关于印发《绿色发展指标体系》《生态文明建设考核目标体系》的通知	发改环资〔2016〕2635号

续表

序号	发布日期	文件名称	文号
273	2016－12－20	国务院关于印发“十三五”节能减排综合工作方案的通知	国发〔2016〕74 号
274	2016－12－22	生态文明建设目标评价考核办法	中共中央、国务院
275	2016－12－22	国家发展改革委关于印发《省级电网输配电价定价办法（试行）》的通知	发改价格〔2016〕2711 号
276	2016－12－26	国家发展改革委关于调整光伏发电陆上风电标杆上网电价的通知	发改价格〔2016〕2729 号
277	2016－12－26	国家发展改革委、能源局关于印发《能源发展“十三五”规划》的通知	发改能源〔2016〕2744 号
278	2016－12－26	国家发展改革委办公厅等六部门关于坚决遏制钢铁煤炭违规新增产能打击“地条钢”规范建设生产经营秩序的补充通知	发改办运行〔2016〕2790 号
279	2016－12－29	国家发展改革委、能源局关于印发《电力中长期交易基本规则（暂行）》的通知	发改能源〔2016〕2784 号
280	2016－12－29	国家发展改革委、能源局关于印发《能源生产和消费革命战略（2016－2030）》的通知	发改基础〔2016〕2795 号
281	2016－12－30	国家发展改革委、工信部关于运用价格手段促进钢铁行业供给侧结构性改革有关事项的通知	发改价格〔2016〕2803 号
282	2017－1－6	国家发展改革委关于加强分类引导培育资源型城市转型发展新动能的指导意见	发改振兴〔2017〕52 号
283	2017－1－11	国家发展改革委、国家标准委关于印发《节能标准体系建设方案》的通知	发改环资〔2017〕83 号
284	2017－1－18	国家发展改革委、财政部、能源局关于试行可再生能源绿色电力证书核发及自愿认购交易制度的通知	发改能源〔2017〕132 号
285	2017－2－20	工信部、国家发展改革委、科技部、财政部关于印发《促进汽车动力电池产业发展行动方案》的通知	工信部联装〔2017〕29 号
286	2017－3－29	国家发展改革委、能源局关于有序放开发用电计划的通知	发改运行〔2017〕294 号
287	2017－4－17	国家发展改革委、工信部、财政部等 23 部门关于做好 2017 年钢铁煤炭行业化解过剩产能实现脱困发展工作的意见	发改运行〔2017〕691 号
288	2017－4－18	国家发展改革委印发《关于统筹推进“十三五”165 项重大工程项目实施工作的意见》的通知	发改规划〔2017〕730 号
289	2017－5－12	国家发展改革委、能源局依托能源工程推进燃气轮机创新发展的若干意见	发改能源〔2017〕920 号

续表

序号	发布日期	文件名称	文号
290	2017－5－27	国家发展改革委办公厅关于组织开展节能自愿承诺活动的通知	发改办环资〔2017〕927号
291	2017－7－17	国家发展改革委、能源局关于印发《推进并网型微电网建设试行办法》的通知	发改能源〔2017〕1339号
292	2017－7－26	国家发展改革委、工信部等十七部门印发《关于推进供给侧结构性改革 防范化解煤电产能过剩风险的意见》的通知	发改能源〔2017〕1404号
293	2017－8－28	国家发展改革委办公厅、能源局办公厅关于开展电力现货市场建设试点工作的通知	发改办能源〔2017〕1453号
294	2017－9－6	住建部、国家发展改革委、财政部、能源局关于推进北方采暖地区城镇清洁供暖的指导意见	建城〔2017〕196号
295	2017－9－6	关于印发节能节水和环境保护专用设备企业所得税优惠目录（2017年版）的通知	财税〔2017〕71号
296	2017－9－22	国家发展改革委、财政部、科技部、工信部、能源局关于促进储能技术与产业发展的指导意见	发改能源〔2017〕1701号
297	2017－10－23	国家发展改革委办公厅关于做好迎峰度冬期间煤炭市场价格监管的通知	发改办价监〔2017〕1737号
298	2017－11－1	国家发展改革委关于开展重点用能单位“百千万”行动有关事项的通知	发改环资〔2017〕1909号
299	2017－11－10	国家发展改革委办公厅关于推进2018年煤炭中长期合同签订履行工作的通知	发改办运行〔2017〕1843号
300	2017－11－21	国家发展改革委、能源局关于规范开展第二批增量配电业务改革试点的通知	发改经体〔2017〕2010号
301	2017－11－22	国家发展改革委关于做好2018年电力供需平衡预测和制定优先发电优先购电计划的通知	发改运行〔2017〕2015号
302	2017－11－28	国家发展改革委、能源局印发《关于建立健全煤炭最低库存和最高库存制度的指导意见（试行）》及考核办法的通知	发改运行规〔2017〕2061号
303	2017－11－30	国家发展改革委办公厅、能源局综合司关于加快推进增量配电业务改革试点的通知	发改办经体〔2017〕1973号
304	2017－12－5	国家发展改革委、工信部关于促进石化产业绿色发展的指导意见	发改产业〔2017〕2105号
305	2017－12－18	国家发展改革委关于印发《全国碳排放权交易市场建设方案（发电行业）》的通知	发改气候规〔2017〕2191号
306	2017－12－19	国家发展改革委、财政部等十二部门关于进一步推进煤炭企业兼并重组转型升级的意见	发改运行〔2017〕2118号

续表

序号	发布日期	文件名称	文号
307	2017－12－28	国家发展改革委办公厅、农业部办公厅、能源局综合司关于开展秸秆气化清洁能源利用工程建设的指导意见	发改办环资〔2017〕2143号
308	2017－12－29	国家发展改革委办公厅关于发布节能自愿承诺用能单位名单的通知	发改办环资〔2017〕2178号
309	2017－12－29	国家发展改革委关于印发《区域电网输电价格定价办法（试行）》《跨省跨区专项工程输电价格定价办法（试行）》和《关于制定地方电网和增量配电网配电价格的指导意见》的通知	发改价格规〔2017〕2269号
310	2017－12－29	国家发展改革委、国土资源部、环保部、住建部、水利部、能源局关于加快浅层地热能开发利用促进北方采暖地区燃煤减量替代的通知	发改环资〔2017〕2278号
311	2018－2－3	国家发展改革委关于开展“十三五”规划实施情况中期评估工作的通知	发改规划〔2017〕238号
312	2018－2－28	国家发展改革委、能源局关于提升电力系统调节能力的指导意见	发改能源〔2018〕364号
313	2018－3－13	国家发展改革委、能源局关于印发《增量配电业务配电区域划分实施办法（试行）》的通知	发改能源规〔2018〕424号
314	2018－4－9	国家发展改革委、工信部、能源局、财政部、人力社保部国资委关于做好2018年重点领域化解过剩产能工作的通知	发改运行〔2018〕554号
315	2018－4－18	国家发展改革委、能源局关于规范开展第三批增量配电业务改革试点的通知	发改经体〔2018〕604号
316	2018－4－26	国家发展改革委、能源局印发《关于加快储气设施建设和完善储气调峰辅助服务市场机制的意见》的通知	发改能源规〔2018〕637号
317	2018－5－25	国家发展改革委关于理顺居民用气门站价格的通知	发改价格规〔2018〕794号
318	2018－6－21	国家发展改革委关于创新和完善促进绿色发展价格机制的意见	发改价格规〔2018〕943号
319	2018－6－25	国家发展改革委、能源局关于规范开展第三批增量配电业务改革试点的补充通知	发改经体〔2018〕956号
320	2018－7－16	国家发展改革委、能源局关于积极推进电力市场化交易进一步完善交易机制的通知	发改运行〔2018〕1027号
321	2018－8－28	国家发展改革委、能源局关于推进电力交易机构规范化建设的通知	发改经体〔2018〕1246号
322	2018－10－30	国家发展改革委、能源局关于印发《清洁能源消纳行动计划（2018－2020年）》的通知	发改能源规〔2018〕1575号

附件二　参考公告

（一）能源效率标识相关公告

序号	发布日期	文件名称	文号
1	2004 - 11 - 29	实行能源效率标识的产品目录（第一批），能源效率标识基本样式、以及家用电冰箱、房间空气调节器能源效率标识实施规则（已废止）	国家发改委、质检总局、认证认监委公告 2004 年第 71 号
2	2006 - 9 - 18	实行能源效率标识的产品目录（第二批），电动洗衣机、单元式空气调节机能源效率标识实施规则（已废止）	国家发改委、质检总局、认证认监委公告 2006 年第 65 号
3	2008 - 1 - 18	实行能源效率标识的产品目录（第三批），自镇流荧光灯、高压钠灯、中小型三相异步电动机、冷水机组、家用燃气快速热水器和燃气采暖热水器能源效率标识实施规则（已废止）	国家发改委、质检总局、认证认监委公告 2008 年第 8 号
4	2008 - 10 - 17	实行能源效率标识的产品目录（第四批），转速可控型房间空气调节器、多联式空调（热泵）机组、储水式电热水器、家用电磁灶、计算机、复印件能源效率标识实施规则（已废止）	国家发改委、质检总局、认证认监委公告 2008 年第 64 号
5	2009 - 10 - 26	实行能源效率标识的产品目录（第五批），自动电饭锅、交流电风扇、交流接触器、容积式空气压缩机、家用电冰箱（修订）能源效率标识实施规则（已废止）	国家发改委、质检总局、认证认监委公告 2009 年第 17 号
6	2010 - 4 - 12	实行能源效率标识的产品目录（第六批），以及电力变压器、通风机、房间空调调节器（修订）能源效率标识实施规则（已废止）	国家发改委、质检总局、认证认监委公告 2010 年第 3 号
7	2010 - 10 - 15	实行能源效率标识的产品目录（第七批），平板电视、家用和类似用途微波炉能源效率标识实施规则（已废止）	国家发改委、质检总局、认证认监委公告 2010 年第 28 号
8	2011 - 8 - 19	实行能源效率标识的产品目录（第八批），打印机、传真机、数字电视能源效率标识实施规则（已废止）	国家发改委、质检总局、认证认监委公告 2011 年第 22 号

续表

序号	发布日期	文件名称	文号
9	2012 - 9 - 1	实行能源效率标识的产品目录（第九批），远置冷凝机组冷藏成列柜、家用太阳能热水系统能源效率标识实施规则（已废止）	国家发改委、质检总局、认证认监委公告 2012 年第 19 号
10	2012 - 11 - 14	实行能源效率标识的产品目录（第十批）、微型计算机能源效率标识实施规则（已废止）	国家发改委、质检总局、认证认监委公告 2012 年第 39 号
11	2014 - 9 - 29	实施能源效率标识的产品目录（第十一批），以及吸油烟机、热泵热水机（器）、家用电磁灶（修订）、复印机、打印机和传真机（修订）能源效率标识实施规则	国家发改委、质检总局、认证认监委公告 2014 年第 18 号
12	2015 - 3 - 19	实施能源效率标识的产品目录（第十二批），以及家用燃气灶、商用燃气灶、水（地）源热泵机组、溴化锂吸收式冷水机组能源效率标识实施规则（已废止）	国家发改委、质检总局、认证认监委公告 2015 年第 7 号
13	2016 - 6 - 24	实行能源效率标识的产品目录（2016 年版）、中国能源效率标识基本样式以及家用电冰箱、房间空气调节器、电动洗衣机等 37 种电器产品的能源效率标识实施规则（已废止）	国家发改委、质检总局、国家认监委公告 2016 年第 14 号

（二）淘汰高耗能产业相关公告

序号	发布日期	文件名称	文号
14	2017 - 12 - 19	实行能源效率标识的产品目录（第十四批）、电饭锅、家用和类似用途微波炉、家用和类似用途交流换气扇、自携冷凝机组商用冷柜能源效率标识实施规则	国家发改委、质检总局、国家认监委公告 2017 年第 23 号
15	2005 - 8 - 15	2010 年前第一批火电机组关停计划（已废止）	国家发改委公告 2005 年第 50 号
16	2007 - 12 - 5	2007 年全国已关停小火电机组情况（已废止）	国家发改委、国家能源办公告 2007 年第 82 号
17	2009 - 3 - 6	2008 年全国关停小火电机组情况（已废止）	国家发改委、能源局、环保部、电监会公告 2009 年第 4 号
18	2010 - 9 - 9	2010 年 1 - 7 月全国关停小火电机组（已废止）	国家发改委、能源局、环保部、电监会公告 2010 年第 25 号
19	2011 - 4 - 6	2009 年 9 - 12 月、2010 年 8 - 12 月全国关停小火电机组（已废止）	国家发改委、能源局、环保部、电监会公告 2011 年第 6 号

续表

序号	发布日期	文件名称	文号
20	2005－11－17	全国实施关闭与吊销煤炭生产许可证煤矿名单（第一批）（已废止）	国家发改委公告 2005 年第 69 号
21	2006－1－31	全国实施关闭与吊销煤炭生产许可证煤矿名单（第二批）（已废止）	国家发改委公告 2006 年第 11 号
22	2006－5－11	全国实施关闭与吊销煤炭生产许可证煤矿名单（第三批）（已废止）	国家发改委公告 2006 年第 31 号
23	2007－10－12	电石、铁合金、焦化行业淘汰落后生产能力企业名单（第一批）（已废止）	国家发改委公告 2007 年第 69 号
24	2007－12－28	电石、铁合金、焦化行业淘汰落后生产能力企业名单（第二批）（已废止）	国家发改委公告 2007 年第 94 号
25	2007－12－28	2007 年应予淘汰落后水泥产能的企业名单（已废止）	国家发改委公告 2007 年第 93 号
26	2008－2－26	2007 年应予淘汰落后造纸、酒精、味精柠檬酸产能的企业名单（已废止）	国家发改委、环保总局公告 2008 年第 18 号
27	2010－9－8	废弃电器电子产品处理目录（第一批）（已废止）	国家发改委、环保部、工信部公告 2010 年第 24 号
28	2015－2－9	废弃电器电子产品处理目录（2014 年版）	国家发改委、环保部、工信部等六部门公告 2015 年第 5 号

（三）重点用能单位管理及考核相关公告

序号	发布日期	文件名称	文号
29	2011－11－1	中国逐步淘汰白炽灯路线图	国家发改委、商务部、海关总署、工商总局、质检总局公告 2011 年第 28 号
30	2007－9－18	千家企业能源利用状况公报（2007）	国家发改委、统计局公告 2007 年第 61 号
31	2008－8－27	2007 年度千家企业节能目标责任评价考核结果	国家发改委公告 2008 年第 58 号
32	2009－11－16	2008 年度千家企业节能目标责任评价考核结果	国家发改委公告 2009 年第 18 号
33	2010－6－15	2009 年度千家企业节能目标责任评价考核结果	国家发改委公告 2010 年第 10 号
34	2011－12－2	“十一五”期间千家企业节能目标完成情况	国家发改委公告 2011 年第 31 号

续表

序号	发布日期	文件名称	文号
35	2012-5-12	“万家企业节能低碳行动”企业名单及节能量目标	国家发改委公告 2012 年第 10 号
36	2013-12-25	2012 年度万家企业节能目标责任考核结果	国家发改委公告 2013 年第 44 号
37	2014-12-3	2013 年度万家企业节能目标责任考核结果	国家发改委公告 2014 年第 20 号
38	2015-12-30	2014 年度万家企业节能目标责任考核结果	国家发改委公告 2015 年第 34 号
39	2008-7-27	2007 年度各省自治区直辖市节能目标完成情况	国家发改委公告 2008 年第 55 号
40	2009-10-9	2008 年度各省自治区直辖市节能目标完成情况	国家发改委公告 2009 年第 13 号
41	2010-6-21	2009 年度各省自治区直辖市节能目标完成情况	国家发改委公告 2010 年第 8 号
42	2011-6-7	“十一五”各地区节能目标完成情况	国家发改委、统计局公告 2011 年第 9 号
43	2012-12-18	2011 年度各省自治区直辖市节能目标完成情况	国家发改委公告 2011 年第 51 号
44	2014-8-6	2013 年度各省自治区直辖市节能目标完成情况	国家发改委公告 2014 年第 9 号
45	2015-9-14	2014 年度各省自治区直辖市节能目标完成情况	国家发改委公告 2015 年第 20 号
46	2016-11-27	“十二五”各省（区市）节能目标完成情况	国家发展改革委公告 2016 年第 27 号
47	2017-12-7	2016 年度各省（区、市）“双控”结果考核	国家发展改革委公告 2017 年第 22 号
48	2018-11-27	2017 年度各省（区、市）“双控”结果考核	国家发展改革委公告 2018 年第 14 号
49	2016-12-31	重点地区 2015 年度煤炭减量替代工作检查结果公告	国家发改委、工信部、财政部、环保部、统计局、能源局公告 2016 年第 31 号
50	2018-6-6	重点地区 2016 年度煤炭减量替代工作检查结果公告	国家发改委、工信部、财政部、环保部、统计局、能源局公告 2018 年第 6 号
51	2013-8-27	2012 年度电网企业实施电力需求侧管理目标责任完成情况	国家发改委公告 2013 年第 38 号

续表

序号	发布日期	文件名称	文号
52	2014－6－23	2013年度电网企业实施电力需求侧管理目标责任完成情况	国家发展改革委公告2014年第7号
53	2015－7－7	2014年度电网企业实施电力需求侧管理目标责任完成情况	国家发改委公告2015年第13号
54	2016－8－10	2015年度电网企业实施电力需求侧管理目标责任完成情况	国家发展改革委公告2016年第16号
55	2017－8－1	2016年度电网企业实施电力需求侧管理目标责任完成情况	国家发展改革委公告2017年第22号

（四）重点节能低碳技术推广应用相关公告

序号	发布日期	文件名称	文号
56	2018－8－23	2017年度电网企业实施电力需求侧管理目标责任完成情况	国家发展改革委公告2018年第10号
57	2008－5－19	国家重点节能技术推广目录（第一批）	国家发改委公告2008年第36号
58	2009－12－31	国家重点节能技术推广目录（第二批）	国家发改委公告2009年第24号
59	2010－11－29	国家重点节能技术推广目录（第三批）	国家发改委、工信部、财政部公告2010年第33号
60	2011－12－30	国家重点节能技术推广目录（第四批）	国家发改委公告2011年第34号
61	2012－12－13	国家重点节能技术推广目录（第五批）	国家发改委公告2012年第42号
62	2013－12－30	国家重点节能低碳技术推广目录（第六批）	国家发改委公告2013年第45号
63	2014－8－25	国家重点推广的低碳技术目录、技术简介及起草说明	国家发改委公告2014年第13号
64	2014－12－31	国家重点节能低碳技术推广目录（2014年本，节能部分）（已废止）	国家发改委公告2014年第24号
65	2015－12－30	国家重点节能低碳技术推广目录（2015年本，节能部分）（已废止）	国家发改委公告2015年第35号
66	2016－12－30	国家重点节能低碳技术推广目录（2016年本，节能部分）（已废止）	国家发展改革委公告2016年第30号
67	2018－1－31	国家重点节能低碳技术推广目录（2017年本，节能部分）	国家发展改革委公告2018年第3号

续表

序号	发布日期	文件名称	文号
68	2013-2-22	战略性新兴产业重点产品和服务指导目录	国家发改委公告2013年第16号
69	2017-1-25	战略性新兴产业重点产品和服务指导目录（2016版）	国家发展改革委公告2017年第1号
70	2015-12-16	“双十佳”最佳节能技术和实践清单	国家发改委公告2015年第32号
71	2015-12-30	高效节能锅炉推广目录（第一批）	国家发改委、质检总局公告2015年第33号

（五）“节能产品惠民工程”相关公告

序号	发布日期	文件名称	文号
72	2016-5-24	2016年度家用电冰箱、平板电视转速可控型房间空气调节器能效“领跑者”产品目录、产品标识样式和规格	国家发展改革委、工信部、质检总局公告2016年第12号
73	2009-5-31	“节能产品惠民工程”高效节能房间空调器推广目录（第一批）（已废止）	国家发展改革委、财政部公告2009年第5号
74	2009-7-13	“节能产品惠民工程”高效节能房间空调器推广目录（第二批）（已废止）	国家发展改革委、财政部公告2009年第6号
75	2009-12-22	“节能产品惠民工程”高效节能房间空调器推广目录（第三批）（已废止）	国家发改委、财政部公告2009年第23号
76	2010-5-31	“节能产品惠民工程”高效节能房间空调器推广目录（第四批）（已废止）	国家发改委、财政部公告2010年第7号
77	2012-6-1	“节能产品惠民工程”高效节能房间空调器推广目录（第五批）（已废止）	国家发改委、财政部、工信部公告2012年第12号
78	2012-9-12	“节能产品惠民工程”高效节能房间空调器推广目录（第六批）（已废止）	国家发改委、财政部、工信部公告2012年第34号
79	2012-10-25	“节能产品惠民工程”高效节能房间空调器推广目录（第七批）（已废止）	国家发改委、财政部、工信部公告2012年第37号
80	2012-12-17	“节能产品惠民工程”高效节能房间空调器推广目录（第八批）（已废止）	国家发改委、财政部、工信部公告2012年第47号
81	2013-2-7	“节能产品惠民工程”高效节能房间空调器推广目录（第九批）（已废止）	国家发改委、财政部、工信部公告2013年第6号
82	2013-4-27	“节能产品惠民工程”高效节能房间空调器推广目录（第十批）（已废止）	国家发改委、财政部、工信部公告2013年第26号
83	2010-6-18	“节能产品惠民工程”节能汽车推广目录（第一批）（已废止）	国家发改委、工信部、财政部公告2010年第13号

续表

序号	发布日期	文件名称	文号
84	2010-8-11	“节能产品惠民工程”节能汽车推广目录（第二批）（已废止）	国家发改委、工信部、财政部公告2010年第19号
85	2010-9-25	“节能产品惠民工程”节能汽车推广目录（第三批）（已废止）	国家发改委、工信部、财政部公告2010年第26号
86	2010-11-23	“节能产品惠民工程”节能汽车推广目录（第四批）（已废止）	国家发改委公告2010年第32号
87	2011-2-11	“节能产品惠民工程”节能汽车推广目录（第五批）（已废止）	国家发改委、工信部、财政部公告2011年第1号
88	2011-5-11	“节能产品惠民工程”节能汽车推广目录（第六批）（已废止）	国家发改委、工信部、财政部公告2011年第7号
89	2011-10-17	“节能产品惠民工程”节能汽车推广目录（第七批）（已废止）	国家发改委、工信部、财政部公告2011年第26号
90	2012-7-10	“节能产品惠民工程”节能汽车推广目录（第八批）（已废止）	国家发改委、工信部、财政部公告2012年第20号
91	2014-9-3	“节能产品惠民工程”节能环保汽车（1.6升及以下乘用车）推广目录（第一批）	国家发改委、工信部、财政部公告2014年第15号
92	2015-7-27	“节能产品惠民工程”节能环保汽车（1.6升及以下乘用车）推广目录（第二批）	国家发改委、工信部、财政部公告2015年第15号
93	2010-8-1	“节能产品惠民工程”高效电机推广目录（第一批）（已废止）	国家发改委、财政部公告2010年第16号
94	2011-3-8	“节能产品惠民工程”高效电机推广目录（第二批）（已废止）	国家发改委、财政部公告2011年第4号
95	2011-7-26	“节能产品惠民工程”高效电机推广目录（第三批）（已废止）	国家发改委、财政部公告2011年第16号
96	2012-3-21	“节能产品惠民工程”高效电机推广目录（第四批）（已废止）	国家发改委、财政部公告2012年第4号
97	2013-12-2	“节能产品惠民工程”高效电机推广目录（第五批）	国家发改委、财政部公告2013年第42号
98	2014-8-28	“节能产品惠民工程”高效电机推广目录（第六批）	国家发改委、财政部公告2014年第14号
99	2012-6-1	“节能产品惠民工程”高效节能平板电视推广目录（第一批）（已废止）	国家发改委、财政部、工信部公告2012年第11号
100	2012-8-19	“节能产品惠民工程”高效节能平板电视推广目录（第二批）（已废止）	国家发改委、财政部、工信部公告2012年第28号
101	2012-12-17	“节能产品惠民工程”高效节能平板电视推广目录（第三批）（已废止）	国家发改委、财政部、工信部公告2012年第48号

续表

序号	发布日期	文件名称	文号
102	2013 - 2 - 7	"节能产品惠民工程"高效节能平板电视推广目录（第四批）（已废止）	国家发改委、财政部、工信部公告 2013 年第 7 号
103	2013 - 4 - 27	"节能产品惠民工程"高效节能平板电视推广目录（第五批）（已废止）	国家发改委、财政部、工信部公告 2013 年第 28 号
104	2012 - 6 - 15	"节能产品惠民工程"高效节能家用电冰箱推广目录（第一批）（已废止）	国家发改委、财政部、工信部公告 2012 年第 14 号
105	2012 - 9 - 12	"节能产品惠民工程"高效节能家用电冰箱推广目录（第二批）（已废止）	国家发改委、财政部、工信部公告 2012 年第 31 号
106	2012 - 12 - 17	"节能产品惠民工程"高效节能家用电冰箱推广目录（第三批）（已废止）	国家发改委、财政部、工信部公告 2012 年第 43 号
107	2013 - 2 - 7	"节能产品惠民工程"高效节能家用电冰箱推广目录（第四批）（已废止）	国家发改委、财政部、工信部公告 2013 年第 9 号
108	2013 - 4 - 27	"节能产品惠民工程"高效节能家用电冰箱推广目录（第五批）（已废止）	国家发改委、财政部、工信部公告 2013 年第 27 号
109	2012 - 6 - 15	"节能产品惠民工程"高效节能电动洗衣机推广目录（第一批）（已废止）	国家发改委、财政部、工信部公告 2012 年第 15 号
110	2012 - 9 - 12	"节能产品惠民工程"高效节能电动洗衣机推广目录（第二批）（已废止）	国家发改委、财政部、工信部公告 2012 年第 32 号
111	2012 - 12 - 17	"节能产品惠民工程"高效节能电动洗衣机推广目录（第三批）（已废止）	国家发改委、财政部、工信部公告 2012 年第 46 号
112	2013 - 2 - 7	"节能产品惠民工程"高效节能电动洗衣机推广目录（第四批）（已废止）	国家发改委、财政部、工信部公告 2013 年第 8 号
113	2013 - 4 - 27	"节能产品惠民工程"高效电动洗衣机推广企业目录（第五批）（已废止）	国家发改委、财政部、工信部公告 2013 年第 25 号
114	2012 - 6 - 15	"节能产品惠民工程"高效太阳能热水器推广目录（第一批）（已废止）	国家发改委、财政部、工信部公告 2012 年第 16 号
115	2012 - 8 - 30	"节能产品惠民工程"高效太阳能热水器推广目录（第二批）（已废止）	国家发改委、财政部、工信部公告 2012 年第 29 号
116	2012 - 12 - 17	"节能产品惠民工程"高效太阳能热水器推广目录（第三批）（已废止）	国家发改委、财政部、工信部公告 2012 年第 50 号
117	2013 - 2 - 7	"节能产品惠民工程"高效太阳能热水器推广目录（第四批）（已废止）	国家发改委、财政部、工信部公告 2013 年第 10 号
118	2013 - 4 - 27	"节能产品惠民工程"高效太阳能热水器推广目录（第五批）（已废止）	国家发改委、财政部、工信部公告 2013 年第 24 号
119	2012 - 6 - 15	"节能产品惠民工程"高效节能空气源热泵热水器（机）推广目录（第一批）（已废止）	国家发改委、财政部、工信部公告 2012 年第 17 号

续表

序号	发布日期	文件名称	文号
120	2012－6－15	“节能产品惠民工程”高效节能空气源热泵热水器（机）推广目录（第二批）（已废止）	国家发改委、财政部、工信部公告2012年第33号
121	2012－12－17	“节能产品惠民工程”高效节能空气源热泵热水器推广目录（第三批）（已废止）	国家发改委、财政部、工信部公告2012年第49号
122	2013－2－7	“节能产品惠民工程”高效节能空气源热泵热水器（机）推广目录（第四批）（已废止）	国家发改委、财政部、工信部公告2013年第13号
123	2012－6－15	“节能产品惠民工程”高效节能家用燃气热水器推广目录（第一批）（已废止）	国家发改委、财政部、工信部公告2012年第18号
124	2012－9－12	“节能产品惠民工程”高效节能家用燃气热水器推广目录（第二批）（已废止）	国家发改委、财政部、工信部公告2012年第30号
125	2012－12－17	“节能产品惠民工程”高效节能家用燃气热水器推广目录（第三批）（已废止）	国家发改委、财政部、工信部公告2012年第44号
126	2013－2－7	“节能产品惠民工程”高效节能家用燃气热水器推广目录（第四批）（已废止）	国家发改委、财政部、工信部公告2013年第14号
127	2012－11－1	“节能产品惠民工程”高效节能台式微型计算机推广目录（第一批）（已废止）	国家发改委、财政部、工信部公告2012年第38号
128	2013－1－11	“节能产品惠民工程”高效节能台式微型计算机推广目录（第二批）（已废止）	国家发改委、财政部、工信部公告2013年第1号
129	2013－2－7	“节能产品惠民工程”高效节能台式微型计算机推广目录（第三批）（已废止）	国家发改委、财政部、工信部公告2013年第12号
130	2013－4－27	“节能产品惠民工程”高效节能台式微型计算机推广目录（第四批）（已废止）	国家发改委、财政部、工信部公告2013年第22号
131	2012－12－17	“节能产品惠民工程”高效节能单元式空气调节器和冷水机组推广目录（第一批）（已废止）	国家发改委、财政部、工信部公告2012年第45号
132	2013－2－7	“节能产品惠民工程”高效节能单元式空气调节机和冷水机组推广目录（第二批）（已废止）	国家发改委、财政部、工信部公告2013年第11号
133	2013－4－27	“节能产品惠民工程”高效节能单元式空气调节机和冷水机组推广目录（第三批）（已废止）	国家发改委、财政部、工信部公告2013年第23号
134	2013－1－11	“节能产品惠民工程”高效节能容积式空气压缩机推广目录（第一批）（已废止）	国家发改委、财政部、工信部公告2013年第2号
135	2013－5－21	“节能产品惠民工程”高效节能容积式空气压缩机推广目录（第二批）（已废止）	国家发改委、财政部、工信部公告2013年第30号
136	2013－1－11	“节能产品惠民工程”高效节能清水离心泵推广目录（第一批）（已废止）	国家发改委、财政部、工信部公告2013年第3号
137	2013－5－21	“节能产品惠民工程”高效节能清水离心泵推广目录（第二批）（已废止）	国家发改委、财政部、工信部公告2013年第31号

续表

序号	发布日期	文件名称	文号
138	2013－1－11	“节能产品惠民工程”高效节能配电变压器推广目录（第一批）（已废止）	国家发改委、财政部、工信部公告2013年第5号
139	2013－5－21	“节能产品惠民工程”高效节能配电变压器推广目录（第二批）（已废止）	国家发改委、财政部、工信部公告2013年第32号
140	2013－1－11	“节能产品惠民工程”高效节能通风机推广企业目录及销售网点目录（第一批）（已废止）	国家发改委、财政部、工信部公告2013年第4号